【新装版】

プレアデス 覚醒への道

＜光と癒しのワークブック＞

THE PLEIADIAN WORKBOOK

アモラ・クァン・イン＝著
Amorah Quan Yin
鈴木純子＝訳

太陽出版

プレアデス**覚醒への道**――光と癒しのワークブック

目次

この本に向かっているあいだ、
ほとんど会っておしゃべりできなかった
私の最愛の名づけ子たちへ。
ウィスパー、ザック、キヴァ、あなたがたを愛しています。

まえがき

この本は明確なヴィジョンのもとに誕生しました。あなたは本書を過去についての新しい認識や現在への広大な展望を見せてくれる一枚の窓として用いることができるでしょう。このなかで、あなたはプレアデスの光の使者というすばらしい存在たちに出会います。そしてあなたの「内なるキリスト」を表現する手助けをしてもらうことによって、あなたが喜びと叡知にあふれた、健全で自然で愛情豊かな不滅の存在であることを理解するでしょう。彼らは〈プレアデスの光のワーク〉の体験を通してあなたを導いてくれます。それは覚醒へといたる絶好のチャンスなのです。

この『プレアデス覚醒への道』（*The Pleiadian Workbook: Awakening Your Divine Ka*）に関する私の体験は、ある暖かな春の日、シャスタ山の西側の斜面において始まりました。そのとき私は家のそばの「テントウムシのダンス場」へ行って、小さなメディスン・ホイールを呼びだしていました。そこでは空気が乾燥した日には私がたたくドラムの音に合わせて、何百匹ものテントウムシたちが森の地面に厚く積もった針葉樹の落ち葉のあいだから這いだしてきます。そして驚いたようにオレンジ色の小さな固い身体をいっせいに大気中に羽ばたかせるのです。なかには私の腕や足を這いまわって熱心に挨拶を送ってくるテントウムシもいます。そこに生えている一本の小さなヒマラヤ杉は、びっしりとそのオレンジ色の身体におおいつくされてしまいます。私はしばしばこの場所へ友人とともに足を運び、葉巻の儀式をおこなって「地上の聖なる計画」が滞りなく展開されることを祈り、その計画を支えるために自分がどんな瞬間にもいちばん適切な手順を踏めるように願うのです。

その春の日、テントウムシたちが踊りまわるその場所で、私は針葉樹の濃くかぐわしい香りを嗅ぎ、急流のせせらぎが丸い灰色の石にぶつかって奏でる陽気な音楽に耳を傾けながら、友人のアモラが初めて本を書くことを、そして私がその第一稿の編集作業をして出版社に企画を提出するのを手伝い、本の誕生を援助することを「見た」のでした。

私は数日後に、はじめてそのことをアモラに切りだしました。沈黙。長い長い沈黙でした。あまりにも壮大な話の内容に、彼女の頰は恥じらいで紅潮していました。やがて彼女はかぼそい笑い声をあげ、もう話題を変えたいといった口調で「そのうちわかるでしょう」と言ったのです。それから一週間もたたないうちに、もうひとつの思わぬ情報源からアモラのもとに私の話を裏づける情報が入りました。そうしてこの計画は、現実のものとして受けとめられるようになったのです。

アモラが原稿を書き、私がそれを編集しはじめたときから、私は毎日おもに睡眠中にプレアデスの光の使者と活動をともにしていました。それは私自身の「内なるキリスト」を完全に体現するのを妨げるもの——すなわち私の思いこみや想念、遺伝子記号、カルマのすりこみ、行動パターンなど——を変容させるためのものでした。私は彼らの助けを借りて自分自身の生活と肉体を注意深く観察しながら、自分がどんなパターンをもっているかを調べていきました。つまり必要な変容を起こすために、〈プレアデスの光のワーク〉を実地に応用したのです。

いつのまにか私は、自分が「行間」を読みとりはじめたことに気がつきました。文字には書かれていない、私の生活にすぐ適用できる新しい情報や知識とつながることができるようになったのです。そのほとんどは、私の肉体を健康にしてくれる非常に実用的かつ基本的なものでした。たとえば、私は野生の植物について直観的に情報を受けとるようになりました。私自身の内なるキリストを完全に地上に具現化するためには、肉体の遺伝子記号になんらかの調整が必要であり、自分のまわりに生えている特定の野生の植物にそれらの調整を可能にする効力があることを知ったのです。

ある日、庭先で春の植物を植えるための準備をしていたとき、私のなかに野生の植物に関するそういった考えが突然ひらめいてきました。私はしばらく呆然と立ちつくしていました。早朝、綿のように大きな雪が舞いおりては地面に吸いこまれていたのが、きらきら光る冷たい雨に変わって庭の植物たちに降りそそいでいます。まわりの空気は湿気をふくんでひんやりしており、緑の植物たちはどんより曇った空とあざやかなコントラストをなして勢いよく生い茂っていました。

そのとき私は、ここにある野生の植物のいくつかは私のために生えてくれているに違いない、と思ったのです。野生の植物の種類の豊富さにもはじめて気がつき、ある種の植物が特に強烈な生命力を放ちながら繁茂していることもわかりました。私はかがんで手にハコベを摘み採り、口にしてみました。ほのかな甘い香りと、やさしい味が口いっぱいにひろがります。次に雨のしずくをふり払いながら若いタンポポの葉を選び、一片を注意深く噛んでみました。すると舌を刺すような苦みが私を満たしました。それからビロードモウズイカの繊細でやわらかな美しさに目を奪われ、ふとそれをお茶にすることを思いついたのです。

朝の庭に立たずみながら、私は自分の肉体と野生の植物との関係を少しだけ理解しはじめたのでした。どんな植物が私のために用意されているかを知り、その理由も直観的に理解できました。またそれらの植物が生える時期や、どの植物がどの時期に同じような効果をもたらしてくれるかもわかったのです。いつのまにか私は言葉にならない喜びに襲われていました。ときおりコマドリのさえずりが聞こえるほか音のない静寂のなかで、私の全身の細胞だけが活発に動きまわって思考をめぐらせているようでした。まさにそのとき、庭の植物たちのコーラスの声がいっせいに私の耳に入ってきたのです。

私はその日の午後にハーブの本を見て、ハコベには血液をきれいにする作用があり、また夏に咲く赤いクローバーや冬のヒイラギメギの根にも同じようなはたらきがあることを知りました。その後さらに、若いタンポポの葉には肝臓をきれいにする強力な作用があることや、人間の身体は春に肝臓を浄化する成分を分泌することも知りました。植物のそうした効能は観察されやすい副次的効果にすぎず、その背後には科学では計ることのできないもっと奥深い効果がひそんでいることを私は鋭く直観していたのです。野生の植物に関する私の知識はそのあとますます深まっていきました。

このような野生の植物に関する考え方や利用法における絶妙なバランスは、多分に〈プレアデスの光のワーク〉によって培われたものです。結局のところ、なんらかの本を読んだり概念について考えるだけでは不充分なのです。何かを「知る」ということは、それを「体験する」ことです。この本のさまざまなワークは注意深く配置されています。あなたがこのワークブックを最初から最後まで読みすすめて指示どおりに実践すれば、その結果に驚嘆し喜ばされることでしょう。

私自身もこれらのワークを実践するうちに、いくつかのすばらしい深遠な体験をしました。ある時期にもっともシンプルなワークを使ってみたら、それが驚くべき強力な効果を発揮してくれたこともあります。そのひとつの例が「バラ吹き」です。私がこの方法を最初に知ったのは、数年前にアモラと一緒にファー・メドウを歩いてヒエンソウが咲く一帯へ向かうときのことでした。私たちはセージの葉陰に隠れているそのサファイア・ブルーの花を探しにいったのです。それは暖かい午後の魅惑的なひとときでした。木々はみな黄金の輝きを放ち、その光に満ちた空気のなかを自分もゆらゆらと「たゆたって」いるような感じでした。ところが歩きはじめた途端、私は気分が悪くなって吐き気に襲われてしまったのです。

そのとき「〝バラ吹き〟をやってみるといいわ」とアモラが話しかけてきました。「大きな美しいバラの花のイメージを目の前に浮かべてごらんなさい。その花の中央に、あなたが散歩の前に会ったクライエントの不安にさいなまれた顔を重ねるの。あとはそのバラがあなたのなかからその人のエネルギーを吸いとるのを、ただゆるしてあげるだけでいいわ。エネルギーが吸いとられたら、最後にバラを吹き消すのよ」

歩きながら私は彼女の言った通りにしてみました。すると痛みと吐き気がすっと消えてなくなり、数分後には完全にさわやかな気分に戻っていたのです。私は嬉しいのと同時にびっくりしました。

それ以来、私はこのシンプルな方法を数えきれないほど使ってすばらしい効果を得ています。ささいなことかもしれませんが、それは私の人生に大きな影響を与えました。私は生まれたときから霊的感知力をそなえていました。子供のころ、だれかが傷ついたのを見ると、私も同時にその痛みを感じとって「痛い！」と叫んでいたのです。私はいつでも人の感情や身体的感覚を自分の肉体で感じることができました。そして往々にして無意識のうちにそれらを吸いとってしまっていたのです。当然のことながら、私にとってそれは非常に不快な体験でした。

サンフランシスコに住んでいたころは、ラッシュアワーの交通渋滞に巻きこまれるたび辛抱強くシートにもたれ、車に常備してあったレモンクリーム味の制酸剤の大瓶をそのまま口につけて流しこみ、苦痛を解放するために深呼吸をしなければなりませんでした。また幼稚園に通っていたころは、夜ベッドに入る前に吐くことをおぼえていました。そうすれば気分よく元気になれたからです。大人になってからの私は、アドバイスを求めて医者やヒーラーを探しまわりましたが、毎日少なくとも数時間は激しい不快感と吐き気に悩まされていました。そうした状態は、私が四三歳になってヒエンソウを探しにいき「バラ吹き」を知るまでずっと続いたのです。

このきわめて重要な時期に、本書はじつに多くの人々の霊的なめざめを援助する可能性をもっています。それというのも、アモラが非常にオープンにそれらの情報を私たちに提供してくれたからです。霊性にめざめるためには高額なワークショップに出なければならないわけではないし、悟りを開くために山奥で隠遁生活を送ったり、霊的な成長に何年間も費やして苦しまなければならないわけでもありません。その理由は、「時はいまです」というメッセージにもあるように、いま私たちは非常に大きな援助を受けられる時代にいるからです。この本で紹介されるシンプルなやり方やはじめて公開されるワークのかずかずは、あなたが自分自身の新しい意識と出会い、内なるキリストを表現することを助けます。

あなたは援助されるでしょう。プレアデスの光の使者たちと高次元マスターのイエス・キリストはすばらしい機会を提供しています。これはひとつの贈り物です。もしあなたが意識的に本書のワークに取り組むことを選択するなら、彼らはあなたが成長するために惜しみなく手を貸してくれます。そしてあなたの準備さえととのえば、あなたのカー経路を開き、内なるキリストを完全に体現できるよう睡眠中にはたらきかけてくれるでしょう。

プレアデスの光の使者たちはおもに私が眠っている時間を通して、宇宙の恵み、幸福感、慈しみの感覚をもたらし、それまで体験したことのない著しい進化を促してくれました。自分を霊的に開くことに積極的にかかわりだした二〇代のころ、私は山中での長期的な瞑想の研修にいくつも参加していました。もっとも長いものは九カ月にも及び、その期間中は瞑想の上級テクニックを修得する目的で高度に体系化された生活を送りました。そこではさまざまな新しい霊的現象を体験したのですが、そうした現象に関する話題はいっさい避けられており、私は一人孤独感を味わっていました。やがて三〇歳を迎え、西洋と東洋の心理学を学び終えたころには、私に起こる霊的な現象は手に負えないほど激しいものになっていたのです。私は自分がひどい病人で、精神病にかかってしまったのではないかと思いました。

私にそそがれるエネルギーがどんどん強まり、それを抑えこもうとするかのように身体が激しく揺れだすこともありました。そうすると自分の身体の勝手な動きをやりすごすために、居間の床に身を投げだしていなければなりませんでした。私の身体はぬいぐるみのように床の上をごろごろ転げまわり、ときにはそれが一時間以上も続くのです。また、あるときは自分の身体が光りだして熱を放ち、身体が麻痺したきり硬直してしまって、皮膚細胞がぐんとちぢこまってから身体いっぱいに引き伸ばされ、全身の細胞が小さな火山のようにいっせいに火を吹くのを感じました。ミツバチの大群が身体中の肌に群がるような気味の悪い感触や、あらゆる感情が内側で同時に荒れ狂うのをどうにもできないときもありました。

それらのすべてはたしかに私自身が体験したことですから、もちろん幻想だと決めつけるつもりはありません。しかしながら、霊的に開かれていくプロセスが必ずしもドラマチックで大変な体験である必要はないのです。プレアデスの光の使者たちは、あなたの内なるキリストを完全に表現するうえで妨げとなるものを浄化し、しかもその変容をすみやかで心地よいものとするために、あなた自身でみずからの意識の手綱をとれるように手を貸してくれるのです。

私は光のチェンバー・セッションで、平和な海をおだやかに漂う感覚を体験したことがあります。さざ波を感じながら自分の意識を観察していると、そこで解放されていくものが何なのかわかりました。また、眠っているあいだに私の身体にはたらきかけてくれるようプレアデスの光の使者たちに願って眠りについた翌朝には、めざめた瞬間に自分が大きく変化したのを感じることがあります。そんなとき、新しい視野と叡知が授けられたことを私は何よりも嬉しく感じます。このような恩恵に、特別の神聖な幸せを感じるのです。

この信じがたい大いなる機会がいまの時期あなたに提供されているのは、あなたに欠けているものがあるからではなく、あなたがすでに〝あなた〟という存在だからであり、この地球と銀河と宇宙の変容の時期にあなたがもたらせるものがあるからなのです。イスラム神秘主義スーフィーの詩人であるルーミーの詩のなかに「美しきものを呼び入れ存在せしめよ。その光は太陽よりも強い」という言葉があります。プレアデスの光の使者たちの語り部であるラーは、「時はいまです」と告げています。まさにその言葉どおりなのです。あなたの「内なるキリスト」を顕現させ、この地上を歩ませてください。その誕生を支えるひとつの手段としてこの本を役立てることができます。いまこそ、あなた自身が放つ光のなかで踊りはじめるときなのです。

一九九五年五月　カリフォルニア州シャスタ山にて

シャーハン・ジョン

プロローグ

あなたの人生をふりかえったとき、これまでの体験はすべてなんらかの方向に導かれていた、と気づいたことはありませんか。人生と呼ばれるこのプロセスは、単に偶発的な出来事の積みかさねなのでなく、知的で神聖なある秩序のもとに起こっていると感じたことはないでしょうか。私にそうした人生の謎を解き明かしてくれたのが、この〈プレアデスの光のワーク〉でした。

子供のころ、私はよく花や草のしげみのなかに、妖精や青く光る小さな宇宙船などを見かけたものです。また、暗い部屋で目を閉じると、あざやかな色や形をしたマンダラのような模様がとりどりに渦巻いて浮かびあがってきました。めざめる直前や眠りに落ちる瞬間には、しばしば目の前で過去世のシーンがまるで映画のようにくりひろげられたりしました。このような体験がいったい何なのかは知るよしもありませんでしたが、私にとってはとても大切な自分の一部でした。しかもそれは、ほかのだれとも共有することのできない部分だということを知っていたのです。

サイキックな現象——私はそれを「全感覚認知《フルセンサリ・パーセプション》」現象と呼ぶほうが好きですが——は何年にもわたり、ほかの面では〝ふつう〟だった私の日常生活につきまとい続けました。私はただそうした現象とともに生きていくすべを身につけるしかありませんでした。一九七〇年代後半の私のサターン・リターン〔占星学で土星がちょうど出生時の位置に戻ってきたとき〕までにこれらの現象はいよいよ頻繁になり、それにつれて私はしだいに無気力になっていきました。組織化された宗教に幻滅し、ついには自分は無神論者だと思うようになっていたのです。けれども執拗にくり返される鮮明な体験から、過去世だけは真実だという確信がありました。

私がまったくはじめて退行催眠療法による過去世セラピーを受けたとき、山腹の草地の上で何千人もの人々にまじって自分がいるのが見えました。そこはイエスがみんなに説教をしているところでした。それを見た私は怒りがこみあげてきて、セラピストのブラウン氏にむかってこう悪態をついたのです。「私は過去世セラピーのためにここに来たんですから、この過去世ともなんとかうまく折りあいをつけるつもりよ。でも私が無神論者だからといって、まちがっても神がかったたわごとやなんかを押しつけないでくださいね。私はただ、過去世の記憶がこれ以上いまの人生につきまとうのをやめさせたいだけなんですから」

するとブラウン氏は「それでけっこうですよ」とひと言だけ答え、セッションを続行しました。こんなふうに傲慢な、とてもスピリチュアルとはいいがたい態度ではじめてセッションにのぞむクライエントに対してはどう接すべきか、のちには私自身がヒーラーとして悩むことになります。このときのブラウン氏のような忍耐力と包容力を私ももちたいものだと思っています。

私が見たその山上の垂訓のシーンでは、イエスが話を始めると突如、彼の右の森の上に星のように青く光る巨大な宇宙船があらわれました。そしてまたひとつ宇宙船があらわれ、次々と六個の巨大な宇宙船がやって来ては去っていくのです。私のまわりでは人々が地面にひれふし、頭を両手でおおいながら恐怖にすすり泣いていました。けれども私はそこに立ちつくし、両手を頭上に大きくふりかざしながら、うっとりするような至福感に包まれて「私のふるさと、私のふるさと」と静かにくり返していたのです。うれしさのあまり涙があふれていました。

そのとき夫が私の服をぐいとひっぱり、「サマンサ！　落ちつくんだ！」と叫ぶのが聞こえました。立ちすくんだまま身動きできずにいると、やがて「第三の目」のところに強い磁力のようなものを感じ、いつのまにかそこにイエス・キリストが立っていたのです。私たちはお互いに見つめあっていました。私の額の第三の目にはこれまで感じたこともない強い光線がそそぎこまれ、光とエネルギーの洪水がどっと押しよせてきて、細胞のすみずみまで染みわたっていきます。涙と歓喜がいっぺんにこみあげてきました。私は細胞レベルでのめざめと、魂そのものの記憶の回復、そして覚醒を同時に体験したのでした。

このシーンが目の前でくりひろげられるあいだじゅう、私は自分の感覚と知覚のすべてが総動員されるのを感じました。やがてスクリーンが消えたかと思うと、私は青い光の球になり、純粋な意識体となって、大きな青い星から地球にむかって宇宙空間のなかを落ちていきました。これが私の人生における、霊的なめざめのはじまりだったのです。そのときの私は「覚醒」という言葉の意味について、なんの見解も持ちあわせていませんでした。宇宙船が霊的・宗教的な現象と関連があるという話も知らなかったし、まして「オーラ」や「オーバーソウル」や「シャクティパット」などにいたっては、そんな言葉すら耳にしたことはありませんでした（私はこの過去世回帰でそのすべてを鮮明に体験していたのですが）。

セッションが終わって目を開くと、ブラウン氏の身体のまわりを透明なグリーンの光がおおっているのが見え、とっさに私は彼に話しかけました。「ブラウンさん、いまのあなたのオーラ、すごくきれいなグリーン！ところでグリーンのオーラにはどんな意味があるのかしら？　それにオーラって、いったい何でしょう？」

彼はいぶかしそうに私を見ました。「あなたはオーラがどんなものか、よく知っているはずですよ。たったいま、私のオーラについて話してくれたばかりじゃありませんか」

私はそれは言葉が口をついて出てしまっただけで、自分が言ったことについて意識レベルではなんの知識もないのだと説明しました。実際このとき生まれてはじめてオーラを見たのですが、オーラについては何も知らなかったのです。ブラウン氏はオーラのことを人間の肉体をとりまくエネルギー・フィールドだといって、その基本的な定義を教えてくれました。

それは私がキリスト、シリウス、覚醒、光の宇宙船などの関係を理解するようになる数年前の出来事でした。私はその後、さまざまなことを知るようになりました。眠っているあいだに私を癒し導いてくれていたのは、プレアデスという星から来た地球外の光の存在たちでした。彼らの使命は「集団規模でのキリストの再臨」をもたらす、つまりこの地球上にいる私たちの多くが自分の神性にめざめ、それを具現化するのを手助けすることだったのです。また、シリウスからの宇宙船は青い光の船のように見えるのですが、この銀河系におけるキリストの教えはシリウスに源を発し、そこに保持され、そこから地球に伝達されていることもわかってきました。

パズルのピースのようだった断片が完全な一枚の絵になり、私はこの〈プレアデスの光のワーク〉へと導かれたのです。私にそうしたことを教えてくれたのは、プレアデスの光の使者たちと、最後に肉体をもったときに「イエス・キリスト」と呼ばれた高次元のマスターでした。

〈プレアデスの光のワーク〉にはいくつかの種類があります。そのなかには手技を用いたエネルギー・ワーク、透視によるリーディング、肉体の神経系組織にはたらきかける「ドルフィン・ブレイン・リパターニング」と「ドルフィン・スター・リンキング」、そしてハイアーセルフ（高次元の自己）とつながる方法などがふくまれています。

このワークのいちばんの目的とは、あなたの「カー経路」（Ka Channels）を開いて活性化させることです。それによって多次元にわたる自己から肉体へと高周波エネルギーの光がひき寄せられ、あなたの高次元存在または「内なるキリスト」を迎え入れるために必要な通路が肉体のなかに開かれます。それはまた同時に、肉体の死と対極にある「アセンション」（次元上昇）をも可能にします。つまり、あなたの神聖な自己と肉体がつながることで波動が高められ、鍼治療《はり》でいう「経絡《けいらく》」が刺激されて、肉体の調和と蘇生がもたらされるのです。するとあなたの霊的な成長は加速し、電気を帯びた光の身体《ライトボディ》が活性化されます。そして中枢神経系を通る脳脊髄液の流れがひろがり、神経系の道筋はクリアになって感情の浄化が促されます。

癒しと霊的変容を目的としたこのワークは、その大半が特に施術者の手を借りることなく実践することができます。プレアデスの光のヒーリング・チームの使者たちをどうやって呼び寄せ、自分のプロセスにふさわしいセルフケアの方法をサポートしてもらうには何を求めたらいいのかをあなた自身が知っていれば、自宅でもワークをおこなうことができます。私がこの本を書くことになった理由はそこにあります。つまりあなたが自分にふさわしい方法で、プレアデスの光の使者からのガイダンスやヒーリング、スピリチュアルな援助を受けられるようにするためなのです。

プレアデス人たちは、神聖な「カー」を開くための知識とヒーリングの実践方法を教えてくれましたが、この本の核心部分であるそれらの内容は、じつは古代のレムリアやアトランティス、エジプトの「癒しの神殿」でおこなわれた技法の鍵となる要素とほとんど同じもので構成されています。

以前、私がおこなっている「プレアデスの光のワーク集中コース」についてある女性と電話で話しているとき、ひとつのヴィジョンが見えてきました。私たち二人が古代エジプトの神殿のなかで、白い巫女の服をまとった数人の女性たちと輪になって立ちならんでいるのです。みんなひどく悲しげなようすで、なかには泣いている女性もいました。というのも、神殿を破壊して私たちを牢獄に連れていくために、兵隊たちがいまここへ向かっている最中だということをちょうど知ったところだったからです。当時、政治的および霊的な階層制度はくつがえされ、恐怖にもとづいた暗い宗教的秩序を象徴する「終焉の神殿」が、聖なる「光の神殿」にとって代わろうとしていたのです。

私たちはみんなで神殿のものを焼き払い、毒を飲むことに決めました。おだやかな死を選ぶほうが、レイプや暴力や、あるいは残された迫害の道を選ぶよりもはるかにましに思われたからです。私はそこにいる女性たちにむかって言いました。「闇のサイクルが終わるとき、私たちは帰ってきて、この神殿の教えをもう一度よみがえらせるでしょう」と。すると一人の年若い女性が「でも、私たちが愛し、心から仕えたすべてのものが消え去ってしまったら、どうやってそんなことができるのでしょう?」と泣きながら問いかけてきました。そのとき私はこう答えていたのです。「愛しい人よ、かつて私が夢見ることでそれを人々にもたらしたのなら、時がいたれば私はふたたび同じことをするだけです」

私はそれよりも数回ほど前の人生で、「夢見」の才をもつ巫女でした。そこでは覚醒した夢見を通して多次元レベルでのヒーリングや霊的指導をおこない、またいっぽうではプレアデスの光の使者たちからの教えを神殿にもたらしていたのです。そのような過去をもった私は、まさに破壊されようとしている神殿のなかで、新しいヒーリングの技法を確立させたのでした。今世でふたたび呼び寄せられた〈プレアデスの光のワーク〉は、このときのものが基本になっています。このようにして私の誓いは守られました。進化のサイクルにおける地球の位置がととのったので、プレアデスの光の使者たちは「時はいまです」と私に語りかけてきたのです。

この本を書くというプロセスは、私の人生におけるすばらしい経験となりました。プレアデス人からこの本を書くようすすめられてから原稿が完成するまでの期間、私は間接的であっても関係のありそうな資料をいっさい読まないよう意識的に気をつけてきました。ですからほかの情報と共通する点があったとしても、すべてはまったくの偶然によるものです。ただし、バーバラ・ハンド・クロウの新刊『プレアデス銀河の夜明け』のなかからは、いくつかの部分を参考にあとから加筆しました。

バーバラ・ハンド・クロウと彼女の夫が経営するベア・アンド・カンパニー社にこの本の企画と原稿の一部を提出することになろうとは、私自身思ってもみませんでした。バーバラ・ハンド・クロウの著作"*Heart of the Christos*"(クリストスのハート)、"*Liquid Light of Sex*"(流動する光の性)、"*Chiron: Rainbow Bridge Between the Inner and Outer Planets*"(キロン――内惑星と外惑星をむすぶ虹の架け橋)など何冊かを読み、数年前にシアトルで講演を聞いて以来、私は彼女に深い尊敬の念をおぼえ、高度な霊的完全性がそなわった覚醒した女性だと考えていました。そのバーバラと直接一緒に働く機会をもつということは、私にとって太鼓判を押されたも同然だったのです。ある晩家に帰って、留守番電話にこの本を出版したいというバーバラからのメッセージが入っているのを聞いたとき、私は飛びあがらんばかりに興奮しました。実際、最初にプレアデス人たちはこの本を書くよう指示してきたとき、「ベア・アンド・カンパニー」という名前の入った背表紙のヴィジョンを私に見せてくれてはいたのですが。

バーバラからのメッセージを受けとった五日後、それはまだ電話で話す前のことでしたが、今度は彼女からの手紙を受けとりました。「あなたはこれを聞いて私と同じくらい興奮するかしら?」という書きだしを読んで、思わず私は口もとがほころんでしまいました。そして読みすすむうち、しだいに誇らしい気持ちになっていきました。そこには彼女の新しい本『プレアデス銀河の夜明け』がこの秋に出版される予定であることが書かれてあり、その内容は私の本と完璧に対になるものだったのです。そして彼女の本のなかにも「カー」に関することや、「カー」を癒し、活性化させるさしせまった必要性について盛りこまれていましたが、プレアデス人たちはその具体的な方法についてはほかのだれかがチャネリングによって書くだろう、と彼女に語ったというのです。

バーバラと私は、意図的に直接協力しあうことなくおのおののヴィジョンを達成し、情報を完成させました。私たちは影響を受けあわずにすむように、原稿を完成させるまではお互いの原稿を見ないようにしようと約束しました。けれども電話で少し話しただけでさえ、二人がまったく同じプレアデスの情報源のもとで働いていることは明らかでした。この二冊が互いに補完しあうという性質は、プレアデス流の巧みな独創性がじかに表現されたものです。この本の原稿がいったん完成したあと、私はバーバラの『プレアデス銀河の夜明け』をところどころ読み、数カ所を本文中と用語解説のなかに書き加えさせていただきました。

この本の完成が近づいたある朝、瞑想の直後に、私はリビングルームへ行ってバーバラの"*Signet of Atlantis*"(アトランティスの印章)を手にとるように言われました。自分の本が仕上がったら読もうと思って数日前に買っておいたのですが、その朝にそれを開いて序文を読むように指示されたのです。そのなかにはバーバラの「心の三部作」("*Signet of Atlantis*"はその三作目にあたります)がどのようにして生まれたかがつづられ、彼女が体験したさまざまな滞りや逸脱、時間的拘束などがざっと述べられていました。その話は私の体験とあまりにもよく似ていたので、「もしかしたらこれがプレアデス流のやり方なのかしら。だとしたらもっと早くに知りたかったわ。そうすれば時間に追われても、あれほど不安を感じなくてすんだのに」と思ったほどでした。

私はこの本を書いていた六カ月のあいだに夫と別居し、やがて離婚にいたりました。またフルタイムでヒーリングの個人レッスンを続け、二週間半近くも病いに伏し、引っ越しをし、二一日間の「プレアデスの光のワーク集中コース」を指導しました。それ以前の私は、一日か二日の休みもとらず連続して三日以上働いたことなどまずありませんでした。ですからこの六カ月間のスケジュールは、私にとってまるで太古の夢と同じくらい現実ばなれしたものだったのです。けれども実際にこつこつと地道に何かを積みあげていくという能力において、新たな自信をつけることができました。

この本が完成する八週間前のある朝、瞑想の終わりごろにプレアデスの存在があらわれて、いくつかの新しいエネルギーと周波数を体験させてくれました。そのあとコンピュータのところへ行って新しいファイルを開くよう指示されました。私がいわれた通りにすると、彼らは〈プレアデスの光のワーク〉に関する次の本の概要を教えてくれました。私の新しいレッスンとは、川の水をせきとめたり途絶えさせたりせずに流しつづけることのようです。

この速い水の流れはさらに加速されつつあります。なぜなら地球がいまフォトン・ベルトのなかにあり、これからいよいよ深く入っていくことになるからです。二〇一三年にむかい、その流れが大きく衰えたり弱まったりすることはないでしょう。物理的・感情的・精神的・霊的な面のすべてにわたって、すでに地球の変容は始まっています。そして今後一七年間にわたり人類が時間と空間を旅していくにつれ、その変化はますます大きく、明らかになっていくはずです。ヒーリングの手法を学んだり、霊的なトレーニングを受けたり、ヒーラーに手助けを求めたり、あるいは聖なる儀式の体験を探求したりする必要を感じる人もいるかもしれません。

きたるべき新しい時代において、人はだれも独自の役割を担っています。しかし、あなたが感じる衝動や欲求はつねに吟味される必要があります。そして単にとり残される恐怖に反応しているのではなく、神聖なインスピレーションを感じたときは、その衝動の実現にむかって最後まで行動しなければなりません。この新しい時代になって、ようやく霊的な成長という概念にめざめる人々もいるでしょうし、いっぽうではこの惑星をはなれることを選択したり、最後まで変化を拒む人々もいるでしょう。変化が加速されるこの時代、あなたにヒーラーや指導者、カウンセラーまたは聡明な友人としての役割があるとしたら、どうかためらわずにその使命をまっとうしてください。

プレアデス人たちと私自身が意図し、また望んでいるのは、あなたがたが地球とともにますます深く癒され、浄化され、霊的な成長をとげるという恩寵に浴するためにこの本が貢献することです。同じ目的のもとに私たちの一人一人が、そして人類全体が新しいあり方と生き方を誕生させようとしています。それがかなえられたとき、地球規模でのアセンションというゴールが達成されるのです。

第Ⅰ部

なぜ、いまプレアデスなのか？

1章　はじめに

私が以前、フェルデンクライス・メソッド〔身体の動きを通して気づきを深める技法〕をとりいれた三日間のボディワークを指導していたときのことです。最終日に床に横たわっていると、人間と同じくらいの大きさをした「パーラ」という名の光の存在があらわれ、私に手をさしのべてきました。すぐに信頼感と親密感のようなものを感じ、私は起きあがって彼の手をとりました。するとその瞬間、自分が肉体の外に立っていたのです。そしてそのままパーラの腕につかまり、部屋を抜けて屋根の上空へ舞いあがり、あっというまに地球の大気圏外まで出てしまいました。

私たちはいく層もの薄暗い闇のなかをすべるように通りぬけ、それからブルーやミルキーホワイトのやわらかな輝きを放つ空間を越えていきました。突然視界が開けたかと思うと、目の前には巨大な赤い星雲が渦巻いていて、そのなかに青い点、もっと小さな黄色や白の斑点が入りまじり、めくるめくような美しい色を放っていたのです。そのむこうには無限を感じさせる青く深い闇がはてしなくひろがり、たくさんの星がきらめいていました。その巨大な星雲の真下を通りぬけたときに見たみごとな美しさは、いまもありありと私の心の目に焼きついています。

星雲を通りすぎたあと私たちは速度をゆるめ、いくつもの光輝く黄金色のピラミッドからなる建造物へと近づいていきました。その頂きには縦横が同じ長さの十字架が立っています。それは宇宙基地の屋根でした。しだいに近づきピラミッドの下まで降りてくると、そこはたいへん広大な施設だということがわかってきました。私たちは倉庫ほどの大きさの建物の内部に案内され、そこから見上げると一二メートルほど上の中空にピラミッドが見え、その未知のパワー源からは透明な光が放たれています。私たちのいる白い部屋はこれといった特徴もありませんでしたが、やはり不思議な美しい光をたたえていました。

私はそれ以外のことがまったく目に入らないほど、ピラミッドの美しさと、そこにいる四人の光の存在から放たれる愛と理性が調和したエネルギーに、すっかり心を奪われてしまいました。四人の存在は、それぞれレッド、ゴールデンイエロー、グリーン、ブルーの光に輝いていました。背たけは私の約一・五倍ほどあり、頂点が丸みをおびた細長い三角形のような姿をしています。まるで人間の頭からつま先までをすっぽりとローブでおおったような格好でした。はっきりした手足や顔があるわけではないのですが、細長い三角形の上のほうに二つの瞳と、コミュニケーション器官のようなものがあります。いっぽう、パーラは人間とまったく同じ形をしており、青みがかったシルバーの光に輝いていました。

そのときゴールデンイエローに光る存在が私に、エネルギー調整をしてほしいかどうかとテレパシーでたずねてきました。ふだんの用心深い性質とはうらはらに、私は何もきかないまま「ええ!」と答えていました。するとそこまで案内してきてくれた、やや背たけの低いシルバーホワイトの存在が私を抱きあげ、ピラミッドの頂点に私の頭をぴったりはめこんで、ピラミッド内に身体をあずけるようにしたのです。私は極彩色に輝く光とエネルギーに包まれ、身体がとても軽く感じられて内側からは歓喜のエネルギーがあふれてきました。

次にゴールデンイエローの存在はふたたびテレパシーで、プレアデスのアストラル体をとり戻したいかどうかと問いかけてきました。愛と信頼感で胸がいっぱいになり涙を流していた私は、ためらわずに「もちろん！」と答えました。そのとたん、私の身体とピラミッド内のエネルギー・フィールドとのあいだに相互作用が生じて、さまざまなエネルギーと色がいちどきに混ざりあい、渦を巻きはじめたのです。するとみるみる細長い三角形の存在たちと同じ形をした赤い色の身体が形成され、それが私の人間のアストラル体と同じようにシルバー・コードで私の身体に結びつけられました。私はその新しい身体と人間の身体の二つの意識を同時に感じることができるようになったのです。私のエネルギーは高まり、歓喜と信頼感のなかから平和なおだやかさが生まれて、自分がいるべくしてここにいるのだという深い安心感に包まれました。私とつながり、溶けあっているのはもうひとつの別の存在なのではなく、私が遠い昔に置き去りにした私自身という全体《ホールネス》の一部だったとわかりました。それがいま、光の身体を与えられて私のもとに帰ってきたのです。

ここでふたたび出会えた仲間への友情と信頼、いにしえの愛という深い結びつきが私の内によみがえりました。私が最初に銀河系にやってきたとき、このプレアデスの身体こそ、ここでの奉仕にそなえて周波数を下げるために最初にとった形だったのです。そのあと私はプレアデスの「七人姉妹」〔プレアデス星団の七つの明るい星のこと〕のさまざまな場所に生まれ、未来の目的にふさわしい体験と指導を受けたのでした。これらのなつかしい古くからの友人たちと一緒にいるのはごく自然なことであり、ずっと自分が待ちこがれていたのを感じました。こうして光の身体の結合が完了すると、私たちは愛と感謝と尊敬の思いを静かに交わしながら別れたのです。

来たときとくらべて、帰りの飛行はとても短時間のように感じられました。それ以来、私は何度も旅をくり返していますが、帰りはますます時間が短縮されているようです。私がプレアデスの光の身体と溶けあっているとき、時間と空間の制約は最小限に抑えられています。

私は地球に帰ってきて、生徒たちが横たわる床に戻ろうとして部屋のなかを漂っているあいだに、さらにたくさんのことを教えられました。それはおもに次のような内容でした。

まず、私のプレアデスの光の身体はふだんはほとんど私と分かれているけれど、プレアデスの光の使者たち（私は彼らをのちにそう呼ぶようになったのですが）とはつねに一定のつながりが保たれているというのです。さらに私のプレアデスの光の身体は、私が同時に二つの場所に存在することを可能にし、三次元の地球とより高次元の世界を、またプレアデス星団の中心星アルシオネと地球をつなぐ媒介者となることを可能にしてくれるということでした。

プレアデス人たちは、彼らが「神経・筋・大脳皮質系リパターニング」の訓練に綿密に取り組んでいることも話してくれました(私もいまはこれにかかわっています)。というのも、私たちの神経系がこれからの地球の波動レベルの変化に耐えうるような波動的変容をとげるために、どうサポートすればいいかを研究しているところだからです。つまり神経系を癒すための方法をできるだけ数多く研究するということが彼らの課題なのです。

また、私たちがより深く癒されるように援助するのを学ぶために、希望すれば一人につき一人のプレアデスからのガイド役がトレーニングとして割り当てられます。それらのガイドたちは私たちを観察し、ワークの効果を調べ、ほかの人々にも役立つような情報の利用のしかたを決定してくれるでしょう。今後はますます多くの人々が、睡眠中に高次元のアストラル界でそのような経験をしたり、私のような人間の施術者によるワークを直接体験するようになります。私自身も睡眠中に「神経・筋・大脳皮質系リパターニング」によってさらに深く癒される必要があり、またエネルギーレベルでもっとも効果的に人々にはたらきかける方法をさぐるために、今後ヒーリングと再調整のためのワークを受けることになっています。プレアデスの光の使者たちは、私が眠っているあいだに上級コースのテクニックも指導してくれるといい、私が教えている三次元のクラスでは、その場にふさわしいワークの応用法をプレアデス人たちがテレパシーによって即座に伝えてくれるとのことでした。

以上のような話を終えると、プレアデスの友人のパーラは私を肉体に帰してくれたのです。部屋のなかで気がついたとき、私は地球の尺度でいったいどのくらい時間がすぎたのか見当もつきませんでした。

この日の出来事は、私がはじめて意識的に参加したアストラル授業だったといえます。そしてその晩、眠っているあいだに私はモーシェ・フェルデンクライス〔フェルデンクライス・メソッドの創始者〕をふくむ数人の人たちと、研究室のような場所で会ったのです。そこには霊的というか非物理的な入力データをモニターできるコンピュータがありました。私は物質界では一度もモーシェに会ったことはありませんでしたが、彼は肉体をもっていたときにあみだしたワークの概略を述べ、私のような人たちの好意的な援助によってどれほどそれをひろめ、発展させることができるかを話してくれました。モーシェの肉体は数年前にこの世を去りましたが、彼の才能と情熱はいまだに健在なのです。

次の朝めざめると身体が勝手に動きだし、すぐにパーラからメッセージがとどきました。「リラックスして身体を思いきり自由に動かしてください。そして、その動きのパターンを書きとるのです」。言われた通りに気持ちを落ちつけていくと、私の肉体はひとりでに一連のなめらかで繊細な動きをしはじめました。それを書きとめたものは、のちに「ゆりかご」と名づけられる動きになりました。私はこのようにして教えられた肉体を動かすボディワークを総称して「ドルフィン・ムーブ」と呼んでいます。そのひとつである「ドルフィン・ブレイン・リパターニング」は、モーシェ・フェルデンクライスが肉体を動かすエクササイズを通して発見した原理にもとづいて、さらにプレアデス流に発展させたワークです。

私はそれからもアストラル界で、モーシェとプレアデスの光の使者たちに何度も出会いました。モーシェやその仲間たちと一緒に過ごすのはすばらしい体験でした。彼の話はたいてい率直で要を得ており、ときおり心あたたまるような意見やジョークをまじえ、とても愉快で貴重な時間に感じられたものです。私は彼らから「ドルフィン・ムーブ」の指導を受けたり、ワークの背景にある哲学や論理を教わったりしました。またヒーリングのためのレーザー光線を使ったテクニックや、手技によるワークを受けたこともあり、それらは「ドルフィン・ブレイン・リパターニング」の要素にもなっています。

私はこのような体験のあと、いつも翌朝になって記憶していることを書きつづっていきました。そうしてまる一カ月がたったころ、二つの原稿が書きあがっていたのです。そのひとつが〈プレアデスの光のワーク〉で、もうひとつが「神経・筋・大脳皮質系リパターニング」の集中トレーニングに関するものでした。

そのころ私は覚醒夢のなかで、あるいはレッスンの最中や瞑想中に、何度かプレアデスの光の船やほかの宇宙基地を訪れました。それらの体験はどれも例外なく愛情にあふれ、私の境界と自由意志を尊重するものでした。私は過去においてあまり道徳的でない地球外生命から個人的にひどい侵入を受けたことがあり、またそうした地球外生命の憑依や洗脳から人々を救った経験もたくさんあります。しかし今日まで私は、プレアデス人たちによってサイキック・コードやどんな類いの装置も体内に埋めこまれた経験はないですし、ほかの人々にそういったことがなされるのを目撃したこともありません。

集中トレーニングが終わって、私は友人たちとディズニーランドへ行き、カリフォルニアのアナハイムで二日間を過ごしました。そこへ着いた日の午後、プールサイドで横になりウオークマンできれいな旋律の音楽を聴いていると、プレアデスのガイドがあらわれて、一緒に来るようにといいます。ところが、その横にオリオンからと思われる二人の存在がいるのを見て、私は驚いて立ちあがり、とっさに身を守ろうとしました。するとプレアデスのガイドは、彼らは悪い存在ではないと教えてくれたのです。まもなく私自身もそれが本当だということがわかりました。そのオリオンの存在たちからは優しさが感じられたからです。おだやかなコミュニケーションを通して、彼らが同じ種族のなかに道を踏み外したものが存在することを残念に思っているのが伝わってきました。彼らは「光」に仕え、「光の銀河連盟」のために働いている存在たちでした。

そして私たちは四人で、すぐさま地球の大気圏内にある大きな宇宙基地へと移動しました。それはいくつもの広大なフロアからなる建物で、各階がそれぞれじたいで完璧な機能を有しているようでした。とはいえ私たちはいちいち確かめる間もなく、目的地にむかってそれぞれの階を通りすぎていきました。やがてたどり着いたのは一辺が約六メートルほどの四角い部屋で、その中央には見たこともないような金属でできた濃い暗灰色の円筒《シリンダー》がありました。詳しくは説明しきれませんが、この空間はオリオンの光の存在たちの特殊なグループによってつくられ、これを利用して核廃棄物や核エネルギーを逆行させ、消滅させることができるというものでした。実際、この装置を使えばどんな残留物も出ないと彼らは私に断言したのです。

さらに説明は続きました。人類のある程度の人数が、地球に満ちている闇の存在に気づき、聖なる法則にしたがってともに新しい地球を創造するという責任を選択するまで、彼らはこの装置を使うつもりはないといいます。私たちは地球人として、自分自身がほかの人たちやこの惑星に、そして未来の世代に与える影響にもっとめざめなければならないのです。人類が地球から核の脅威をとりのぞくには「聖なる介在」が必要です。その脅威がなくなれば、私たちはお互いに、あるいは「神／女神／すべてなるもの」や地球、地球上のすべての生命、さらには銀河系外の友人たちとも、一緒に共同創造者としてやり直すチャンスが手に入るというのです。

のちに聖ジャーメインから説明を受けたのですが、彼によれば人類はすべて共同創造のハーモニクス内で活動する責任を負わなければなりません。共同創造においては、現実の行為と創造の結果およびプロセスで「だれもが勝者」であるという姿勢が必要とされるのです。

その日、アナハイムで肉体に戻った私は感謝の気持ちでいっぱいでした。これまですべて悪者と決めつけていたオリオンの存在たちと出会ったおかげで、謙虚な気持ちになることができたのです。地球と「光」に対する彼らの真摯な奉仕には、大きな感銘を受けました。それ以来私は、自分自身の日ごろの態度や言葉から、そうしたネガティブな思いこみや決めつけをなくそうと努力しています。すべてのものごとを単に進化発展のプロセスという視点で見る、というのが私の目指すところです。

存在するすべてのものは学び、進化する途上にあります。私たちは権力への欲望につまずいたり、黒魔術やドラッグ、なんらかの虐待などの罠にはまってしまうことがあるかもしれません。けれども最終的にあらゆる生命体は進化し、光・愛・真理という聖なる計画と調和する「神／女神／すべてなるもの」とともに共同創造者として歩むのです。私たちはみな本来、すべての創造物に対する深い愛情をもっています。何かやだれかを進化のプロセスの一地点で判断するのは非創造的な過ちです。成長し、より意識的になっていくにつれて、どんなときでも真っ先にみずからが実践することによってまわりに気づきを促すという責任を負うようになります。そのような立場を選択することによって、私たちはすべての存在との結びつきを感じ、それを大切にできるようになるのです。

ところで、その旅から帰って以来、プレアデスの友人たちはまったく姿を見せなくなってしまいました。呼びかけても夢のなかで会いたいと願ってみても、何も起こってくれません。日を追うごとに失望が深まり、いよいよ孤独になっていった私は、ある日の午後、瞑想の最中にわっと泣きだしてしまいました。「なぜ私を見捨てたの？　どこにいるの？　私が何か間違ったことをしたの？」と大声で叫びながら（いま思うとまさに地球人的な結論ですね）。

そのとき、金色の光のほのかなあたたかさがふわっと私を包みました。それは私にとってなつかしく愛しい存在、プレアデスの光の使者の一人である「ラー」の感覚でした。忘れられないその感覚が私の腕に触れるのを感じて、私はもう一度言いました。「なぜ消えてしまったの？　ずっと会いたかったのに。あなたは私の人生をとても意味深いものにしてくれたわ。そのあなたがいなくなったら私、耐えられない」

「愛しい人よ。私たちは決してあなたから遠ざかったりしません。あなたが本当に私たちを必要とするときには必ずあなたのそばにいますし、それとわかるような合図を送ります。けれどもしばらくのあいだ、あなたは地球上の生活に取り組まなくてはなりません。このまま定期的にコンタクトをとりつづけていれば、あなたは生活のほかの面より私たちのことのほうが重要で真実だと思うようになってしまうでしょう。私たちは、あなた自身のここ地球での学びや成長、奉仕などを邪魔したくないのです。なぜなら、あなたをとても深く愛し、尊敬しているからです。時がきたら、無意識の世界でもあなたの覚醒した意識のなかでも私たちはまた出会います」

ラーはやさしくそう言うと、最後に愛と慈しみを送ってくれました。その波が私のなかを流れると、心が落ちついていきました。そうしてラーは去ったのです。

その後、一部のチャネリング・セッションを除いて、ラーやその他の存在との意識レベルでのコンタクトは、おもにクライエントとのセッション中に起こるようになり、その場でプレアデスの光の使者たちはヒーリングのやり方も教えたり援助してくれました。彼らのこうした指導や援助はもっぱら「ドルフィン・ブレイン・リパターニング」と「ドルフィン・ムーブ」のセッションのなかでおこなわれたのです。そのような状態は私の人生の新たなページが始まる一九九三年の夏の終わりまで続きました。

2章 プレアデスの光のワークについて

一九九三年八月、私は疲労のために、オレゴン中部のブライトンブッシュの温泉リゾート地で休養をとっていました。大きな古木が立ちならぶ森のなか、ある日私はデッキの外の木製のピクニック・ベンチにすわり、流れの速いブライトンブッシュ川のせせらぎを聞きながら、のんびりとベジタリアン用の夕食をとっていました。すでに六日間そこに滞在していた私は、昼寝もふくめたっぷりと睡眠をとり、熱いミネラルの温泉やサウナ、冷たい水のプール、ハイキングという生活にもすっかりなじんで、ふたたび元気を回復しつつありました。そんなわけで私は暑い夏の夕べにはこれ以上望めないほど満ち足りた気分で、思わず笑みがこぼれてしまうほどでした。

食事を終えて立ちあがり、トレーをロッジのなかへ片付けようとしたとき、ふと一人の女性の首にかけられたペンダントが目にとまりました。トレーを運んでから外に引き返すと、私の足は自然にそのペンダントの持ち主のところへ向いて、彼女に話しかけていたのです。「こんばんは。そのペンダント、とてもすてきですね。私、さっきから気になっていたんですけど、あなたがおつくりになったの？」そこで彼女が何と答えたのかは忘れてしまいましたが、そのペンダントがきっかけになって私たちが出会うという目的がかなえられたのです。その女性はラグナー・ビーチの近くでカイロプラクティク院を開業していると自己紹介したあと、こんな話をしてくれました。口ではうまく説明できないけれども最近カイロプラクティク以外の方法も始めてみたら、それがクライエントたちに驚くべき効果をもたらしているというのです。それはまさに彼女の直観によるもので、二度と同じやり方はできないとのことでした。自分でも説明がつかないのでアイデンティティの危機を感じているようでしたが、彼女はそれは前向きで歓迎すべき変化だと考えていました。

彼女と話しだして二分もしないうちに、突然ひとつのヴィジョンが私の目の前に流れはじめました。話に集中できなくなってしまった私は、ほとんど弁解するようにこう言いました。「ごめんなさい、いまあることが起こりかけていて、トランスに入るよう求められているの。私は透視をするんです。もちろん、ふつうは会ったばかりの人の前でなんかしないわ。でも、なんだかこれはとても大事なメッセージのような気がするの。このまま続けてもいいかしら?」彼女は瞳を好奇心いっぱいに輝かせ、即座にうなずき返しました。

そこで私が見たものは、私にとってもまったくの驚きでした。ちょうどその女性のオーラの右上にひとつの気泡が見え、そのなかに私たち二人がプレアデスの光の使者たちとともに、「ドルフィン・スター・リンキング」のセッションを学んでいるところが小さく映ったのです。そこは宇宙船のなかのようでした。私は目を開けて、彼女に次のようなことを言いました。「あなたの新しいワークでは、身体のなかで相互にエネルギーが結びついているさまざまな地点に指先をあてて刺激するのかしら? そうすると、それらの点をつなぎあわせる電気的回路が再結合して活性化されるのね? だからワークを受けた人は、痛みや圧迫感からすみやかに解放されるのでしょう?」

「その通りよ!」彼女はびっくりして、「でも、どうして? 私にもそんなにうまくは説明できないのに」とき返してきました。「だって私たちは同じプレアデスの光の船のなかでそれを学んだんですもの。私自身はこのたぐいの手技を用いたワークを、一九八〇年代のはじめごろからやっていたのよ。でも、それがプレアデス人たちに教えられたものだったことは、たったいまはじめて知ったわ」と私は答えたのです。

ちょっと間をおいてから、私のプレアデスのガイドであるパーラがあらわれました。そして数カ月ほど前から彼女の夢のなかでプレアデス人たちが一緒に活動してきたことを告げるように、と言うのです。私がそのメッセージを伝えると、彼女は「それはちょうど私が新しいワークを始めた時期だわ。驚いたというよりも、やっぱりって感じかしら」と答えるのでした。

それから私は、プレアデスの光の使者たちと出会った体験をいくつか彼女に打ち明けました。〈プレアデスの光のワーク〉はプレアデス流のヒーリング・テクニックであり、肉体組織の痛みの根源を一掃しないまま症状だけに対応しようとする従来のカイロプラクティクのような療法に代わって考案されたことも話しました。彼女はうなずいて、自分も新しい方法を始める以前から肉体により深くはたらきかける方法が必要だと感じており、これからその新しい方法をさらに学んでいきたいと思っているというのです。私は自分が「ドルフィン・スター・リンキング」を始めたころの体験談を話し、彼女も自分の体験を語りました。そのときパーラがふたたび会話に割りこんできました。

パーラは何枚かのメモ用紙とペンを用意するようにと言います。私がそうすると、それから一時間半ほどの時間をかけて、この本の第II部で詳しく説明する「カー経路」について語ってくれたのです。それはこれまでの「経絡《けいらく》」のシステムに代わる、まったく新しい体系のものでした。その経路の大まかな道筋を説明し、また肉体のなかのカー・エネルギーの流れを調整する「カー・テンプレート」と呼ばれるものの存在についても教えてくれました。そして「カー・エネルギー」とは、基本的な宇宙の光と生命力として表現されるものので、それが私たちの肉体と非物理的な身体のなかをきちんと流れるとき、鍼や指圧で用いられる経絡《けいらく》にも活力を与え、そこが開かれてエネルギーが流れつづけるようになるというのです。そのエネルギー源は、もともと多次元のホログラフ的なきずなで結ばれた私たち自身のハイアーセルフから発せられた光のエネルギーであり、その周波数を落としたものから成り立っているとのことでした。

つまり私たちがハイアーセルフとつながり、みずからのカー経路を開いてより高次元のカー・エネルギーを受けとることが可能になったとき、私たちのスピリットが肉体と結合するチャンスは大きくひろげられるのです。そして真理を求めるスピリチュアルな探求者たちには神との一体化または覚醒という目的のために、スピリットから物質への降下というプロセスが促されます。スピリットが完全に物質のなかへと降下するとき、私たちはキリスト意識を体現した人間となり、それは「集団規模でのキリストの再臨」とも呼ばれます。そしてカーの活性化の究極に「アセンション」があるのです。

その日の彼女との出会いと、それに続く会話はなんと光に満ちていたことでしょう。新しい友人と私は二人とも大感激でした。受けとった情報の内容とともに、私たちの身体にはエネルギーの増大がもたらされたようでした。とりわけ過去世のヴィジョンとそれに連なる感情がひとりでに浮かんできたときには、一気にエネルギーが注ぎこまれたのを感じました。レムリアやアトランティス、そして古代エジプトのシーンがあらわれ、自分がヒーラーたちと一緒にいるのが見えました。そこではいま私が思いだそうとしているのと同じヒーリングのテクニックが実践されていたのです。私は現代よりもはるかに霊的に進化していた古代文明の神殿での活動をリアルに追体験し、まさにいま自分がもう一度そこにいるような感覚を味わいました。しかし同時に、このように進化した文明が最終的にはすべて滅亡したということもまた、私の記憶に鮮烈に刻み込まれたのです。

プレアデス人たち（プレアデスの光の使者たちのことを私はよくこう呼びます）は語りました。地球がアルシオネをまわり、アルシオネとプレアデス星系が「銀河の中心」をめぐり、そしてこの銀河系全体が時間と空間を通してスピリチュアルなダンスを展開させるなかで、私たちが神の恩寵の時代である「聖なる螺旋《らせん》」のなかに突入する地点があるといいます。それらの時期には、個人や地球レベルでの霊的なめざめや進化のためのすばらしい機会がもたらされるのですが、いまがすでにその時代だというのです。

つまり私たちはいまこそ自分たちが過去にどこまで行ったのかを思いだし、それを超える時代を迎えているのです。この期間に私たちは過去の過ちから学び、それをゆるす機会が与えられるでしょう。過去につくりだした、あるいは今後つくりだす自分の体験のすべてに責任をとるためのチャンスが訪れています。それを実行することによって、太古から続いてきた時代のゆくすえを解きあかす扉が開かれるのです。

ブライトンブッシュで知りあった私たち二人は、お互いに古い記憶を思いだし、分かちあったことで深い感銘を受けました。その日書きとめたメモのコピーを渡してから電話番号と住所を教えあい、これからも連絡をとる約束をして、私はその〝初対面の旧友〟と別れたのでした。

その夜ふけ、私はキャビンでもうひとつの交信を受けとりました。それは高次元のマスターであるイエス・キリストからのものでした。交信の内容は七つの光線に関することと、その光線のエネルギーを地上のカップルたちのために守り分配するという、聖なる男性と女性が一対になった光の存在についてでした。地球上の男女の関係はいまこそ彼らが意図するものに変容される必要があり、それはキリストとプレアデスの全体的な計画の一部であるというのです（新しい男女のパラダイムに関する情報は10章の「愛のチェンバー」で述べます）。

説明を聞いているうちに、私のなかには小さな悲しみが呼び起こされました。そのころ私は一人ぼっちで、心からパートナーを求めていたからです。けれどもいっぽうでその話は、私にもきっともうすぐパートナーがあらわれるだろうという希望の種をまいてくれました。長いあいだ、深いきずなで結ばれたパートナーや助けあえる仲間をずっと求めつづけていた私は、その夜満ち足りた幸福な気分で眠りに落ちていったのです。

ブライトンブッシュから帰って二週間ほどたったころ、二つの重要な出来事が相次いで起こりました。まず、ラーから「二四時間覚醒期間」なるものを与えられ、次の日の午後のある時間にシャスタ山のサンド・フラットに行き、「キリストの木」の下で瞑想をするように指示されました。「キリストの木」というのは、数年前にキリストが精妙なエネルギー体の姿であらわれて、キリストと出会うための場所として教えられた木でした。その当時は数カ月にわたりそこへ行くと必ずキリストが迎えてくれ、自分自身への愛をはぐくむことを助け、私の人生と霊的な成長を導くための教えを説いてくれたのです。そんなある日、とりわけ喜びにあふれたキリストとの会話のあと、今後は特別な場合以外、もうそこで会うことはないだろうと告げられました。キリストは私に、依存することなく対等の友人になってほしいと言い、その木の下は私自身の内なるキリストと強くつながる場所になるだろうと語りました。

そういうわけで、私はラーの指示にしたがって久しぶりにキリストの木へと向かったのです。行ってみるとその木の下には、プレアデス人たちのグループに加えて、キリスト、観音、大勢の天使や光の存在が集まっていました。そんなものすごい存在たちにとりかこまれて、私は心地よいどころかすっかり興奮してしまい、かろうじてその場に踏みとどまったのをおぼえています。彼らは「覚醒の起点」と呼ぶ、ある拡大した意識状態へと私をいざないました。そこで最初に聞こえてきたのはラーの言葉でした。

「あなたは今年の一一月末から一二月にかけて『プレアデスの光のワーク集中コース』という、二〇日間のプログラムを指導するでしょう。それは全体が三部に分かれており、第一段階は『神経・筋・大脳皮質系リパターニング』と名づけられ（現在は『ドルフィン・ブレイン・リパターニング』と呼ばれています）、脳脊髄液の流れを促進することで、もっとも基本的な抑圧パターンをもつ背骨や骨格組織の解放を助けるワークです。それはまた、新しい光の周波数に対応する肉体のなかの神経系の伝達装置を開くように促すでしょう。その新しい周波数については、第二段階のカー経路とカー・テンプレートの活性化であつかわれます。あなたはそこでハイアーセルフとつながる方法、より高度な倫理学、基本となる霊的責任についても教えるでしょう。これは一度開いたカー・エネルギーを流しつづけるために欠かすことができません。そして第三段階は、電気的な光の身体の再活性化と再結合です（現在は『ドルフィン・スター・リンキング』と呼ばれています）。この電気的なワークの効果をより完全に持続させるためには、まず最初にカー経路が開かれる必要があります。初回のワークが終わったあとも、その電気的な道筋はカー・エネルギーによってクリアに保たれなければならないからです」

それらの話を聞いて、私は少なからず衝撃を受けました。私は何よりも仕事におけるネットワークづくりや広報活動には保守的だったのです。ですから、この新しいプログラムを「プレアデスの光のワーク集中コース」と名づけて積極的に人々に参加を呼びかけるなど、私には大冒険でした。でも、あえてラーには何も質問しませんでした。そのときの自分の状況を考えれば、まさにラーの言う通りだと思ったからです。

ラーはさらに、私が思いもよらなかったようなことについて、いくつかの概略を述べました。どれも私にとっては難題ばかりでした。ラーは少しからかうような口調で、その時期がくるまでには私の準備もととのうだろう、と言いました。そこではずいぶんたくさんの情報や計画についてこと細かに説明を受けたのですが、家に帰り着いてもその内容をすみずみまでおぼえていられたので、自分でも驚いてしまいました。私はふだん決して記憶力がいいほうではないからです。

ブライトンブッシュから帰ったあとに起こったもうひとつの重要な出来事は、かつての婚約者が私の人生に戻ってきたことです。私自身は二人の関係がすっかり終わったものと思いこんでいたので、このことのほうがむしろ大きな驚きでした。彼は私の古くからのソウル・パートナーであり最愛の人であり、深い感情をすべてそなえたすばらしい人物としてそこにいてくれたのです。

ヒーリングの指導に戻ってしばらくのあいだは、まだ「プレアデスの光のワーク集中コース」にむけた動きはさほどありませんでした。そのころひとつだけ継続されていたのは、プレアデス人たちとキリストが一緒になって私のために定期的にヒーリング・セッションを実施してくれたことです。彼らは物理的な人間の手を借りずに、できるだけ私のカー経路を開こうとしてくれました。ただ、やがて手技を用いたヒーリング・ワークを施せる熟練した生徒たちが育てば、それによって私にもより深いワークの効果があらわれるだろうということでした。プレアデスの光の使者たちは、はたらきかけている経路が私の肉体のどこにあたるのかを透視によって見せてくれて、なんらかの理由で彼らが消すことのできない痛みを私が自分で取り去るよう指示したこともあります。それ以外のときは私はただリラックスして精妙なエネルギーを感じ、眠ってしまうこともしばしばでした。

彼らのワークを受けたことによるもっともめざましい変化は、一日を通して私のエネルギーレベルが安定してきたことです。それ以前の私はひどく高揚したり、自分の存在がなくなってしまうほど落ちこんだりしたものでしたが、ほとんどいつでも明るい快活な気分でいられるようになったのです。これはのちに〈プレアデスの光のワーク〉を受けた生徒たちも、同じようなことを報告しています。

ところでプレアデス人たちは、私がワークの価値をすぐ結果によって計ろうとする傾向があることをやや滑稽に感じたようでした。彼らはこのワークの真の目的とは私がじかに体験することと、ただ無心につながることだと教えてくれました。私のカー経路が開いてからハイアーセルフや高次元と結ばれて本来のカーの機能を活用できるようになるまでには、さらに二年ほど要するだろうとも言いました。その結びつきは多次元的なハイアーセルフや光の存在たちとのコミュニケーションを可能にし、太陽系、銀河系をはじめ宇宙からのメッセージを直接受けとることができるようになり、さらにその後もカーの機能する範囲は私たちの想像をはるかに超えてひろがりつづけるというのです。

このワークは私自身の人生に幸福な変化をもたらし、彼らが請けあってくれたいくつかの未来の出来事もすばらしいものでした。そこで、私の教え子でヒーリングのクライエントでもあった親しい友人とともに、まずはカーを開くための予備セッションをおこないました。そのセッション中は、毎日がまったく予想もつかない出来事の連続だったといえます。もちろん、そこでも私はいくつかの経路や活性ポイントを教えられ、あとで紙に書きとめたりもしました。それからさらに別の友人と教え子が三日間の個人集中ヒーリングにやってきたおかげで、新たに三組の経路を発見する糸口がつかめました。それらのセッションとプレアデス人たちとの個人的な交流のおかげで、私は最終的にすべてのカー経路を理解できるようになったのです。こうしてばらばらだったパズルの断片が、ひとつにまとまり始めていきました。

私たちの身体には全部で三二本すなわち一六組の経絡《けいらく》があり、そのすべてにいくつかの活性ポイントがあります。それらの道筋を癒すために、「霊的手術」と呼ぶエネルギーレベルでの手術のような形式がとられる場合もありますが、それ以外のカー経路を開く方法はいずれも非常に特殊ながらいたってシンプルです。これは〈プレアデスの光のワーク〉におけるもっとも特筆すべき点といえるでしょう。

あるクライエントのリーディング中に、脳のなかの霊的な成長と完全性をあらわす神経系の道筋の役割について教えられたこともあります。その内容をわかりやすくいうと、私たちの生活のあらゆる場における反応が一〇〇パーセント自然にあふれでた真実のものでなければ、スピリットは肉体のなかにとどまることはできないというのです。つまり、ごく微細な欺瞞や怠慢の周波数であっても、スピリットを肉体に完全に宿らせるために必要な周波数レベルには達しないのです（これに関する詳しい情報は12章の「逸脱した神経系の道筋を浄化する」に解説されています）。ですから、たったいまからあなた自身の生活において、〝自然にあふれでる一〇〇パーセントの真実〟ということの意味をじっくり考えてみてください。それによって、あなたの人生全体はどのように変わるでしょうか。

さて、いよいよ私にとってはじめての「プレアデスの光のワーク集中コース」がスタートする一一月がやってきました。それは私の期待をはるかに上まわる、とてつもなくすばらしいものでした。家の周辺には光の宇宙船が毎日のようにあらわれ、そこにいるすべての人々に加速度的な変化がもたらされました。私は三日目にして、プレアデス人たちがなぜこれを〝集中コース〟と呼んだのかという意味がわかりました。それはまさしく〝集中的に自分を癒すためのコース〟だったのです。参加したメンバーは全員例外なく感情的な試練を少なくとも一度は通過し、なかにはくり返しつらい感情に直面した人もいました。そこには本人の無意識の抵抗や反応パターンが強調されて映しだされているようでした。「プレアデスの光のワーク集中コース」は深い癒しを促し、そこで起きることに自分を開きつづけるというプロセスが大部分です。それは人がこれまでの限界を超越するための大きな援助となります。結果をいえば、私をふくめた全員がその二〇日間のあいだに驚くほど成長したのです。

そのなかで何にもまして私の試練だったのは、自分のパートナーがこの集中コースに参加しているということでした。そのころ私たちの関係は、いちばんいい状態でさえかなりぎくしゃくしたものだったのです。私はコースの指導者として、このコースを受けるにあたっては、すべての人が〝おのずとあふれでる自己の真実〟に忠実である、という霊的な責任がきわめて重要であることを説明していました。ところがそのために、ときおり私自身も涙をとめられない事態となってしまったのです。自分が導くコースにパートナーが参加しているというだけでも私には最大のチャレンジでした。そのうえ二人の関係がかなり悲惨なものだったために、私は彼を見るだけで涙があふれてしまうような状態でした。私にいったい何ができたでしょう。私は彼を責めることなく、ただ自分に正直でありつづけました。それは私がみんなに対してそうあるようにと説いていたことでした。

朝、いつもコースのはじめに、私はまず自分が感じていることを話すようにしました。調和がとれてオープンで愛をいっぱいに感じているときもあれば、涙ぐんだり落ちこんでいるときもありました。ひとつだけ変わらなかったのは、つねにみんなに対して正直に自分を表現したということです。とにかく一日一日、私は自分のベストをつくすことを宣言し、それを実行しました。おそらくコースの人々は痛みに満ちた正直さというものの意味についてより多くを学んだでしょうし、ほかのやり方よりも、私自身がそのままの自分でありつづけることで日に日に変化していくプロセスを目のあたりにして、何かを得てくれたのではないかと思います。私は自分が安定した状態でいられないことや、満足すべき人間関係も築けないこと、あるいは彼をこの場に参加させてしまったことなどで自分を責めていました。そして毎日、自分が何を期待し、自分にどんな判断をくだしているのかを見ては、それをひとつずつ癒すことによってゆるしと愛に変容させていったのです。

思いもよらないことに、コースに参加した人々はおしまいに、みずから言った通りに行動し、傷つきやすい部分をさらけだした私の勇気に対して感謝してくれました。それはその場にいたすべての人々にとっても大きな学びとなったのです。彼らの愛に満ちた受容と感謝のおかげで、私はそれまでよりもずっと楽に自分自身を受け入れられるようになりました。それでもなお最後に、私は二度とこんなつらい立場に自分を追いこまないことを誓いました。私が本当に自分を愛するなら、決して自分にそんな苦しみを味あわせることはないと知ったからです。

ところで誤解しないでほしいのですが、私はこのコース中ずっと毎日混乱していたわけではなく、明るく澄みわたるような幸せな日もあったということです。ただ、そのワークの意味は、「痛み」があるときに自分がそれを感じるのをゆるすことだったのです。私はパートナーに対する自分の感情を、彼のプライベートな部分は除いて率直にみんなに分かちあいました。そして自分が指導する場面では最善の力をつくして仕事にとりかかりました。自分の人生に何が起こっていようとも、いつでもほかの人々のためにその場にいられるということを理解できるほど充分成長したとき、人には卓越した人格的強さと自己尊重の気持ちが生まれます。このワークはまさにその能力をみる、私が受けたなかでもっとも難しいテストでした。きっとワークが終わってから、私の神経系の道筋はせわしなく動きまわっていたに違いありません。

「プレアデスの光のワーク集中コース」を終えてまもなく、私とパートナーとの関係は終わりを告げ、個人的に癒しと回復のワークが続行されました。いつものことながら私個人の癒しのプロセスは、そのとき進行している人々へのヒーリングや指導とごっちゃになっていました。そして「プレアデスの光のワーク集中コース」の卒業生のおこなう手技のワークに助けられて、最終的に私自身のカー経路のいくつかが開かれたのです。それは私にとってかけがえのないご褒美でした。やがて私自身の肉体にそのワークが深く浸透すればするほど、それをほかの人々と共有することが心地よくなっていったのです。

ある寒い晩のことです。私は郵便物をもってリビングルームにやってきました。その郵便物のなかには、もう一年半以上も会っていない友人からの手紙がまじっていました。そこには彼女のかかわるヒーリング・センターの目的について書かれてありました。読みすすむうちに、その友人と将来一緒に「プレアデスの光のワーク集中コース」を役立てられるかもしれない、という思いが私のなかで膨れあがっていったのです。けれども疲れていた私にはすぐ疑いがわき起こり、それが興奮すべき最後の切り札に思えて彼女に投影しているだけなのだろうと考えはじめました。

ちょうどそのとき、ルームメイトがテーブルに置いていった*"The Key of Enoch"*(エノクの鍵)という文書のコピーが目にとまりました。それまで一度も興味を感じたことがなかったのに、このときはなぜか突然それを手にとるのを強いられている感じがしたのです。するとなじみ深いラーの声が聞こえてきました。

「その本を適当にめくり、開いたページを見てごらんなさい。そうすればあなたは〈プレアデスの光のワーク〉の未来について疑いか自信か、そのどちらかの確証を見いだすでしょう」

いわれたまま適当に本を開くと、三一五節のところが出ました。そこにはカーを「聖なる複写体」として定義づけ、続いてその説明が書いてあるのでした。三つの段落を読みすすむあいだ、私はあんぐりと口を開いたままでした。その部分には、私たち自身がキリスト化するための「聖なる複写体」の機能が述べられ、それは私たちの高次元マスターが肉体に入る道をつくることでもあると説明されていたのです。「アキシアトナル・ライン」というものが鍼治療における経絡《けいらく》とだいたい一致するものとして語られており、私はこれが「カー経路」のことだと確信しました。これらの線または経絡《けいらく》は肉体的な健康の鍵であるだけでなく、私たちが自分のハイアーセルフとつながったとき、器官のはたらきを活性化させ、内なるキリストを肉体のなかに次元降下させるように導くというのです。

またその本には、集団規模での覚醒が実現されるためには個人レベルで何をする必要があるかが簡単に述べられていましたが、いかにしてそれを実行するかは説明されていませんでした。〈プレアデスの光のワーク〉は、まさにこの価値あるタイムリーな任務をいかにして成し遂げるかという問いに対する答えだったのです。これは明らかな確証でした。私は想像もつかなかったものを受けとり、天まで舞いあがりそうでした。

この暗示的な出来事ののち、私の人生の前面にあらわれたのは〝書く〟ことの必要性でした。まずこの体験から二四時間以内に、二人の友人が相次いで「いつ本にとりかかるつもりなの？」という質問を浴びせてきました。どちらの友人にもそんな話はしていなかったにもかかわらず、そうたずねてきたのです。その一人であるシャーハンは、ここ何週間か湖で自分のメディスン・ホイールで瞑想するたび、いつも空中の円の上に一冊の本が浮かんで見えると言いました。彼女はそれが私によって書かれ、彼女の手で編集された本だと告げ、いつからとりかかれるかときくのです。

次に、最初の集中コースの卒業生であるベスが電話をかけてきました。彼女はジョージア州で〈プレアデスの光のワーク〉の概要を紹介するイベントをはじめて主催したところ、大勢の人々が集まり盛況だったと報告してきました。出席者の大部分がヒーリングのクラスか個人セッションのどちらかに興味を抱いたようです。けれども彼女をもっとも驚かせたのは、そこにラーがあらわれ、こう告げたことでした。「みなさん、アモラの本に注目していてください。それは来年から一年半以内に完成するでしょう。『カー』という言葉はまだほんの少数の人々にしか知られていませんが、これからの時代にやがて大勢の人々に重要なキーワードとなるはずです……」ベスは私にラーのメッセージを伝えてから、「あなたが本を書いているなんて知らなかったわ。それで、いつごろ仕上がる予定なの？」と問いかけるので、「私だってちっとも知らなかったわ。でも急いだほうがよさそうね」と正直に答えました。

その会話の途中、本の表紙のイメージが浮かび、そこに「時はいまです」という文字が見えました。私はそれが本のタイトルだと思いましたが、あとになってそれは私へのメッセージだったことに気がつきました。何年か前、突如としてプレアデス人たちが姿を消してしまったとき、ラーに告げられた「時がきたら、私たちはまた出会います」という言葉を思いだしたのです。その後、いまから数カ月前になりますが、私はプレアデス人たちになぜこの癒しのワークがもっと早いうちでなく、この時期に世に出ることになったのかを質問しました。それに対してラーは「時はいまです」とだけ、はっきりと答えたのでした。

3章 〝時はいまです〟

「時はいまです」というメッセージは、まさにいまこそすべての生命が霊的な進化をとげ、みずからの使命にめざめるときだと告げています。これはいまだに人間の生命よりもお金や資本主義的利益に価値を置き、人間性よりも生存競争に勝つことに意義を見いだすこの社会では矛盾することのように聞こえます。この社会では「進化」という言葉さえ、非常に限定された意味にしか用いられていません。ちなみに『ウエブスター・ニューワールド辞典』では「進化」を次のように定義しています。

①展開すること、発展すること、前進すること。単体から複合体への発達のプロセス。または社会的・経済的な組織内でのゆるやかな発展的変化。

②ものごとが進展したことによる結果あるいは産物。

③(a)ひと続きの、あるいは流れのなかの一部である動き。(b)ある動きの連続によって生みだされた、または生みだされたように見えるパターン。

④化学反応において気体などが放出発散されること。

⑤(a)種、生物、器官などがもとの原初的な状態から現在のあるいは特別な状態へと発達すること。系統発

生（ある生物グループの発達あるいは進化）または個体発生（個体の受精卵から成体までの発育過程）。
(b)ダーウィンの生物進化論（数学的・軍事的な定義は除く）。

ウエブスターの辞典の内容や、現代の平均的な人々の理解とはまったく異なっていたとしても、私は「進化」と「スピリット」は切りはなせないものだと理解しています。ほとんどの人々は、いまだに自分たちが生命体の存在できる唯一の惑星に住んでいると信じこんでいます。地球はすべての人間や生命体がただ一度だけ生まれ、そして永遠の死を迎える場所であると考えられ、あらゆる生命体や物質の価値はお金で測られます。そこでは教会などが認めるほんの一握りの特別な人々だけが、神や天使や高次元のマスターたちと対話したり直接つながることができ、自己への気づき、覚醒、アセンションなどというものは神への冒瀆か精神異常とみなされます。

しかしいまこの惑星全体に、まったく違うことを信じはじめた人々が確実に増えつつあります。それらの人たちはほかの星々からの生命体に気づいたり、交信したりしています。そして霊的な進化のプロセスは人の一生を超越して続いていくことを理解しています。こうした少数の人々は、すべてのものの本質的な神聖さに気づいており、内なる神の存在に対して自身を開き、天使やガイド、高次元のマスターたちと交流しています。自分自身を深く認識し、啓示的なインスピレーションを受けとり、なかにはアセンションへの道を選択した人々もいるでしょう。私たちをふくめ、このような人たちはいまはまだ少数派にすぎませんが、その数は着実に増えつづけており、世界中でしだいに大きな声となっているのです。

資本主義社会が進化するほど霊的な進化は逆行するという矛盾は、ますます顕著になってきています。これから時間が加速度的なペースで進むにつれて、この傾向はもっと強まるでしょう。私たちはスピリチュアルでない社会におけるスピリチュアルな流れとなっていくのです。

このスピリチュアルな流れはさまざまな形をとってあらわれます。組織化された宗教をはなれて瞑想に出会い、それを仕事としてひろめる人、あるいは社会からの逸脱者、代替療法的な癒しをおこなう施術者、スピリチュアルなワークショップやテープや書籍にたずさわる人、瞑想グループ、また一二月三一日の平和の祈りや瞑想などもそのひとつです。そこで何よりも大切なのは、あなたや私のような人間が一人一人いまの世界に生きることの意義を追求し、自己の内面と外面のどちらにおいても従来のものに代わる新しい価値をさがし求めることです。その新しい価値とは、自分自身の思考、感情、行動を調べることによって見つかるでしょう。たとえば自分にこんなふうにきいてみます。

「私の行動はほかの人やこの地球を傷つけるだろうか?」

「私の思考や判断が、自分またはだれかの現実を制限することを望んではいないだろうか?」

「みずからの成功にむけて努力する前に、地球や人々やほかの生命体に対する自分の影響について充分考えているだろうか?」

「私はまわりの人々や状況をコントロールしようとしているだろうか、それとも〝いちばんの人間だけが成功する〟のではなく〝全員が成功する〟という、すべての存在の自立に根ざして生きているだろうか?」

「私は見知らぬ人にも心から思いやり、共感(同情や憐れみでなく)することができるだろうか?」

「私はきわめつけの敵という相手のために祈ることができるだろうか、それとも相手を呪って罰があたるように祈るだろうか?」

「私は自分自身を、そして人をゆるすのか、あるいは非難して恨むのか?」

こういった問いは際限なくあげられます。私たちすべての人間が、一瞬ごとにあらゆる思考と行動を通してまわりの人々とともにこの現実を創造していることに責任をもつ必要があります。これはきわめて大切なことです。時が満ちたいまこそ、ここから私たちが進むべき道を霊的な観点からじっくり眺め、計画を練るときなのです。私たちがふだんお互いに影響を与えあい、この世界に対しても影響を及ぼしているのは事実です。この地球上でいまよりもさらに霊的に進化するためには、その事実を熟考し、深く頭に刻み込まなければなりません。もはや人に犠牲を払わせて自分が傷つかずに生きることなどだれにもできないのです。

霊的な法則はつねに変化しつづけています。私たちはいま、行儀正しいだけの善人であるよりは、人生の一瞬一瞬を十二分に生きることを求められています。超能力にあこがれたり霊的な知識をもてあそんだり、あるいは「明日考えよう」というのんびりしたスピリチュアリティの時代は終わったのです。この言葉はこわがらせたり批判したり、おどしたりするためのものではなく、単に現在の新しいスピリチュアルな現実を知ってもらいたいというものです。地球はまもなく西暦二〇〇〇年を迎えようとしています。そして、いま私たちが自分自身やまわりの人々との関係にどう取り組むかによって、次の二〇〇〇年紀へと受け継がれるものが決まってくるのです。

プレアデスの光の使者とはだれか

五二〇〇年ごと、または二万六〇〇〇年ごとのおもな進化のサイクルの終わりを人類が迎える時期には、必ず「プレアデスの光の使者」たちが活躍します。彼らはおのおの異なった責任と役割をもち、そのなかには地球やこの太陽系を守護するグループもふくまれています。そして地球の守護者として人類をめざめさせ、私たちが進化のどの過程にいて、次のステップに進むために何が必要かを気づかせるのです。彼らはこの地球全体にかかわる情報だけでなく、私のように彼らと接触する個人にも有意義な情報を与えてくれます。

私が本当に必要とするとき、プレアデスの友人たちは必ずあらわれてくれるようです。私自身に癒しや浄化が必要なとき、あるいは何かの情報や確認がほしいとき（たとえばもっと地球での自分の使命に関する記憶を呼び起こしたいときなど）、いつも彼らは適切な意味深いやり方で私を支えてくれます。プレアデスの光の使者にはいろいろ役割の異なった種類の存在がおり、さまざまな求めに広範囲に対処しています。とはいえ、すべてのプレアデス人がこのグループのメンバーというわけではありません。

私にむかって諭すように理性的に話をしてくれるラーは、「プレアデスの光の大天使の種族」に属します。これらの大天使たちは地球と太陽系を見張り保護しています。大天使には彼らが放射する色によって四つの種族があり、まばゆいゴールデンイエロー、あざやかなレッド、澄んだスカイブルー、おだやかなエメラルドグリーンという色に分けられます。同じ色をもつ存在が多数おり、色ごとに同じ名前で呼ばれています。

「ラー」と呼ばれるゴールデンイエローの種族のメンバーは、すべての体験の帰結でもある聖なる叡知の守護者です。ブルーの存在たちは「プタハ」と呼ばれ、生命の永遠の性質を守り保護しています。スピリチュアルな戦士であるレッドの存在たちの名前は「マート」で、怖れを超越する聖なる勇気のエネルギーの守護者です。この時代の地球では、マートが他の三つのグループよりも多く人間に転生しています。最後にグリーンの存在は「アンラー」と呼ばれ、聖なる慈愛と理解のエネルギーを守護しています。

プレアデスの光の大天使の種族のなかには、ラーが私にしたように人類と意識的な接触をもつものもいます。ほかにプレアデス星団の中心星アルシオネで集中的に管理される惑星間のコミュニケーションにあたる存在もいます。また、人間の夢の時間に活動して、私たちが物理的限界とみなしていたものを超える新たな可能性を示してくれる大天使もいます。私たちが過去を手放し成長するのを援助したり、今後、より自分にふさわしい新たな表現方法を見いだすために、特別な癒しの夢をつむいでくれることもあります。彼らはこの本の5章から14章にあげる〈プレアデスの光のワーク〉のような、古代の癒しのテクニックに関する記憶を思いだしやすくしているのです。

一九九二年の冬、プレアデスの光の使者たちと人類や地球とのあいだに特別な形での接触がありました。地球時間を体験している私たち人類のために、地球からプレアデス星団までを体外離脱によって瞬時に空間移動する方法があみだされたのです。そのとき人間のライト・ワーカーや銀河連盟のメンバーをはじめ、プレアデスの光の使者たちが加わって盛大な祝賀会が催され、光栄なことに私も出席することができました。そしてその〝時間と空間のない旅〟を体験する機会にもめぐまれたのです。私はプレアデス星団のある太陽系のなかのひとつの惑星へと連れていかれ、ふたたび戻ってきましたが、行きも帰りもほとんど瞬時のことでした。

そのとき訪れた惑星は私の想像を絶するものでした。そこに住むプレアデス人たちは惑星規模の巨大な博物館をつくり、銀河系にかつて存在したことのあるすべての種属を生存させていたのです。地球特有のものもふくまれ、なかには有史以前から地球だけにしかなかった木も生い茂っていました。この博物館の世話をすることは、その惑星の住人にとってもっともお気に入りの仕事のひとつです。

プレアデスの大天使の種族と光の使者のそれぞれの職務までは詳しく説明しきれませんが、彼らがどれほど広範な専門知識をもって貢献しているかはだいたい察していただけたと思います。霊的手術をおこなうヒーラーたちも、私がともに働く名誉に浴しているプレアデスの光の使者たちのメンバーです。彼らはプレアデスの大天使（プレアデスの光の大天使の種族のことを私はよくちぢめてこう呼びます）ではありませんが、その近くで働いています。わかりやすく説明すると、プレアデスの大天使たちは指揮者であり、その任務を代行するのがヒーラーなのです。ちょうど地球上にこの太陽系すべてを統括する「一二人高等評議会」があり、天使やガイド、高次元のマスターや指導者たちが働いているように、プレアデスの光の大天使の種族もプレアデスのなかで同じような立場で活動し、多くのプレアデス人たちのグループが仕えているのです。また地球の「一二人高等評議会」と同様にプレアデスの大天使たちも、より広大な視野をもつ「至高存在」に仕えています。

このような階層構造は、ある存在が他のものより上とか下という意味ではありません。この構造はすべての存在に共通する、ある本質的な特性にもとづいています。それは、どんな存在も一定の進化のレベルに到達したとき、他者のために自己をささげ奉仕したいと深く望むようになるというものです。私がようやくわかったのは、その望みとはおおかたの人間の理解のはるか彼方にある「神聖な愛」にもとづいているということです。それはまた私たちを成長させるものと同じ動機から発せられたもので、分離の終焉を願い、「神／女神／すべてなるもの」とひとつになりたいという望みでもあります。このような高次元の存在たちは、ふたたび私たちと完全に一体化することを切望しているのです。

ラー、アンラー、マート、プタハという大天使の種族の名前に親しみを感じる人もいるかもしれません。なぜなら、それらは古代エジプトの時代、特に王室において頻繁に用いられた名前だからです。エジプト人たちは古代において、現代よりもはるかに霊的に進化していました。古代エジプト人が霊的進化の絶頂期にあった当時、大天使の種族をふくむプレアデス人たちは、自分たちに応答することのできる彼らとコミュニケーションをとっていました。プレアデス人は彼らに霊的知識やヒーリングの技法を豊富に伝授し、五感をすべて開くことや、太陽系、銀河系、さらにそれらを超えた宇宙における地球の使命を教えたのです。

古代エジプトにおいて、多くのプレアデス人が人間の肉体をもっていました。そのほかに、より高次元で幻視者や予言者、ヒーラー、僧侶、巫女や王族などと活動をともにしていたプレアデス人もいます。彼らに共通する使命とは、地球と人類全体の進化です。そして大いなるめざめの時がきたときに必要な準備がととのうよう、この地上に高度の知識を充分にたくわえておくことです。もちろん、エジプトだけがそのような恩恵を受けていたわけではありません。

プレアデスの光の使者とキリストの関係について

かつて私は催眠療法を受けていて、紀元前一〇年ごろにマヤ族だったときの過去世がよみがえりました。そのとき古代マヤ文明における最大のピラミッドが完成したのを祝って、マヤのすべての民族が集結していました。ピラミッドは非常に高く、地面の入口だけでなく上方のチェンバー（仕切られた空間）にも出入口が設けられていました。このピラミットは白いみかげ石のような岩石でできていたのですが、驚いたことにその岩いっぱいに豊かな金の鉱脈が走り、そのせいで建物全体がきらびやかな金の縞模様に光っていたのです。マヤの祝いの儀式が始まると、ピラミッドの真上の中空に透明な門が開かれてクリスタルの階段が降りてきました。そこへプレアデスの大天使の一団がくりだし、マヤの人々の偉大なる功績をたたえたあと、ピラミッドの真の目的について語りはじめたのです。神殿はそれじたいが高次元への入口であり、アセンションのためのチェンバーもそなえていました。

私たちは全員、最愛のプレアデスの友人たちに出会って大喜びでした。彼らは長年マヤ族の霊的な教師であり、守護者でもあったからです。プレアデス人たちはみんなをピラミッドのなかへといざない、私たちはためらうことなく入っていきました。最後の一人まで入り終わったとき、螺旋状の渦巻きがピラミッド頂上近くの窓のような開口部にむかって伸びていきました。そのとたん太陽がさっと顔を出し、ピラミッドの内部はまばゆい黄金色に照らしだされました。そして太陽の光がその螺旋をくっきりと映しだすやいなや、それはあざやかな真紅の輝きを放ち、身をくねらせるケツァルコアトル――翼をもった蛇神――の姿に変わったのです。その腹部にはキリストの顔が浮かびあがり、こう語りかけてきました。「あなたがたはまもなく私と出会うでしょう」と。

そのときプレアデスの大天使たちは、これから数年以内にキリストが地上に生まれることを予言しました。天上に新たな星が輝くとき、私たちはその誕生を知るだろうと告げたのです。続いて彼らは、宇宙のキリスト意識の象徴としてキリストが地上で果たすべき役割と、一四万四〇〇〇人の「選ばれた者たち」について語りました。その数はキリストと出会うことでめざめるはずの最低限の人数です。キリストの生誕にそなえて地球の波動をととのえるために、地上に存在している一四万四〇〇〇人の多くは、彼の誕生までに意識的な死あるいはアセンションを体験するだろうというのでした。

その瞬間、そこにいたマヤの人々がいっせいに空中に浮揚しはじめました。私たちはどんどん光りだし、やがて三次元の目のなかから消えてアセンションしたのです。キリストは「あなたがたのために場所を用意しましょう」と言って、翼をもつ真紅の蛇の腹部とともに、ピラミッド上部のチェンバーの出入口から消えていきました。私たちアセンションしたものはそのあとを追って出入口を抜け、ケツァルコアトルのおなかのなかでキリストとひとつになったのです。

次にシーンが変わり、そこは五次元の「光のシティ」のホールで、一四万四〇〇〇人とキリストが集っているところでした。私たちはそれぞれみな次の転生での姿をしており、きたるべき出来事にそなえて計画を再検討しています。そこでは、マチュピチュやグラストンベリー、ハワイ、ギリシャ、エジプト、アフリカ、チベットといった世界中のパワー・スポットでプレアデスの大天使とキリストの姿が頻繁に目撃されていることも教えられました。「選ばれた者たち」はこれらの文明から集められ、キリストと同じ時代を生きるに先立ってひとつに結集したのです。この出来事と時期については、はるか以前から計画されていたのでした。(かつてチャネリングにおいて、キリストは「選ばれた者たち」という言葉は誤って伝えられたものだと話しました。正しくは「選んだ者たち」だというのです。なぜならこの人々は遠い過去において、ある進化のレベルに達するまでは自分がだれかを忘れて転生しつづけ、やがて啓示を受けてキリスト化することで地球と人類に奉仕しようと選択したからです。こうして彼らのあとに続いてほかの人々の霊的な進化が促されるというパターンが設定されたのです)

そういえばこの催眠療法を受けるおよそ一年半前のこと、私が「プレアデスの光のワーク集中コース」を教えることになるのをシャスタ山で最初に知らされたとき、キリストはプレアデス人たち、とりわけラーのすぐそばにいて力強い存在感を放っていたのでした。しかしここにいたり、ようやく私は彼らの深い関係を認識したのです。奇妙なことですが、そのときまで私は意識のなかでキリストとプレアデス人を結びつけて考えたことは一度もありませんでした。最近では、プレアデス人たちがいるときは必ずそこにキリストもいることに気づくようになったのですが、かつてはそれを偶然以上のものと思いもしなかったのです。

以前私は、「ドルフィン・ブレイン・リパターニング」と「ドルフィン・スター・リンキング」のワークは自分自身を癒し、〈プレアデスの光のワーク〉のはてしなく高まる周波数に神経系が対応できるようにするためには、どうしても不可欠のものだと教えられました。そのとき私は、〈プレアデスの光のワーク〉のカー経路に関する部分が、ハイアーセルフとの神聖なつながりをもち、それを肉体に降ろすために特に必要なのだと気がつきました。それと同時に、キリストとプレアデス人たちとの結びつきもよくわかったのです。もし私たち人類がキリスト意識へと画期的な飛躍をとげるのなら、多くの人々にきわめて特殊な癒しとその準備段階が必要になるはずです。それが〈プレアデスの光のワーク〉の唯一の目的であり、「集団規模でのキリストの再臨」に向かう道のりを確かなものにするのです。マヤ、エジプト、ホピの予言者をはじめ、ほかの霊的な指導者たちも、いまの時代は人間が地上で肉体にありながら学び、悟りを得てキリスト意識にめざめるときだと予言しています。

この大いなる集団規模でのめざめは、約二〇〇〇年も昔、イエス・キリストがまさに私たちのために用意したものでした。もちろん、これまでもさまざまな時代と文化において大勢の神の化身や悟りを得たマスターが、キリストと同じレベルの意識を得てきました。しかしながら前にも述べたように、この本では私たちの時代と特に関係の深いキリスト意識と〈プレアデスの光のワーク〉の関係に焦点をしぼって話していきましょう。キリストの使命を理解するためには、彼の死後一五〇年をへて起こった正説をめぐる宗派争いと聖書の検閲が、キリストの真実のメッセージをほぼ完膚なきまでに破壊してしまったことを認識しなければなりません。

それでも私たちは、一七世紀に英国のジェームズ王の命を受けて発行された欽定訳聖書のなかにさえ、真実のきらめきを見いだすことができます。「私がそうであるのと同じようにあなたも完全です」「あなたは私がなした以上にすばらしいことを成し遂げるでしょう」という言葉は、明らかに霊的な進化と覚醒とアセンションを選択し、あらゆるレベルでの限界を手放すことへの招待です。これらのメッセージは、これまでの「選ばれた少数」という概念を放棄し、私たち全員が選ばれたことを認識するように呼びかけています。すなわち「イエス」か「ノー」のどちらを選択するかは、私たち一人一人にゆだねられているのです。

キリストの殺害は、彼が人々にぬきんでて公然と政治的・宗教的規則を無視したことによるものでした。彼は大衆にむかってこのように教えたのです。つまり神の目のなかでは、あなたがたはどんなに偉そうにしている人々とも――それが政治家、王、僧侶、公職者であろうと――対等だと。キリストは人々に自分自身を敬うこと、そして真理を発見するためならすすんで権威に疑問を抱くことを教えたのです。

キリストは地上を歩きまわり、人々に奇跡を示しましたが、それらの奇跡は自身の内なる神とじかにつながった人間にはあたりまえの現象なのです。彼は病める人々を癒し、死者をよみがえらせ、だれでもキリストと同じことができると人々を励ましつづけました。キリストがみずからを「神の子」と言うとき、あなたがたもまた神の子であると言っているのです。神がすべての人を愛し、その幸せを願っていることを人々に告げるために帰依者や聴衆の前に奇跡をもたらしたのです。

キリストの弟子たちは男であれ女であれ、全員が実際にキリストに会った人ばかりでした。そのなかには庶民も富める人も、妻であったマグダラのマリアのような女神の神殿の人々もいました。ですからキリストが十字架の上で死を迎えたときには、聖書で伝えられている一二人の使徒のほかに何千人もの弟子がいたのです。それらの弟子たちはみな癒し、予言、幻視などの霊的能力を開花させ、キリストの言葉が真実であることを実証しました。そしてキリストがおこなったように次々と奇跡を起こし、人々を霊的なめざめへと導いたのです。

キリストの力の多くは、覚醒した女性たちを通して開かれました。生まれて最初の一二年間は、母のマリアや祖母のアンナをはじめ、女神の生まれ変わりである人々によって導かれたのです。そして一二歳になると当時の男性がみなそうであったように、識者たちのもとへ教えを請いにいきました。エジプトやインドを旅し、ピラミッドのなかで奥義を授けられ、古代の「癒しの神殿」における技法や秘跡を学んだり、いにしえのヨガの行法から肉体の機能をコントロールする方法や、長寿と覚醒した死の秘密などを修得したのです。彼はそうした体験や、「神／女神／すべてなるもの」あるいは天使やメルキゼデクとの対話を通して学んだことを、自然に人々にも教えはじめました。それを聞いて修業を実践した弟子たちもまた少しずつめざめていきました。

当時の政府や教会は、こうしたことのすべてに大きな脅威を感じました。自己修練を積んで自立した人間が増加すれば、権威を必要とする人々よりも、それを批判する人々のほうがすぐに上まわってしまうからです。個人が自己の感覚を開き、気づきや霊的能力を高めれば、いともたやすく人の虚偽、不実、不正などを見抜いてしまいます。そうなれば、時の権力者たちはもはや高い地位をたてに威嚇やおどしという手段を使うことはできなくなり、その座を追われて二度とそうした地位にはつけなくなります。この恐怖がキリストを十字架へと引きたてたのです。権力者たちは、人々がこのまま急進的な道をたどりつづければどうなるかという恐ろしい実例を、まざまざと庶民の心に焼きつけようとしたのです。

今日では、当時の政府や教会の堕落は世界的に知れわたり、もはや秘密ではなくなっています。それどころか、これに関する映画や書籍まで出ています。しかし、現代においても政府や教会の腐敗はますます進行しています。そしてキリストの死後もうすぐ二〇〇〇年を迎えるにもかかわらず、私たちはいまだに少数によって全体が支配されるという社会に住んでおり、それを変えるにはあまりにもみな臆病で無気力で怠惰になってしまいました。この広く蔓延した社会的な病いから回復するためには、人類が霊的にめざめるしか残された道はありません。というのも、この時代の地球上では、人々をこのまま無力な社会の遵奉者でいさせようとする磁力がかつてないほど強烈になっているからです。この時期における私たちの霊的なめざめは、キリストが地上にいた時代にたくさんの援助を受けて準備が開始されたのです。

いま、私たちは「光の時代」に入ろうとしています。それは私たちがふたたびめざめる時代です。人類という種が進化をとげるためには、みながひとつに結ばれなくてはなりません。そして八つのおもな古代文明の神聖な霊的教義の真髄と、古代のプレアデスの指導者たちの純粋な教えをひとつにあわせ、現代によみがえらせる必要があります。いま、すべての人が互いの相違を超えて、あらゆるものや存在——それが人間であれ動物であれ、肉体をもたない意識体であれ——との神聖な愛と調和を選択するときです。生きとし生けるものはみな、このハーモニック・コンバージェンスを通りぬけなければなりません。そう、まさにプレアデス人やキリストがくり返し私に告げたように「時はいま」なのです。

プレアデスの光の使者たち、そしてこの銀河やさらにそれを超えてやってきたグループは、いまの地球に起こりつつあることにとても興奮しています。なぜいままでになくこんなにも大勢の宇宙の存在や天使、高次元のマスターたちがこの地球を訪れているのでしょうか。それに私たちが現在これほど注意深く導かれ、見守られているのはなぜだと思いますか。プレアデス人の答えによれば、それはいま地球上の私たちが進化の重要な一地点にきており、驚異的なパラダイムのシフトを起こすチャンスにあるからです。その偉大なるシフトが達成されたとき、太陽系内のすべてのカルマが消滅するだけでなく、私たちの銀河をはるかに超えた遠い銀河にまで、惑星系と恒星系の解放を起こすでしょう。

この時代に生まれた私たちに共通することは何でしょうか。その質問に答えるために、プレアデスの光の使者たちの語り部であり、大天使の種族でもあるラーからの情報を次の章で紹介したいと思います。この銀河において、現在および未来の地球がどんな役割をもっているのかに関するラーの宇宙論的な見解は、なぜ「時はいま」なのかを理解させてくれるでしょう。

4章 ラーは語る

この章と第II部以降のワークのほとんどは、チャネリングによって書かれたものです。そこでまず、私がチャネルするというときの意味を明確にしたいと思います。私はある存在を自分の肉体のなかに呼び入れることは決してありませんし、そうするつもりも全然ありません。それはたいてい肉体に非常に大きな負担をかけるだけでなく、ときには危険でもあります。なぜなら、人間の身体に入りこむ肉体をもたない存在は、その多くが人間の肉体を傷つけないように保つにはどうすればいいのかをよく知らないからです。それに肉体になんらかの存在を招き入れることじたい、もともと不必要なことなのです。

私には強い透聴力とともに透視力、霊的感知力、直観力などがあり（つまりそれは聴覚・視覚・感覚・知覚が充分に開かれた状態にあるということです）、チャネルするときは、最初に13章の内容に近いやり方で多次元的なハイアーセルフとしっかりつながります。そのあと、次の二通りのどちらかが起こります。ひとつは私の前か上のほうに霊的な存在があらわれて、透視によるヴィジョンのなかで話しかけてくる場合です。ひとつクラスで教えているときや個人セッションのときにこれが起こったら、そのメッセージをひとつひとつ口述していきます。また私一人でいるときに起こればただそれを聞いて理解し、ときにはノートに書きとったりします。

もうひとつは高次元のマスターよりもプレアデス人からのメッセージの場合が多いのですが、ハイアーセルフのチャネルを通して受けとった言葉をいつのまにか自分が話しだしていたり、コンピュータに打ち込んでいたりするときで、自分でも何を言ったり打ち込んだりするのかまったく見当がつきません。私は自分の肉体のなかにとどまったままの状態で、頭の内側に送られてくる言葉をただ聞くだけなのです。そういう場合、メッセージの内容を大まかにはおぼえていますが、詳しいことまでは思い出すことができません。私はそのときトランス状態か変性意識状態にあるのです。したがって自分の肉体にとどまりながらも、私の意識はより深いレベルから機能していて、ふだん目を開いておしゃべりをしているときよりも周波数が高まった状態になります。これから述べる内容は、この後者のやり方でチャネリングされたものです。

ラーはプレアデスの光の使者およびプレアデスの大天使の集合意識の語り部であり、私の指導をまかされています。では、ラーのメッセージを紹介しましょう。

†

あなたがたの惑星はいま、霊的な進化においてほかに例を見ないすばらしい転換期を迎えています。そしてかつてなかった画期的な飛躍にそなえようとしているのです。そのことをより明確に理解していただくためには、宇宙のすべてなるものの中心である「大いなるセントラル・サン」をめぐる銀河全体の軌道についてまず説明しなければなりません。

あなたがたの太陽系（私たちはそれを「ソーラーリング」と呼んでいます）が「銀河の中心」の周囲をまわるのとちょうど同じように、この銀河系そのものも次々と連なる環状軌道にそって、巨大な螺旋を描きながら宇宙空間のなかを移動しています。そして数十億年という長い時間をかけて「大いなるセントラル・サン」を一周し終えると、銀河は宇宙の巨大な螺旋を斜め上に進み、次の環状軌道へとつながります。この、ひとつの円環から次の円環へと斜め方向の動きが生じるとき、すべての惑星や太陽系、そこに住む住民たちは、いっせいに新しい進化のサイクルの最初のステップへと踏みだします。これがいままさに起こっているのです。

あなたがたは地球と太陽とプレアデスのひとサイクルである二万六〇〇〇年の終わりにいるだけでなく、太陽系をふくめたプレアデス星系が銀河の中心を一周する二億三〇〇〇万年の軌道の最終地点にいます。そのうえさらに銀河系全体が「大いなるセントラル・サン」をまわる、無限とも思われるはてしない軌道をひとつ完了させようとしているのです。これら三つのサイクルのすべてが渦巻く宇宙の螺旋の舞いのフィナーレで足並みをそろえ、同時にラスト・ステップを終えようとしているという共時性が、この転換期の重要性を物語っています。このダンスはだれ一人足を踏まれることなく舞い終えて、次なる新しいダンスを始めなければなりません。そのときこそ、さらに洗練された優雅な舞いがくりひろげられるのです。

地球という惑星の進化を見ると、いまから約一五万年前、それまで一〇万年間続いた氷河期が終わり、銀河系は宇宙の螺旋のなかを次の円環にむけて斜めにシフトする中間地点にさしかかりました。そのとき古いダンスを終えて新たなダンスの準備が始められ、銀河系全体が新しい進化の螺旋にそなえて、過去のカルマ的なパターンの浄化期間に突入したのです。そしてこの浄化期間は二〇一二年の終わりに完了します。

このカルマの浄化は、主要なサイクルの終わりに必ずもたらされます。いままでの進化の螺旋から未解決のままとり残されたものが表面に浮上し、変容と超越という目的のもとに最終的な解決を強いられるのです。浄化が成し遂げられると、「神/女神/すべてなるもの」とのかかわりにおいて新しい進化のサイクルが始まります。いまや、その浄化のプロセスが完了しつつあるのです。

このような変換期には、再生と霊的な飛躍を体験しなければなりません。そこで生まれる意識は新しいパラダイムや新しい可能性を獲得し、しかも過去の螺旋のなかで学習したすべてが無意識のうちにたくわえられています。たとえば、これまで足場の悪いところでさんざん苦心して習いおぼえたステップを全部駆使して踊りながら、さらにエキサイティングで難しいダンスを学ぼうとするようなものです。音楽がどんどんテンポを速めるにつれて、ますますインスピレーションがやってきます。

二〇一二年、宇宙の巨大な螺旋における銀河系の次なる円環と、地球の新たな二万六〇〇〇年のサイクルが同時に始まります。そのとき、次のような変動が起こるでしょう。

①地球の極移動による、地球と太陽との位置関係の変化。

②同じように太陽の極移動による、太陽とプレアデスとの位置関係の変化。

③プレアデスが螺旋のひとめぐりを終えたことによる、プレアデス星系とオリオンとの位置関係の変化。

④オリオンにおける大変革と霊的浄化の完了。オリオン星系全体は地球における二四時間のあいだ暗闇となり、オリオン星系中の恒星や惑星のすべてに極移動が起こる。そこでは多くの惑星が消え、オリオンはふたたび「銀河の門」の役割をとり戻すためのプロセスが完了する（「銀河の門」とは銀河の中心へ通じ、さらにそこを抜けて別の銀河にいたる門であり、オリオンがリラ人の侵略を受けて「銀河の門」への進入を妨害されてからは、約三〇万年にわたりシリウスがその任務を代行してきました）。

⑤シリウスは銀河系のなかでこの太陽系をはじめとした地域的な任務を果たし終えて、銀河系全体の霊的な神秘学校の役割へと進化する。

⑥プレアデスの中心太陽アルシオネをめぐる、この太陽系をふくんだ現在の軌道パターンに代わり、プレ

アデス星系全体がシリウスの周囲をまわる軌道に入る。シリウスは銀河系のこの地域における新たな中心太陽となり、プレアデスはシリウス星系の一部となる。

二〇一三年のはじめにはこれらの準備がすべてが完了し、プレアデス星系全体（太陽はその八番目の星にあたります）がより高度な学びの体系と「光のシティ」の拠点になるのです。「光のシティ」とは、そこに住むすべての人々があらゆるものの進化とその聖なる本質を理解している場所です。光のシティでは、全住民が個人としての自己の成長だけでなく、自分たち以外の人々や存在すべての成長を認識しながら生きています。別ないい方をすれば少なくともキリスト意識のレベルにあり、その生は宇宙の「聖なる計画」のためにささげられるのです。

プレアデス星系のなかでは、地球をふくむあなたがたの太陽系が、いちばん最後にシフトを体験することになります。それ以外の七つの太陽系すなわちプレアデスの七人姉妹たちは、現在すでに神秘学校と光のシティの拠点として活動しています。そして二〇一三年に「光の時代」という新しいダンスが始まるとき、その七つの太陽系はより進化した役割へと押しあげられるのです。

二〇一二年が終わって二〇一三年に入るときの最後のシフトにむけて、あなたがたの惑星はいわゆる「地球の変動」を起こしながら、精神的・物理的な浄化作用を体験するでしょう。すでに始まっているこの変動は、太陽系が「銀河の中心」から放たれた宇宙の高周波放射物の層であるフォトン・ベルトのなかをさらに深く進むにつれていよいよ大きくなっていきます。あなたがたはすでに数年前からこのフォトン・ベルトのふちに入ったり出たりしており、西暦二〇〇〇年までにはこのフォトン・ベルト内にほぼ完全にひたることによって、新たな二〇〇〇年の幕開けを迎えるでしょう。

そのとき「銀河の中心」から、あなたがたの太陽系の霊的なめざめと飛躍的な進化に必要な「聖なる符号」

が太陽、地球および全惑星にむけて発信され、シリウス、アルシオネやプレアデスの別の星マヤにまでとどきます。ひとたび最初の発信がなされるやいなや、今度は代わって太陽が、太陽系全体にむけてこの符号を送りつづけるようになるのです。ところが、それらフォトンの放射物と符号はあまりにも波動が高いために、あなたがたの中枢神経系や肉体をとりまく感情体や電気的な身体がそれに耐えうるように適切に調整される必要が生じてきます。（筆者注　バーバラ・ハンド・クロウは、フォトン・ベルトと私たちが体験している多次元的なかかわりにおける宇宙論的な変化について『プレアデス 銀河の夜明け』のなかで詳細に解説しています）

あなたがたの多くは、地球がフォトン・ベルトのなかへ進入するにつれて、すでに個人的な成長と浄化のプロセスが加速されるのを体験しているはずです。その波動の高まりは、銀河系全体に完全に新しい軌道パターンが据えつけられて地球が神秘学校と「光のシティ」の拠点になるまで、今後一七年間休みなく続くことでしょう。

二〇一三年までの期間にかずかずの洪水や地震、地殻変動、火山の爆発、そして最終的には極の移動が完了し、地球において銀河レベルでの「太陽の秘儀」が達成されるのです。いま、地球に住むあなたがたは、時を超えて地球にとどまるため、霊的に責任をもった人間になるつもりがあるかどうかを選択しなければなりません。地球にとどまることを望まない人々は銀河系の違う場所の惑星へと運ばれ、カルマの学びと三次元的な進化の過程を継続します。また地球にとどまることを希望する人々は、神聖な「カー」を開き活性化するために、新しい「光の時代」のダンスを学ばなければなりません。もしもこのカーが完全に機能しなければ、しだいにフォトンの光が強まり大気圏や人類を満たしていくにつれて、その波動の高まりに肉体が耐えきれなくなるでしょう。つまり、新しい舞いふさわしい唯一のコスチュームが、あなたのカーを活性化させることなのです。

一九八七年のハーモニック・コンバージェンスは、この惑星の焦点を二〇一三年のシフトに合わせるために、地球上のすべての住民たちに新たなダンスが始まることを告げ、すべての人が勝者であるという哲学を受け入れるよう呼びかけるウエークアップ・コールでした。それは人々が互いに影響を及ぼしあうこの惑星で、みなにとって有益であることをともに創造し高次の集合意識とつながることを学ぼうというメッセージだったのです。その流れは、それが実際に起こった二日間だけに限定されるものではありません。ハーモニック・コンバージェンスはそれからもずっと継続し、地球や人類の霊性に対するあなたのコミットメントを日々新たにするための活気を与えつづけているのです。

[筆者注]以前、私は催眠療法中に地球の大気圏外へと案内され、全人類の高次の集合意識が存在するところへ導かれたことがあります。地球をおおう透明な泡のすぐ外側には、肉体をもたない無数の愛に満ちた笑顔が地球をやさしく包んでいました。高次の集合意識は、愛、やさしさ、知恵にあふれた、きよらかな光の存在の集まりでした。つまりそれが地球上に住む私たち自身なのです。この美しい存在たちは地球を見つめ、地球上にいるおのおの対になる身体に、透明な泡を通して愛と勇気を送っているのでした。そしてまた、地球全体にとって最善であることを促すという視点で地球を観察していました。

そのとき見学できたのは私だけでしたが、彼らはある大きな地震を計画していました。その話しあいでは、人々のロボットのような行動や物質偏重、深い愛のきずなの欠如などについて語られていました。地震を起こすという高次の集合意識内での合意は、決して罰を連想させるようなものではなく、そこにいる存在たちは地球のその場所に集中的に愛と善意のエネルギーをそそいでいました。地震が人々を霊的な眠りからめざめさせ、人生における優先事項が変わり、お互いがもっと愛しあい協調しながら生きるよう手助けをしたいという願いのもとに、それはとりおこなわれたのです。実際のところ、高次の集合意識のあいだには、自分たちと対になる人間の進化を助ける方法を見いだしたことへの喜びが感じられました。

この決定にしたがって、大気圏の端のほうにいたシリウスの宇宙船に地震を起こすというメッセージが送られました。のちに私はこの任務を遂行するためにとられた方法を見せてもらったのですが、地球の大気圏には、地表の地殻プレートに対応するプレートのまるい輪が層になって存在するのです。地球の地殻プレートの層は規則正しく重なりあい、地表から核までの半分くらいの深さまで到達しています。地殻変動をひき起こすとき、シリウス人たちはまず最初に、大気圏のもっとも高い層にあるプレートを移動させます。すると意図された地殻変動後のプレートの位置に重なるように、大気圏のプレート層が順々にならび変わっていきます。そして大気圏のプレート層がすべてならび終わると、それに対応して地球内部のプレートが移動するのです。こうして大気圏と地下の地殻変動のプレートの位置を新しくならべ変えてつなぎ直すことで、結果的に地震が起こります。火山の噴火や洪水、その他の地球規模での変化も、ほとんど同じような方法でひき起こされる場合が多いそうです。

しかし、いっぽうでは鬱積した圧力や公害、サイキックなエネルギーによる汚染、オゾンホールや熱帯雨林の減少(大気のバランスがくずれる原因になります)、過剰な採鉱や地熱の活用、政府が指揮する地下爆発実験などに反応して、中と外のプレートが自然に移動して大地の変動が生じる場合もあります。それらの「天災」は、高次の集合意識の要請を受けてシリウス人たちによって抑えられたり弱められたりすることがあります。また地球上の人々も、瞑想や真実を生きることを通して集合意識とつながり、その活動を支援することができます。私は一九九〇年以降のいくつかの地震や火山の爆発が、この方法で緩和されたり未然に防がれたりしてきたことを知りました。

たとえば一九九一年には、シャスタ山の噴火がくいとめられました。その年のはじめ、私はシャスタ山が一一月に爆発するという明確なヴィジョンとメッセージを受けとり、地元の占星術家のもとへ駆けこんだところ、彼は私がその話をする前に一一月に火山の噴火があると予言したのです。また同じ週に、地元のネイティブ・アメリカンのメディスン・ウーマンがそれとまったく同じ内容の情報を受けとったという話がとびこんできました。そして八月の終わりになって、私は雨のなかにたたずんだまま、見たこともない不思議な稲妻を目撃しました。シャスタ山から巨大な閃光がいくつも天をつらぬいたかと思うと、大気中に消えていったのです。それからまる三日間嵐が吹き荒れたあと、地の底から、とくにシャスタ山の底のほうから、とてつもなく深い静寂が訪れました。おそらく敏感な人々はみなその異様なまでの静けさを感じとったことでしょう。

そのとき私は、一定の人数を超える人々が感情の鬱積や低次元のネガティブなエネルギーを浄化して変容できたこと、高次元からの介在によって、火山の爆発として解放されるしかなかった山のなかの充満した圧力が一掃されたことを告げられました。私自身もふくめて人々が霊的な成長に取り組み、意識的に瞑想をおこない、高次の意識とつながって地球上の大気を浄化していたころ、すでに生じていた地殻プレートの動きに合わせてシリウス人たちが大気圏のプレートを移動させたというのです。こうして大気圏のプレートがならび変えられ、充満した電気が稲妻となって大気中に解放された結果、火山が噴火する必要はなくなったのです。

ラーがふたたび語りはじめます。

人間が意識の進化のある地点に到達したとき、あえて大量の地震や洪水の被害に見舞われる地域に住むことがあります。その人は肉体の死とひきかえに次の波動レベルへと次元上昇し、霊的な進化を体験します。さらにそれによって、光を受け入れる準備ができたほかの人々の波動的シフトを助けることもあるのです。

大きな地震、洪水、火事など地球の変動が起こる地域では、怖れや否定、憎しみ、貪欲、怒りといったものが無定形で濃密な低次元のエネルギー層をつくっています。このような場所では、死を迎えた魂がそれらの幻の現実にとらえられ、身動きできなくなることがあります。しかしそこにも必ず光の存在がいて、解放されたがっている人々を援助してくれます。肉体の死とひきかえにアセンションした人々は、みずからのまわりを光のフィールドに変えることができます。その光の世界では、進化して光に入ることを希望する人々は保護され、すみやかな移行を体験するでしょう。こうした役割を担う人々は、今回生まれてくる以前にそれを選択しており、大半は過去において死への移行を助けるために働いたことがあります。

ですから怖れることは何もありません。純真に光とつながって生きる人々は、そのまま次により高い次元を選択することになるのです。そうでない人々は、それぞれの段階にふさわしい道を選ぶことになり、みずからの体験を通して霊的に進化することも選択できるし、怖れや幻影のなかにとどまることもできます。いずれにしても、このような地球の変動によって肉体の死を迎えた人々に対して、私たちはすべての判断を手放さなくてはなりません。なかには肉体をはなれる手段として〝天災〟を選ぶ人々もいます。それらの人々の高次の意識は、人間としての自己が今回その人生で変えるにはあまりにも深く幻影のなかに入りこんでしまったことに気がついたからです。

前にもふれたように、多くの人が死という移行期に光のなかへと入り、アセンションの準備を助けるために地球にとどまります。けれども地球をはなれ、次の惑星に移ってみずからの進化における選択をする準備ができたために、天災による死を手段として選択する人もいるでしょう。またそのほかにも、肉体の遺伝子および細胞レベルでの変異があまりにはなはだしいために、この地球の変化の時期、残された時間内に変容させることが困難だという理由から肉体の死を選ぶ人もいます。肉体がなぜ死を迎え、アセンションのさいも〝死んだ〟ように見えるのかという理由はさておき、この世に偶発的な事故というものはないことを理解するうえで、高次の集合意識はきわめて示唆にとんだ影響を及ぼすのです。すなわち物質世界をはなれる人々には、そうする意志があるのです。いっぽう地球にとどまる人々は、肉体的な生存と霊的な進化の両面にわたって、お互いに助けあう責任をひき受けることになります。

地球にとどまる人々は、二〇一三年までに次の「四つの進化の原理」を理解しなければなりません。

1　地球上の人類の目的は、肉体・感情・思考・霊性のすべての面において進化することである。
2　人間はみな光と愛でできた聖なる本質をもち、その本来の性質は善である。
3　自由意志とは宇宙でだれも侵すことのできない普遍的な権利であり、完成された霊性においては自己が誠意と信頼をもってみずからの自由意志を聖なる意志にゆだねる。
4　自然界に存在するものは、それがどのようなしかたで個人的な自己の欲求をあつかったり満たしたりするかにかかわりなく、すべて神聖である。

この時期に生きている人々は全員、これら四つの霊的な原理を直接あるいは暗示的に提示されています。それは地球の法則でもあり、いまの時代のように主要なサイクルの終局においては、すべての人が個々にこの四つの進化の原理を思いだし、受け入れることが求められているのです。これらのメッセージを書物を通して受けとる人々もいます。たとえば『聖なる預言』、『ミュータント・メッセージ』、『プレアデス銀河の夜明け』、*"Return of the Bird Tribes"*（鳥の種属の帰還）、*"The Fifth Sacred Thing"*（五番目の神聖）などの本があげられます。また「ダンス・ウィズ・ウルブズ」「リトル・ブッダ」「スター・トレックⅣ」「エメラルド・フォレスト」などさまざまな映画を通じてそれらのメッセージを受けとる人々もいます。（筆者注　これらの書籍や映画はラーでなく筆者があげたものです）

そのほかに臨死体験をへて肉体に戻り、身近な人々に決定的な影響を及ぼす人もいるでしょう。また、天使や高次元マスターや聖母マリアの訪問を受けたりする例が今世紀になってしばしば報告されていますが、それらは今後ますます増加するでしょう。人々の意識の進化を促す神聖な気づきのメッセージは、クリスタルやパワーストーンのようなある種のものを見たり身につけたり、手にしたりするうちにも潜在的に伝えられます。こうしたことは、四つのスピリチュアルな真理が地球全体に浸透していくうえで生じる動きのほんの一例にすぎません。

こうした時代におけるあなたの役割とは、真実を生きること、霊的完全性について学び実践すること、さらに「聖なる計画」とそのなかでの自分の役割を理解できるよう祈り、あらゆる面で可能なかぎり自分自身を癒しきよめることです。集合的なレベルでは、この時代に浄化して乗り越える必要のある七つの根本的なカルマのパターンがあります。それは傲慢、耽溺、偏見、憎しみ、暴力、犠牲、恥の七つです。これらのパターンは、人々がそれに気づいて変容させられるように、目下誇張されてあらわれています。この七つの痛みや幻想、分離の源は、この太陽系内の金星に始まり、火星、マルドゥク〔かつて太陽系のひとつだった惑星で、爆発して現在の小惑星帯になったともいわれる〕で拡大され、最後に地球で終わるという経過をたどります。それらがいかに地球で隆盛をきわめているかはあまりにも明白なので、いまさら詳しく説明する必要もないでしょう。

たとえばアメリカ合衆国が世界の主導権を握っていることや、ニューエイジャーたちが霊的にめざめていない人々に対して優越感をもつことは、どちらも「傲慢」な態度といえます。アルコール依存症者がロサンジェルスの裏通りで酒びたりの日々を送ること、あるいは人が自分の容姿や相手の身体にこだわったりするのは「耽溺」の一種です。また、ＫＫＫ〔黒人の社会進出に反対する過激な秘密結社〕が黒人の家の庭で十字架を燃やしたり、スピリチュアルな人が肉体労働者を見くだすのは「偏見」のあらわれです。、いわゆる礼儀正しい人が山や建築現場で働く人に眉をひそめたり、資本主義者が共産主義者を毛嫌いしたりするのは「憎しみ」であり、アメリカがベトナムや中米で戦争をしたり、親が子供を折檻しておとしめるような行為は「暴力」です。ネイティブ・アメリカンやアボリジニの人々が白人によって殺されたり土地を破壊され、リスや鹿たちが不注意にスピードを出しすぎた人々の車でひき殺されることは「犠牲」という問題になります。またドイツの人たちがヒットラーの残した傷跡に耐えていたり、貧しい人々が貧困さゆえに自分の価値を感じられないのは、「恥」と呼ばれる感情からです。

一人一人が自分自身のなかにある感情を、もっとも明白なものからいちばん微細なものまで認識し、それらのパターンを癒していかなければなりません。主要な七つのカルマであるこれらの感情のあらわれ方は、人によってさまざまです。しかしながら充分綿密に観察してみれば、地球上の問題はすべてこの「太陽系の七つのカルマのパターン」のうちのひとつ以上に源を発していることがわかるはずです。これらのパターンは、人類がいま学ぶことを求められている「四つの進化の原理」を認識できていないことから生じています。

[筆者注] ここにあげられた七つのカルマのパターンについては、地球上でその解消がはかられているものの、太陽系全体に共通する問題でもあります。インカ帝国の神秘的教義のなかには、地球上の七つの根源的な悪癖またはエゴの誘惑というものが示されています。それは肉欲、怠惰、暴食、高慢、怒り、嫉妬、貪欲であり、インカの教えでは、人間は霊的なパワーを獲得する前にこれらのエゴの誘惑を克服しなければならないと説いています。

これらのパターンを日常の態度や言動で解消することを学び、真剣にそれに取り組んでいる人々にとって、次のステップは自分自身のハイアーセルフや高次の集合意識、そして「聖なる一体《ワンネス》」と意識的につながることです。それがこの本の目的なのです。

プレアデスの光の使者たちは、地球の変動や進化やアセンションにそなえたいと願う人々を援助したいのです。私たちプレアデス人は、進化のサイクルが変わる時代につねにこの太陽系の人々の身近にいるよう心がけてきました。そしていまも例外ではありません。私たちが二万六〇〇〇年のサイクルの終わりに先立って、今世紀のはじめに地球上の個人やグループにはたらきかけを開始したとき、私たちプレアデス人やシリウスからの光の存在、アンドロメダの光の使者、そして「至高存在」、「一二人高等評議会」、「偉大なる白い光の同盟《ブラザーフッド》」などとの大がかりな直接的接触が始まる以前に、地球上の人々はまず自分自身でめざめるチャンスを求めたのです。私たちプレアデス人は物理的にも霊的にもあなたがたとともにいます。かつての地球の主要な進化のサイクルの終わりにはいつもそうだったように、アモラ・クァン・イン、バーバラ・ハンド・クロウなど、数多くの人々がいまそれらのメッセージを伝えています。

　前回の地球での二万六〇〇〇年サイクルの終わりには、極移動と地球の変動によって破壊がもたらされ、あとには一五〇万人に満たない人類が残されました。その人数はかなり多いように思われるかもしれませんが、地球全体に散らばっていたことや、それ以前の地球の人口が二〇億近くだったことを考えあわせると、ごくわずかの数にすぎませんでした。

　当時、高次の集合意識はいまほど発達していなかったにせよすでに存在しており、地球上のそれぞれの文明ごとに神秘学校が設立されるように要請したために、地球上の人々はみな平等に学び成長するチャンスを与えられたのです。そのときの地球の変動で肉体の死を迎えたたくさんの幼い魂がふたたび生まれ変わり、やがて地上の人口が増えていくにつれて霊的な修養や教育の体系が確立され、進化と気づきに比例して生活そのものも向上していきました。

　そのときからいままで二万五〇〇〇年という長い年月にわたり、霊的修養の歴史を培ってきたネイティブ・アメリカンやマヤ人のグループが存在していますが、それは単なる偶然ではありません。プレアデス、シリウス、アンドロメダの指導者たちは、地球上の人類の転生を促し、マチュピチュやエジプト、アトランティスなどさまざまな文明の成長を助けてきたのです。たとえばレムリアは土地と人口の大半を失いましたが、その神殿と教えの真髄は、残された土地であるハワイとカリフォルニアのシャスタ山に保存されました。

教義の内容や修練の方法が重複する部分も多々ありましたが、神秘学校はおのおのの土地で別々にスタートしました。ちなみに「メルキゼデク騎士団」や「アローラの神殿」はアトランティスで設立されたものです。それよりずっと前の時代に世界中にひろく普及していたクリスタルによる癒しの技術は、いったん失われたあと、ふたたびこのときにヒーリングおよび多次元的なコミュニケーションの手段として用いられるようになりました。トト〔古代エジプトの知恵、学問、魔法の神〕は、エジプトに瞬間移動《テレポーテーション》や念動力《テレキネシス》や、時間と空間を超えてさまざまな次元をわたるメルカバ・トラベルのような高度な霊的トレーニングとともに、「太陽の秘儀」や「太陽の意識」をもたらしました。この時代には、エジプトと全地球の人々のために「太陽の符号」を受発信したり、儀式をおこなうための巨大なピラミッドも建造されたりしました。またすべての文明に伝えられた「聖夢」は、シャーマンの技法「ドリーム・ヒーリング」へと高められ、多次元空間を旅したりコミュニケーションをとるための手段として用いられるようになったのです。

プレアデス人やシリウス人やアンドロメダ人は、人類を導き、神秘学校を設立するいっぽうで、次元間を頻繁に往き来していました。たいていは自分たちの光の身体を自在に物質化させたり気化させることができ、地球人類と地底民族と当時地球のまわりにいた多くの宇宙船とのあいだをとりもっていたのです。高次元の指導者たちは、いまから約二万五〇〇〇年前、未進化な幼い魂がいっせいに転生を始めたときから二五〇年間、さまざまな進化レベルと銀河の起源をもつ魂が数多く転生によって成長するのを援助しました。なかには本能的な行動様式と生存意識のレベルをようやく越えたばかりという人々もおり、その次のステップはより進化した両親のもとに生まれ、進化した人々と結ばれることでみずからの意識をひろげることでした。

この人類の混合が始まったとき、プレアデス人たちの多くはそうした若く幼い魂の永遠のガイドとして任命されました。そのなかには人間の姿をとり、人類の遺伝上のパターンをとりはずして霊的成長への衝動を呼びさますために、人間と結婚した存在もいます。これらのプロセスは「星の種まき」とも呼ばれます。

すべてのことは、地球人類の高次の集合意識の要請にこたえ、その同意を得て実行に移されました。地球の存在たちは進化し、覚醒していくうちに地球周辺の高次元にとどまり、人類全体を援助することを目的として彼ら自身の神秘学校と高次元の入門教育機関を開設するよう要請しました。このとき「偉大なる白い光の同盟」はすでに、一万五〇〇〇年ほど前から存在していました。というのもその当時、地球上のさまざまな文明で一〇〇〇人以上の人々がめざめ、それらの全員が地球における霊的覚醒と超越の道案内をするために「偉大なる白い光の同盟」(はじめは「偉大なる白い光の騎士団」と呼ばれていました)を結成することに同意したからです。

この菩薩階級のメンバーたちは、何世代にもわたり高次元のマスターとして地上の指導者に転生することを選びました。だいたいは霊的に進化した両親のもとに生まれ、二一歳ごろまでにはふたたびめざめ、自分の過去世やアセンションの記憶、霊的な目的などを思いだしたのです。転生した菩薩たちは、人間に生まれた経験のない存在にくらべて、地球の人々と自然な友愛をはぐくむことができたためにすばらしい指導者になりました。いまでもそうですが、このような高次元のマスターはさまざまな種類の遺伝上の損傷やカルマのパターンをかかえた、より未熟な家族のもとに生まれることがあります。それは、人々があとをついてこられるような非物質世界の「意識の地図」を作成するために、低いエネルギーの変容、変性、超越に対する責任を受けもっているのです。彼らはその当時もいまも、進化における先駆者なのです。

宇宙の指導者層は、これらの覚醒してアセンションした人々を加えて「偉大なる白い光の同盟」を拡大することに同意しました。そしてキリスト、仏陀、マーリン〔アーサー王伝説に登場する高徳の予言者〕、さらに観音や聖母マリアのような母なる女神、カチーナ〔ホピ族の祖霊〕、宗教的な指導者やガイドなどの役割を新たに任命したのです。現在の二万六〇〇〇年のサイクルが始まる前は、高次元存在やガイドをはじめ地球の霊的指導者のほとんどがプレアデス、シリウス、アンドロメダなどからの光の存在たちでした。ところがこのとき人類が進化して、覚醒とアセンションを体験した存在が充分な数に達したために、人類みずからの手でガイドや神秘学校を組織するようになったのです。

この二万六〇〇〇年のサイクルのはじまりに、次のような要請もありました。それは周期的にやってくる重要な進化のターニングポイントを除いては、高次元からの指導やガイダンスは人間の転生を経験したことのある、覚醒した存在によってなされるというものです。そのために地球上の人々は、みずから高次元やさまざまな星系と交流できるようなレベルにまで進化しなければならなくなりました。そこで「カー」に関する教えが登場したのです。どうしたら霊的なゴールに到達し、地上のマスターになることが望めるかを、地球の人々はぜひとも理解する必要があったのです。

プレアデス人たちは人類におのおのの高次元の自己であるハイアーセルフについて教え、そのハイアーセルフと永久につながるための通路である「カー」や、高次元、星々の体系についても伝えました。真実を生き、進化し、瞑想をおこない、祈り、自分自身の意識の主《あるじ》となることで、人類は自分自身のハイアーセルフとつながることができます。神聖な「カー経路」をめざめさせることによって自身のハイアーセルフを肉体と融合させ、神聖なマスター存在あるいは内なるキリストを体現できるのです。その人類の完全なる覚醒に先立って、カー・エネルギーがカー経路や微細な道筋を流れ、アストラル体および肉体の神経系、細胞、内分泌腺あるいは鍼や指圧で用いられる電気的な経絡《けいらく》にゆきわたり、その結果、遺伝上の変容が完了します。

二万六〇〇〇年の新しいサイクルに入ってから最初の五二〇〇年のあいだに、エジプトやアトランティスの「カー神殿」において数千人の人々がイニシエーションを受けて覚醒し、その多くは次のレベルであるキリスト意識に到達しました。そのとき地球にとどまることを選択した人々のなかには、カー経路を維持し、霊的な修練を積むことで二〇〇〇年間も同じ肉体で生き延びることが可能になった人々もいました。つまりこの五二〇〇年の期間に地上では人類の進化がすすみ、新たな覚醒への道が準備されたのです。

その五二〇〇年の終わりには大規模な地震があり、レムリア全域やアトランティス大陸の半分ほどに残っていた神殿はほとんど崩壊しました。そのとき地球に残ったレムリアの人々はシャスタ山の下に移住し、地底文明として生きつづける道を選びました。またレムリア人のうち少数は、ネイティブ・アメリカンやハワイの先住民やチベットの人々と混じりあい、のちにマヤ人やインカ人や仏教徒になりました。このようなもとレムリア人たちは、それぞれの文明で霊的リーダーや教師として活動したのです。

また、大地震のあとのアトランティスには、その文明を継続していくのに充分な人数が残されていました。彼らは地球で「トト」という名で呼ばれている存在に集団意識として呼びかけて、自分たちのもとに転生し、地震で失われてしまった古代の教えを復活させてくれるよう求めたのです。プレアデスの大天使の種族でもあるトトは、呼びかけに応じてアトランティス人として地上に生まれ、アトランティスの霊的指導者となりました。

トトがアトランティスにあらわれた直後に、地球の大気圏の時空連続体のなかに大きな亀裂が生じ、以前オリオンを侵略したリラ（こと座）からのグループが地球にやってきました。ルシファーがリラ人たちを指揮し、大気圏に亀裂をつくり通過できるように助けたのです。それによって太陽系外から地球大気圏への強烈な高周波のエネルギーの伝送が成し遂げられ、そこで生じた亀裂を通って宇宙船が瞬時に移行してきました。オリオンの存在、というよりリラ人たちはルシファーの助けにより〝時間と空間のない〟飛行をマスターし、亀裂が生じた瞬間、妨げられることなく宇宙船を発進できたのです。彼らの地球への介入は、リラ人とルシファーと一部の地球人とのカルマ的な関係ゆえに、ある意味で避けられないものでした。彼らはそこがもっとも伝導力のある場所だという理由で、計画どおりアトランティスに着陸しました。

そしてまもなく、彼らはその〝優秀な〟科学技術の知識を駆使してアトランティス人を教化しはじめました。当時、アトランティス人は自分たちが地球でもっとも進化した民族であるという誇りをもち、つねに新しい分野を征服することを求めていました。リラ人は科学技術とサイキックな統制力と知識の優越性を見せつけて、あなたたちもこの無限のパワーと高度な科学技術によってはかりしれない影響力を手に入れることができる、といってアトランティス人たちをあやつりました。彼らのアトランティス文明への侵入を受け入れれば自分たちと同じような能力を身につけられると約束したのです。それに対して多くのアトランティス人はすぐに不信を抱き、これが霊的な罠だと見抜きました。しかしいっぽうではパワーと権力を渇望し、リラ人を心から歓迎した人々もいたのです。

それに続く一万年のあいだに、アトランティスの人々ははっきりと二分されていきました。ひとつはリラ人をふくむ科学技術に秀でた集団で、もうひとつが信仰深く霊的純粋さを保つ集団でした。メルキゼデクの神殿は、人を意のままに動かす支配力にたけた侵略者によって深く侵害され、「グレー・ローブ」、のちに「ブラック・ローブ」と呼ばれる集団が生まれたのです。その目的は、サイキック・パワーと黒魔術の能力を磨くことでした。メルキゼデクの神殿には純粋さをとどめた僧侶もいましたが、大多数がそうではなくなっていました。しかしその当時、アトランティスのアローラの神殿には女神に仕える巫女たちが住み、九次元から「九人評議会」という指導者層を通して送られてくる教義を信奉していました。それらの教えはリラ人やルシファーの手に染まることなく残されました。巫女たちはそうした「闇の同盟者たち」をまったく寄せつけず、介入をはばんだのです。

もともとアトランティスでは、魔術や錬金術を学びたければその力の正しい用い方を確実に修得するために、最初に霊的なトレーニングを受けることになっていました。ところがそうした慣行が破られてしまい、サイキック・パワーと黒魔術のトレーニングが普及していったのです。ルシファーは人々の前に姿をあらわしませんでしたが、潜在意識下ではつねに大きな影響を及ぼしていました。彼はリラ人の「闇の同盟」を支配し、いつでもそのメンバーに憑依してコミュニケーションをとったり、それを通してアトランティス人たちと話すことができ、頻繁にその手段を用いて人々と接触したのです。ルシファーの目的は、地球と太陽系を統治している光の勢力に対するアトランティス人の信頼を失墜させることでした。そして究極的には地球上の最高権力者として支配権を確立するという野望をもっていたのです。

ルシファーと闇の同盟者たちは、支配し、君臨したいという望みを隠しもち、女性よりもサイキックなコントロールを受けやすい地上の男性たちの意識に浸透していきました。地底のアストラル界に儀式用の庭園や施設がつくられ、闇の同盟の低次元の集合意識の領土が築かれて、地上の人々にエネルギーの波動と潜在意識へのメッセージを送っていました。その集合意識こそ、あなたがたが今日まで「サタン」と呼んでいるものです。その悪魔的な勢力は闇の同盟の低次元意識の融合によって形成され、ひとつの巨大な霊的存在として作用します。その集合意識がしだいに大きくなって、女神や地球やあなたがたの太陽系全域にひろがり、神性さえも超えてしまうほど圧倒的な主導権と支配力をもつにつれて、ますます闇の勢力はみずからが拡大しつづけるための強力なパワーを必要とするようになりました。やがて人類の潜在意識には、神と「聖なる計画」への不信、女性の劣性、感情や霊性に対する理性の優越性などといったネガティブな思考やイメージが深くしみわたり、地球における光と闇の分裂が急速に進んでいったのです。

かくして科学技術と黒魔術は、かってない勢いで地球上に大きくひろまりました。光の神殿はますます女性の世界に、闇の神殿はいよいよ男性の世界になっていきました。もちろん、そうした分離は絶対的なものではありませんでしたが、ほとんどの場所においてこの傾向が見られたのです。ルシファーとリラ人が到着して一万年ほどたったアトランティス時代の終わりには、文明全体を「混沌」と「怖れ」がおおいつくしていました。アローラの神殿においてさえ支配権をめぐる争いが頻繁に起こるようになり、恐怖と隠蔽は深く浸透していったのです。

まだ光を信奉していた神殿の人々や指導者たちは、アトランティスが滅びないうちにその教義を地球全体に分散するように警告を受けました。人々に対する強烈なサタンの影響力ゆえに、高次の叡知がすべてひとつの場所に保存されるまでには、まだまだ相当な年月が必要でした。そこで各分野で霊的進化をとげた人々が少数のグループに分かれ、アトランティスをあとにしたのです。そのとき彼らは多くのクリスタルを一緒に運び出しました。そのなかには「真理評議会」によってチャネルされ、プログラミングされたアカシック・レコードの情報が保存されていました。

アローラの神殿の高位の巫女らによってギリシャに運ばれたクリスタルのひとつに、およそ九〇〇〇年前にアトランティスをはなれたトトの頭蓋骨の形をしたものがありました。そのクリスタルは、巫女たちのグループが建てたデルフィの神託の神殿の地下に埋められ、地中深くから送られる潜在意識下の闇のメッセージやエネルギーの波動から神殿を守ったのです。そのため、この神殿は霊的に汚されることがありませんでした。そこで闇の同盟は「ゼウスの戦士」の名のもとに、最終的に巫女たちをとらえて殺害し、彼らの神をそこにまつらせました。

ほかにもクリスタルと教義は、いくつものグループによって中米、ヨーロッパ、ヒマラヤ、南アフリカ、アジア、オーストラリア、南アメリカ、エジプトなどに運び出されました（その当時、北米の先住民族は独自の進化過程にあったために、アトランティス人による介入は望ましくありませんでした）。もっとも大きなグループは「九人評議会」の指示にしたがいエジプトへ移動しました。すべてのグループは、さまざまな国において「聖なる真理」すなわち「光」の保存に献身的に仕え、儀式のための寺院を建てて教義を確立することに残りの人生を費やしました。もっとも大きな移住がエジプトにむけておこなわれた第一の理由は、そこに巨大なピラミッドが存在していたからです。そこには「聖なる真理」の波動と、太陽の進化に関する符号がずっと現在まで保存されているのです。

エジプトでもほかの地域でも、数多くのピラミッドが建造される予定でした。ピラミッドはアカシック・レコードを内蔵する巨大なクリスタルをおおい隠すように建てられ、クリスタルの光を低次元の濃密な波動の侵入から守るために、多様なグリッド（格子）構造のなかに置かれるはずでした。またアトランティスではリラ人とその奴隷の手でいくつかのピラミッドが建設され、太陽から発信される符号をゆがめコントロールするという目的をもっていました。けれどもそれらのすべては、アトランティスが滅んだときに大西洋に没したり、破壊されてしまったのです。

アトランティス滅亡の最終的な原因は、地中での音波の発信があまりにも強烈になりすぎて、地表直下で音波の炸裂が起きたことでした。その音波は、闇の同盟の黒魔術やサタンの支配的なエネルギーを浸透させるため、残された聖なる神殿における高周波の光のパターンを破壊する目的で発せられたのです。けれども音波が強烈すぎたために発信源にはね返ってしまい、音の発生装置にパワーを供給する原子核とクリスタルの中心を直撃しました。これが大爆発をひき起こしたため、ほかの地底のパワー生成装置も連鎖反応して、前代未聞の大地震となったのです（筆者注　それ以降もこれほど大規模なものは起こっていません）。その時点でほとんどのピラミッドはこなごなに砕け散ってしまいました。ごくわずかのピラミッドだけが無傷で残りましたが、それから二カ月にわたって大がかりな地球の変動がくりひろげられ、ついにアトランティスは海中に没したのです。

ほかの土地で霊的な秩序を回復させようとしてアトランティスをはなれた人々は、大部分がうまく難を逃れて目的地へたどり着きました。しかし充分遠くまで逃げきれなかった一部の人々は、爆発による大津波にさらわれてしまいました。このアトランティスの最終的な滅亡は、いまからおよそ一万四〇〇〇年前のことです。

ルシファーはリラ人をアストラル界に呼び集め、次の段階にむけた計画を実行に移しました。リラ人たちは、地球人類の潜在意識下への影響力をいっそう強めるため、地球の大気圏と地底のサタン界の両方にあるアストラル界にとどまることにしました。その結果、地球のあちこちで頻繁に部族的な闘争と確執が起こるようになり、北米や中南米、アフリカ、ヨーロッパの人々は、それまで大きな同胞の一員だったのが個々の部族に分かれはじめました。領土争い、鉱山や水の利権の奪いあい、霊的教義の相違をめぐる抗争が蔓延し、漠然とした不信感が生まれて、人々が分離していく動きのきっかけとなったのです。

それ以外の地域では、霊的に開かれたアトランティス人がやってきたことにより人々がひとつに結集し、さまざまな文明が加速度的に進化しました。潜在的なメッセージは徐々にひろまっていったにもかかわらず、アトランティスや各種族の進化した霊的リーダーの力に助けられて、暗いサイキックな想念のあらわれである「圧力」や「虚偽」に抵抗することができたグループもいくつかありました。たとえばストーンヘンジに見られるようなグリッドや、北米大陸に伝わるメディスン・ホイールは、破壊的なアストラル・エネルギーを阻止し、人々が安全に儀式や集会をおこなえる空間をつくるために生みだされたものです。

アトランティス人が新しく移住した土地では、女神をまつる神殿が約五〇〇〇年間にわたり力をもちました。男性や女性の神殿はメルキゼデク、トト、アローラの聖なる教えを表明し掲げると同時に、その土地特有の元型的な神や霊的な修養もとりいれながら教義をひろげていったのです。このようにして男性と女性の使命や霊的な儀式、カーの神殿、ヒーリング法と霊的進化に関する教えは、エジプトやギリシャや中南米の一部へと伝えられました。もちろん、それ以外の民族がすべてアストラル界からの汚染によって被害を受けたわけではありません。純粋さと謙虚さを失わない人々もいたことは確かですが、それでも光と闇の分裂は確実に進行していったのです。

リラ人と闇の同盟に教化された人々は約五〇〇〇年ほど前から地球上のさまざまな場所に転生しはじめました。その第一の目的は、霊的により進化した文明に潜入して、戦争と破壊行為を煽動することでした。時がたつにつれて彼らのたくらみは少しずつ効を奏しはじめ、地球人類は光と闇の支配勢力を代わるがわる体験することになったのです。この光と闇のサイクルは、エジプトやギリシャ、ヨーロッパ、中米などによく見られました。闇の同盟が殺戮、破壊、レイプなどによって支配権を獲得すると、今度はそれに対抗する光の勢力がそれを打倒するという筋書きがえんえんとくり返されたのです。

総体的に見ると、地球はつねに「光」すなわち「至高存在」または「一体《ワンネス》」とも呼ばれるスピリットや、「一二人高等評議会」とのつながりを維持してきました。にもかかわらず地球の人々は、勢力の均衡に関して多くの変化を体験してきたのでした。じつに興味深いことに、大多数の人々はつねに愛と正義を信じていたのに、支配を目的にした政治的・宗教的な勢力の脅威にはきわめて弱く非力な存在だったのです。地球人類のほとんどは、みずからが支配階級に対してなんの力ももたないことを長いあいだ痛感しつづけてきました。

これがいま、地球上でもっとも深刻なパラドックスを生みだしているのです。

この恐怖感と無力感の源は、ルシファーやリラ人やニビル人、あるいはアヌンナキによる四次元および五次元のアストラル界からのコントロールにあります（筆者注　これについてはバーバラ・ハンド・クロウの『プレアデス銀河の夜明け』に詳述されています）。ここでぜひ知っておいてほしいことがあります。あなたがたはそうしたアストラル界に存在するものたちのサイキック・コントロールを解き放つ力をもっている、ということです。この本の後半にあげるワークでは、まさにそれを実践するための情報とやり方を提示しています。


いまから約一五万年前、最初にいくつかの集団が地球に住むためにやってきたとき、プレアデス人やアンドロメダ人をはじめ、エーテル体のガイドたちや「デイヴァの王国」などをふくめた集合意識の大集会が開かれました。そこではできるだけ信頼と安全が保たれるように、霊的指導者層を組織化することが決定されました。それはかつて体験した高次元のメンバーによる裏切りの記憶と深い自己不信に根ざしており、その自己不信こそ彼らが霊的指導者層を求めたおもな動機でした。つまり地球の新しい住人たちはみずからの自主性を信頼できず、自分たちが重要な決定をすることに不信を抱いていたのです。

そのために彼らは「至高存在」が地球に指令を発したとき、すぐ下にそれを却下できる力をもつ霊的権威機構を組織することを決定し、その要求は受け入れられました。その至高存在のすぐ下の組織というのが、「一二人高等評議会」です。それはプレアデス、シリウス、この銀河系に隣接するアンドロメダ銀河から各四人の代表者で構成され、すべてのメンバーが高い進化をとげた光の存在でした。「至高存在」からの指令はこの「一二人高等評議会」が全員一致で同意しないかぎり、疑問のあるものは無効となります。ですから地球の人々は霊的指導者層の腐敗から逃れられることを、少なくとも潜在意識下では知っているのです。

そのうえ、この評議会のシステムにはもうひとつの安全装置が設けられました。異なった星系から最低二人のメンバーがその下での各分野の権限に責任を負うことになったのです。たとえば、癒しの天使たちに指示を出したり監督する役割はプレアデス人一名とアンドロメダ人一名の二人が担当し、どちらかが同意しなければ何ごとも実行に移すことはできません。このような組織構造は、いまでもすべての高次元の組織やグループにおいて存在しています。

人々が支配されることを求めたり、重要な決定をくだしてくれる指導者階級を求めるという、この全地球的な思いこみは解除されなければなりません。いまやあなたがた人類は自分自身に完全に責任を負う、自立した存在になる準備がととのったのです。国をつかさどる政府の不正や堕落は、地球に根づよくはびこる信頼の欠如と自己不信のあらわれです。

「光の時代」または「覚醒の時代」が始まるとき、これまでの家父長的な政府システムを終わらせ、すべての人々が真の力をとり戻すことがますます重要になります。他人に危害を及ぼさずにこの責任を行使することができない人は、全体のなかで脅迫的な態度をひかえるように決議されるかもしれません。また公職者は従来の選挙制度ではない形で選ばれ、交渉役や記録係その他必要な役割は、心からその立場で貢献したいという人々のあいだで代わるがわる分担されるでしょう。このようなシステムでは、一人の人間や一部の集団が権力を独占することは決してありえません。（筆者注　スターホークの"*The Fifth Sacred Thing*"のなかでは、本当の意味で「人民の人民による人民のための」ルールにもとづいた、すばらしい理想郷といえるモデルが提示されています）

この時代に必要なのは、みずからが望むものを求めるスピリチュアルな勇気を見いだすことです。善意にあふれる多くの人々が生存競争の渦に巻きこまれ、霊的な理想を失ってしまいました。それでもなお、ほとんどの人は根本的な徳を理解し、愛を求めています。それゆえこの時代の地球はめざましい霊的な飛躍をとげる絶好の機会を迎えているのです。全地球人類の高次の集合意識は、かつてない創造のチャンスを求めてきました。それが地球規模でのアセンションなのです。これが起こるとき、地球と人類はともに四次元または五次元意識へと移行し、人々の意識はアストラル界のサタンの支配から完全に切りはなされます。

いま進みつつある破壊的な力による地球の支配は、次の二つにもとづいています。ひとつは「憎しみは愛にまさる」という幻想であり、もうひとつは「光よりも闇のほうが強力だ」という思いこみです。西暦二〇一三年までに地球にとどまる全人類がこれらの二つの思いこみをとりのぞき、先にあげた四つの霊的な原理を理解して受け入れるなら、地球はかつてない霊的飛躍を成し遂げる先駆者となるでしょう。

この偉大な出来事が望みどおり実現するためには、いまから二〇一三年までのあいだに、最低でも一四万四〇〇〇人以上の人が覚醒し、キリスト意識を体現しなければなりません。めざめた人々の数がこの重大な意味をもつ数字に達するときこそ、「集団規模のキリストの再臨」です。すると、いわゆる「百匹目の猿」ともいうべき波及効果が生じます。つまり覚醒したエネルギーの波動が地球と人類全体を照らしだし、低次元の想念やアストラル界が一掃され、人間をみずからの内にある聖なる本質と真理からへだててきたベールがとり払われるのです。世界中の人々は、この覚醒の波動が地球の全存在に浸透するのを感じるでしょう。そのとき惑星地球の覚醒と、魂本来の目的である霊的進化がいちどきに活性化されます。

リラ人やアヌンナキ、ルシファー、闇の同盟のメンバー、そして闇と手を結んだ人々もそこで霊的降伏を選択するなら、地球規模でのアセンションに加わり、過去から解放されるでしょう。また、光を選択しない人々は地球の破壊を体験し、銀河の回復センターにあずけられます。そして自分の進化と神聖なつながりに関する選択を求められますが、決して強要されることはありません。ある一定期間をへても暗闇を探求したいという人々は、そのような選択がまだ残されているほかの銀河へと送られます。

地球の爆発のような重大な危機がせまったとしたら、一四万四〇〇〇人またはそれ以上のキリスト存在がアセンションの光の身体に変容し、ともに新しくめざめた人々を連れていくでしょう。この一四万四〇〇〇という重大な意味をもつ数に達するとき、キリスト存在の影響力はきわめて強力なものになり、その一人一人が一四万四〇〇〇の人を高次元の意識の層へと引きあげることが可能になります。つまり一四万四〇〇〇人のキリスト化した人々が、二〇七億三六〇〇万人の奇跡的な飛躍を創造するのです。それによって、これまで地球の大気圏外をおおっていた「闇のベール」または「網」と呼ばれるものが消滅し、銀河の符号がすべて太陽を通って地球に送信されるようになります。低次元のアストラル界も存在しなくなり、すべての人々は「白い光」または「シャクティパット」という体験をへて、はるかに美しくきよらかになった新しい地球に自分がいるのを見いだすでしょう。そこは地球ですが、四次元なのです。またはすでに前の人生においてアセンションを体験した人々は、直接五次元かそれ以上の次元に移行します。

四次元の住人となる新しい霊的人類のために、前もってトレーニング機関が準備されています。そこでは自分自身の過去の歴史や、みずからの魂の起源とその使命、さらに各自の進化レベルにふさわしい霊的教義のすべてを学ぶことになっています。恩寵に満ちた新しい一〇〇〇年の時代に地球は進化し、平和と霊的進化を重んじる豊かな社会が生まれるでしょう。その一〇〇〇年間は神秘学校があらゆる活動の中心になります。そして一〇〇〇年の終わりには、地球は「光のシティ」の拠点となり、他の三次元の惑星のための神秘学校という銀河系の任務を正式にゆずり受けることになるでしょう。

私たちプレアデス人が人類に対しておこなってきたように、今度はあなたがた人類が三次元の生命体を守護し指導する立場になります。それをあなたがたがやりおおせたとき(みなさんにはそれができます)、高次の集合意識や一緒にいる三次元や四次元の意識から、膨大な愛と喜びの波動が銀河全体にむけて放射されるでしょう。この覚醒の波動は地球と人類を癒すと同時に、あなたがたの太陽系内に残るすべてのカルマと低次元のアストラル・エネルギーを純粋な光に変換します。その力強い波動は銀河系にくまなくゆきわたり、そこに住むすべての存在によって感知され、大きな影響を与えるのです。

それはなぜでしょうか。前に説明したように、この銀河系は宇宙全体の中心である「大いなるセントラル・サン」との位置関係において、まさに別なサイクルへの移行地点にあるのです。その新しい銀河のサイクルは「進化する熟達《マスタリー》の螺旋」と呼ばれます。地球のシフトと同時に、この銀河系内のすべての太陽系は次のもっとも高い進化のパラダイムに歩を進めなければなりません。ちなみに地球とその太陽系にとって次のステップとは、肉体の転生を通じて覚醒をとげた光の存在たちで構成される「光のシティ」の拠点となることです。その一〇〇〇年の平和の時代の終わりまでに、あなたがたは一人残らずキリスト存在の仲間になるのです。

〈プレアデスの光のワーク〉、とりわけ「カー」に関する情報は、私たちプレアデス人がいまの時代にあなたがた人類に提示する、癒しと気づきをもたらすひとつの方法です。それは「カー経路」と「カー・テンプレート」のカルマの残留物やエネルギーのブロックをきれいにすることにより、あなたの内なるキリストが物理的な肉体とつながることを可能にします。あなたは「覚醒の時代」や「光の時代」、「黄金の時代」または「新しい時代」を地球にもたらす、一四万四〇〇〇人あるいはそれ以上の人々の一人なのです。このワークはあなたの移行を助け、カーの高周波エネルギーとつながってそれを利用できるようにし、キリスト体あるいはマスター存在になることを促します。

私たちはあなたがたと惑星地球の高次の意識を信頼しています。たとえ未来が明るく見えないとしても、アセンションに向かうあなたの成長を妨害するような怠慢、抵抗、傲慢などを断じてゆるしてはなりません。あなたがみずからの役割を果たし、あたうるかぎりのすばらしい存在になることを心から望むなら、私たちはそこにいて、あらゆるふさわしい方法で援助していきます。とはいえ、あなた自身による学びや成長を邪魔するつもりはまったくありません。あなたがたは救いの手が必要な弱者としてでなく、マスターになるために地球に生まれてきた存在です。ですから「あなたのためにつくします」「あなたを救ってあげましょう」などとはだれにも言わせないでください。根気づよい癒しと成長への専心、そしてたえまないスピリチュアルな気づきを通して、いまこそ〝あなた〟があなた自身を救うときなのです。意志と決意さえもてば、聖なることはすべてあなたの手のなかにあります。

So-la-re-en-lo,（大いなる愛と献身をもって）

ラー

プレアデスの光の大天使の種族における語り部
この太陽系を守護するプレアデスの光の使者の一員
大いなるセントラル・サンの光の銀河連盟のメンバー

第II部

プレアデスの光のワーク

神聖なカーをめざめさせ、霊的変容を呼び起こす

第II部について

私はヒーラーとして、またスピリチュアルなガイド役として、この地球とみなさん一人一人のために、プレアデスの光の使者たちを紹介する機会にめぐまれたことを最高にうれしく感じています。この本の第II部では、プレアデスの光の使者たちから個人的にエネルギー・ワークを受けるためのやり方をお話ししていきます。キリストや高次元のマスターやガイド、天使たちとともに、プレアデス人たちはこの第II部で紹介するきわめて特別な方法であなたの進化と霊的な癒しを促してくれます。彼らの専門分野であるこれらの情報は、細胞レベルでの覚醒とアセンションにむけて準備をととのえてくれるでしょう。

私自身がプレアデス人たちと意識的にかかわってきた過去の数年間は、ひかえめにいってもすばらしい贈り物でした。私は彼らから、かつて人間として体験したことのないような献身を受けとってきました。それはいまでも続いています。プレアデス人たちはまさに完璧な誠実さをもっています。彼らがおこなうエネルギー・ワークは、非常に微妙なものから奇跡的といえる明白な結果をともなうものまで広範囲に及んでいます。そこでその癒しと霊的なワークに関する私の個人的な体験から、まずみなさんに一般的なアドバイスをしておきたいと思います。

前にもいいましたが、肉体をもたない存在とともに何かをするとき、どんな場合でもつねに「聖なる計画」に仕える「光の存在」だけを呼びだすことが望ましいのです。純粋な援助をするためには、その存在自身がある程度の意識と進化レベルにまで到達していなければなりません。あなたが意識的に求めてもいないのになんらかの霊的な存在があらわれたとしたら、「あなたは聖なる計画に仕える光の存在ですか？」と三度くり返してたずねてください。いかなる種類の闇の存在でも、この質問が三度くり返されたら正直に答えなければならない、というのが宇宙の法則なのです。さらに宇宙の法則では、この答えが「ノー」であって立ち去るよう求められたものは、相手の自由意志に敬意を表してすぐにその場をはなれなければなりません。私はこの方法がつねに有効であることを発見しました。この質問に対してはっきりした返事が得られないときは、とにかくすぐにその場を立ち去るよう求めてください。

霊的探求の名のもとに、肉体をもたない人間やアストラル界の霊、権力に飢えた異星人さらには闇の存在までひき寄せる作家やチャネラーたちが大勢いるのが現状です。また、肉体をもたない存在は、肉体に宿る私たちよりも優れていると信じこむ人々もたくさんいます。こうした人々はそれらの存在に、信じられないほど不当な尊敬と信頼をささげてしまっているのです。肉体をもたない存在だからといって、それがあなたをサポートできる進化レベルに達しているとはかぎりませんし、実際に害を及ぼさないとはいいきれません。あなたは自分自身の洞察と明敏な叡知を用いて、それらを識別する責任があります。ですから、あなたが別にもっといいやり方を身につけるまでは、どうかこの第II部で述べられているガイドラインにしたがって高次元の存在を呼びだし、メッセージを受けとるようにしてください。

5章と6章は、〈プレアデスの光のワーク〉の準備として、特にヒーリングやスピリチュアルなワークがはじめてという人や、グラウンディングあるいは自分の「境界」について問題のある人々のためのものです。つまり、もしあなたのオーラが乱れていたり、チャクラがつまっていたり、ほかの人々の感情や苦痛を吸いとる「サイキック・スポンジ」になりやすいとしたら、この〈プレアデスの光のワーク〉にとりかかるのは難しいでしょう。カー経路の活性化をはじめとするそれらのワークをおこなえば、高周波のエネルギーがあなたの肉体とオーラに吸収されるようになり、それにつれてあなたの感情やブロックされたエネルギー、さらにカルマの解放が大きく加速されるからです。

瞑想や光を使ったセルフ・ヒーリングをあまり実践したことがなかったり、霊的・精神的あるいは感情的に浄化されていない人は、次の章に進む前にこの二つの章を最低でも一カ月間は実践しなければなりません。私はこれをあえて言う責任があると感じています。5章と6章にあげるワークが一カ月たってもまだ漠然としてとらえにくければ、自然にできるようになるまで毎日練習してください。これらは次のより深いワークにそなえて、あなたが初歩的な浄化をおこなうためのものです。

長年スピリチュアルな探求や光のワークにかかわってきた人々でも、このガイドラインにあてはまる場合があります。いまだにまわりの人々の感情や痛みをひき受けたり、逆にほかの人のエネルギー・フィールドで自分の感情や苦痛を無差別に放出するニューエイジャーやヒーラー、それにワークショップの主催者たちに私は数多く出会ってきました。これらの人々のなかには霊的なめざめを体験した人もいるでしょうが、グラウンディングやオーラや境界の浄化などの基本を飛び越してきてしまったのです。そのようにグラウンディングしていないスピリチュアルな人たちを冗談まじりに「さまよえる妖精」とか「空中の見習い生」などと呼ぶ人もいますが、いずれにしろそういった人々の大部分は、グラウンディングや境界について、単にその方法や必要性を知らなかっただけというのが真実です。したがって、5章と6章で紹介していくさまざまな手順がどうしても不可欠なのです。

あとに続く〈プレアデスの光のワーク〉の各セッションにおいても、これらのセルフ・ヒーリングと浄化のワークをおこなう機会が頻繁に生じてくるでしょう。ですからニューエイジや精神世界に長いことかかわってきた人であっても、〈プレアデスの光のワーク〉のセッションにとりかかる準備ができていることを確認するために、第II部の最初の二つの章にあげられたワークを必ず実践するようにしてください。特に疲れやすく、ほかの人々のエネルギーや問題を受けとりやすいことを自覚している人、また周囲に闇の存在を感じたことのある人は、次の章に進む前にまずこの二つの章にじっくりと取り組むことをおすすめします。それぞれのワークをテープに吹き込んで使ってもいいでしょう。その場合は、各ステップのあいだに充分な間をとるようにしてください。

第II部の情報やワークの多くは、あるいはあなたの神聖な「カー」をめざめさせるという内容からはずれているように思えるかもしれません。たしかに直接「カー」をあつかったワークは二つの章だけですが、それ以外の部分もふくめた第II部全体がカー・ワークを深めるように助け、促進させるという目的のもとにつくられています。「カー」がめざめて活性化されると、非常に高い波動をもつ「カー・エネルギー」の流入にともなって大きな浄化が始まります。そのときあなたが霊的なつながりのもとに、意識的に誠実に生きることをしなければ、「カー」は決して充分に開くことはありません。それどころか逆に少しずつ閉じていき、最後には完全に遮断されてしまうでしょう。

ラーが語ったように、あなたはこのワークブックを全部通して実践するよう求められています。なぜなら直接カーに関係がないように見えるプロセスも、カーのワークを感情・思考・肉体・霊性にわたり完全なものにすることを助けてくれるからです。本書のヒーリングの技法とあなたの境界に関する情報や瞑想は、この美しい地球とあなた自身を癒し、霊的な成長を助けるためのものです。それらのワークは「カー」が完全にめざめ、ひろがり続けるために、可能なかぎり最良の内的環境をつくりだしてくれるでしょう。

人類という種として私たちが霊的に進化するまで、地球が癒されることはないでしょう。進化とは、基本的な倫理をはじめ崇高な道徳観やカーの覚醒にいたるまで、そして肉体を汚さないことから、精神的・霊的な汚れをひき起こすネガティブな思考や感情を浄化することまで、すべてがふくまれなければなりません。この地球上に私たちが霊的に無責任な種族として存在しつづける余地はもうないのです。あなたの内なる良心を育て、すべての生命のもつ神聖さに気づくこと、またそうした気づきに敬意を払うことを通してのみ、私たちはこの星の住人として地球を汚さずによみがえらせることができるのです。人類が生き延びるためにはそれを選択し、次の「四つの進化の原理」を受け入れなければならないことは明らかです。

1 私たちが地球にいる目的は、肉体・感情・思考・霊性のすべての面において進化することである。

2 人間はみな光と愛でできた聖なる本質をもち、その本来の性質は善である。

3 自由意志とは宇宙でだれも侵すことのできない普遍的な権利であり、完成された霊性においては自己が誠意と信頼をもってみずからの自由意志を聖なる意志にゆだねる。

4 自然界に存在するものは、それがどのようなしかたで個人的な自己の欲求をあつかったり満たしたりするかにかかわりなく、すべて神聖である。

地球の未来に対する脅威的な情報が十二分に出つくしたいまこそ、私たちは進化を選択しなければなりません。オゾンホール、地球の温暖化現象、熱帯雨林や古い森の破壊、海洋の死、地下への核投棄、核爆発……これらのリストはきりがないほどあげられます。私たちがこのまま変わらなければ、そのなかのどれひとつとってもすぐに地球を破滅させられるものばかりです。無視や無関心、無自覚、無責任という態度はもはや安全な選択肢ではなくなりました。私たちは自分自身の思考や観念や感情をよく吟味し、それらの浄化にとりかからねばなりません。なぜなら、そういったものこそ地球上で過去に起こったすべての害悪の真の原因だからです。

あらゆる破壊的で無意識的な行為の奥には、そして地球と人類みずからを癒すような行為の奥にも、等しく私たちの自分自身や他者に対する思考、観念、感情、姿勢などが隠されています。それはすべて私たちの選択なのです。それらの思考や感情などのエネルギーは、たえずこの世界の共同創造にあらゆる面で貢献しつづけています。思考はものごとを評価判断するエネルギーであり、その動きはまわりのすべてに強い影響を与えます。天地創造のはじまりに思考があったように、私たちの思考はあらゆるものを再生させたり破壊したりしています。「グローバルに考え、ローカルに行動せよ」（広い視野で考え、身近なことから実践する）という慣用句の真の意味とは、私たちがまず自分自身を吟味し変えることから始めなければならないということです。そのとき、私たちのふるまいや言動は身近な愛しい人々や社会に浸透し、それを超えて自然にひろがっていくのです。

自分の〝よき〟本質が明らかになったところから、より高い進化が続いていきます。私たちにはつねに、あたうるかぎり最高のあり方に向かうためのさらなるステップが用意されているのです。それはみなとりもなおさず、自分という存在に究極的な責任をもつためのものです。そうありたいと願う強い望みは、日々の生活を満たしてくれるでしょう。そして私たちが決して満足しきって停滞してしまうことなく、つねに進化しつづけるように促してくれます。もちろん、いつどこにいようと、一瞬一瞬自分を受け入れることもまた成長には欠かせません。それがなければ私たちは自分を低く評価し、きびしく罰して萎えさせてしまうでしょう。それでもなお、神、覚醒や神聖な愛、分離の終焉などに対するスピリチュアルな熱望は私たちの原動力の源になってくれます。それは私たちの魂のひらめきなのです。

キリストが人間としてのあるべき姿を示してからのおよそ二〇〇〇年間に、人をコントロールするドラマやカルマのパターン、地球特有のあらゆる想念が表現しつくされてきました。私たちはすべての種類の依存と執着を体験し、自分自身を非力さと低い自己評価のなかに閉じこめてしまっています。4章にあげた傲慢、耽溺、偏見、憎しみ、暴力、犠牲、恥という七つは、この太陽系が始まって以来、ずっと私たちをつなぎとめてきた太陽系のカルマのパターンなのです。

いまの私たちに残された道は、より高い真理とパワーを求めることしかありません。それによって狂気が終わりを告げ、一人一人が主権者で、みずからを尊ぶキリスト存在であるという世界が可能なのです。それを実現する方法は〈プレアデスの光のワーク〉ただひとつというわけではありません。これが唯一の方法だと主張して信じこませようとするスピリチュアルな集団やヒーリングの手法は、明らかにどれも避けるべきたぐいのものですから充分に注意してください。本書はこのワークに興味をもつ人々のために書かれ、それらの人々に非常に重要な意味をもっています。私は以前、プレアデス人たちに次のような質問をしたことがあります。

「このワークがキリスト存在を肉体に結びつける鍵となるのなら、最大の成果を引きだすために、なぜ手を用いたワークでなくてはならないのですか？　かえって排他的な制限をつくってしまわないでしょうか。イエス・キリストは肉体とつながるために手技によるヒーリング・ワークは受けていなかったのに、どうして私たちには必要なのでしょう？」

それに対するラーの答えは、以下のようなものでした。

†

キリストは覚醒した両親のもとに生まれました。彼は今日の人々のように、痛めつけられたりゆがめられたりした経験は一度もありませんでした。あなたが覚醒した両親のもとに生まれ、虐待を受けたり傷つけられた経験がまったくなかったのなら、そしてあなたのDNAの遺伝子記号がキリストと同じようにクリアだったとしたら、このワークは必要なかったでしょう。それならばあなたはハイアーセルフの多次元的側面とつながるための完全で無きずな「カー経路」と「聖なる軸線」をもって生まれたでしょうし、あなたのDNAとカー経路は人生の体験による傷を受けずにすみ、霊的な成長と達成が加速されてずっと容易に実現されたでしょう。

地球はあまりにも長いあいだ霊的な暗黒時代にあったために、大多数の住民がみな際限のない欲望、罪、権力の支配、先住民の撲滅などに意識の焦点を合わせてきました。そのほかにもカルマのパターンや、さらに現代社会における中毒性のある薬品、殺虫剤、騒音、レーダー、電気、電子レンジ、テレビ、コンピュータなどの使用が原因となって、あなたがたは突然変異体《ミュータント》の種族になってしまったのです。そのいっぽう、あなたと同時代に生きる人々は遺伝的な中毒や変異、社会や両親からの潜在的なプログラミングを変容させるために生まれてくることを選択してきました。つまりあなたがたはいままでの古い世界と二一世紀に誕生する新しい世界を結ぶ架け橋となる世代なのです。

すべての人々が個人的に〈プレアデスの光のワーク〉を必要とするわけではありません。それはこのワークに興味をもち、睡眠中も起きているときもそれにとりかかる準備がととのった大勢の人々のためにつくられました。この本はいままでその名さえ聞いたこともなかった人々に〈プレアデスの光のワーク〉を知ってもらう手立てとなるでしょう。私たちはあなた（アモラ）とかかわってきたのとまったく同じように、これからほかの人々ともかかわっていくつもりです。あなたの教え子たちが手を用いたこれらのヒーリング・ワークを完全にマスターするまでは、あなたは私たちのエネルギー的なワークから大きな効果を受けとります。やがて生徒たちが光のワークをマスターし、手技によってあなたのカー経路を活性化させるとき、あなたの肉体とスピリットの関係はさらに急速に深まっていくでしょう。一般的にいって、プレアデス人たちとキリストによるエネルギー的なワークだけで、四〇～八〇パーセント程度の効果がもたらされます。また、いまの人生で受けたダメージが少ない人のほうが、より高い効果が得られるでしょう。そういう人々はプレアデス人によるワークだけでも充分だと思います。人間の手による〈プレアデスの光のワーク〉を受ける人々は、その必要性を自分で認識しています。それは将来、人々にこのワークをおこなう施術者になる人々についてもいえます。その結果、あなたがすでに体験したと同様に、さらに一〇〇パーセントの効果がもたらされるでしょう。

このワークの施術者になる人の少なくとも半数以上は、過去世においてこの種のヒーリングや霊的ワークをおこなった経験をもっています。また、地球上の別の過去世において覚醒を体験したこともあります。このワークを実践することによって、そうした過去世での体験がよみがえり、多くの人生経験や叡知が呼び起こされるでしょう。あなたがたの世代が遺伝上の変異とプログラミングという課題をひき受けたのは、自分たちにそれを変容させる能力があると知っていたからです。その多くはとても古い魂で、ずっと昔から地球に仕えながら人間であることについて学んできたのです。

あなたがたの大部分は、この人生が終わったあと地球に戻ることはないでしょう。いま地球には新しいマスターの魂をもつ人々が生まれはじめています。彼らは一九七〇年代の中頃からあらわれて、これから二〇年間にわたって増えつづけていきます。それらの新しい世代はあなたがたがあとに残したものを引き継ぎます。すなわち、あなたがたが自分の浄化と霊的なワークを実践することによって、新しい世代の人々が変容させる必要のあるものをかかえこまずに生まれてくる道がととのうのです。また、もうひとつの恩寵もあります。両親が癒されて成長しつづけるにつれ、新しい光の存在たちもまた自動的にその恩恵を受けとるのです。なかにはカルマ的あるいは遺伝的なパターンに意識を据えつけるために数回ほど転生をくり返してきた人もいて、それらの人々はなんらかのカルマをもって生まれてくるかもしれません。しかしそれは相対的に見てごくわずかでしょう。

あなたがたはこれらの子供たちを慈しみ、彼らが生まれ落ちた瞬間から地球にあたたかく迎え入れられ、愛され、みずからが光でできた聖なるスピリットだということに気づけるようにしてあげなければなりません。そうした言葉は、成長するなかで何度もくり返し聞く必要があります。子供たちの本質にある美を見いだし、それを愛するという意図をもって向きあってください。誕生の瞬間から、聡明でめざめた存在として接することが必要です。事実彼らはその通りなのですから。聡明な光の存在たちを誕生させ、あなたの人生に招き入れることは、まれに見る貴重な贈り物なのです。その贈り物にいつも感謝してください。

子供を望んでいるカップルで、妊娠する前に〈プレアデスの光のワーク〉を受けて遺伝上の浄化をしたいという人々も大勢あらわれるでしょうし、それによってカー経路が閉塞されていない子供が生まれる可能性もあります。またそうしたカップルが、単にプレアデス人からエネルギー的なワークを受けるだけでも、きっとすばらしい助けとなるでしょう。

そうです、愛しい人よ。時は〝いま〟です。だからこそ、あなたはこのワークをふたたび思いだしているところなのです。必要があるとき、私たちは必ずあなたに接触します。いままでもずっとそうでしたね？　私たちがあなたと交わした約束を守ることを信じてください。あなたが地球にやってくる前、私たちは約束しました。あなたと最後まで一緒にいること、あなたを決して道に迷わせたり忘れたりしないこと、そして時がきたら、あなたはまた私たちとひとつになること。これらの約束はいまも生きつづけています。私たちはあなたを愛しています。あなたは私たちの一部なのですから。ここにいたるまでのあなたの勇気、そして愛情に満ちた献身に、私たちは心から感謝しています。まもなくすべてが成し遂げられることを忘れないでください。あなたはもうじき故郷に帰るのです。

†

以上のような話のあとで、ラーは〈プレアデスの光のワーク〉の集中コースと一般的なヒーリング・ワークについて詳しく説明してくれました。それはとてもわかりやすい内容でした。私は自分の肉体に、カーのワークを個人的に受けて学習する前に「ドルフィン・ブレイン・リパターニング」と「ドルフィン・スター・リンキング」を数年ほど実践する必要があったのを理解しました。私の神経系はきわめて傷つきやすく、ひどいダメージを受けていました。したがって高い周波数のワークにそなえるため、それを癒して骨格組織のなかの固定されたパターンを解放する時間が必要だったのです。

それに加えて私はその数年にわたる準備期間中、ハイアーセルフとつながる方法も数多く体験することができました。第II部のほとんどの情報は私自身がチャネルしたものですが、5章と6章と11章は、おおむねほかのヒーラーから学んだことを応用してつくりだしたものです。私が求めているといつも必要な人や光の存在があらわれてくれたことに、とても感謝しています。プレアデス人たちとの体験は、まさに「求めれば得られる」という一般的な法則どおりでした。

このワークブックを実践していくうちに、それぞれの方法のより高度な目的がしだいにはっきり見えてくるでしょう。けれどもいまあなたに理解してほしい大切なことは、人類と地球全体がめざめ、覚醒にいたることが、あなたという「存在」そのもののはるか遠い昔からの、そしてただひとつの目的だということです。あなたの霊的な気づきが深まり、完全なる覚醒に近づいていくにつれて、霊的な「全感覚認知」現象のような体験も頻繁に起きるかもしれません。そのときに、あなたがその驚異的なパワーの魅力に負けないことが非常に重要になります。その魔力に屈するということは、あなたの神または女神としての自己と再会し、すべての聖なる本質である「一体《ワンネス》」に還るという本来の目的から、未成熟なままそれてしまうことだからです。

私は「全感覚認知《フルセンサリ・パーセプション》」という言葉を、「サイキック」や「超能力」という言葉に代わるものとして自分で考えだしました。この新しい言葉は、そういった体験が本当はどんなものかをより的確にあらわしています。人は生来だれもがみな物理的刺激を超越した、より拡大されたレベルで感覚を用いる能力をもっていると私は信じています。感覚をまるごと開いて知覚するというこの能力は、おそらく自然の環境のなかに生まれ育っただけで、おのずとそなわるものでしょう。世界各地の土着の文明に生きてきた人々は、愛する人や動物たちの病気を調和させるために、どんな薬草や天然物質が必要かを感じとったり知ることができました。そのようにして自分たちの文明の霊的な守護者やデイヴァや妖精を感じ、出会い、あるいは高度な設計技術のもとにピラミッドを正確につくりあげたのです。

私が以前、サンディエゴで高速道路への入口車線を走っていると、突然車のわきに背たけが六メートルほどもあるネイティブ・アメリカンの男性のスピリットがあらわれました。そして車に速度をあわせて空中を漂いながら私と車のようすをじっと見ていたかと思うと、「きみたち人間が地球を感じたり聞いたりできなくなってしまったのも、じつにうなずけることだね。きみたちはあまりにも速く動きすぎるのさ。地球や自然の声に敏感になりたいなら、もっと生活のリズムをゆったりとして、ときには何もしないでじっとしていることも大切なんだよ」と語りかけてきました。

彼のいう通りです。現代において「全感覚認知」を妨げている要因とは、電気や薬品、騒音、仕事、ライフスタイルに付随するストレス、そして速く動きすぎることなどです。私たちは自然のなかで目をさまし、自然の音だけが聞こえてくる木の下や川のほとりにじっと腰をおろす必要があるのです。やがて意識や感情や神経系の動きが静まり、内なるやすらぎを感じながらあなたが肉体と魂の中心にふたたび戻るまで、そこにじっとしていなければならないのです。そのようにしていると、樹木、小川、自然の精霊などの語りかける声が耳に入ってくるでしょう。そして「一体《ワンネス》」の意味や、自分が自然とひとつだということを思いだすのです。

私たちがこのように自然で開かれた存在のあり方を再発見しなければ、たとえ「全感覚認知」をとり戻したとしても、エゴはたやすく自分が特別だとか霊的に優れているという気持ちを生じさせます。第三の目が開いたり、ハイアーセルフやチャネルした存在などから教えを受けとるにつれて、優越的な態度をとりたくなったり追従者をつくりたいという気持ちが生じやすくなります。それらの罠に充分気をつけてください。そういった行動にはなんの価値もありません。あなたは自分が「超能力者」とか「サイキック」「霊能者」なのではなく、やっと本来の正常な感覚をとり戻したことを祝福するという立場で、そうした霊的な体験とかかわりはじめなければならないのです。私たちはいま、みずからの環境やまわりの人たちと親しむための自然で健康的な方法とは何かを新たに見つけだそうとしているところです。

かつて私はある年配の女性を訪問しました。その人はつねに関節炎のうずきと痛みに苦しめられており、そのために娘さんが私に会いにきて、プライベートのリーディングとヒーリングを予約したのです。その女性とのセッションに入って二〇分ほどで、彼女は突然「まあ、どうして？　腰痛が消えてしまったわ！」と叫びました。そして「この二五年間で腰痛がないのは今日がはじめてよ。でも、あなたは私の子供時代のことまでどうして知っているのかしら？」とたずねるのです。

私はただ、「とても簡単なことです。あなたのオーラと腰のところに、どうしたって見逃すはずがないくらい、はっきりあらわれているんですもの」と答えました。私にはそこにあるものが「見える」ことのほうが「見えない」ことよりもはるかに自然だったから、そう言ったまでなのです。そのとき私の胸のなかにやさしい声が聞こえてきました。「さあ、これでやっとフルタイムでヒーリング・ワークをおこなう準備ができましたね。あなたには自分自身のそういった能力を、ごく当たり前の現象として受けとめる必要があったのです」私はちょうどそのころ、自分で始めたクリスタルや貴石類をあつかう会社を売り払おうと計画していたところでした。すべてが起こるべくして起こっているのだ、という感動を私は深く静かに味わったのです。

あなたにはない能力や不可能なことを見せつけて、自分にはそれをする「能力がある」と称するような指導者やヒーラーには注意してください。または、あらかじめすべての問いに対する答えを用意しておいて、あなたを依存させようとする人々に気をつけてください。たしかに最初のころは、すでになんらかの知識や能力を獲得している先人たちを信じることも必要です。講習やトレーニングやワークショップをときどき受けたり、ヒーリングのセッションに出かけたりする必要もあるかもしれません。けれどもそれらの体験は、あなたが一定の期間内にあるレベルまで到達するために用意されたものであり、それによってあなたが以前よりも自分自身によく注意を向けられるようになるためのものです。そのことを決して忘れないでください。ほかの人から受けとる段階が終了すれば、あなた自身が一人でできる手段や気づきがつねにもたらされるはずです。

ふさわしい時期に真のヒーラーに会いにいくという恩恵を否定しているわけではありません。だれでもときには一歩踏みだす勇気がいったり、調整をはかったりする必要があります。シャーマンやメディスン・マン、メディスン・ウーマン、透視家や手技をおこなうヒーラーなど、いつの時代もこの地球上には霊的な癒しの能力をもった人々がいました。真のヒーラーとの出会いはあなたへの贈り物です。それでも、そうした人々に依存しないことが大切なのです。彼らはあなたがめざめて自分の力を発揮するためにいるのであって、内なるワークにおけるあなた自身の役割を奪ってしまうつもりはありませんし、あなたが才能や能力を開花させるのを決してはばんだりしません。いずれにせよ正真正銘のヒーラーであれば、あなたがゆきづまって援助を必要としているときには、そこから抜けだすよう力を貸してくれるでしょう。

ヒーリング・ワークや霊的な指導を受けるとき、あなたにはその立場での責任があります。私は自分がすべきことをしなかったクライエントに見切りをつけるという、苦い体験をしたこともあります。それらの人々はつらい感情や混乱に襲われるたびに、応急処置的な手当てを求めて私に電話をかけてきました。私はこんなふうに言わなければなりませんでした。「私はあなたの松葉杖になっているようね。でも、私はあなたに自分の足で歩いてほしいと思っているのよ。私がここにいるのは、あなたに無力な人になってもらうためではなくて、あなたができることのためなの。だから率直にいって、もうこの関係は終わりにしましょう」と。

ただし、これは性的または肉体的なひどい虐待を受けてヒーリングにやってきたクライエントの場合は別です。そうした状況下では、クライエントがトラウマ（心的外傷）を解消するまで癒しのプロセスを継続させなければなりません。そのような人々には、古いトラウマの扉がいったん開いたら、それが完全に癒されるまでヒーラーやセラピストに見捨てられることはないという強い信頼感が必要です。ただし、そうした場合でもワークの効果を高め、クライエントに強さを育てるために、いずれは新しい宿題をこなしたり生活を変えなければならない時期がくることを、ヒーラーは最初に明言しておく必要があります。もしそのことをクライエントが前もって了解できない場合は、ヒーリングのセッションを始めるべきではありません。あなたがヒーラーやセラピストであっても、またクライエントであっても、こうしてあらかじめお互いの境界線や期待する事項を確かめておくことがヒーリングには不可欠の条件です。

あなたがクライエントなら、ヒーラーやセラピストに対して彼らの仕事の目的をたずねてみてください。スピリチュアルな人生を送っているかどうかをたずね、それがどのようにこの仕事とつながるのかをきいてみるのもいいでしょう。私自身は、みずからの覚醒を求めて行動し、その過程で人々を助けるためにヒーリングを実践している人のところ以外には、決して行こうと思いません。それは私の立場上の偏見や優越感から発したものではなく、可能なかぎりのあらゆる方法で「聖なる真理」に生きようという選択にもとづいた、私自身の洞察にすぎません。ハーブ療法家、自然療法医や鍼灸師、カイロプラクティクの施術者などの人々も、そのような立場で学びをきわめていけば、癒しの技法を意識的に使っていくことができます。

どのやり方を選ぶかはあなたの洞察力を使ってください。たとえそれが主として物理的に肉体にはたらきかけるような療法でも、スピリチュアルな道程を歩む「全的存在としてのあなた」のためになるものを選択するようにベストをつくしてほしいと思います。もっともホリスティック（包括的）な効果を得るには、あなた自身のすべての側面が浄化されて健康に機能する必要があるからです。

以上のようなガイドラインをあげたのは、この本の目的が、あなたの霊的なめざめを助けるとともに、きわめて高度の統合性をもって光の存在の援助を受けられるのを知ってもらうことにあるからです。この本のワークの部分では、それらが役立つと思う人のために、自分一人で実践できるさまざまな方法を紹介しています。あなたに効果的だと思うものをとりいれて、そうでないものはとばしてけっこうです。

この〈プレアデスの光ワーク〉においてさえ、私たちがあまりにも依存しすぎ、しばられてしまうと、キリストやプレアデス人たちは私たちとともに働くことをやめてしまうでしょう。私たちはつねに自分のなすべきことをしなければなりません。すなわち行動をあらため、拒絶や判断を捨て、自分の感情を表現することで手放し、自分自身と人に対してつねに真実であるようつとめ、高潔に生きて霊的完全性をめざすこと、そして自分自身の思考を観察し、それを変容させることです。言葉を換えれば、私たち一人一人が自分自身の完全性や進化、霊的な覚醒とアセンションに関して最終的な責任を負っているということです。

私たちが「内なるキリスト」を体現するには、まず最初に自分自身の主《あるじ》にならなければなりません。キリストや聖母マリア、観音をはじめ大勢の高次元マスターたちは、肉体をもっているあいだに自己研鑽によりみずからの主《あるじ》となることを達成し、その道を私たちに示してくれました。キリストとプレアデス人たちは、私たちの権威や責任を侵害する（そのようなことは決してありませんが）ことなく、一人一人の自己研鑽を助けるためにこの地球に降りてきているのです。

5章 健全な境界をつくる

プレアデスの光のワークにそなえて（その1）

この章のタイトルが示すように、ここではこれ以降にあげる〈プレアデスの光のワーク〉にむけて準備をしていきます。〈プレアデスの光のワーク〉は、あなたの精妙なエネルギー体にはたらきかけ、さまざまな古いエネルギーや感情のブロック、あなたが吸収したほかの人々のエネルギーなどをきれいに浄化します。そのためには、まず最初に霊的なセルフケアの基本的なテクニックを身につけることがどうしても不可欠なのです。

ですから、この本のワークの部分だけを一気に全部こなしてしまおうなどという期待は手放してください。ただしワークを実際に体験する前に、それぞれのステップにざっと目を通しておくのは役に立つでしょう。また次のステップに進む前に、数日間同じワークを練習する必要があるかもしれません。

この章の情報をすでに知っている人もいると思いますが、その場合はいままで学んだものと違う部分や、まったく新しい部分がないかどうかを調べ、どちらのやり方があなたにより効果的かをくらべてみましょう。大切なことですが、この章のワークを自然にスムーズにおこなえるようになってから、次の章に進んでください。

グラウンディング

「グラウンディング」とは、ヒーリングやスピリチュアルなグループのなかで頻繁に用いられる言葉です。ある人にとっては自分の足が床を踏みしめる感覚に気づくことであったり、または自分が自然のなかにいるのを感じることかもしれません。もともとの「グラウンディング」の意味とは、自分の肉体のなかにあり、周囲に意識をむけながら何が起こっても対応できるという存在のしかたを指します。

この章で用いるグラウンディングの方法は、あなたの意識と〝霊的な存在としてのあなた〟をもっと肉体のなかに招き入れるためのヴィジュアライゼーション（視覚化）です。まだ霊的なめざめをあまり体験していない人はもちろん、規則的に瞑想を実践しているような人のなかにも、グラウンディングのことを知らずに身体の上の空間をさまよいがちな人々が大勢います。もしあなたもそのような一人だとしたら、ほかの人や霊などのエネルギーを非常に受けとりやすい傾向があるでしょう。運よくそういった「サイキック・スポンジ」になっていなかったとしても、まずは自分が肉体のなかにいなければ、とうてい肉体から感情やカルマを上手にとりだして解放することはできません。

プレアデス流の霊性へのアプローチには、全身の細胞レベルでの覚醒とアセンション（次元上昇）がふくまれています。つまり、肉体をはなれ物質世界を超越することがゴールなのでなく、この物質世界の制約のなかで思いこみと怖れを超越することがゴールなのです。あなたがそれを成し遂げるためには、抑圧された感情、思いこみ、判断、コントロールをはじめその他の萎縮した低波動のエネルギー（これらが三次元における制約の原因でもあるのですが）を浄化することを目的として、あなた自身を霊的に肉体のなかに充分に降ろしてくる必要があります。それが果たされたとき、キリストや観音や仏陀が体験したように、あなたもハイアーセルフと完全に調和することが可能になるのです。その結果、チャクラがすべて開き、細胞レベルでの覚醒やアセンションがもたらされます。

このグラウンディングのためのワークは、あなたが自分の肉体のなかに「いる」ことを要求します。そのやり方を紹介しましょう。

●グラウンディング

1　居心地のよい椅子にすわって背筋を伸ばしてください。目を閉じて両足を床にぴったりつけ、腕は身体の両脇におろしましょう。

2　ゆっくり呼吸をしながら、あなたの意識をできるだけ頭のなかの中心部に集めましょう。意識がさまよいだすのを無理にとめようとせず、ただ呼吸とともにあなたの意識に心の目を向けてください。だんだん気持ちが落ちついていきます。

3　では、二〜三回大きく深呼吸します。あなたの身体は息をするたび、どのくらい膨らみますか？　身体のどの部分が動くでしょうか。

4　今度は呼吸にあわせて、意識的におなかの部分を大きく膨らませてみましょう。背骨の下の末端まで呼吸がいきわたるように、できるだけ大きく息をしてください。緊張や居心地の悪さを手放しながら、これを二回から四回くり返します。するとあなたの身体に活力がよみがえってくるのを感じるでしょう。

5　次に床の上にある、あなたの足を感じてみましょう。あなたの呼吸を使って意識を足のほうに集中させます。

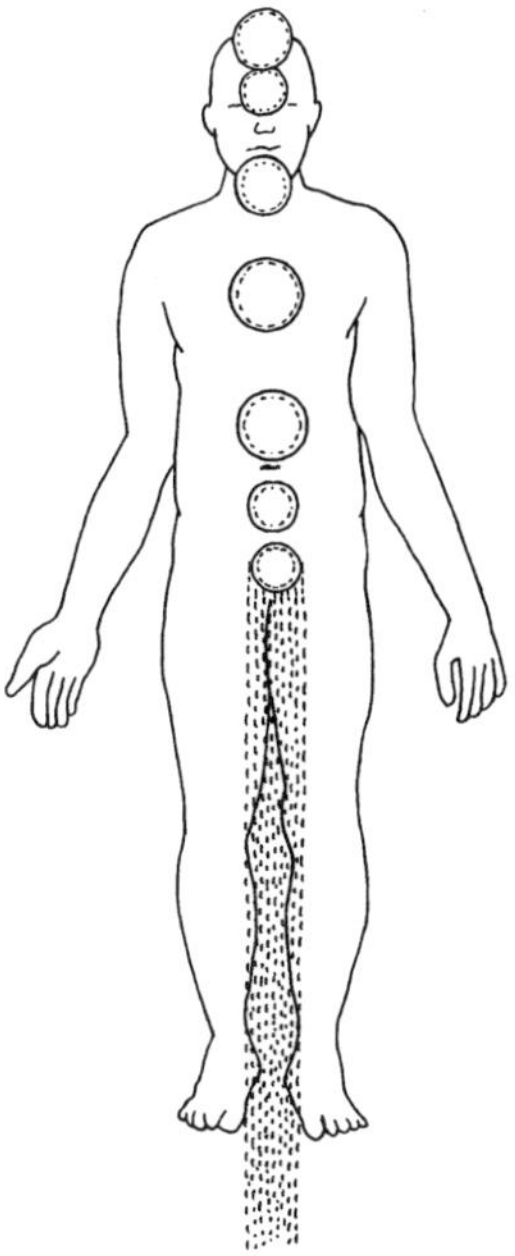

図１ａ　男性のグラウンディング・コード：第一チャクラから地球の中心へと伸びている

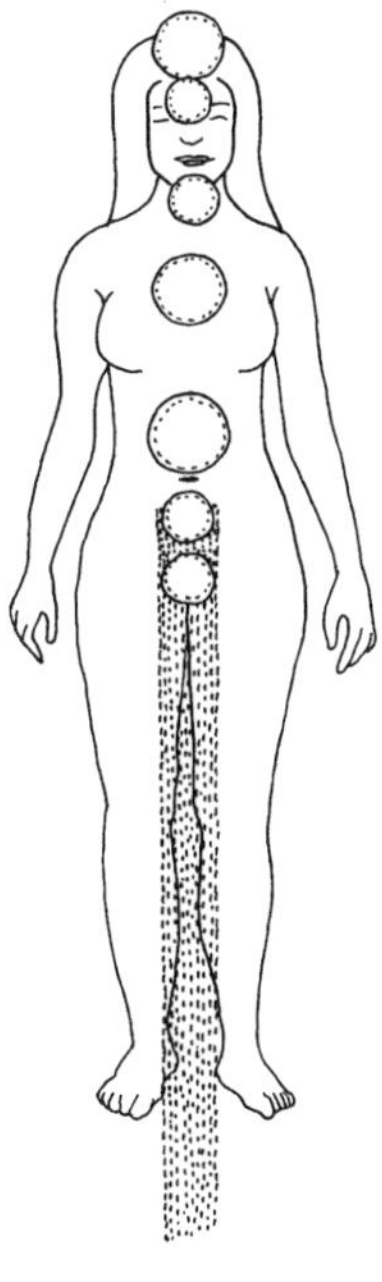

図１ｂ　女性のグラウンディング・コード：第二チャクラから地球の中心へと伸びている

6 (男性の場合) あなたの意識を、椅子に触れているおしりの部分にある第一チャクラに集中させてください。次に、その第一チャクラのところに直径一〇〜一五センチくらいの光の管またはコードが渦巻いて、はりついているのを思い描いてみましょう (図1a)。

(女性の場合) あなたの意識を第二チャクラに集中させてください。おへそと尾骨のちょうど中間のところです。その第二チャクラに、直径一〇〜一五センチくらいの光の管またはコードが渦巻いてはりついているのを思い描きましょう (図1b)。

(男女ともに) 頭の中心部に意識を向けながら、この光の管またはコードが地面のなかに伸びていくのをイメージしてください。それはどんどん地中深く降りていきます。さまざまな地層を通りぬけ、ついに地球の中心まで達します。そこは磁力の中核で、重力の中心です。あなたのグラウンディング・コードがそこに触れ、ぴったりとつながるのを見てください。どんな感じがするでしょうか。

7 三〇秒から一分ほど静かに呼吸を続け、あなたの身体の内側と意識の変化を感じてみてください。最初にグラウンディングしたときに、なかには身体のどこかが痛くなったり震えたり、抑圧された感情が浮上してくる人もいます。もしこのようなことが起こったら、それが肉体的な痛みでも感情的な痛みでも、これまでグラウンディングしてこなかったことと何かしら関連する痛みです。あらゆる不快なものを避けようとするのは私たち人間のごく自然な性質なのです。

問題に気づくことがそれを癒す第一歩です。そこから逃れたり目をそむけたりする代わりに、あなたの好奇心と呼吸を使って、それらの感情を探っていくことをゆるしましょう。自分に対する判断や怖れの感情を手放し、そうした感情や身体の痛みに注意を向けるよう気づかされたことを、喜びをもって受け入れてみてください。

そのまま不快に感じる部分に呼吸を通していきましょう。たいていはすみやかな解放がもたらされます。そうでない場合は、より慢性的な問題をかかえているということです。(こうした問題を自分自身でとりあつかうことにあまり慣れていなければ、ヒーラーの助けが必要な場合もあります。ちなみに自分自身を浄化する方法は、この章のあとのほうにも出てきます)

グラウンディングのさいにまったく不快感のない人は、いままで以上に「この瞬間にいる」というすばらしい感覚を味わうかもしれません。またグラウンディング・コードに意識を向けたとき、しばらくのあいだ身体がほぐれて、かすかな重みを感じる人もいるでしょう。

8

このグラウンディング・コードになじんできたら、その色が変化するのをイメージしてみましょう。光のスペクトルの七色を中心に、それぞれの色の微妙な変化や質感を味わっていきます。たっぷりと時間をかけて、ひとつひとつの色の効果をじっくり感じてください。ここであげる色のほかにも、あなたが思いつくかぎり、できるだけたくさんの色をイメージして感じていきましょう。

まず、ブルーから始めます。あなたのグラウンディング・コードが淡い空色から明るい青へ、そしてネイビー・ブルーへと変化していきます。さらに深い藍色になり、それがくっきりしたコバルト・ブルーに変わります。そこへ少しグリーンがまざり、濃い青緑色、そして最後には明るいアクア・ブルーになるのを見てください。

次はグリーンをイメージしましょう。あなたのグラウンディング・コードがうすい緑色からエメラルド・グリーンへ、それから深い森の緑へと変わります。そして落ちついたオリーブ色、青々とした芝生のグリーン、さらに透きとおった黄緑色になります。

今度はイエローです。やわらかなクリーム色がまばゆい太陽の黄色になり、それが黄金色に、そしてからし色へと変化します。

それからオレンジ色です。まず、やまぶき色がかったオレンジ、そしてだいだい色、ピーチ・オレンジ、あざやかな果実のオレンジ色。さらにサーモン色、濃い黄褐色、それから赤みがかった炎のようなオレンジ色です。

さあ、次は赤です。パステル・ピンクに始まり、カーネーション・ピンク、目のさめるようなショッキング・ピンク、あざやかな赤、血のような赤、深い紅色、そして赤紫へと変わります。

今度は紫です。あなたのグラウンディング・コードが、淡いふじ色からラベンダー色へ、そして深いぶどう色、さらにすみれ色になります。

それから白になります。雪のような純白、太陽の輝きの白、真珠色、クリーム・ホワイトへと変わっていきます。

次にブラウンを思い浮かべましょう。ベージュ、おうど色、チョコレート色、キャラメル・ブラウン、木の幹のあたたかな茶色です。

最後にグラウンディング・コードがメタリック・カラーに光ります。シルバー、そしてゴールド、赤銅色、プラチナ、そして終わりにシルバーとゴールドを混ぜあわせましょう。

これらの色のなかには、気持ちを落ちつかせてくれる色もあれば、強さや自信を感じさせてくれる色もあるでしょう。また、あなたが肉体のなかにいるのを助けてくれる色もあれば、いやな感じでグラウンディングが妨げられるように感じる色もあるかもしれません。あなたの好きな色を見つけて、好きな理由と一緒にノートに書き記すか、記憶力に自信のある人はしっかりと心に焼きつけてください。

9 それが終わったら、いまのあなたに必要な色をひとつ選んでください。あなたの最初のグラウンディング・コードを地球の中心から引きぬいて地中に解放してから、いま選んだ新しい色のグラウンディング・コードをとりつけて、地球の中心にそれをつなぎましょう。

10　目を開いてください。

今後、寝起きに疲れて調子が悪いときには、あなたを爽快にエネルギッシュに感じさせてくれる色のグラウンディング・コードをつなぐといいでしょう。また、人生で手応えや自信が感じられないときは、人生をより確かに自信に満ちて感じさせてくれるような色のコードをつなぐこともできます。

このグラウンディングが問題のすべてを解決し、あらゆる不快な感情をとりのぞくわけではありません。しかし、不快な感情をよりすみやかに流すことを促してくれるでしょう。いろいろなあなたの状況に応じて、いちばんふさわしい色を知っておけば、いつもグラウンディングした状態が保たれ、ふつうだったら逃げだしてしまうようなことにも向きあえるようになります。

約一週間、毎朝古いコードを捨てて、新しいグラウンディング・コードと取り替えてください。あなたのそのときの気分に応じて、前と同じ色でもいいし、違う色でもいいでしょう。一日を通して思いつくたび、できるだけ何度もこのプロセスをくり返してください。最初のうちは一日五〇回おこなってもかまいません。道を歩いているときや仕事中なども、自分に新しいグラウンディング・コードを与えてあげてください。あなたが意識のエネルギーをそそぎこめばこむほど、グラウンディング・コードはよりリアルに長く保たれるのです。慣れてくるにつれて、仕事中や歩行中だけでなく、車のなかでも目をあけたまますばやくグラウンディングできるようになっていきます。一日五〇回でもさほど時間をかけずにできるようになるでしょう。

そして一週間後には、朝グラウンディングしたコードをさらに長時間もたせることが可能になるはずです。

そのうちに一日一回でも充分と感じるかもしれません。そのころまでには、自分がグラウンディングしているときとそうでないときの差をはっきり感じとれるようになり、いつ新しいコードに取り替えたらいいかがわかるでしょう。

たくさんの生徒たちを見てきた私の個人的な体験からいって、この一週間のグラウンディングへの集中はどうしても欠かすことができません。なかには怠りがちな人もいますが、一週間これを規則的に実践した人たちは、継続しなかった人たちにくらべてずっとしっかりグラウンディングできて、より〝いま〟に存在し、自分の人生や癒しに価値を見いだすことができるようになります。それに対してこのステップを怠った人たちは、ヒーリングのプロセスに時間がかかり、感情的に動揺する期間もずっと長くなるのです。また、全感覚認知にいたらなかったり、それを有効に使えないこともあります。ですからごく自然にグラウンディングできるようになるまで、何度でもくり返し練習することをおすすめします。

いったん1から9までのステップをおこなえば、どうしてもそうしたいという場合を除いて、その次からはそれぞれの色について同じ手順をくり返す必要はありません。そこまでのプロセスは、あなたが自分にいちばん合っているグラウンディングの色を知るためのものです。

私は数年前に子供たちに瞑想を教えたときのことを、いまでもはっきり思いだすことができます。子供たちと簡単なグラウンディングの瞑想をおこなったあと、一人一人の生徒にグラウンディングについて感じたことを話してもらいました。最初に手をあげたのは三歳半の男の子で、「ママみたいな感じだったよ」と答えます。次も同い年の男の子で、「ナチュラル・フーズのお店に行ったみたいな気分」と答え、ちょっと間をおいてから、身体をこまかくゆすって「それが好きかどうかはわからないけど」とつけ加えました。

残りの生徒たちもそれぞれ感想を述べ、最後にまだ話していなかった七歳の女の子の番になりました。彼女の首はそれ以上うつむけないほどがっくりと前にうなだれ、いまにも泣きだしそうでした。その子の両親は別居中で離婚する予定にあり、そのことで彼女がちょうどつらい時期を過ごしているのを私は知っていました。

そこで私はクラスのみんなのほうに向きなおり、グラウンディングすると、それまで気がつかなかったような感情が自分のなかに見つかるかもしれない、と話しました。それから続けて、「それはたとえば、エリザベスが言ったみたいに愛情に満ちたあたたかい感じかもしれないし、ときには悲しみとか怒りのようにつらい気持ちのこともあるわ。でも、つらく感じたときには、それを無理に追い払おうとしないで、その気持ちと一緒にいてあげることが大切なの。うんと深く呼吸して、もっとその気持ちを感じるようにしてごらんなさい。すると本当に魔法のように、数分後に突然そのつらい気持ちがなくなって、いつ消えてしまったのかもわからないくらいよ。そうするとすっかり元気になってしまうの。だけど、そのつらい気持ちが消えてなくなるまで充分に感じてあげなければ、それはそのまま身体の奥深くに居すわって、あなたたちが気がついてくれるのをずっと待ちつづけるわ。だから、それが戻ってくるのをこわがっているよりも、いま感じてあげるほうがいいのよ」と言いました。

その悲しそうな少女はまだ黙っていました。けれども一〇分ほどたったころ、急に立ちあがって「なくなったわ！」と叫んだのです。それから自分が叫んだことに気づいて、ばつが悪そうにふたたびうつむいてしまいました。「何がなくなったの？」と私がきくと、「さっき先生が話したような気持ちのことよ。すごく悲しかったんだけど、先生の言うようにしたら、その悲しみが消えたの！　本当に先生が言った通りだったわ」彼女の瞳は驚きに満ち、もしかしたら先生が本当に魔法を使ったのではないかと、ちょっぴりこわがってさえいるようでした。

数日後にその少女の母親が私に会いにきて、次のような話をしてくれました。その少女がひどく取り乱したようすで学校から帰ってきたので、母親がそのわけを聞くと、「私、いま感情をかかえているの。だからそれを感じるためにお部屋へ行くわ」と答えたというのです。そして二〇分後、彼女は外出着に着替えて笑顔で部屋から飛びだしてきました。彼女はそのお母さんに私の瞑想クラスでのことを話して、そこで習った悪い感情を追い払ってそのまま寄せつけない「魔法のかけ方」を説明したそうです。この少女の無垢な意志こそ、私たちみんながグラウンディングに取り組む姿勢を示す、偉大なる一例といえるでしょう。

希望する人は、このあとすぐに次のステップに進んでしまってもけっこうです。グラウンディングと次のオーラの浄化のあいだには、相互に補いあう自然な流れと密接なつながりがあるので、あえて時間をあける必要はありません。

オーラを癒して浄化する

オーラとは、肉体のまわりに放射されるエネルギー・フィールドです。それはチャクラ内のエネルギーの生成物によってつくられたもので、それぞれのチャクラはオーラ・フィールドを形成し、維持するはたらきをもっています。チャクラがダメージを受けて最低限しか開いていないとき、オーラは活気がなく弱々しく見えるかもしれません。逆に、健康で適度に感情的にもオープンになっているとき、チャクラは開かれて活気があり、オーラは強くいきいきと振動し、弾力性があります。

ちぢこまったオーラは身体から三〇センチくらいしか出ていないかもしれませんし、ひろがりすぎたオーラは一・五メートルから一キロメートル近くも拡散することがあります。このどちらであっても、決して理想的なオーラとはいえません。ちぢこまったオーラはその人に緊張、不安、孤独を感じさせやすく、逆にそのような感情によってオーラがしぼんでしまう場合もあります。いっぽう、ひろがりすぎたオーラはボワッとした感じや逃避癖のほかに、オーラ内の領域に存在する人々の感情や思考や痛みなどを、すべて感じて取りこもうとする傾向があります。また逆にそうした感情や状態の結果、オーラが拡散しすぎてしまうこともあります。つまり別ないい方をすると、不健全なオーラは、その原因となったような状態を再生産する傾向をもつのです。

理想的なオーラは、身体の上方、下方、後方、前方、左右方向へと均一に卵型に分散しています。私は過去の経験上、身体からすべての方向に六〇~九〇センチくらいにひろがるオーラが、特に公共のスペースではもっとも適当で望ましいサイズだという確信をもっています。また自然のなかにいるときは、自分のオーラがあたり一帯の林や湖や小川をおおい、自由にひろがっていくのをゆるします。そうすると、宇宙に存在する聖なるすべてのものとの結びつきを深く感じられるからです。植物や水、自然の精霊とのふれあいのなかで神経系はすみやかに癒され、静められます。

私は自然環境のなかから急に市街地や公共の場などに直行しなければならないときは、必ずオーラを身体から六〇~九〇センチ程度までひき戻すように気をつけています。それを忘れると、必要以上にほかの人々の人生の目標が気になったり、ときには人の痛みまで感じてしまったりするからです。そんなわけで、いずれにせよ私はオーラをひき戻し忘れたことを思いださざるをえないのです。また自宅では、クライエントに会うとき以外、快適に感じる範囲で家中どこまでも自分のエネルギー・フィールドがひろがるのをゆるします。私は家のなかがつねに清潔で、居心地よく過ごせるように心がけています。

●オーラの癒しと浄化

1 前の手順を用いて、あなた自身をグラウンディングさせてください。

2 目を閉じたまま、身体のまわりのオーラを感じてみましょう。まず最初は、あなたの吐く息が身体から三〇センチほどの範囲内に拡散するように、ゆっくりとオーラ・フィールドの内側にむけて呼吸をしてください。呼吸を続けながら、あなたのオーラを感じてみます。それはしぼんで厚ぼったくなっているでしょうか。それともひろがりすぎて弱々しく拡散していますか。あるいはいきいきとして柔らかでしょうか。ただありのままを感じていってください。

3 あなたのオーラが身体から前方にどれくらいひろがっているかを観察しましょう。あなたの呼吸とイメージを使ってください。または直観やメッセージを聞いてもいいでしょう。

4 今度はあなたのオーラが、身体の左右にどの程度ひろがっているかを観察してください。

5 頭の上と足の下には、オーラがどこまでひろがっていますか。上のほうと下のほうの違いをくらべてみましょう。

6 次にあなたの呼吸、感覚、ヴィジョン、そのほか何でもあなたに自然なやり方を用いて、身体の背後にひろがるオーラを感じてみましょう。それは身体の前方にひろがるオーラとくらべてどうですか?

7 さあ、これであなたは自分のオーラのようすをだいたい把握することができました。いまからこのオーラをととのえてあげましょう。あなたの全身を身体から六〇～九〇センチ程度の範囲ですっぽりとおおう、きれいな卵型のオーラになるようにします。呼吸、ヴィジョン、明確な意志を使ってやってみてください。最初のうちは、実際にあなたの両手を使って、望むような形にオーラをひっぱったり伸ばしたりするとやりやすいかもしれません。たいていの人にとって、オーラをととのえるということは、それを内側にひっ

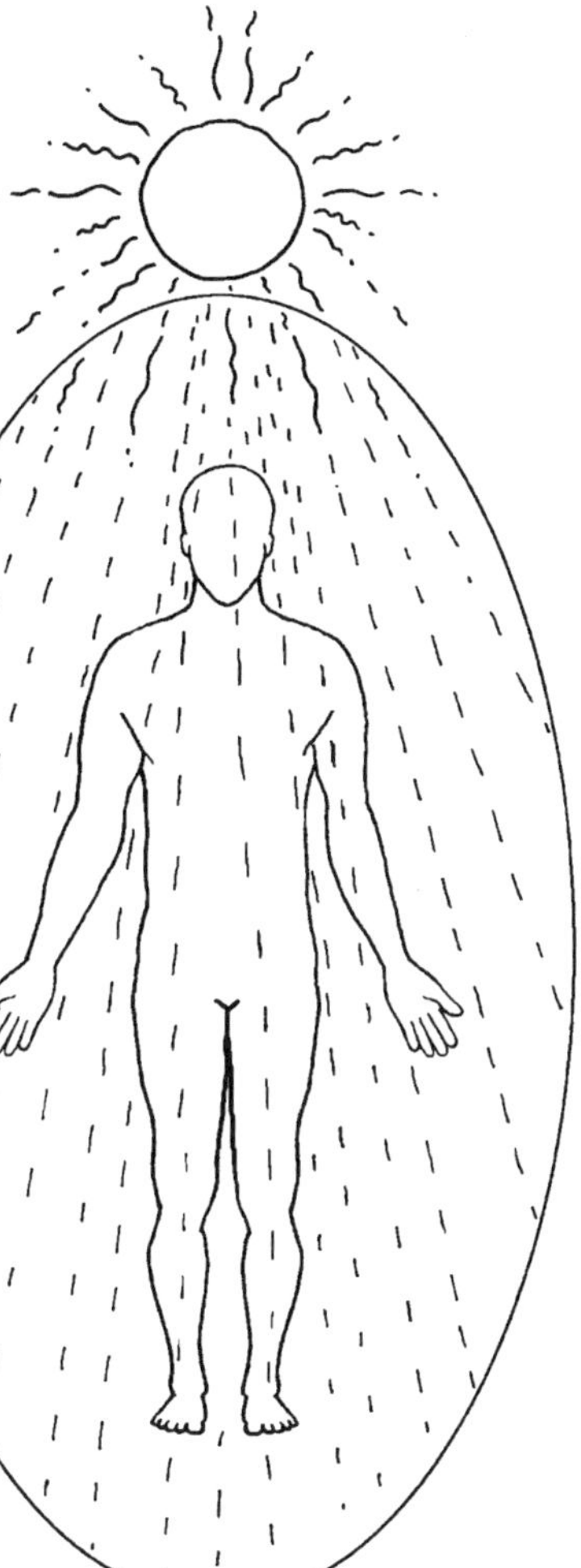

図 2　オーラを浄化する黄金色の光のシャワー

ぱって周囲の輪郭をはっきりさせることです。なかには、逆にオーラを外側に押しひろげて空間をつくってあげなければならない人もいるでしょう。はじめはオーラが足の下方にまでひろがりにくい感じがするかもしれませんが、根気強くやってみてください。

8 あなたを包むエネルギー・フィールドの調整によって、感情の変化や肉体の感覚など、何か気づいたことはないでしょうか。じっくりと観察してください。

9 それでは、黄金色に輝く光のシャワーが、雨のようにあなたのオーラ全体に降りそそがれるのをイメージしましょう。最初はこの光のシャワーを少なくとも二〜五分ほど降らせつづけてください(図2)。そのすばらしい感覚を、あますところなく充分に味わいましょう。

10 次に、あなたのオーラと同じくらいの大きさの、すみれ色の炎を思い浮かべてください。そしてその炎であなたのオーラ全体を包みこみます。足の下のほうまでふくめましょう。この炎は、何ひとつ破壊することがありません。すみれ色の炎は低波動のエネルギーを高波動に変容させ、より自然な状態をつくりだすようにはたらくのです。はじめてこれをやる人は、まず一〜二分間だけすみれ色の炎に入りましょう。炎であたたかくエネルギーが満ちてくるのを感じたり、あるいは古いエネルギーの非物理的な燃焼によって圧迫感に襲われるかもしれません。最初は短い時間から始めて、少しずつ延長しながら、あなたにいちばんふさわしい時間を見つけてください。

11 それがすんだら、すみれ色の炎を取り去ります。では目を開きましょう。

はじめて光のシャワーを体験した人々のほとんどが軽快でさわやかな気分になり、身体が浄化されて輝きだすような感じがするといいます。これは付着していたゴミやあなたが取りこんだ異質のエネルギーを浄化する、とても簡単で効果的な方法です。また、あなたがヒーリングや瞑想によって肉体から解放したエネルギーもすみやかにとりのぞいてくれます。

最初にこのワークを実践しはじめたころ、私は呼吸と感覚とヴィジョン、それに意志を使って、できるだけリアルで効果のあるものにしようと心がけました。あなたもいろいろと試してみて、自分にもっともいいと思うやり方を見つけだしてください。


ここで、オーラを保護する方法を簡単に説明しましょう。最初に明らかにしておきたいのは、これはあなたがまわりの人々やこの社会を嫌いになったり怖れたりするためのものではなく、また、身近な人との親密感を喪失させるものでもないということです。それはオーラ・フィールドのなかに何をとりいれ、何をとりいれないかを、あなたが自分で選択するための助けとなってくれるものです。

まわりのエネルギーを無差別に取りこんでしまうという問題をもつ人は、情緒的な不安定感や混乱、徒労感などに悩まされながら人生の大半を過ごすこともできます。以前の私は、自分が出会った人のなかでも最悪の「サイキック・スポンジ」の一人でした。腰痛の人のそばに行くだけで私も必ず腰痛に襲われるし、手で触れてヒーリングをしたり友人と抱きあえば、相手は確実に気分がよくなって私のほうはたいてい気分が悪くなるのです。そういった症状は「人間ゴミ箱症候群」ともいえます。ですから私にとって「境界」について学んだことは、人生が一変するほどの出来事でした。

自分の「境界」というものを学んだ結果、私は友人や愛すべき人々とのあいだに健全な親密感と共感を見いだせるようになりました。いまの私は病気になることを怖れたり、被害妄想に襲われたりせずにレストランに行くことができます。実際、それについてあまり考える必要もなくなってしまいました。なぜなら結果的に、おのずと波動の低いエネルギーを寄せつけず、神聖なエネルギーを受けとるようになったからです。そうなるまでに数年ほどかかりましたが、そのあいだに瞑想やハイアーセルフのワークを実践したり、私自身の「霊的な全体性《ホールネス》」に力をそそぐ必要があったのです。私はいまでもときおり、親しい人たちとのカルマのやりとりを体験したりしますが、少なくともそこにある問題や痛みを否定することでエネルギーや時間を消耗するような、おろかなまねだけはしないですむようになりました。

これはあなたが健全な境界を身につけ、肉体とオーラ・フィールドに入ってくるものを明敏に識別して選択できるようにするためのものです。私が発見したいちばんのやり方は、身体から六〇~九〇センチ程度にオーラをひき寄せて、あなたを保護するために必要な色でオーラを包んであげる方法です。

あなたのオーラをひき寄せてととのえ、黄金色の光のシャワーを降らせたあとで、その表面を太陽の黄金色の光で三~五センチの厚さに包んでください。これは癒しを促し、オーラの隙間や穴を黄金色の光で補強して強靭なオーラをつくってくれます。またそれだけでセルフ・ヒーリングを促進する効果もあります。

次のステップは、そのときのあなたの状態によって異なります。ふだんよりも傷つきやすく、不安定な感じのときは、黄金色の光の外側をさらに高貴なブルーの光で包んであげるといいでしょう。こうした場合は特に青色が効果的で、「確かさのブルー」「真実のブルー」とも呼ばれます。この色は実際に自信と確実性という性質を放ち、それによって霊的なエネルギーの〝盗み手〟を自然に寄せつけなくなるのです。またその色のオーラの膜を通すことで、あなたが自分に自信をもちながら、自分自身や世界を眺めることを助けてくれます。

また外出したり家に人々を迎えたりするとき、ことに仕事でクライエントに会うような場合は、オーラのいちばん外側をすみれ色の光の層で包んでおくと効果的です。これにはいくつかの理由があります。まず第一に、前にも言ったようにすみれ色の光にはエネルギーを本来のより高い波動に変容させるはたらきがあるからです。もしあなたの目の前で突然クライエントが鬱積した怒りを解放したなら、すみれ色の光はその怒りを変容させ、それが害となる形であなたのフィールド内に入ってくることを防いでくれます。また第二の理由は、すみれ色の光はアストラル界の寄生体をはねつけるからです。それらは抑圧された感情や痛みを餌にして生きる、肉体をもたない存在です。あなたがこうした寄生体を養い繁殖させる土壌となるようなエネルギー・フィールドをすべて浄化するまでは、寄生体からできるだけ身を遠ざけるのが賢明なのです。

あなたが自分自身の精妙なエネルギー体をある程度まで浄化し、魂とチャクラとハイアーセルフから光が放射されるようになれば、それらの寄生体や低い波動のエネルギーは自然にはじき返されるでしょう。それまでは、この「境界」をつくるやり方がとても役に立ちます。なぜ自分自身のでないものを処理したり浄化したりするために、多くの瞑想の時間や人生全般まで費やさなくてはいけないのでしょう。余分なエネルギーを消耗しないという意味においても、この「境界」という手段を利用することは、宇宙の恵みを実践するよい例といえます。

朝の瞑想の時間に、グラウンディングの練習をすること、オーラの卵をつくること、そしていま述べたオーラの境界の色をイメージすることをおすすめします。光のシャワーやすみれ色の保護膜については、時間がないときや必要を感じないときは省略してもかまいません。しかし最初の三つのステップは、境界を保つうえで欠かせない基本要素であり、一度慣れてしまえばほんのわずかな時間でできるようになります。

脊椎の経路を開く

脊椎（背骨）の経路を開くこのプロセスでは、それにともなってさまざまなことがひき起こされます。まず最初に、あなた自身の抑圧されたエネルギーや異質のエネルギーが脊椎からとりのぞかれ、あなたという存在がしっかりと肉体のなかにいられるようになります。また同じくらい重要な効果として、肉体の中心である脊椎の経路を宇宙のエネルギーと生命の力が自由に流れ、チャクラを活発に回転させはじめます。これによってチャクラが開いて浄化が促進されるのです。

このワークのもうひとつの効果は、下降するエネルギーと上昇するエネルギーのバランスがとれることです。霊的に健康な人は、宇宙のエネルギーと生命の力が色彩を帯びた光線となって、あなたの頭頂のクラウン・チャクラを通って流れつづけます。人はだれでも生涯を通して流れつづける色の光線をもっています。その光線の色は、その人の今世における魂の目的と、魂が修得しようとするレッスンの特徴によって決定されるのです。なおヘレン・バーメスターによる"*The Seven Rays Made Visual*"（視覚化された七光線）はこのテーマに関する名著です。

その光線のエネルギーがオーラの内側に入り、頭頂のチャクラに達すると、それは一連の渦を巻いて回転しながら、そのときのあなたの必要を満たすような特定の性質を帯びるようになります。そしてその光線は、頭頂つまり第七チャクラから頭頂内部のプリズムのような多面体組織に達し、そこでさまざまな色の光に分解されて、第六チャクラの中心すなわち「第三の目」へと降りていきます。そのとき光線のエネルギーの一部がふたたび渦巻きながら第六チャクラに取りこまれ、それ以外のエネルギーは脊椎の経路を通って次のチャクラである喉へと降りていきます。

このようにして光線のエネルギーはそれぞれのチャクラ周辺で渦を巻きながら、脊椎の経路をルート・チャクラつまり第一チャクラまでずっと下降していきます。途中のハート・チャクラつまり第四チャクラでその光は「火」の性質を帯びて、物理的にさらに調和のとれたエネルギーに変換されます。この炎のような光が第一チャクラに達すると、今度は脊椎を上方へのぼりながら、それぞれのチャクラを回転させていきます。ハート・チャクラでふたたび宇宙の光に変換されたエネルギーは、さらにあなたのクラウン・チャクラにむかって上昇していき、頭頂からオーラ内に放射されるのです。

このとき下降する光のエネルギーは、それぞれのチャクラの背後側に位置する潜在意識面を満たしていきます。そして上昇するエネルギーは、各チャクラの前側に位置する顕在意識面へと流れていきます。この下降と上昇のプロセスが、私たちの身体のなかで休みなく日夜くり返されているのです。もしもあなたのチャクラのどれかひとつが完全に動きをとめてエネルギーを流さなくなったとしたら、あなたの肉体はおそらく三日以内に死を迎えるでしょう。だからこそ脊椎の経路を浄化しておくことは非常に大切なのです。

身体のなかでこの脊椎の経路は、憑依やほかの人からの霊的なコントロールがもっとも起こりやすい場所です。そういった問題を解決し、未然に防ぐことが、これから紹介するワークの重要な目的でもあるのです。

私たちは身体のなかを流れる宇宙エネルギーのバランスを保つために、足の裏から地球のエネルギーを吸収しています。両方の足の裏の中心にも、小さなチャクラがあるのです。そしてクラウン・チャクラを通して宇宙エネルギーを取りこむのと同じように相互的なプロセスをへて、足の裏のチャクラはあなたを地球へつなぎ、地球をあなたに結びつけてくれるのです。

ほとんどの人の足の裏のチャクラは、あまり本来の意図と目的にそって機能していません。地球は世界中の先住民の大量虐殺をはじめ、人類のあらゆるネガティブな感情を吸収することで深い苦痛を受けとってお り、そのうえ人類の地球に対する目にあまるさまざまな虐待や、地球の贈り物に対する賞賛と儀式と感謝の不在などが原因となって、人類は本来私たちをはぐくんでくれるグラウンディングの源であり生命力の源泉でもある地球から切りはなされてしまったのです。私が出会ったスピリチュアルな人々も、大半がハート・チャクラから上のチャクラしか意識的に機能させていない状態です。そして地球とのつながりをほとんどもたないか、まったく切れてしまった状態で、残りのチャクラでは潜在意識下での自動操縦がいまだに続けられているのです。

地球のエネルギーを受けとるために自分自身を開くときには、非常に明確な意志をもつことが大切です。足の裏のチャクラが機能している人々のなかには、地球と一緒にはぐくみあうような健康的な方法でつながる代わりに、地球から鬱積したエネルギーを吸収してしまう人も大勢います。もしもあなたがそういった人の一人だとしたら、これから紹介する地球のエネルギーを取りこむワークは特に重要な意味をもつでしょう。ここでは、あなたは地球と同じほどに意識的な存在として地球に感謝をささげ、あなたが地球に何を求めるかを明確にして対話しなければなりません。

あなたの進化の道も健康も、地球のそれと決して切りはなすことはできません。また、あなた自身を地球に対して開くということは、エネルギーを流しこむための単なるテクニックではなく、むしろガイアという聖なる地球の存在に対する祈りといってもいいでしょう。このワークでは、祈りを実践しているうちに自然に感謝の気持ちが湧いてくるという神聖な形式を保ちながら、地球のエネルギーが取りこまれようになっています。

実際に始める前に、**図3**のａｂを見ておいてください。これは宇宙エネルギーと地球のエネルギーおよび光を流しこんであなたのチャクラを回転させ、脊椎の経路を浄化するためのものです。

●脊椎の経路を開く

1 あなた自身をグラウンディングさせます。

2 オーラがあなたの身体から六〇～九〇センチのところまで全身を均一におおうように、ひっぱったり、ととのえたりしてください。そしてあなたの頭の上方、足の下方、身体の前後左右がきれいな卵型のオーラで包まれるようにしましょう。

3 あなたのオーラの境界は何色ですか。もし必要を感じたら、新しい色に取り替えてください。

4 あなたの頭の上に、直径四〇～五〇センチほどの黄金色の太陽を思い浮かべてください。それは燦然と光を放ちながら燃えています。

5 その太陽から一本の光線または光のすじが、あなたの頭のてっぺんの中央にあるクラウン・チャクラにむけてそそぎこまれます。最初はできるだけ細い光のすじがいいでしょう。これなら、たとえ身体のなかの経路がつまっていたとしても、難なく自由に流れることができます。

6 次に、あなたの呼吸とヴィジョンと意志を使って、太陽からの細い光のすじを頭上から頭の内側にそそぎいれましょう。それは後頭部の下のカーブを通り、さらに首筋から背骨のうしろ側（背面）をゆっくりと下降して流れていきます。

7 その細い金色の光はゆっくりと背骨のうしろ側を降り、あなたの尾骨を通ってその先端にある第一チャクラへと流れていきます。

8 そこで太陽の光のエネルギーの約一〇パーセントほどが、あなたのグラウンディング・コードを通って

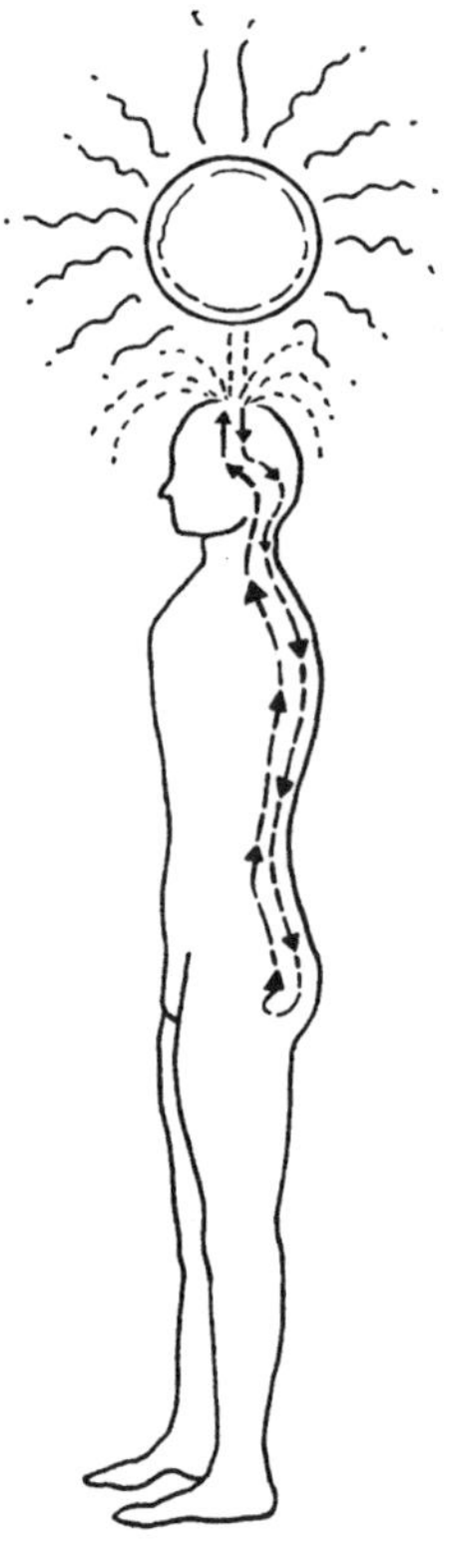

図 3 a　身体を側面から見たエネルギーの流れ：黄金色の太陽の光がオーラの真上からクラウン・チャクラへそそぎこみ、背骨のうしろ側を降りてから尾骨をぐるりとまわり、背骨の前側を通って頭頂へとあがっていく。

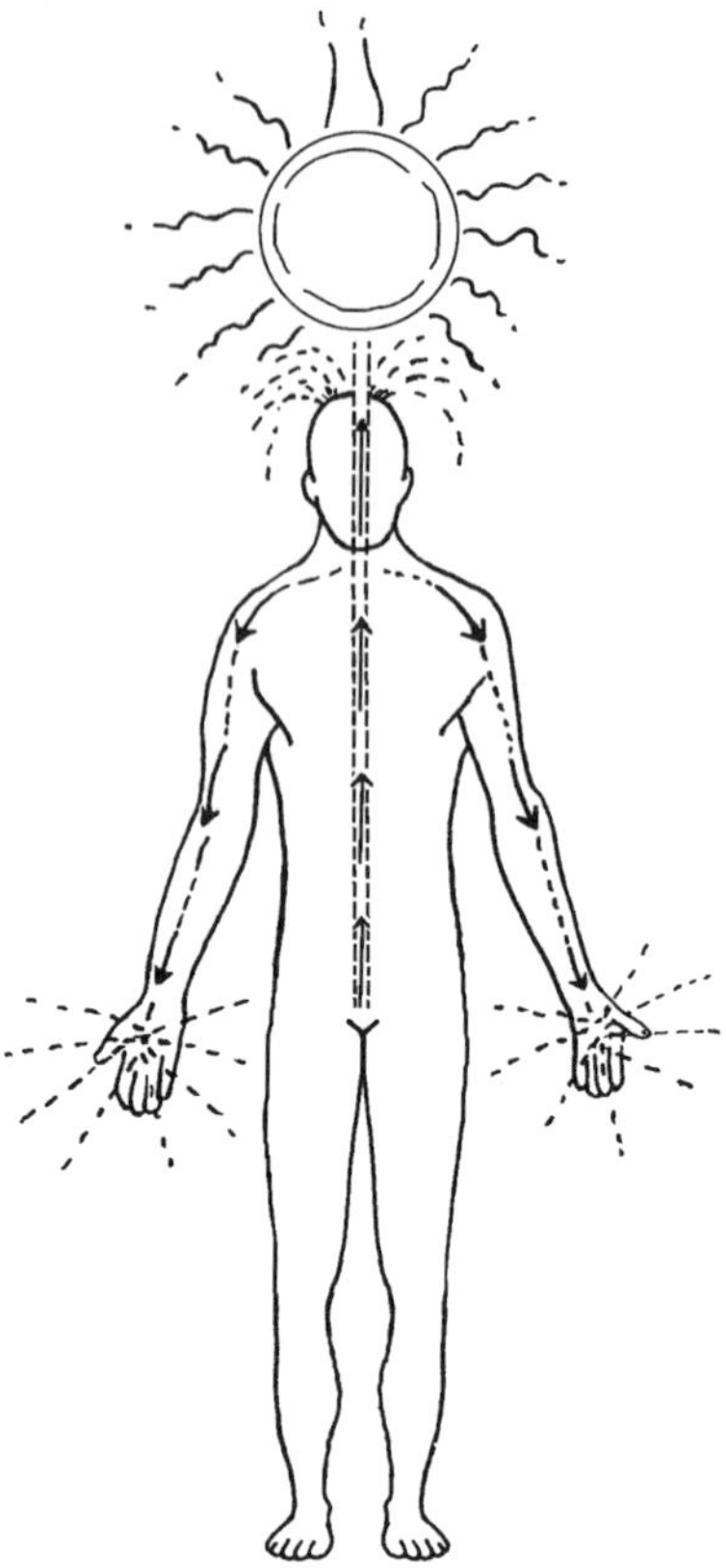

図 3 b　身体を前面から見たエネルギーの流れ：黄金色の太陽の光が背骨のうしろ側を降りていき、尾骨をまわって背骨の前側をのぼってから、喉のチャクラで均等に三分割される。そのうちの２つのエネルギーが両腕を通って手のひらから放出され、もう１つは頭頂へのぼってクラウン・チャクラから体外に放出される。

地中へと放たれます。その流れと一緒に、あなたのブロックされたエネルギーも身体の外へ放出されます。

9　残りの九〇パーセントの光は、あなたの背骨の前（内臓側）を上にむかってゆっくり上昇していきます。

10　それが喉のチャクラに達したとき、あなたの喉の中央で光が三つに枝別れします（図3b）。そのうち二本の光が、あなたの両方の腕を通って手のひらから外へと放出されます。もうひとつの光はまっすぐ頭頂部までのぼって、クラウン・チャクラから外に放出されます。あなたの頭頂部のまわりでは、そそぎこまれる太陽の光と、また戻ってきては放出される光がたえまなく流れつづけています。

11　あなたの両方の手のひらから、そしてクラウン・チャクラから、ゆっくりとエネルギーが外に放たれるのを感じます。それと同時に、光の流れが頭上から背骨を降りて、ふたたび背骨の前を通って上昇していくのを感じつづけてください。この光のエネルギーの二つの流れをしっかりとあなたの意識に刻み込みましょう。ごく自然にこの流れが描けるようになるまで、くり返し練習してください。

12　それでは次に、頭上の太陽の上に「手動」と「自動」のラベルが付いた調整器があるのを見てください。そしてダイヤルを「自動」のほうにまわしてから、気持ちを静かに落ちつけます。

13　こうして太陽からの宇宙のエネルギーが自動的に流れつづけるようにしたまま、あなたの足の裏に意識を合わせてください。そして母なる地球、ガイアに祈りをこめて「こんにちは」と話しかけましょう。地球が与えてくれるすべてのものに感謝してください。食物、家、衣服、車、石油などの燃料、飲料水やお風呂の水、美しい花や樹木、私たちが呼吸している空気。あなたの生活を快適に保ち、魂を慈しみはぐくんでくれるものがたくさんあります。これからはいつも地球を気づかい、できうるかぎりの方法で地球を尊ぶことを母なる地球に約束しましょう。そして地球からあなたに必要なものだけを受けとり、あなたからは愛と感謝を贈ることを伝えます。

このような気持ちをあらわす、真心のこもったあなたの言葉を見つけてください。それから、地球の愛と慈しみのエネルギーであなたを満たしてくれるよう祈りましょう。あなたの足の裏のチャクラを開き、地球が与えてくれるものを受けとるという明確な意志をもって、地球のエネルギーを吸いこんでください。あなたの両足を通って第一チャクラに達したエネルギーは、そこで宇宙のエネルギーと混ざりあい、上昇していきます。(地球から痛みや闇のエネルギーを吸収する傾向のある人は、足もとに縦横四五センチ、高さ一五〜二〇センチほどのすみれ色の光のフィルターを設置してください。こうすれば安心して愛のエネルギーだけを受けとれるでしょう)

14 (必要に応じて) 地球の内部に痛みや暗闇の存在が気になる人は、その場所をすみれ色の光でとりかこみ、そこが癒されていくのを見てください。その場所のエネルギーが解放されて変化するのが見えたり、感じられるまで続けましょう。闇のエネルギーが密集したところには、これを何度かくり返す必要があるかもしれません。

15 地球のエネルギーの流れを「自動」のままにして、あとはあなたがふだん実践している瞑想をしてください。まだ決まった瞑想のやり方がない人は、自分の呼吸に意識をむけてじっくり観察してみましょう。あるいは「私は神聖な愛と光で満たされています」「私は神聖なるわたしです」というアファメーション(肯定的宣言)をくり返したり、ろうそくの炎をじっと見つめるという方法もいいでしょう。

16 瞑想が終わったら、宇宙と地球のエネルギーの流れを「手動」に戻します。あなたがグラウンディングできているかどうかを確認したら、目を開いて日常生活に戻りましょう。エネルギーを取りこみすぎたように感じる人は、次のようにしてください。首の力をぬいて頭を前にたらし、両腕をだらりとさせて手を床につけた姿勢で深呼吸をしてください。椅子にすわったままやってもいいし、両足を少し開いて床に膝をつけておこなってもいいでしょう。これを「前かがみ全身脱力呼吸」と呼びます。

最低でも一度に一〇分間は、このような方法で宇宙と地球のエネルギーを流すようにしましょう。それを流しながら、あなたの好きなやり方で瞑想をしてください。「自動」に切り替えても太陽の光と地球のエネルギーが流れにくいように感じる人は、瞑想のなかでそのエネルギーの流れを見るようにしてください。何度かくり返すうちに、「自動」にすれば自然にエネルギーが流れるようになり、一緒にそれ以外の瞑想やセルフ・ヒーリングもできるようになるでしょう。

家を浄化して安全な空間にする

健全な境界とエネルギーの保護のためのワークの最後として、あなたの家を浄化する方法を紹介しましょう。これはホテルや友人の家など、あなたが一時的に滞在する場所にも同じように用いることができます。前には説明しませんでしたが、健全な境界は、低次元のアストラル界との接触を断つという重要な機能があります。地球上には、人間のネガティブな想念の産物でもある闇の存在たちが住む亜三次元、四次元、五次元の世界が存在しています。そこは悪夢が育ち、実際にそれらが演じられている場所でもあります。

夜、眠りに落ちると、私たちはいわゆるアストラル体となって肉体をはなれます。そのアストラル体は時間と空間を超えて、文字どおり低次元のアストラル界か、あるいは高次元の光の世界のどちらかを旅します。むろん、後者のほうがずっとおすすめできます。あなたがこのアストラル界への旅でまとまった体験をすると、それが夢となってあらわれることがあります。それはあなた自身がそれに気づくことで、潜在意識の癒しを促してくれるような夢かもしれません。ときにはアストラル体の体験を通して感情や過去のトラウマが解放されたり、高次元に行って霊的なトレーニングに参加したり、ヒーリングを受けたりすることもあるでしょう。自分の過去世を受け入れて成長するために、夢のなかでその過去世を追体験する場合もあります。ちなみにこれらは夢の可能性としてあげられるほんの一部にすぎません。

眠っているときの健全な境界は、起きているときの健全な境界をつくるためにも必要不可欠です。たとえば、あなたのアストラル体が低次元のアストラル界のなかで傷つけられたとするなら、それに対応する肉体やエーテル体も、波動の低いエネルギーからの霊的な襲撃や侵害にさらされることになるのです。ふつうあなたが起きているとき、アストラル体は弾力性があり、エネルギー・フィールド全体を保護するようにはたらきます。ところがアストラル体がダメージを受けると、この保護的な機能は危機にさらされます。

つまり似たような波動が引きつけあうという霊的な引力の法則ゆえに、アストラル体が睡眠中に痛みやダメージや怖れを体験したとするなら、オーラやチャクラや肉体には起きているあいだも同じタイプの低い波動のエネルギーがひき寄せられるのです。また、あなたの怖れや痛みを肥え太らせるものと同じ波動をもつ存在からも、霊的な攻撃や侵害を受けやすくなります。そうしたものたちのおもな目的とは、彼らが生きられる環境を確保するために、あなたの怖れや痛みがなくならないようにすることなのです。ですからあなた自身のなかにそれをひき寄せる似たようなものがないかぎり、決してあなたのエネルギー・フィールド内には入れないということをおぼえておいてください。

いっぽう、睡眠中に高次元の世界に行ってヒーリングや学び、愛、霊的なめざめを体験すると、目がさめてアストラル体が戻ってきたときにそれらの高い波動があなたの肉体に転写されます。あなたは飛ぶ夢を見て、うきうきした楽しい気分でめざめたことはありませんか？　たぶんそれは、あなたが睡眠中に霊的な学びを体験したことを起きた瞬間に思い出し、夢のなかで学んだことを現実の人生に応用するためのものなのです。夢を見ることの目的はこうした高次元での学びを人生に活かすことであり、もうひとつは潜在意識を浄化することです。

これらの癒しと学びの体験を可能にするためには、あなたのオーラだけでなく、あなたの住まいもアストラル界の影響から守られなければなりません。これは前にあげた「境界」をはっきりと保つための方法を応用するだけでいいのです。また、あなたの住まいや職場、その他の場所に高次元の波動を定着させるための魔法のようなアファメーションの言葉があるので、それも一緒に使いましょう。ここでは浄化する場所として、あなたの家を例にします。あとはそのときの状況や必要に応じてこのワークを応用してください。

●家を浄化する

1　光のグラウンディング・コードをあなたの家全体か部屋の床にとりつけてください。それを地球の中心へと伸ばしていきます。

2　家の中心となる空間に、直径六〇センチほどの黄金色の太陽を思い浮かべましょう。

3　その黄金色の太陽を、あなたの家全体を包みこむようにゆっくりと大きく膨らませていきます。

4　さらにその黄金色の光の外側を、一〜二メートルほど厚みがあるすみれ色の光の壁でおおってください。

5　声に出してこう宣言しましょう。

「このすみれ色の光の球は、私がふたたびこのワークをするまでこのままの状態に保たれます。そうありますように」

6　次に、このように言います。

「神聖なるわたしの名において、私はこの家とそれを支える土地が、高次元マスターたちの住む光のシティからくる黄金の光で満たされるよう命じます。この空間には聖なるものだけが存在できます。ほんの少しでも濁りのあるものは幻想であり、いますぐここを立ち去らなければなりません。そして、その状態がずっと保たれますように」

あなたが「神聖なるわたし」と口にするとき、それはエゴとしての「私」とは反対の、「聖なる神または女神としての存在」という意味になります。ですから、この言葉やアファメーションを言うとき、あなたは自分自身の神または女神意識の名においてそれを命じているのです。なお、自分のことを「私は……です」と宣言することは非常にパワフルなアファメーションなので、それは非常に注意深く前向きで創造的な方法でのみなされなければなりません。「私は……です」と断定的な口調で言いきるとき、たとえ日常の何気ない会話であったとしても、自分の本質をその言葉どおりに確認していることになるからです。たとえば、「私は怒っています」とか「私は愛すべき人物です」と言えば、その言葉は文字どおり、そのような性質としてあなたの本質を定義することになるのです。

また、「高次元マスターたちの住む光のシティ」というのは、かつて地球に転生し、覚醒し、意識的に死を迎えたりアセンションを体験した高次元の存在が住んでいる空間を意味しています。これらの高次元マスターたち（あるいは「偉大なる白い光の同盟」とも呼ばれます）は、人類の覚醒とアセンションへ向かうスピリチュアルな旅に奉仕するために「光のシティ」にとどまっています。彼らはあなたの意志が明らかになり、準備がととのったときに、夢のなかや起きているときにも、あなたに指示を与えたり導いたりしてくれます。その彼らが住むところの光を呼びこみ、あなたの家を神聖な神殿と同じ高周波の光で満たすことで、それに耐えられる神聖な意図をもつ聖なるエネルギーと聖なる存在だけが入れる空間をつくるのです。

このワークを用いれば、家のなかのネガティブなエネルギーを短時間に浄化できます。新しいあなたの神殿では、しだいに平和と安らぎに満ちたすばらしい感覚を体験するようになるでしょう。これはやすらかで健全な眠りのためにも役に立ちます。

はじめの数週間は、最低でも週二回くらい実施することをおすすめします。あなたの住まいがつねに浄化された状態になってきたら、あとは必要を感じたときだけ実践してください。私はいつも爽快な気分になれるので、週一回ほど定期的におこなっています。

なお、次の方法によって、より快適な睡眠が得られるでしょう。特に悪夢を見たり、うなされたりしやすい人には非常に効果があります。

●安全な眠りのために

1 あなたのオーラのまわりを、すみれ色の大きな泡でとりかこみます。

2 あなたの守護天使に、睡眠中あなたの肉体が安全に保たれることを見守ってくれるよう、心のなかで祈りましょう。

3 それから次の言葉を宣言してください。

「神聖なるわたしの名において、この肉体が眠っているあいだに、私が神聖な高次元の世界だけを旅することを命じます。そうありますように」

6章 セルフ・ヒーリングと浄化

プレアデスの光のワークにそなえて（その2）

この章にあげるワークは、日常生活のなかで霊的成長と意識のひろがりを体験しながら、あなた自身をすみやかに効果的に癒し浄化する能力を高めることを目的にしています。この次の7章から始まる〈プレアデスの光のワーク〉は、あなたの霊的な成長と拡大を加速させるだけでなく、浄化を必要とするカルマのパターンや思考、観念をはじめ、さまざまな原因で生じたエネルギーのブロックを著しく表面化させるよう促します。またプレアデスの光の使者たちとキリストからエネルギー・ワークを受けているあいだ、過去のイメージや抑圧された感情あるいはネガティブな想念に巻きこまれるかもしれません。そのような問題が浮かびあがってきたとき、ここで紹介するセルフヘルプの技法が非常に貴重で有効なものだということが確認できるでしょう。

こうした浄化のプロセスのなかで浮上してくるさまざまな問題に、あなたが可能なかぎり丁寧にすみやかに対応していくための準備として、ぜひともここにあげたワークのひとつひとつに充分な時間をさいて実践されることをおすすめします。〈プレアデスの光のワーク〉では、セッション中だけでなくその終了後にも、しばしば解放や霊的な成長にともなう問題がひき起こされます。それはなぜかというと、あなたが「カー」

とハイアーセルフの高い波動のエネルギーにどんどん開かれていくにつれて、肉体とオーラにたくわえられ鬱積していたエネルギーが自然に「燃焼」を始めるからです。つまり、あなたの波動が高まっていくほど、より多くの「燃焼」または「内なる炎」が起こるのです。

霊的に成熟していくにしたがい、それらの「燃焼」を古いエネルギーの解放や変容として認識できるようになり、それを感じる機会もしだいに少なくなります。そうすればヒーリング中またはその後に浮上する問題に、それほど深く取りこまれてしまうことはなくなるでしょう。たぶん問題はより高い波動のエネルギーの流入によって強調されてあらわれてくるでしょうが、それがまるで唯一の現実であるかのようにいつものドラマに入りこんでしまうことなく、「私はこのことから何を学ぶ必要があるのだろうか」と自問することがずっとたやすくなるのです。そのときセルフ・ヒーリングと浄化の方法を用いて問題を丁寧にとりあつかえば、前に進むことができます。それこそ私たちが経験から受けとるべき本来の恵みであり、これらのワークによってもたらされる効果もまた、その恩恵の一部なのです。

あなたがこの章のワークの修得に費やす時間とエネルギーは、より平和で慈愛に満ちた未来への投資だといえましょう。必要なときには自分自身のエネルギーのブロックを自分で解消できるということを知ったとき、あなたがプレアデス人たちやキリストから、光とエネルギーのワークを効果的に受けとる準備は完璧にととのうのです。

バラの花による浄化法

瞑想や霊的浄化のためにバラの花のイメージを用いることの歴史は、少なくとも数世紀前までさかのぼることができます。私自身が過去世で巫女や白魔術師だったときの記憶からも、一二世紀にはバラの花が霊的な修養に用いられていたことは確かですが、さらにもっと以前からバラが浄化に用いられていた可能性は充分にあるでしょう。癒しのシンボルとしてバラの花が用いられるのは、本人にもまわりの人々にもきわめて浄化の効果が高く、とても役に立つ手段だからです。

古くから覚醒のシンボルとして蓮の花が用いられたように、バラの花は「純粋な自己親和性」をもたらす象徴として知られました。つまりバラは、あなたのエネルギー・フィールド内から、本来のあなたにはそぐわない異質なエネルギーをとりのぞく力をもっているのです。たとえばあなたがハート・チャクラがつまっているのを感じたとき、それがだれかの不調和なエネルギーを吸収したためだとわかったら、バラの花のイメージを用いてその異質のエネルギーを解放してあげることができます。大きく花開いたバラを一輪あなたのハート・チャクラに置いて、花のなかに相手のイメージを重ね、あなたにとって異質な相手のエネルギーでその花が満たされていくさまを思い描きます。そしてその人のエネルギーを吸収していっぱいになったバラの花をハート・チャクラからとりはずし、あなたのオーラの外側か、あなたがいる建物の外側に移して、それが溶けたり気化したり、あるいは手品のようにパッと消えるのを見るのです。

するとバラとともにその人のエネルギーも消滅します。バラが消えれば、あなたのハート・チャクラからとりのぞかれたエネルギーは中和され、本来属する人のもとへ送り返されます。この方法は「バラ吹き」ともいいます。これをするとき、必ずあなたのオーラ・フィールドの外側でバラを吹き消すよう気をつけてください。オーラの内側でバラを吹き消すと、中和されたその人のエネルギーが相変わらずあなたの空間内に存在することになるからです。

あなたのハート・チャクラにほかの人の怖れを吸収したとき、その怖れをバラの花に抽出して送り返せば、その相手が受けとるのは怖れではなく、中和された感情のエネルギーになります。そしてエネルギーを返された人は、そのエネルギーを自分の好きなように利用できるのです。つまりふたたび怖れに変えるかもしれないし、もっと別なものに変えるかもしれません。いずれにせよこの方法ではもっともおだやかな形でエネルギーが解放されるために、相手とのあいだにどんなカルマもひき寄せることがありません。

一部の霊能者や霊的教義のあいだでは、自分に送られ侵入してきたものを、自分や相手の周囲に鏡を立てて反射させ、十倍にしてはね返すという方法も教えられています。またはエネルギーを固いボールにして、霊的に侵害してきたものに投げつけるような方法もあります。こうしたやり方はすべて、あなたを霊的な葛藤とカルマの生成という罠におとしいれます。相手に危害を及ぼすようなやり方は、あなたと相手とのあいだにカルマの結びつきを生みだすのです。さらにそのようなやり方では、相手よりもあなたのほうがカルマの責任が重くなる可能性が強いでしょう。なぜなら、ただ身を守るためではなく、自分に送られてきた悪意をもっと大きくして相手に送り返しているからです。

私たちにはみな、自分自身に〝ゴミをどさっと捨てられる〟ことをゆるさず、自分を犠牲にはしないという究極的な責任があります。ですから「境界」に関して問題のある人は、相手を非難したり仕返しをしたりする代わりに、まず自分自身の健全な境界を身につける必要があるのです。これは人に害を及ぼさないことを学ばなくていいという意味ではありません。当然のことながら、私たちは自分が人に与える影響について責任を負っています。それが共同創造という同意のもとにこの地球に住むことの意味なのです。そして私たちはいついかなる場合でも、相手に害をはね返さないやり方で自分自身を危害から遠ざけることが可能です。そのような自己の責任を果たすうえでも、このバラを用いた浄化法はきわめて有効な手段といえるでしょう。

●バラの花による浄化法①――あなたのオーラを浄化する

1　目を閉じてグラウンディングしてください。

2　あなたのオーラを確認し、全身を六〇～九〇センチほどの範囲できれいな卵形におおうように、オーラをひき寄せたり伸ばしたりしましょう。

3　あなたの境界の色をチェックし、必要な微調整をおこないます。

4　目の前のオーラのなかに、一輪のバラの花をイメージしてください。それはあなたの好きな色のバラで、いきいきと美しく花びらをひろげています。細部までありありと感じられるように時間をかけて見つめましょう。

5　では、そのバラをオーラの外側に移します。そして消してください。

6　次にあなたの頭のなかの中心に、別のバラの花を誕生させます。そのバラが、そこにあるかもしれないだれかのエネルギーを吸収していきます。三〇秒くらいのあいだ、そのバラのようすをじっくり観察してみましょう。

7　そのバラの花をあなたの頭のなかからオーラの外に出し、そこで消します。

8　今度はあなたの正面のオーラの外側に、一輪のバラをイメージしてください。

9　あなたが最近対立した人や、いやな感情を抱いている人はだれですか。バラの花のなかにその人の顔を重ねてください。その人に対するネガティブなあなたの思いや、その人から受けとったエネルギーがすべて浄化されることを願いましょう。

10　そのまま三〇秒ほどじっとバラを眺めつづけてください。朝顔の花が夜になるとしおれるように、そのバラがしぼんでいくのを感じるかもしれません。それはバラの花が何かを吸いとっているのです。

11 では、そのバラをあなたの家の外に移します。屋根の上のほうまで運び、そこで消してください。

12 いまのバラが、もしエネルギーを吸いとって完全にしぼんでしまったのなら、オーラの外側にさらに新しいバラを生みだし、もう一度その人の顔を思い浮かべましょう。その人に対するネガティブな思いや、その人からのエネルギーでバラの花がいっぱいになり、花びらが動きをとめるまで見守りつづけます。

13 ふたたびバラを家の外に移動させて、消しましょう。

14 （必要に応じて）この最後のバラの花も完全にしぼんでしまったときは、さらに新しいバラを用意して、前と同じプロセスをくり返します。バラが一〇秒間ほど動きをとめて、それ以上エネルギーの影響を受けなくなるまでこれを続けてください。そのとき相手とかかわりのあるエネルギーが、すべて解き放たれたのを感じるでしょう。

15 目を開けてください。希望する人は、続けて次のバラによる浄化法に目を通してください。

あなたの人生における未解決な問題も、バラの花を用いてきれいに浄化することができます。その実例として、私が以前かかえていた水に対する恐怖について、個人的な体験をお話ししたいと思います。

かつての私は、つねに水に対して愛か恐怖かという両極端な感情を経験していました。幼いころの私は、プールや湖や川だけでなく、お風呂のなかでも泳ぐことの大好きな子供でした。ところが母親はそれを心配するあまり、水に溺れることの恐怖をくり返し私に説いて聞かせたのです。やがて私は過剰なまでに用心深くなっていきました。「たった三センチの浅い川だって、落ちたら溺れ死んでしまうのよ。ぜったい気をつけなきゃだめよ」という母の言葉を、すでに四歳のころまで山ほど聞かされて育ったのです。深さ二〇センチばかりの子供用プールをちょっと速足で横切ろうとしたり、お風呂から立ちあがろうとしたときに浴びせられる母の恐怖にひきつった声によって、私の肉体には本来なかった水に対する恐怖が植えつけられたのです。

三〇代のはじめごろ、私は自分一人で泳ぎをマスターしようと決意しました。水の周辺にいる人は、たとえ先生であろうと信じられないほど臆病になっていたのです。私は何度もパニックにおちいりながら、少しずつ泳げるようになっていきました。やがてふたたび自分の天性をとり戻し、水に飛び込むこともできるようになりました。そしてついにはどんな大きなプールや深いところでも、まったくこわがらずに泳ぎを楽しめるようになったのです。

一九八八年、私はもうひとつチャレンジをすることにしました。メキシコのカリブ海に面したイスラ・ムヘーレスという小島で、シュノーケリングをやってみようと思ったのです。そのころには、自分は大柄で水に浮かびやすいのだから、そうそう簡単に水に沈んだり溺れたりはしないと理解していました。そんなわけで、おなかで海面に浮かびながら、ゴーグルを通して海底の珊瑚礁や色あざやかな魚たちを見ようと計画したのです。

ところが海に出て、まず深さ六〇センチほどの浅瀬で練習しようと思い、水のなかでゴーグルをつけたとたん、私は完全なパニックに襲われたのです。何度も挑戦しようとするたびますますひどい結果に終わってしまい、とうとうみじめな気持ちで海にすわりこんでしまいました。もう私には無理だと思いました。するとそのとき、内側からかすかな声が聞こえてきたのです。「あきらめないで。あなたにはいい手立てがあるでしょう。〝バラ吹き〟をやってごらんなさい」

その声におそるおそる同意した私は、水の上に顔を出したままでゴーグルをつけ、シュノーケルで息をしながらやってみました。それが楽にできるようになったので、今度は次のステップに挑戦することにしました。ゴーグルとシュノーケルをしたまま顔を海水につけ、底に膝をついて両手両足を水面に伸ばした状態で

「バラ吹き」をしたのです。パニックになる前に少しでも長くバラを吹こうと呼吸を続けてみました。するとほんの五分ほどで完全にリラックスしてきて、いつのまにか私は遠浅の海へと泳ぎだしていました。途中で立ちどまったり、もう一度バラを吹く必要もなく、気がつくと岸から三〇メートルもはなれたところで波に漂いながら、たった一人ですばらしい時を過ごしていたのです。一時間ほどのあいだ、一瞬たりとも恐怖を感じることはありませんでした。そしてもちろん、私はそれ以降一度も「バラ吹き」をすることなくシュノーケリングを楽しんでいます。

今後あなたが何かに不安や恐怖を感じたときは、それが最初のデートでもシュノーケリングを習うことでも、この「バラ吹き」を試してみてください。あなたが恐怖を感じてパニックになっている最中にするのがいちばん理想的ですが、それが無理なら、その状況をあとで思い浮かべながらバラを吹いてみるといいでしょう。

このようにバラの花を用いた二番目のワークとして、あなたの問題となっていることについて、あるイメージやシンボルを思い描く浄化法があります。たとえば信頼に値する相手なのに信じることができないという場合には、不信をあらわす自分のイメージやシンボルを思い浮かべます。太い文字で大きく書かれた「不信」という言葉を思い浮かべ、それをシンボルとしてもいいでしょう。このようなシンボルの助けを借りて、自分自身の不信感と関係のあるイメージや感情をはじめ、さまざまなエネルギーのブロックを解放することができます。

次にそのシンボルにバラの花を重ねて、あなたの調和のとれていないエネルギーが全部そこに吸いとられるまでバラを吹きつづけます。バラを吹くことによって生じるエネルギーの流れが、あなたの直面している問題とかかわりのあるチャクラのブロックを解放してくれるでしょう。

●バラの花による浄化法②――あなたの問題を浄化する

1　目を閉じてグラウンディングをおこない、必要ならオーラの色や形も調整します。

2　宇宙の黄金色の太陽をあなたの頭上に思い浮かべ、前にやったように、その光をあなたの脊椎と両腕の経路にそって流しましょう。光の流れができたとき、その流れを「自動」にセットします。

3　あなたの両足からは地球のエネルギーが吸収され、背骨を通って両腕と頭のほうに上昇する黄金の光の流れと混ざりあうのを見てください。その流れがスムーズで自然なものになったら、これも「自動」にしましょう。こうしておけば宇宙と地球のエネルギーが、このセッションのあいだじゅう流れつづけます。

4　あなたが変えたいと思っているような悪い習慣を、ひとつ思い浮かべてください。たとえば爪を噛む癖とかチョコレート中毒などでもいいし、自信の欠如や、犠牲にされた感じ、非難、不信感、恥ずかしさなどの否定的な感情でもかまいません。蜘蛛がこわいといった単純なことでもけっこうです。それを選んだら、何かしらそのことから連想されるシンボルをイメージしてください。

5　あなたのオーラの外側に、ひらめいた色のバラを一輪思い浮かべます。その花のなかにあなたが思いついたシンボルを重ねましょう。

6　深く呼吸しながら、そのバラがあなたの問題のネガティブなエネルギーを吸いとっていくようすを眺めます。あなたが解放したエネルギーでいっぱいになったら、そのバラをふっと吹き消してください。

7　このようにしてオーラの外側に、次々と新しいバラの花をつくっては、あなたのシンボルと一緒にバラを吹きつづけます。そして一〇秒以上バラがエネルギーの影響を受けずに静止するようになったら、その最後のバラも吹き消しましょう。

8　このまま宇宙と地球のエネルギーを流しながら瞑想をしてもいいし、ここで目を開いてもかまいません。

あなたの好きなほうを選んでください。

次にあげるバラを用いた最後のワークは、自分自身の身を守るためのものです。オーラの外側に、地中までグラウンディングの茎を伸ばしたバラを置いておくと、望ましくない影響からあなたの身を守り、「境界」をはっきりと明確にしてくれる効果があります。それらのバラはあなたの周囲に漂う行き場のない異質のエネルギーを吸収して、それらがあなたのオーラ内に侵入しないようにしてくれるのです。この「境界のバラ」はすべての場合に有効なわけではありませんが、ときに非常に大きな助けになります。あなたのオーラの外の正面に、地中まで茎を伸ばした一本の大きなバラを置いてもいいですし、前後左右と真上に合計五本のバラを置いてもかまいません（**図4**）。

バラの茎はグラウンディング・コードであり、あなたの足もとを保護してくれます。ただし、このバラをとりつかれたように用いることは避けてください。それは〝彼ら〟があなたをつかまえにくる、という理由で用いられるべきものではありません。このワークはただあなたの境界と選択に関して、あなた自身で責任をとれるようにしてくれる手段にすぎないのです。ですからとても感じやすい人や「サイキック・スポンジ」になりやすい人にはとりわけ効果があるでしょう。

オーラのすぐ外側に五本のバラを置くという単純な行為によって、自分の背後をあまり意識してこなかったことに気づく人もいるかもしれません。つまり背中のほうのオーラが非常に消耗していたり、ほかの部分よりもそこに気づきにくいかもしれないのです。あなたの身体とバラのあいだにある空間が自然に感じられるまで、じっくりと時間をかけてその場所にバラを見つづけてください。そうすると背後のオーラは強くなり、エネルギー的な侵害や肉体的な傷なども受けにくくなります。

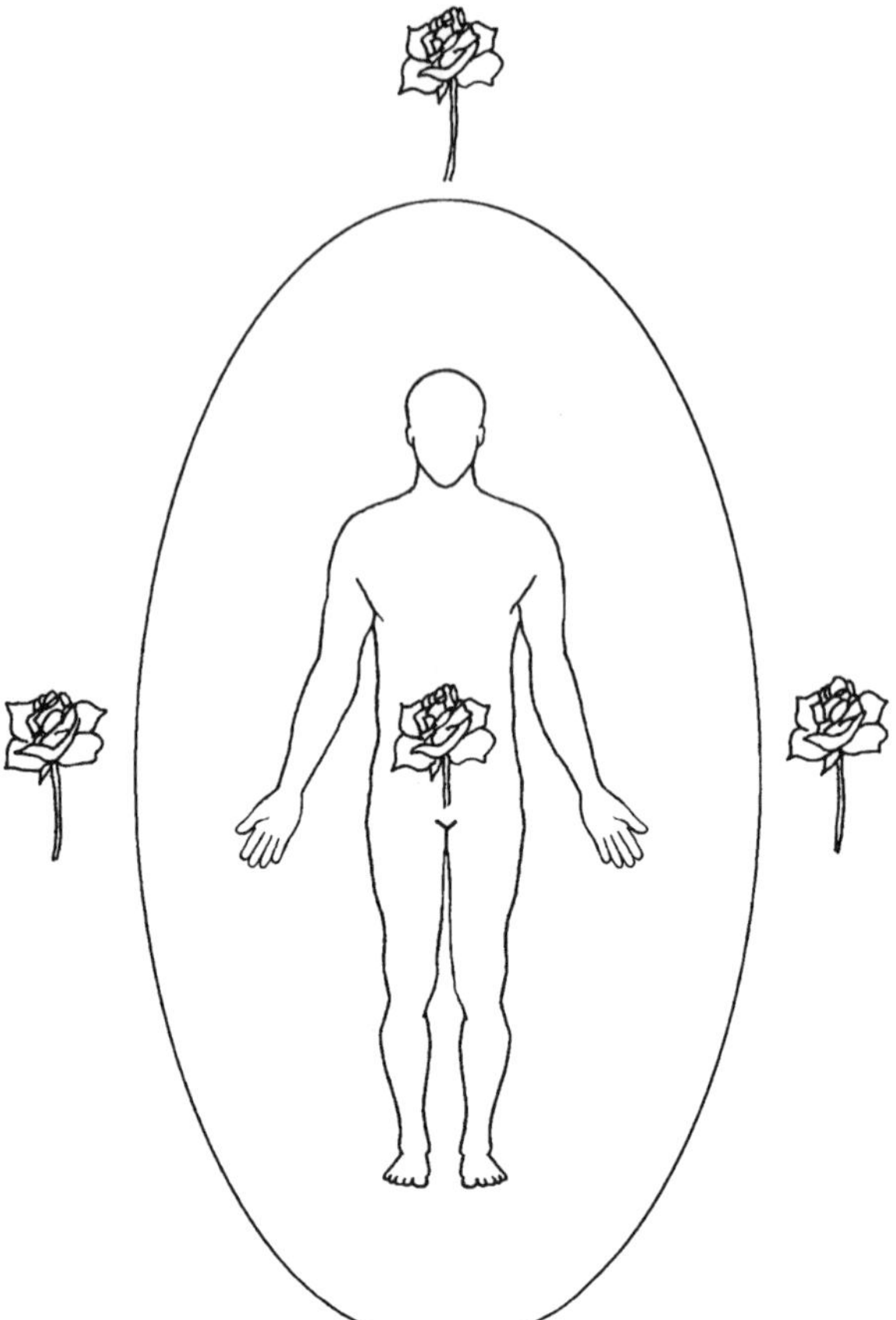

図 4　境界のバラ：オーラの上、左、右、前、うしろにバラの花を置くことで健全なエネルギーの境界をつくる（後方のバラは身体のちょうど真うしろにあたるのでこの図では見えない）

●境界のバラ

1 目を閉じてあなた自身をグラウンディングさせます。必要ならオーラの調整をしましょう。

2 あなたが気持ちよく感じるくらいの大きさの、好きな色のバラを一輪思い浮かべてください。それをあなたのオーラの外の正面に置きます。そのバラを細部までじっと観察しましょう。

3 するとバラの茎が地面のなかまで伸びていきます。あなたが意識的に消そうとしないかぎり、そのバラはこれからもずっとそこにあるのを知ってください。

4 もうひとつ、別のバラをオーラの左側の外に置きます。

5 このバラの花からも地中まで茎が伸びます。あなたが意識的に消さないかぎり、ずっとそこに存在しつづけます。

6 今度はオーラの右側の外に、地中まで茎の伸びたバラを置いてください。前と同じように、このバラも消されるまでそこにあります。

7 あなたの頭上のオーラの外に、もう一本のバラを置きましょう。そのバラからも地中に茎が伸びています。あなたが消さないかぎり、このバラもそこに存在しています。

8 最後に、あなたの背後のオーラの外にバラを置きます。バラからは地面のなかまで茎が伸びていきます。必要があれば、あなたの呼吸と意志を用いてその場所のオーラを強くし、背中から六〇～九〇センチ程度にひろげてあげましょう。このバラもあなたが消さないかぎり、そこにありつづけます。

9 あなたの意志の力をより効果的に使えるようにするため、五本のバラと茎を置いた順番に消していきましょう。そして2～8のステップをもう一度くり返して、新たな五本のバラを置きます。バラをもっとリアルに感じたい人は、このプロセスを何度かくり返してください。

10 この五本のバラは、あなたが夜眠るときまでそのままにしておきましょう。そして寝る前に、バラの花がまだみずみずしく咲いているか、花びらが閉じているか、あるいはしおれているかをじっくり観察してください。その花の状態によって、バラが実際どの程度役立ったのかがわかります。そのあとはステップ9にしたがってバラを消し、ふたたび新しいバラを置きましょう。

最初の数日間は、少なくとも一日一回は古いバラを消して新しいバラを設置するか、あるいはバラが元気な状態で保たれるようになるまでくり返しバラを取り替えることをおすすめします。私は最初のころ、バラが異質のエネルギーを吸収してすぐにいっぱいになってしまい、最低でも一日一回はバラを交換しなければなりませんでしたが、いまでは週に一～二度ですむようになりました。あなたも実際にやってみて、自分にちょうどいい回数を見つけてください。

チャクラを浄化する

これは前章にあげた、宇宙と地球のエネルギーを流すための脊椎の経路を浄化するワークをさらに応用したものです。宇宙と地球の二つのエネルギーが脊椎の経路にそって、クラウン・チャクラから第一チャクラまで降りていくときに、順番にそれぞれのチャクラの表（前側）と裏（背中側）をエネルギーが流れるよう意識的に導いていきます。それによってチャクラが刺激されて、脊椎をエネルギーがただ上下方向に流れるよりも、はるかに効果的にチャクラを活性化させることができるのです。

このワークによって、なんらかの感情が浮上してきたり、解放が起こったりするかもしれません。また、やっているうちに身体が熱くなったりエネルギーが流れるのを感じたりする人もいれば、深いやすらぎや解放感、爽快感を味わう人もいるでしょう。身体のなかで緊張し、萎縮している部分にむかって深く呼吸を通すようにすると、さまざまな不快感がすみやかにやわらげられ、感情もスムーズに解放されます。この方法があまりに効きすぎるように感じたら、あなたが心地よく感じる範囲で実施するようにしてください。たとえば二〜三カ所のチャクラを浄化しただけで疲労やけだるさを感じたときには、ひとまずそこで中断し、数時間後か翌日にその続きをおこないましょう。

また、あなたが特になんらかの明確な指示を受けとらないかぎり、一般的にこのワークは週に一〜二度実践することをおすすめします。これが喜びとやすらぎをもたらしてくれるものだとしても、ここでの瞑想のあと、あなたの浄化と癒しは加速度的に速められます。ですからあなたが気持ちよく感じる範囲で自分のペースとリズムを見つけだしてください。

●チャクラの浄化

1　あなた自身をグラウンディングさせましょう。
2　あなたのオーラをひき寄せてととのえ、境界の色を確認します。
3　オーラの境界の前後左右と真上にあるバラのようすを確認し、新しいものと取り替えてください。
4　あなたの頭上に、黄金色の太陽をイメージしましょう。そのエネルギーがあなたの背骨の後方を降りていき、それから背骨の前を通ってのぼっていきます。背骨のいちばん下では、全体の一〇パーセントのエネルギーがあなたのグラウンディング・コードにそそがれ、残りが背骨の前のほうをのぼっていくことを思いだしてください。そしてその残りのエネルギーが喉のところで三等分され、両腕と頭頂に流れていきます。こうして全体が完全になめらかに流れるようになったら、それを「自動」にセットしましょう。

5　それでは、地球のエネルギーが両足を通り、第一チャクラに入ってくるよう招いてください。すると第一チャクラで地球のエネルギーが黄金色の太陽の光と混ざりあい、ゆっくりと上昇していきます。この地球のエネルギーの流れも「自動」にしましょう。

6　次にあなたのオーラ全体を包みこむように、たくさんのバラを置いてください。バラの花たちはここで解き放たれるすべてのエネルギーを吸収し、あとからあなたにまとわりつかないようにしてくれます。

7　あなたの頭頂で渦巻くクラウン・チャクラ（第七チャクラ）には表も裏もありません。このチャクラでは黄金の光と地球のエネルギーがあふれるように流れ、混ざりあいます。その流れを活性化し、きれいに浄化して、さらに勢いよく流してみましょう。一〜二分ほどで充分です。

8　今度はその流れを、クラウン・チャクラから第六チャクラつまり「第三の目」に移してください。チャクラの表と裏の両方に一〜二分ほど流しつづけます。

9　では、「第三の目」の流れを閉じて、そのエネルギーを喉のチャクラ（第五チャクラ）に移動させましょう。ここでもチャクラの表と裏へエネルギーが流れていきます。一〜二分続けたところでやめます。

10　次にこの宇宙と地球のエネルギーを、あなたの胸の中央にあるハート・チャクラ（第四チャクラ）で溶けあわせます。そしてチャクラの表と裏にエネルギーを流してあげましょう。一〜二分ほどしたら流れをとめてください。

11　同じように第三チャクラ、すなわち太陽神経叢《たいようしんけいそう》にもエネルギーをそそぎこみます。そして一〜二分たったら、きりあげて次に移りましょう。

12　この宇宙と地球の混合エネルギーを、あなたの第二チャクラの表と裏に流してください。このチャクラは恥骨のなだらかな膨らみとおへそのちょうど中間点にあります。一～二分ほど流しつづけましょう。

13　それでは最後にあなたの尾骨の先端近くにある第一チャクラに、地球と宇宙のエネルギーを流し入れます。ここはクラウン・チャクラと同様に、表と裏がありません。このチャクラは地面へと開かれており、エネルギーは両足のあいだを渦を巻きながら下降していきます。一～二分ほど流しつづけたあと、これをとめ、背骨と両腕を通るふだんのエネルギーの流れに戻してください。

14　あなたのオーラのまわりに置かれたバラをすべてとりのぞいて、あなたの家の上に移しましょう。そしてバラを全部吹き消します。

15　このまま瞑想に入りたければ、エネルギーの流れを「自動」のままにするか、または「手動」に切り替えて一時流れを中断するかを選んで瞑想してください。

16　瞑想が終わったら、あなたのグラウンディング・コードを点検し、必要ならコードを取り替えてグラウンディングしなおします。それから目を開いて、「前かがみ全身脱力呼吸」をおこないましょう。

「印象」を浄化する

まず最初に、ここでいう「印象」の意味を説明したいと思います。それはだいたい次の三つのうちのどれかをさしています。

①ほかの人たちがあなたに関して抱いている、またはあなたが人生のある側面についてそう見られることをゆるしている印象

②あなたの人生体験から導き出された、あなた自身を限定する結論

③感情のエネルギーが解放されないままに、あなたのオーラや肉体にはりついてしまった人生体験に関する印象

次に、それぞれの意味があてはまると想定される例をあげてみましょう。

(1) ほかの人たちの印象の例

あなたは子供のころ、退屈な学校時代を送りました。そこは個人の創造性を伸ばすところではなかったからです。その結果、あなたは白昼夢のなかにいて授業などまったくおぼえておらず、まわりからは成績がふるわない出来の悪い生徒として見られてしまいました。あなたの教師や両親やまわりの生徒たちが抱くこうした印象は、そのままあなたのオーラに入りこみ、あなたのなかに自己不信と低い自己評価をつくりだしました。あなたは自分自身に対する〝その人たちの印象〟を本気で信じこんでしまったのです。そしていまだにそれらの印象をいつも連れて歩いています。

あるいは、あなたのお父さんは年がら年じゅう人生がいかにきびしいものかを語り、あなたはすっかりその言葉にとらわれてしまいました。お父さんは夕食のひとときも、生計を立てることの困難を嘆いて人生は戦いであることを説き、この世界では自分が努力しなければだれ一人助けてなんかくれないと力説しました。そしてそれを証明するために入念に脚色された過去の人生経験をあげては、家族の聞き役たちに吐きだしたのです。充分に感じやすかったあなたの内側にはその印象が深く浸透しました。それはあなたの第三チャクラにはりつけられ、いまでもたえず人生のきびしさを思い起こさせます。そして人生において当然取り組むべきことであっても、直面するたびそれをひどく苦痛に感じ、ときには潰瘍を生じさせたりします。あなたは〝お父さんの印象〟を受け継ぎ、いまだにオーラやチャクラのなかにそれをかかえこんでいるために、みずから人生に過酷なチャレンジや苦難をひき寄せてしまう傾向があるのです。

(2) あなたの人生体験から導き出された結論の例

あなたは思春期のころ、性的に飢えた男の子たちに何人も出会いました。彼らは自分の好色な印象を投影させる相手を求めていました。あなたは否定的な父親のせいで男性を怖れながら、そのいっぽうで不安から逃れるために自分を確認したかったのです。あなたの胸部や性器には、いまでもすべての男たちが性的な征服欲で女性を見ているという印象がはりついているかもしれません。この恐怖のために、あなたは性的な対象として利用されるような関係になりやすかったり、人生のなかで友人や恋人として尊敬に値する男性に出会うことが難しくなったりします。

またはこんな例もあります。子供のころ、あなたは歌や踊りでずば抜けた才能を発揮しました。しかし過去にあなたが賞賛を受けとったのはそのことだけでした。この体験は、あなたが愛を受けとるただひとつの方法としてハート・チャクラに刻み込まれました。同時にまた、第三チャクラには自己評価の基準として、さらに「第三の目」には唯一の肯定的なセルフイメージの源としてインプットされました。それはあなたが包括的に自分を愛し評価するという感覚に裏づけられた、バランスのとれた大人になる可能性を著しく妨げてしまいます。そしていまだに古い昔のやり方で愛と賞賛を獲得しようとするのです。こうした理由から、あなた自身がたのみにしているまさにその領域において問題が生じる可能性があります。たとえばあなたが歌手なら、甲状腺の均衡失調、喉の異常や圧迫感をつくりだすかもしれません。またダンサーであれば、大切なオーディションを控えて膝の関節を痛めてしまうかもしれません。

あなたが肯定的な自己評価やセルフイメージを求めて何かひとつのことがらや人物に寄りかかるとき、それが性的な自己確認であれ歌やダンスであれ、あなた個人がとりつかれているものは、重要視するあまり内側にそれを失うことに対する恐怖が生じます。そしてその恐怖は、最終的にはなんらかの形で肉体的・精神的あるいは感情的な破局につながるのです。それを解決するには、その「印象」を払拭し、行動パターンを変えることが必要です。それと同時にスピリチュアルな感性を磨き、ただあるがままの美しい存在としてあなたが生き、それに忠実に行動するという価値観を育てなければなりません。そうすれば歌やダンスや性的な自己表現などは、あなたが自分自身を愛するという健全な感覚から自然にあふれでてくるのです。

(3) 感情的なエネルギーが解放されていない人生体験の印象の例

あなたが子供時代や思春期あるいは大人になってからでも、肉体的または性的な虐待を受けたとしたら、いまだにエネルギー・フィールド内にそうした体験の「印象」をかかえている可能性があります。そのときの「印象」は、現在においても大きな恐怖やトラウマをひき寄せる原因になりやすいのです。最初にそれを体験したとき、おそらくあなたは危険におびえ、自分の感情や感覚を充分に表現できなかったために、それらを人生のストーリーといっしょくたにして自分の肉体とオーラのなかに封じこめてしまったのです。

あなたが大人としてそれらのトラウマをすべて表現して解放するためには、信頼できるセラピストやヒーラーの力を借りて、安心できるような環境を用意する必要があるかもしれません。またはあなた自身が自分を救う方法を身につけることによって、それらを解放することもできます。安全な場所にすわって深呼吸をしながらバラの花に過去の「印象」を重ね、その印象が消えてなくなるまでバラを吹きつづけるという方法はとても効果的です。もし自分で何がトラウマなのか見つけられない人は、すぐれた透視家やヒーラーの助けを求めるといいでしょう。

こうした「印象」のごく身近な例として、有名ブランドとか広告された商品ばかりを購入する人々がいます。実際このような現象は、今日ではひろく社会にはびこっています。TV、ラジオのコマーシャルや雑誌、新聞の広告などでは、つねに「この商品が一番」とか「家族を愛するならこれを使いましょう」「この洗剤で洗濯すべき」などと主張し、その印象がくり返し強化されています。間違っていたらゆるしてほしいのですが、たぶんあなたもこの印象を受けとっている一人ではないでしょうか。

私自身はある薬物に対する過敏症があり、コマーシャルであつかわれる洗剤やシャンプー、石鹸、香水などにアレルギー反応を起こします。かつて私はそれらの商品にふくまれ、脳細胞や神経末端を死滅させるという有毒物質、ニューロトキシンについて調査してみました。そして親しい友人や生徒たちにもそうした商品を使用しないように、多くの時間をさいて問題に気づいてもらおうとしたのです。すると喜んで商品を変え、その毒性について知ったことを感謝する人もいましたし、それを個人攻撃とかあてつけと受けとる人もいました。実際にある人たちはこわごわ私を見つめてこんなふうに言いました。「私にはこの洗剤がぜったいに必要だわ。だってこんなにきれいに汚れが落ちるのはこれしかないんですもの」あるいは「でも、私の髪に本当にぴったりなのはこのシャンプーだけなの。みんなこれが一番だって言っているわ」最初のころ、こうした返事を聞いた私は驚きのあまり口もきけなくなってしまい、相手が戸惑うほどでした。

それから私はいろいろなことを説明するようになりました。私はふだん衣服を炭酸ソーダで洗い、ときどき化学薬品の入っていない汚れ落としを使えばとてもきれいになることや、ある無香料シャンプーとコンディショナーを用いて私の髪は健康でつやがあること、また微生物のはたらきにより土壌で分解される無香料の洗濯洗剤やクレンザー、石鹸についても話しました。そのように毒性のないものを実際に用いた結果を見たり聞いたりすることで、彼らはだんだん自分たちのもつ「印象」を払拭しはじめました。そして多くの人が洗剤を変えたり、香水を純度の高いエッセンシャル・オイルに変えたりした結果、髪や肌が健康になったとか、鼻炎が軽くなって頭がボーッとした感じがおさまったなどと言って感謝してくれたのです。

もちろんここにあげたのは、あなたがとらわれてしまう可能性のある「印象」のごく一例にすぎませんが、「印象」とはどんなものかを大まかに把握してもらえたのではないかと思います。そこで次に、こうした印象をどうあつかったらいいかを知らなければなりません。あなたが固執している印象が何なのかさえ認識できれば、それをとりのぞくのはいたって簡単です。基本的には、そうしたエネルギーが消えてなくなるまで、くり返しバラを吹きつづければいいのです。

もしその印象がかなり深刻なものだとしたら、あなたの新しい感情や行動様式に慣れてくるまで、しばらくは頻繁にこのバラを用いた浄化法を実践するといいでしょう。深刻なトラウマや、根深い固定観念、想念などをかかえた深い核心的な問題に関しては専門家による援助が必要かもしれませんが、このバラを用いたワークは大部分の固定された「印象」に対して驚くほど効果があります。

●バラを用いて「印象」を浄化する

1 目を閉じてグラウンディングします。

2 あなたのオーラの大きさと色、そしてバラの花のようすを点検して、必要な調整をおこないましょう。

3 宇宙の黄金色の光と、地球のエネルギーがともにあなたの脊椎の経路を流れるようにしてから、その両方の流れを「自動」にセットします。

4 さきほどの例を参考にしてもいいし、それ以外のものでもかまいませんので、あなたがとらわれていると感じる「印象」をひとつ選んでください。

5 あなたの心の目でその印象と向きあってみましょう。そのことを考えたとき、あなたのなかで自動的になんらかのシーンが見えたり浮かんできたりしますか。何も浮かんでこなければ、それを象徴するようなヴィジョンがあらわれるように求めてください。

6　あらわれたシーンやヴィジョンをあなたのオーラの外側にとりだして、そこにある大きなバラの花のなかに置きましょう。そのバラはどんな色でも、浮かんでくるままに見てください。

7　この最初のバラを消して、そこに残されたヴィジョンをとりかこむように、また新しいバラを誕生させます。

8　まわりのバラの花をできるだけすみやかに、しかもあわてずに、くり返し消滅させたり誕生させたりしましょう。そのヴィジョンがだんだんうすくなり、やがて消えてなくなるまでこれを続けてください。このプロセスのなかでなんらかの感情が浮上してきたら、深呼吸とともに完全に解き放っていきます。泣きたくなったり身震いがしたら、自分自身にこう語りかけましょう。「私は安全です。いま古い感情が肉体を去っていこうとしているので、ただそれを追体験しているだけです」

バラを誕生させては消しながら、充分にあなたの感情を感じていきましょう。叫びだしたくなったらそうしてもいいし、枕をたたいたり飛び跳ねたりしてもかまいません。あるいはただその感情をじっと観察してもいいでしょう。どんな表現が必要なのかはあなた自身の内なる導きを信頼してください。正しい表現方法はあなたの萎縮を解き、より深い感情に出会わせてすみやかな解放をもたらしてくれます。

9　次にその印象について、もうひとつ別のヴィジョンを思い浮かべましょう。それが消えてなくなるまで前と同じように何度もバラを吹きつづけてください。このようにして新しいヴィジョンがそれ以上浮かばなくなるまで、同じプロセスをくり返します。

10　深い呼吸をしながらあなたのエネルギーを流しつづけて、そのヴィジョンにこびりついている感情やエネルギーが解放されるのを助けましょう。エネルギーと感情がすべて出つくし、ふたたび光に満たされるのを感じたときが終了の合図です。

11 ここで、古いイメージに代わる新しいアファメーションを創作しましょう。「私は……です」という宣言を口に出して言ってください。たとえば「私は安全で、いま自分を自由に表現することができます」「私はまばゆく美しい光の存在です。そして私は歌うときも歌わないときも、愛と尊敬に値します」「私はみんなによって支えられているこの人生を、心から自然に楽しんでいます」などです。このアファメーションは、本来のあなたや、あなたが人生において真に創造したいものを現実にひき寄せる助けとなってくれるでしょう。

12 目を開いてください。あなたに授けられた、あなた自身という贈り物に感謝しましょう。

13 「前かがみ全身脱力呼吸」をおこなってください。

思いこみ・判断・完璧な理想像・想念を浄化する

「この世にはどこにも限界などなく、あるのは思いこみだけである」これは私の大好きな言葉です。この言葉は多くのことを語っています。つまり、あなたがあなた自身の現実をつくり、意識的に意図しようがしまいが、あなたが信じていることは何でもすべて現実になるということです。だからこそ、自分の人生を支配してほしくないような「思いこみ」(観念)を検証することはたいへん有効なのです。

たとえば、いつも人から軽視されてしまうという人は、「自分を尊重すること」に関連してなんらかの癒されるべき問題をもっており、それに付随する多くの思いこみがあるのです。その思いこみとは、「みんな私のことなんか好きになるはずないわ。だって私は人に好かれるタイプじゃないもの」とか「私は話をするのが下手だから、退屈な人間に決まってる」とか「私はドア・マットのようなものだわ。いつだってみんなに踏みつけにされっぱなしで何も抵抗できないんだもの」といったものかもしれません。このような「思いこみ」を「真実」とみなし、それにしがみついているかぎり、あなたの信じていることが正しいと証明してくれるような状況や人々を永久にひき寄せつづけることになります。しかしそれと同じように、あなたの「思いこみ」さえ変われば、世界はより高次の真実とつながった新しい種類の状況や人々をいくらでも与えてくれる場になるのです。

私は多くの友人やクライエントたちと、さまざまな思いこみについて話しあってきました。一人のクライエントは第三チャクラに、「僕はだれにも好かれないし、どんなチャンスもめぐってこない」という思いこみをかかえていました。私がそれを指摘すると、彼はとても防衛的になってこう言いました。「ええ、わかってます。でもそれは僕のせいじゃありませんよ。そんなふうにしようと思っているわけじゃないのに、現実のほうがいつもそうなってしまうんだから。そのたんびに僕はやっぱりそうなんだって思い知らされるはめになるんです」必死に自分の思いこみと犠牲者としての立場を守ろうとしていた彼は、なかなか私の話に耳を貸そうとしませんでした。

私は「磁力の法則」からすれば、当然彼の人生では彼自身の思いこみが真実として証明されつづけ、彼が内面にかかえているものだけが現実に描きだされることを説明しました。さらにその問題の根源には、過去において彼自身が不当にあつかわれたときの怒りと傷があり、いま必要なのはその深い思いこみをきれいに浄化して古い感情を解放し、最終的にゆるしの境地にいたることだと話したのです。

そのセッションおける彼の最大の出来事は、「そうか、その思いこみを燃やしてしまえばいいんだ。なんてことだ、それがいい！」と認めたことでした。しかしいよいよ彼の思いこみを頑固につなぎとめている感情にはたらきかけようとしたとき、彼は強い抵抗を示しました。彼が罪悪感や痛みや怒りをかかえているのは、前の妻が彼を不当にあつかったせいなのだから、彼女がその過ちを認めないかぎり自分の感情は正当なものだ、とあくまで証明することに固執したのです。私は最終的に、彼の自由意志における選択を尊重する以外なすすべはありませんでした。

あなたが本当に癒されてもっと前向きな未来をつくりたいと望むなら、過去を手放さなくてはなりません。少し前に流行った歌に、「だからもう、ゆるしましょう……たとえあなたがもう私を愛していないとしても」といったフレーズがあります。「思いこみ」を解き放つには必ずしも「ゆるし」が必要なわけではありませんが、いま述べたクライエントのケースのように、ゆるしが不可欠な場合はたしかにあります。

「思いこみ」の浄化には、次にあげる七つの事項が必要になります。

①自分の思いこみに気づくこと
②自分の思いこみはあくまでも「思いこみ」であり、「真実」ではないと認める意志
③思いこみを手放す意志
④思いこみをつなぎとめている感情を感じて解放しようとする意志
⑤自分自身がみずからの現実を創造していることの責任を受け入れ、自分を犠牲者にしないという姿勢
⑥その思いこみとはまったく逆の、無限の可能性に対する健全な想像力
⑦古い思いこみを解放する方法

これからおこなう「思いこみ」の浄化法はいたって簡単です。たとえば「私は一生愛されるほど魅力的な人間ではない」というような、あなたが浄化したい「思いこみ」を認めたら、目を閉じてそれを象徴するようなイメージやシンボルを思い浮かべます。もしも割れた手鏡に自分が映っているというシーンが浮かんだ

のなら、割れた鏡を見るあなたの姿を心の目で見つめつづけ、その思いこみを心のなかでくり返しながら深呼吸をします。

そのとき身体のどこが緊張し、どんな感情を感じているかに注意しましょう。胸が少しうずいてハート・チャクラが悲しみと恥ずかしさで締めつけられるように感じるかもしれません。おそらく首や目の筋肉はこわばり、背中や腰の筋肉も張りつめて、腸がちぢこまっているでしょう。それぞれの場所にむかって順番に呼吸を通していきながら、その割れた鏡のイメージとあなたに愛されるだけの魅力がないという見方は誤りであり、それらの緊張はただの観念体系に対する反応にすぎないと教えてあげるのです。そのあとでそれぞれの場所にむかって、リラックスして緊張と感情を手放すよう語りかけます。

やがて身体の力が抜けて感情が静まったら、さきほどのイメージやシンボルをもう一度はっきりと思い浮かべてください。写真のように鮮明なそのイメージの上に、「キャンセル!」という赤いスタンプをくっきりと押しつけます。次にそのイメージをびりびりと裂き、すみれ色の炎できれいに燃やしてしまいましょう。すみれ色の炎はエネルギーに光をそそぎこみ、より高い波動に変容させてくれます。あなたがまだ身体のどこかに圧迫や緊張を感じるようなら、その思いこみをあらわすような別の新しいイメージを思い浮かべて、このステップをくり返してください。

さあ、これであなたは思いこみとは何か、そしてそれを浄化するにはどうしたらいいかがわかりました。それでは次の手順にしたがって思いこみを浄化してみましょう。

●「思いこみ」の浄化

1　この世界には地球規模での思いこみや嘘というものが存在します。「生まれたものは必ず死ななければならない」というのもそのひとつです。世界中にはびこっているこの思いこみは、三次元から四次元へのアセンションや霊的な進化の可能性を否定するものです。ここではこの思いこみを例にとって、それを取り消す練習をしてみましょう。

2　目を閉じてグラウンディングしてください。あなたのオーラを調整し、オーラの境界の色とバラの花のようすを点検しましょう。

3　(必要に応じて)じっくり時間をかけたい人は、より深い解放を促すために、ここで宇宙と地球のエネルギーを身体に流してください。ただし、これは必ずしも必要なわけではありません。

4　「生まれたものは必ず死ななければならない」という思いこみをあらわすイメージやシンボルを内側に求めてください。あなたのなかに浮かんでくるどんなイメージでもかまいません。棺桶、髑髏《どくろ》マーク、あるいはあなたのお葬式の場面かもしれません。

5　そのイメージを見つづけてください。深く呼吸をしながら何度かその思いこみを心のなかでくり返します。あなたの身体のどこが反応して、感情はどんなふうに反応するかを観察してください。とても微妙な反応からはっきりした反応までいろいろあるでしょう。

6　さまざまな身体の反応や感情を認めたら、あなたの肉体と感情体にむかって話しかけます。その場所に呼吸を深く通しながら、かたまりや緊張を手放すように告げてください。そのかたまりは嘘や偽りの思いこみから生じていて、もうあなたが手放す準備ができていることを教えてあげましょう。

7　あなたの身体と感情がほぐれてきたら、その思いこみをあらわすシンボルやイメージをもう一度はっきりと思い浮かべてください。

8　そのシンボルやイメージの上に、「キャンセル!」という赤いスタンプを強くくっきりと押しましょう。

あなたの心にも、さらに深い潜在意識にも、それが取り消されたのをしっかり感じられるまで何度でも押してください。

9　次に、そのシンボルやイメージを二枚または四枚に破いて、すみれ色の炎で燃やします。完全に消えてなくなるまで燃やしてしまいましょう。

10　自分がまだこの思いこみにとらわれているような気がしたら、完全にすっきりするまで別のシンボルやイメージを思い浮かべて、このプロセスをもう一度くり返してください。その思いこみがあなたの核心に巣くう根深いもので、膨大な負のエネルギーをためこんでいたとしたら、数日でも数週間でもこの手順をくり返して、すっかりきれいになるまで払拭する必要があるでしょう。それはホログラフ的な性質により、タマネギのように層構造をなしているのです。

11　ここで、古い思いこみに代わるアファメーションを考えだしてください。たとえば「私は今回の人生で死を超越し、アセンションする準備ができています」あるいは「アセンションとは人類の進化の最後のステップです」、そのほかあなた自身が好きな言葉を宣言しましょう。静かに口にしてもいいし、大きな声でくり返してもかまいません。あなたの身体がアファメーションに反応してリラックスしたり、自由で身軽になり、のびのびとひろがって光で満たされていくのを感じてください。

12　目を開きます。

13　では、最初のステップに戻りましょう。今度はあなたの人生を制限している思いこみ、またはあなたと周囲の人々との関係、神や女神との関係、あなた自身との関係を限定しているような思いこみをあつかいます。それを口に出し、同じ手順をくり返してください。

思いこみと同じ方法で「判断」も浄化することができます。その唯一の違いは、浄化されるエネルギーの性質と発信源です。ここでまず、「判断」が「意見」や「好み」あるいは「洞察」とどう違うのかを説明したいと思います。というのも今日のスピリチュアルな探求者たちのあいだで、これらの意味についての混乱や議論がかなり多いように見られるからです。

ここでいう「判断」とは、他人または自分自身に対して、その人の本質的な価値を否定する自分の認識を投影し、価値のない忌み嫌うべき人として見ることです。たとえばあなたが「彼は救いようのない頑固者だ」と言ったり考えたりしたのなら、あなたはその言葉どおりに相手を認識していることになります。つまりその人の本質的な価値を認めようとせず、ある態度やふるまいをもとにして全人格にレッテルをはりつけてしまうのです。それがすなわち「判断」です。

いっぽう、もしあなたが「彼がとてもかたくなになると、私は本当にはらはらしてストレスを感じるし、腹がたってくる。私はそういう状態が好きじゃないわ」と口にしたり考えたりするなら、相手のふるまいをあなたがどう感じるかというひとつの「意見」として、自分の感情や状態を表現していることになります。さらにもっと自分の気持ちに正直に、「私は彼といてもくつろげないし、大切にされている感じがしないの。だからもう彼とは一緒に過ごさないようにするつもりよ」と言ったり考えたりする場合は、あなたは自分自身の体験にもとづいて「選択」をしていることになります。そこにはあなたの「洞察」が用いられているのです。

このことを忘れないでください。あなたには、何があろうとも自分自身やほかの人を「判断」しないという霊的な責任があります。すべてのスピリットや魂をもった存在はそれぞれ独自の進化の道を歩んでいるのです。したがって人を非難したり裁いたりすることで、他人や自分の内面的価値をおとしめる権利はだれにもありません。それと同時に人生において洞察にもとづいた選択をし、自分自身を大切にいたわることによって、決して自分を犠牲にはしないという責任もあるのです。

身近な人々が信頼や尊敬に値しない態度をとったり、いつもあなたの気分を害するようなしかたでふるまうとしたら、あなたは「洞察」を用いて、その人とどんな関係を維持するのがふさわしいかを選択しなければなりません。それは相手の成長の可能性を否定することではなく、単にこの時点ではその人との関係において何が必要で、何が望ましいことなのかを選択するというだけです。

九年ほど前、私がカリフォルニアのある温泉を引いたプールで瞑想していたときのことです。突然一人の男性が大声でどなり散らしながら、とても横柄な態度でその大きなプールに入ってきました。私は目を閉じたまま心のなかで憤慨し、「なぜあんな不作法で品のない人にまで入場を許可するのかしら」「どうしてもっと繊細でスピリチュアルな人だけに入場を限定しないのかしら」と考えました。その男性がますます態度をあらげ大声を張りあげるにつれて、私の反応はいよいよ批判的で居丈高なものになっていきました。そのとき、私の耳に「彼を判断すれば、あなたがその通りになるのです!」という男性の大声が聞こえたのです。それを聞くやいなや自分を恥じた私は、声に出さず「どうか彼が違って見えるよう助けてください。私はどうすべきなのでしょう?」とたずねました。私に話しかけてきたのは「偉大なる白い光の同盟」のメンバーで、彼は次のように説明してくれました。

「三六〇度の円を思い浮かべてごらんなさい。あなたの気質や人格や態度などのあらゆる側面は、〇度からスタートして最終的に三六〇度で終わる進化のプロセスを経過していきます。たとえば人や環境に対する感受性の領域においては、あなたは現在二八〇度の位置にいて、あなたがきびしく非難している男性は四〇度のところにいます。そこではただひとつのことだけが、あなたたち二人の〝違い〟という幻想を生じさせています。それはすなわち、あなたがたは意識によってつくられた時空間という現実のなかに存在しているということです。しかし時間と空間の外側に存在するスピリットのレベルでは、どちらも同じように三六〇度のすべてを占めており、それゆえ二人は対等なのです。あなたたちはおそらく、時間と空間に支配されたこの地球上では友情を結ぶことはないでしょう。なぜなら今回の人生ではお互いの進化のレベルは親和しあわないからです。しかし、もしあなたが洞察によって彼とはかかわらないことを選択したとしても、真実においては彼はあなたと対等であることを理解し、彼の霊的な価値を認めなければなりません」

私は涙を浮かべてその肉体をもたない友人に感謝しました。それはまさに私が求めていた答えでした。私はいまでもときどきこれを思いだす必要があり、そこで学んだことを決して忘れることはないと思います。

基本的に私たちは、自分がだれとどのくらい親密な関係になるのかを「洞察」を用いて選択しなければなりません。波動レベルであなたと共振しあう人もいれば、まったく共振しあわない人もいます。その共振と親和性をもとに「好み」が生まれるのです。ただし魂がひかれあうからといって、必ずしも進化のレベルが親和しあうとはかぎらないことを理解しておく必要があります。魂の引力とカルマ的な磁力によってだれかにひかれたとしても、もしかしたら結局はその人との生活は苦痛で不愉快だとか、相性が悪いことを発見して終わるだけかもしれないのです。

私が以前つきあっていたパートナーは、しばしば私が彼を非難し判断し、対等に見ようとしないといって私を責めました。彼が決して約束を守らないことを、私はよく例をあげて指摘したからです。ただし私はそれだけでなく、彼が約束をやぶるたびに自分の感情が傷つくことも伝えていました。ところが私が傷ついた気持ちを表現したり、二人の関係でうまくいっていないことを話しあおうとするたびに、彼からはいつも同じように非難のメッセージを受けとり、私はそれに反応して泣きだし、罪悪感にさいなまれて、もっと彼を理解して愛さなければと必死に努力したのです。けれども、いつもどこかが間違っているような気がしていました。するとある日、二人のあいだでいつもと同じシナリオが演じられたあと、大天使ミカエルが私の耳もとにやさしく語りかけてきました。

「アモラ、あなたは彼が愛をさしとめることによって支配され、彼の罪悪感と羞恥心からくる非難によってあやつられています。あなたには自分にとって問題になっていることを指摘する権利があるのです。だれかがあなたを不当にあつかったとき、あなたは自分のために立ちあがる責任があります。それが続くことを受け入れてはなりません。そのようにはっきりと自分を表明することは非難とは違います。なぜなら、そこには洞察がともなっているからです。

あなたは魂のレベルでは彼と対等であると知っているかもしれません。でも日常の個人レベルでは、彼は反抗的で人に手をやかせるやんちゃ坊主ですし、あなたは分別のある大人の女性です。それは、ここ地球では同じ成長と成熟の段階にいないというだけです。大切なのは罪の意識をもたずにそのことを認識し、彼のおこないや態度が気になる自分を恥じるのをやめることです」

このようなレッスンは、人々のスピリチュアルな旅においてきわめて価値のあるものです。パートナーや友人との関係で、賢明で愛のある選択をするためには、あなたとそれらの人々との魂のきずなや霊的な意図を考慮するだけではだめなのです。その人の日々の行動や、さまざまな場面での姿勢も吟味しなくてはなりません。たとえば本人の霊的な理想を生活のなかでは実行していなかったり、約束を守る意図がなかったり、誠実さと敬意をもってあなたに向きあうことができないとか、その意志がなかったりする場合、もともとあなたはそのような関係を望んでいるのかいないのかを、「洞察」をはたらかせて選択しなければならないでしょう。

さて、「判断」と「洞察」「好み」「意見」の違いがわかったら、「判断」の浄化に入る準備ができました。まず、あなたはだれに対して判断しているのか、その人を思い浮かべてください。どんな判断をくだしていますか。そのあと、前の思いこみを浄化するワークと同じ手順で、「思いこみ」を「判断」に置き換えておこないます。そして、ステップ12で次のアファメーションを声に出して言いましょう。

「私は○○さん（相手の名前）が尊い生命をもつ神聖なる光のスピリットであることを知っています」

そのうえで、あなたはその人と親しい関係を築かないことも選択できます。それを選択するのはあなたです。

その次に、今度はあなた自身に対する判断を浄化しましょう。思いこみの浄化のワークと同じ手順を踏み、ステップ12のところでほかの人に対する判断を手放すときのものに、あなた自身をあてはめてアファメーションをしてください。

あなたがだれか（自分自身もふくめ）に対して批判的になっているのに気づいたら、ただちにその思考を中断して、「この思考がたったいま取り消されるよう命じます」と言ってください。そしてあなたのより高次の真実から、それに代わる新しいアファメーションを宣言します。地球上の人々がみなこれを実行したら、世界はあっというまに平和になるでしょう。

思いこみや判断を浄化するのと同じプロセスで、あなたの「完璧な理想像」を浄化することもできます。「完璧な理想像」とは、あなたが手に入れたいことや、こうありたいと望む姿について理想やゴールを打ち立て、それを絶対化することです。あなたがその理想やゴールにむかって突き進んでいないとき、たいていはそのことで自分自身を非難しています。たとえばあなたが「慈愛と理解」にあふれた人間になる、という霊的な理想をもっていたとします。その理想に向かう途上で、「慈愛と理解」という理想に達しない自分を恥じてみずからを責めていたとしたら、その理想には永久にたどりつけないでしょう。そのうえあなたが「慈愛と理解」ではなくて「怒り」や「判断」を感じてしまったときは、それを過ちとみなしてそんな自分に失望し、羞恥心に襲われてみずからを罰するかもしれません。そのような未完成な態度やふるまいに気づいたとき、それを判断せず別のものに変容させる適切な方法があります。

かつて私は絶望のあまり自殺を考えていたことがあり、尊敬する恩師に連れられてリーディングとヒーリングのセッションを受けにいきました。実際には自殺などできないことはわかっていましたが、どす黒い感情に押しつぶされそうだったのです。ヒーラーの女性はトランス状態に入ると、こう話しかけてきました。

「あなたが自殺を考えるのも無理はありませんね。〝完璧な理想像〟をあまりにもたくさん背負いすぎています――あなた自身のも、ほかの人からのも。すべてのチャクラにそれが映しだされていますよ。あなたはとうてい全部その通りになんか生きられっこないと思って、すっかり望みを失ってしまったのね」

そのあと一時間半ほどを費やして、私がもつ「完璧な理想像」を見つけだし、そのなかでほかの人の私に対する理想像を浄化するという作業をおこないました。そのうえ家に帰ってから浄化するようにと、私が自分に対して抱いている「完璧な理想像」のリストまでもらって帰ってきたのです。すると恩師の家に着いたころには、すっかり幸せに笑っているいつもの私に戻っていました。

あなたが人生のなかで不満に思ったり、恥ずかしく感じたり、過ちをおかしたと感じていることは何ですか。その次に、あなたがこうあるべきと考えている理想の人物像を確認しましょう。では、前の思いこみを浄化する手順にしたがって、それらの「完璧な理想像」を浄化してください。ステップ12のアファメーションでは、「私は慈愛と理解にあふれた人であり、その成長の途上にあります。私はまさにいま、あるがままの自分を受け入れ、愛します」というふうに宣言しましょう。また、自分以外の人からのあなたに対する「完璧な理想像」を発見したら、前にあげたバラの花による浄化法でとりのぞくことができます。

あなたの「想念」の浄化にも、同じようにこのワークを用いることができます。ただひとつ異なる点は、「想念」というものは中核となるテーマのまわりに、多くの過去世やこの人生での印象や思いこみ、判断、完璧な理想像がいく層にも積みあげられ、それらが混ぜあわさって形成されていることです。「想念」を透視で見てみると、それは中心軸のような形をしていて、そのまわりに思考や観念や、同じテーマでたびたび傷を負った体験の印象などがからみついています。たとえばビデオテープが回転するように、次から次へと新しいものが加わって、どんどん膨らんでいくのです。「想念」が現実に非常に大きなエネルギーをもって膨れあがってしまうと、私が「想念体」と呼ぶ存在にまでなる可能性もあります。この種の存在は徐々に人生のさまざまな側面をコントロールするようになり、その人の成長を妨害するのです。

私が出会ったあるクライエントの男性は、そのように巨大に膨れあがった想念体をもっており、それによって「女性をコントロールできなければ自分が死んでしまう」と感じさせられていました。もちろんその男性は、自分自身がつくりあげた幻想に翻弄されて、恋人を失う恐怖と親密さへの抵抗という矛盾した感情の葛藤に苦しんでいました。その想念はさまざまな思いこみと判断が混ざりあったものでしたが、ちなみにそのいくつかをあげてみましょう。

①私のためにすべてをささげてくれる女性の愛がなければ、私は死んでしまう。私には自分のものなど何ひとつないのだから。

②私には自力で自分自身を救うことなどできない。

③私自身を救うためなら、どんなことをしてでも自分を正当化しなければならない。たとえそれが人を傷つけ、消耗させることであっても。

④私が幸せになれる唯一の方法とは、女性が私を求めるように仕向けておいて、それを与えないことで彼女を性的に支配することである。

⑤相手の女性が、つねに自分は欠点だらけで愛されない人間で不幸だと感じるようにしておかなければならない。そうすれば彼女は私を必要とするから。

⑥私を安心させてくれる力とは絶対的権力だけである。

⑦私は自分の欲求をとげるためにはどんな犠牲を払っても本当の自分を隠して、巧妙にうまく立ちまわらねばならない。

⑧私が哀れな姿を見せれば女性は同情して、私を救おうとするだろう。そのとき彼女は私のものだ。

⑨だれ一人として私にすべてをゆだねさせることなどできない。私が愛より強い存在だということを証明してみせる。

これらすべての「想念」の中核にあり源になっていた「印象」は、この男性が過去世において、深く愛した妻が別な男性のもとに去ってしまったことで傷ついた体験から生じたものでした。そのとき彼はもう二度と人を愛したり信じたりするまいと誓い、また自分が受けた苦しみの復讐として、すべての女性に罰を与えることを誓いました。そして愛よりも憎しみのほうが強いことを確信し、それ以来憎しみをとることを選んだのです。

こうして怒りと苦痛と復讐によって打ち立てられた彼の誓いは、かずかずの生まれ変わりを通してしだいに大きく膨れあがっていきました。私が彼に会ったころには、その「想念体」はまさに悪魔的な存在による憑依のように彼の下半身全体を支配していました。その想念体は独自の声と意志をもち、肉体のなかに存在する本人の光の自己よりもはるかに大きく、きわめて醜悪なものに育っていたのです。

こうした話をみなさんが信じるかどうかはさておき、まだまだ説明したりないこともありますが、「想念」とはどんなものかをひとまず理解していただけたかと思います。幸いなことに、そこまで肥大化した想念は決して多くはありません。ただ、どんな些細なことでもそのときにきちんと取り組まなければ、それはだんだんと大きくなっていく可能性があることを知ってほしいと思います。

あなたが透視力や透聴力をそなえ、それを見たりメッセージを受けとったりできるのでないかぎり、みずからの内にある想念をすぐに見つける方法はありません。しかしあなたが成長し進化するにつれて、ガイダンスや夢を通して教えられたり、あるいは突然のひらめきによって、あなたの人生のある側面を支配する想念の存在に気づくことがあるでしょう。そんなときは、前にあげた「思いこみ」を浄化する手順を用いて、その想念を形成しているすべての印象や思いこみが完全になくなるまで浄化してください。夢をよくおぼえている人は、眠りにつく前に、最後の夢で浄化する必要のある想念のテーマを見せてくれるように願いましょう。そしてめざめたときにその夢を記憶していたらすぐに瞑想に入って、その夢を構成していたものが何かを教えてくれるよう求めてください。それがわかれば、思いこみを浄化する方法を用いてとりのぞくことができます。

潜在レベルでの「同意」と「誓約」の解除

私たちは日常生活において、たえずまわりの人々とエネルギー的な「同意」や「誓約」を結んでいます。

そのなかには昼食の約束や、「君が夕食をつくるなら洗濯は僕がするよ」という同居人への提案などの意識的な同意もあります。この意識的な同意においては、その行為が終了すると同時に両者間の「誓約」も消滅し、あとには何も残りません。しかしながらあなたが人々と結んでいる誓約のなかには、まったく無意識または潜在意識下のものも数多くあります。

たとえば、あなたの友人にいつもだれかを非難してばかりいる人がいたとしましょう。それに対してあなたは、人と違う意見をもてば相手の機嫌をそこねたり友情を失うのではないかと怖れていたとします。そこであなたとその友人は潜在意識下で「同意」を結びました。つまり何があってもあなたはつねに友人の味方になる代わり、友人は決してあなたを非難しないという暗黙の了承が成立したのです。

こうしたたぐいの「誓約」を結ぶことで、両者はお互いに深く依存しあうことになります。あなたは友人が人を非難して否定的な態度をとりつづけることを支持し、また友人はあなたが怒りや拒絶をこわがることを助長するからです。そしてどちらの人にも、人生のその分野で成長し進化する自由はほとんどありません。ですからあなたが不健全な誓約をだれかと結んでいることに気づいたり、その疑いがあると感じたら、それらを浄化することが重要なのです。

あなたの自由意志が不適当なやり方で奪われるようなとき、その誓約は解除されなければなりません。たとえば、ひとつの恋愛関係が終わったあと、気持ちの整理がつかないまま新しい人との関係を築くこともできないというクライエントに私は数多く出会ってきました。そうした人たちはよく次のような誓約を後生大事にもちつづけています。「もしあなたが変わってくれたら、私はあなたのもとへ戻る」とか「私はいつまでもあなたを待ちつづける」あるいは「私はあなたを置きざりにして、傷つけたうえに怒らせたのだから、もうほかのだれとも親しくなるなんてゆるされない」などというものです。また、前の恋人とのあいだに結ばれた二人の子供をもつという誓約を、別れたあとまで引きずっているケースに出会ったこともあります。

このような「同意」が結ばれると、それらがとりしきる人生の特定の領域においてあなたは無力になります。そして気持ちを切り替えたり、相手をゆるしたりという、あなたが前進するために必要なことが何ひとつできなくなってしまうのです。

ほかの人々の感情や問題をかかえこみやすい人は、たぶん幼いころに両親またはどちらかの親のためにそれをしてきたはずです。どの家庭にもたいていは、その家族のメンバーのために感情的な〝ゴミ処理役〟を背負う人が最低一人はいるからです。こまかな点は個々に異なりますが、およそこの取り決めに関する誓約には明らかな類似性が見られます。その例を紹介しましょう。

①私が母親の怖れを受けとれば、母親は私の物理的な要求をかなえてくれる。

②両親がお互いを傷つけあったり私を傷つけたりしないために、私は両親の怒りをすべて吸収する。しかし、私自身は決して怒りをあらわにしてはいけない。

③最年長の子供として、私は幼い子供たちの物理的・感情的な要求を満たすよう心がけ、自分自身の要求はいつも後まわしにしなければならない。

④母親が父親に対して愛情を表現したり性的な存在であることをやめたので、私が父親のやり場のない感情や性的なエネルギーを受けとめ、父親が必要なときにはいつでも私の第二チャクラのエネルギーを受けとらせてあげなければならない。

⑤私は母親によって生命を与えられたのだから、その恩に報いるため、母親が望むときにはいつでも私の生命力をすり減らしていい。

⑥母親または父親の重荷になることに罪の意識を感じるので、私はすすんで親の感情や苦痛を受けとり、

私のエネルギーを与える。

このリストはだれかを悪者にする意図で書かれたものではありません。感情的な抑圧や共依存、否認などを助長する傾向のある現代の社会において、エネルギー的な「同意」とはどういう性質のものかに気づいてもらうためのものです。次にあげるリストも、よくあるタイプの同意です。

①家族の全員が、親のアルコール問題や暴力、気性の悪さ、経済的な困窮、そのほか家族の恥であるどんな問題も決して認めてはならない。

②私はその人を過去にほかの人々がやったように傷つけたりはしないと証明するために、その人のどんな怖れも受けとってあげる。

③私はセックスを経済的な援助とひきかえにする。

④私がまったく上司に抵抗しなければ、上司が私に怒りをぶつけることはない。

⑤私は母親が死ぬまで決して結婚しないし、遠くはなれて住んだりもしない。母親が孤独で私を必要とするときは、いつでもそばにいてあげられるようにする。

こうしたリストはきりがないほどあげられますが、おそらく、もうみなさんは「個人的な誓約」の意味を理解してくださったことでしょう。また誓約には個人的なものだけでなく、「社会的な誓約」や「地球規模での誓約」もあります。まず、「社会的な誓約」については次のような例があげられます。

①町の東側に住む私たちは、ほかの人種や北側に住む低所得者層とはつきあわないし、西側の人間はみんな鼻持ちならないと考えている。

②公共の場においては、人々はあまり派手な色の服を着ない。

③私たちは「哀れな私」ごっこを演じることでお互いの犠牲者精神を支えあい、この世で決してチャンス

がまわってこないということに同意している。別な言葉では「同病あい憐れむ」ともいう。
④私たちはこの教会の信者内でしかつきあわない。なぜならこの町で善良なのは私たちだけだから。
私が自分自身のなかであるいはクライエントとともに発見し、浄化してきた「地球規模での誓約」をいくつかあげてみましょう。
①私たち地球上のすべての人間は暗黙のルールにしたがい、組織化された政府に対する責任を負わねばならないことに同意する。たとえ政府の指導者層に闇の存在がふくまれていたり憑依していたとしても、彼らに服従しなければならない。
②地球にいる私たちだけが唯一生命をもった存在であり、地球のほかに生命は存在しない。
③女性が地球に闇をもたらしたという「アダムとイヴ」の偽りの神話ゆえに、女性たちは苦難を背負って生きなければならない。
まだまだ数えきれないほどあります。いままであげた例のうち、たぶん少なくともひとつはあなた個人にもなじみがあるでしょうし、ここで述べられていないもろもろの例も思い浮かんだかもしれません。それらの「同意」を次のプロセスで浄化することができます。まず、いま述べた「地球規模での誓約」のひとつをとりあげて浄化し、その次にあなた自身の個人的な誓約を浄化していきましょう。

●「同意」と「誓約」の解除

1　目を閉じてグラウンディングをおこないます。あなたのオーラをひき寄せて、境界の色やバラの花のようすを確認してください。
2（必要に応じて）希望する人は、宇宙の黄金色のエネルギーと地球のエネルギーを流して、それらを「自動」にセットしましょう。

3 一枚の法的な文書を思い浮かべてください。その文面のいちばん上には「誓約」という文字が記されています。

4 この誓約書の一番下の片側に、あなたの名前が書かれてあるのが見えます。

5 あなたの名前のとなりには、あなたが同意を結んだ人や集団の名前が書かれています。はじめてこれをするときは、ここに「地球上のすべての市民」と書かれているのを見てください。

6 それでは自分自身に対して、その誓約の内容を読みあげてください。あるいは視覚的なイメージのほうがやりやすい人は、誓約書の言葉を見てみましょう。ここでは最初に、その誓約書に「地球上のすべての人間は公の政府のルールや、政府をあやつる闇の存在にしたがわなければならない」と書かれているのを見てください。

7 それが終わったら誓約書の全面にわたりバツをつけ、さらにあなた自身の手で赤い大きな文字で「無効」と書きます。

8 その誓約書を二つに破いて、オレンジ色の炎で焼きつくしましょう。

9 次は、あなたが個人的にほかの人や集団に対して結んだ誓約について、ステップ3からの手順をくり返してください。

10 終わったら目を開きましょう。

さらにあなたのチャクラ・システムに存在する、人生における大切な人とのあいだで「結ばされた誓約」を浄化するためのワークを紹介したいと思います。このワークの目的は、あなたにとって最高または最善とはいえない誓約や、あなたが学び成長するうえで特に必要のない誓約だけを浄化することです。ここでは、あなたのお母さんとの誓約を例にとって浄化してみましょう。

●「結ばされた誓約」を浄化する

1 目を閉じてグラウンディングします。それからあなたのオーラの形や大きさ、そして境界の色をチェックしましょう。

2 宇宙と地球のエネルギーを流して、それらを「自動」にセットします。（ここでは希望する人だけでなく、必ずこのステップを実施してください）

3 意識を集中させ、まずあなたのクラウン・チャクラに宇宙と地球のエネルギーを流していきましょう。あなたのお母さん（またはお母さんの代わりになってくれた人）とのあいだに「結ばされた誓約」にはどんなものがあるでしょうか。このクラウン・チャクラにあって、燃やされる必要のあるそれらのすべてを教えてくれるよう、両手を身体の前に差しだしてたずねます。

4 差しだしたその手に誓約を感じとってみましょう。あるいは、手のひらに誓約があるのをイメージしてください。それらの誓約を二つに破き、オレンジの炎で燃やします。

5 次にあなたの第六チャクラつまり「第三の目」に、宇宙と地球の混合エネルギーを流していきます。このチャクラから解放される用意ができている、お母さんとの誓約をすべて教えてくれるように願いましょう。

6 それらの誓約を二つに破いて燃やしてください。

7 地球と宇宙のエネルギーを喉の第五チャクラに流し入れ、このチャクラに閉じこめられていたお母さんとの誓約をたずねます。それらを二つに破いて燃やしましょう。

8 次はハートの第四のチャクラに混合エネルギーを流してください。同じようにたずね、このチャクラにはりついていたお母さんとの誓約を破いて燃やします。

9 第三チャクラつまり太陽神経叢にエネルギーを通しましょう。同じ手順でたずねてから、このチャクラにあるお母さんとのすべての誓約を破いて燃やします。

10 今度は仙骨近くにある第二チャクラにエネルギーを流しこんでください。そして同じ手順でお母さんとの誓約をすべて破いて燃やしましょう。

11 最後に、背骨の末端にある第一チャクラにエネルギーを通します。このチャクラに存在するお母さんと結んだ誓約をたずねたら、すべてを破いて燃やしてください。

12 それでは宇宙と地球のエネルギーを、脊椎と両腕の経路に少なくとも二分間くらい流しつづけてください。あなたの身体のなかで起きている浄化が助けられます。感情がわきあがってきたら、エネルギーを流しつづけながら深呼吸をして、どんなやり方でもそれらの感情が解放されるまで充分に表現させてあげましょう。どこかのチャクラがこわばっていたり痛んだりしていたら、宇宙と地球のエネルギーを混ぜあわせ、呼吸を使ってチャクラと身体全体を洗い流していきます。そこがほぐれて痛みがなくなるまで続けてください。

13 もし必要なら、もう一度あなた自身をグラウンディングさせましょう。そして目を開きます。

14 「前かがみ全身脱力呼吸」をおこないます。

あなたのお父さんや兄弟姉妹、過去の恋人、配偶者、そのほか親しい人々との誓約も浄化するときは、それぞれ数日から一週間ほど間隔をとっておこなうようにしましょう。

サイキック・コードをとりはずす

「サイキック・コード」とは管のような形に凝縮されたエネルギー体で、それを通してほかの人のエネルギーとつながったり、お互いにエネルギーを交換したりしています。このサイキック・コードの用い方には健全なものと不健全なものとがあります。まずは健全な用い方を三つあげてみましょう。

ひとつめの例として、赤ちゃんはハート・チャクラとルート・チャクラ（第一チャクラ）に、母親とつながるコードをもって生まれてきます。ハート・チャクラのコードは魂のレベルで母親とつながるようにし、ルート・チャクラのコードは安心してグラウンディングできるようにします。それらは子供がだんだん独立心と自信を身につけるにしたがって、五歳から七歳ぐらいまでに消えてなくなるのが望ましいでしょう。健全なコードの二番目の例は性的な関係におけるものです。恋人たちはふつうお互いのハート・チャクラと第二チャクラどうしにコードをもち、愛や性的なエネルギーを交換したり、魂のきずなを結んだりしています。そして三番目の例はもっと一時的なものです。あなたはふだんから、さまざまな友人や愛する人たちとハート・チャクラのコードを通して瞬間的に愛を分かちあっています。

しかしこれらのもの以外、大部分のサイキック・コードは相手とつながるためには必要ないだけでなく、共依存や癒着を生みだす傾向があります。三番目のコードの代わりに、あなたがもっと親密につながりたいと思う相手とあなたのオーラを、ただ融合させたり重ねあわせたりする方法があります。これならお互いに、はなれたあとまで自分のオーラやチャクラのなかに相手の感情が残されることはありません。さらにコードをとりはずす方法を学べば、相手とどんなレベルでつながりたいかを自分で選べるようになるのです。

不健全なサイキック・コードには、さまざまな弊害がつきまといます。あなたのエネルギーを消耗させたり、ほかの人々の痛みや印象、感情などをあなたの肉体に入りこませたり、あるいはあなたをさまざまな方法で、たとえば罪悪感、潜在意識下のメッセージ、おどし、喪失の恐怖の印象などによってコントロールするのです。また相手に過度に依存したりされたりしやすくして、あなたの自由意志を奪い、自己評価をおとしめるような古いイメージにしばりつけたり、犠牲を通して愛を得ようとするなどの傾向をもたらします。ほかにもその人の個人的な問題や不安定さによって、人々の数と同じほど多様な弊害となってあらわれるでしょう。

あなた自身はサイキック・コードを人から受けとったり、人に与えたりしたおぼえはまったくないかもしれません。でも実際には、ほとんどの人がコードのやりとりをしています。ただし、幸運なことに一度コードをとりはずすと、次に新しいコードが入ってきたときに少しずつそれを感じられるようになります。するとそれらのサイキック・コードを意識的に保ちながら、必要かどうかを選択できるようになるのです。もし、あなたが親やだれかのためにつねにエネルギーを消耗させられたり、内側にいつもその人の感情を感じさせられるような場合は、その人とのあいだに不健全なコードをもっていることを示しています。

サイキック・コードをとりはずすさい、あなたのチャクラを傷つけないように気をつけると同時に、相手にひき起こすリアクションを最小限にとどめるために、非常におだやかな方法でとりおこなわれなくてはなりません(**図5a**)。コードを引きぬくことによって実際にあなたのエーテル体に傷跡を残したり、裂け目が生じたりする可能性もあるし、相手からのエネルギー的な報復を呼び起こす場合もありうるからです。

したがってコードをはずすときには、それが接触している身体の部分のまわり全体をほぐしながら、ほんの少しずつゆっくりと引きぬいていくことが大切です。そして身体からはずしたコードの先端をバラの花のなかに置いて、そっとオーラの外側に押しだしていきます。そのあと**図5b**のように、バラをコードごと吹き消しましょう。

最後にセルフ・ヒーリングをおこないます。コードを抜いたことによってオーラに生じた穴に黄金色の太陽の光をそそぎ、その光でいっぱいに満たしてあげるのです(**図5c**)。これをしているとき、あなたのクラウン・チャクラから喉のチャクラさらに両肩と両腕を通って手のひらから出ていく「癒しの経路」に、黄金色の宇宙のエネルギーを流しつづけてください。これを流してみると、コードを抜いたあとの穴がはっきり感じとれます。そして数秒後には(ずっと以前からあるコードでも数分後には)、たぶん穴がどこにあったかもわからなくなっているでしょう。その穴はあなた自身のエネルギーでふさがれ、もと通り完全なオーラに修復されてます。

●サイキック・コードの除去

1 目を閉じてグラウンディングします。あなたの境界の色とバラの花のようすを点検して、必要と思われる調整をおこないましょう。

2 黄金色の太陽を頭の上に思い浮かべ、その光をあなたの脊椎の癒しの経路にそそぎこんでください。黄金の光が頭頂のクラウン・チャクラから喉のチャクラを通って両肩から両腕へと降りていき、最後に手のひらから外へ出ていきます。あなたの呼吸を使ってその癒しの経路を開き、黄金の光が勢いよく流れて、実際にエネルギーがあなたの手のひらを通って出ていくのを感じましょう。これを三〇秒ほど流しつづけます。

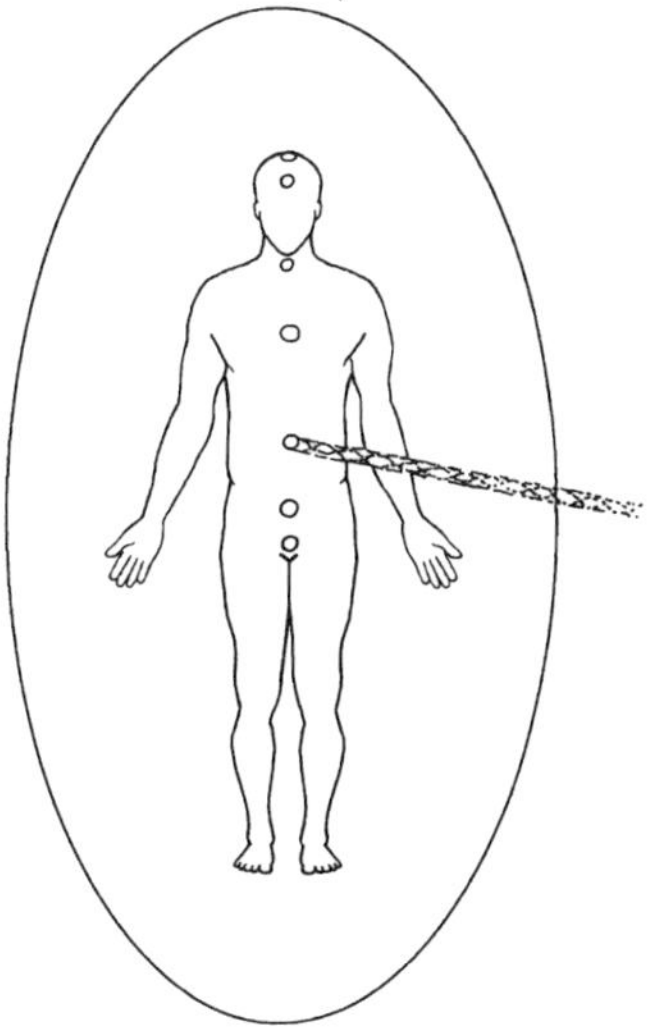

図５ａ　第三チャクラからオーラをつきぬけて伸びているサイキック・コードのエネルギーの流れ

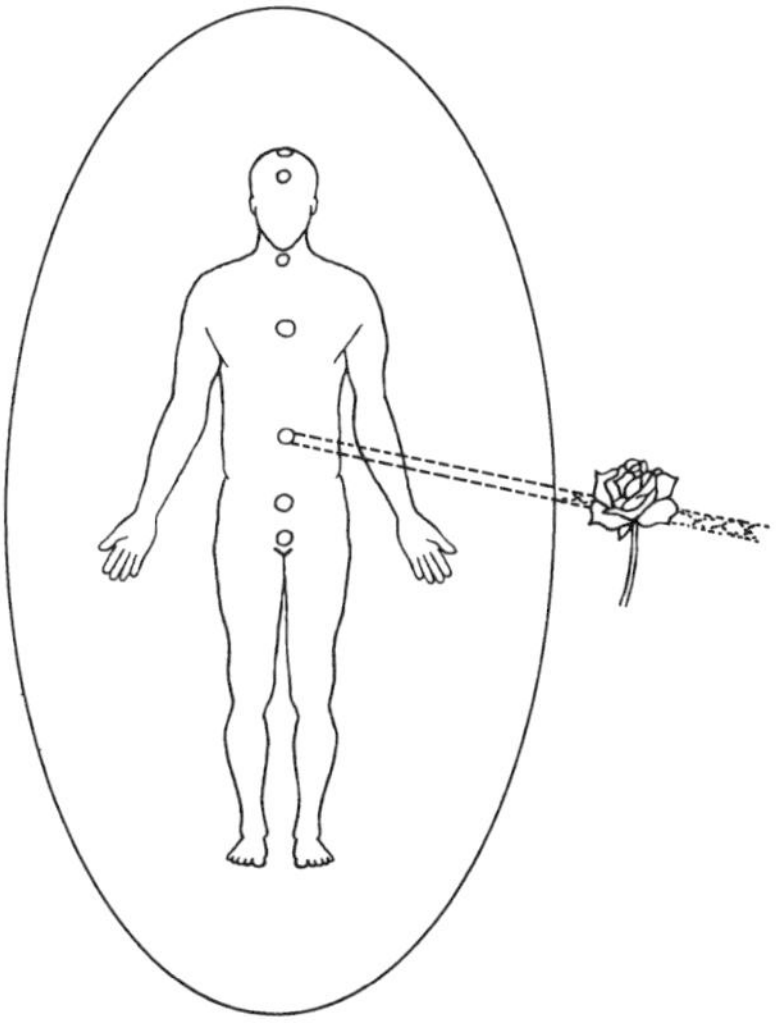

図５ｂ　サイキック・コードを身体から引きぬいたあと、その先端にバラの花を重ねてオーラの外側へ押しだしていく。図のような状態になったときにバラの花を吹くとコードが消滅し、オーラ内には細長いコードの穴があいたまま残る。

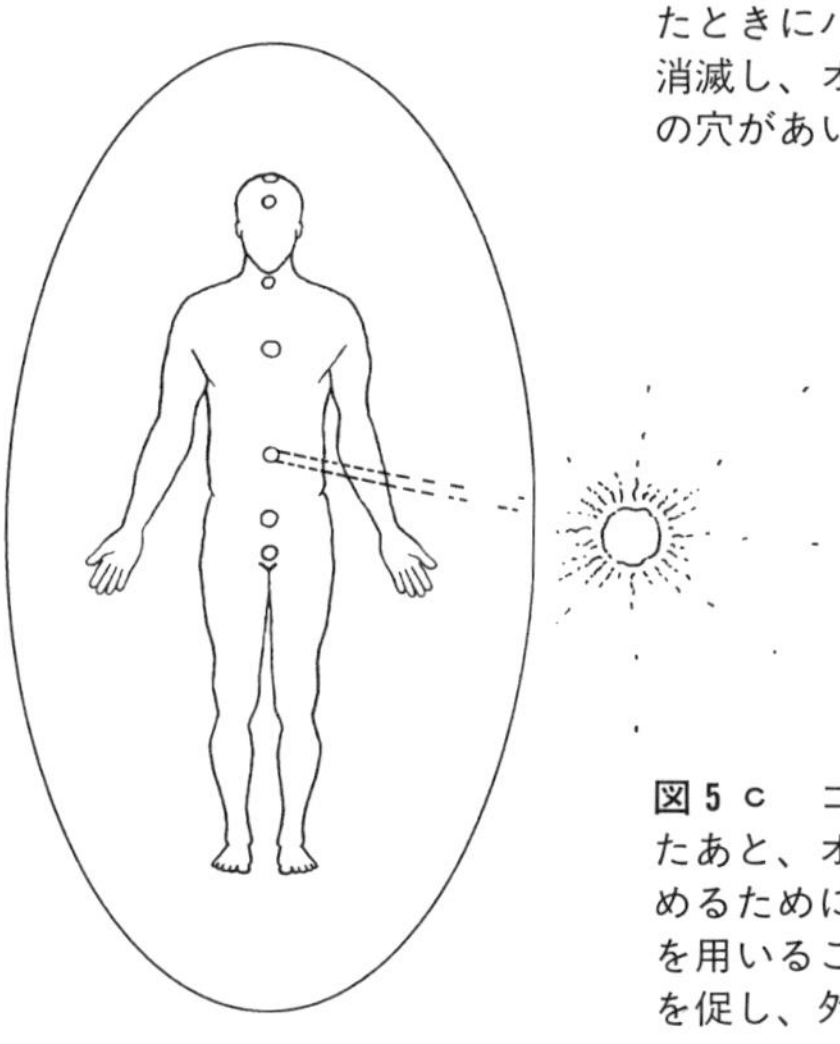

図５ｃ　コードをバラのなかで消したあと、オーラ内に残された穴を埋めるために黄金色の太陽とその光線を用いることでセルフ・ヒーリングを促し、外からの侵入を防ぐ。

3 それでは片手を前に出して、ごくゆっくりとあなたの身体のすぐ前のオーラに触れていきましょう。まずあなたの頭と顔の前から触れはじめ、胸、太陽神経叢の前を通り、股関節の前まで少しずつ手を降ろしていきます。あなたのエネルギー・フィールドの微妙な変化が感じとれるように、ゆっくりと丁寧に触れていってください。あまりにも曖昧でこうした感覚がつかみにくければ、最初に友人のオーラで練習してからもう一度やってみましょう。

手でさわっていくと、エネルギーが強く集中して感じられる場所があります。指がサイキック・コードに触れると、ざわっとしたりチクチクしたりするか、あるいは厚ぼったくて重たい感じがしたり、オーラのなかでそこだけが固く感じられたりするかもしれません。何かを感じたら、その手を身体から少し遠ざけて、もうちょっと前のほうをさわってみてください。もとの場所からほんの少し手を動かしただけでその感覚が消えてしまうようなら、そのエネルギーはサイキック・コードではありません。この場合は凝縮したエネルギーをバラの花に集め、あなたのオーラからとりのぞいてください。

もしそれがサイキック・コードなら、その感覚はオーラの外側まで手を伸ばしてもなくなりません。オーラの境界を越えて、その先まで腕を伸ばしきってもまだその感覚をたどれるなら、それはおそらくサイキック・コードです。

4 サイキック・コードが見つかったら、そのコードがだれにつながっているのかを確認しましょう。ときにはコードの感じによって、即座に相手がはっきりわかる場合もあります。それ以外のときには、ちょっとしたトリックを使いましょう。そのコードに手で触れながら、相手だと思われる人の名前を大きな声で言ってみるのです。その名前が正しければコードにはなんらかの手応えが感じられるはずです。たとえば振動したり、強くなったり、熱くなったりするのです。もしなんの反応も感じられなければ、次々といろいろな人の名前を言ってみましょう。その相手はもしかしたら、あなたがずいぶん長いこと会っていない人かもしれません。私も実際に両親や以前のパートナーなど、長年話もしていなかったような人とのあいだにサイキック・コードを発見し、自分自身やクライエントのために何度も浄化してきました。

5 相手が確認できたら、コードをとりはずしにかかりましょう。あなたの身体のなかでコードがつながっている根もとのところに、両手をもっていってください。あなたの手のひらからは宇宙の黄金色の光が放たれています。両手を使って少しずつ周辺をほぐしながら、コードがゆるんできたらそっと身体から引きぬきましょう。

6 いま身体からはずしたコードの先端をバラの花のなかに入れて、バラごとあなたのオーラの外側に押しだしていってください。そしてバラの花とコードを一緒に吹き消します。

7 コードをとりはずしたあと、あなたのオーラは身体から外縁まで管状に穴があいています。あなたの両腕に流れる黄金の光でその穴を満たしてあげましょう。オーラの外側に小さな太陽を思い浮かべ、そこから穴のなかに光をそそぐのもいいでしょう。

8 では、サイキック・コードをとりはずす次の段階に移ります。まずあなたのオーラのすぐ外に、映画のスクリーンをイメージしてください。

9 そのスクリーンに手を伸ばし、両手で触れて黄金色の宇宙の癒しのエネルギーで浄化しましょう。

10 するとスクリーンにあなたの背中が映しだされます。

11 パープルの光のボールをつくって、スクリーンのあなたの背中にむかって投げてください。するとパープルのボールがはじけ、背面のとりのぞく必要があるすべてのコードにくっついて光を放ちます。(私は身体の背面につながるコードを全部とりのぞくことにしています。たいていそれらは前面のコードよりも洗

脳的で潜在的で、支配力も強いからです）
12　このようにしてサイキック・コードが見つかったら、ステップ4〜7をくり返して全部とりはずしていきます。コードを感じつつそれらの手順をおこない、先ほどのオーラの穴の代わりに今度はスクリーンにできた穴を光でふさいであげてください。ステップ7を終えたらステップ13に進みましょう。
13　あとのやり方でコードを全部とりはずしたら、バラの花のなかにスクリーンを置いて吹き消します。
14　あなたのオーラを好きな色の光でおおってください。
15　必要なら、あなた自身をもう一度グラウンディングさせましょう。
16　目を開いてください。

身体の同じ場所にくり返し何度もサイキック・コードを発見したり、それをオーラの外側に押しだしたとたん、すぐに逆戻りして入ってきてしまうようなときは、その人にしばられるということに関してなんらかの「思いこみ」または「誓約」があるのです。たぶんそのエネルギーを感じて相手を確認するだけで、それがどんな思いこみや誓約かをすぐに知ることができるでしょう。その思いこみや誓約を前にあげたやり方で浄化して、そのあとでもう一度コードをとりはずしてください。そうすれば二度とその場所には戻ってこないでしょう。

それでもまだ相手のエネルギーがとどまり続けているようなら、あなたのオーラの外側に一輪のバラの花を置いて、そこに相手の顔を重ねてください。そしてその上に「不法侵入禁止」と書きます。あなたが必要を感じなくなるまで、そのバラを毎日取り替えましょう。

〝いま〟という瞬間に存在する

「いまこの瞬間に存在する」あるいは「いま、ここにいる」意識というものが、あなたを目標へと運び、癒しを与えてくれるもっとも創造的で効果的な状態です。あなたの意識が現在という瞬間にいなければ、つまりあなたのエネルギーが未来をさまよったり過去を追いかけていれば、望ましい未来を創造することも過去を手放すこともとうてい不可能です。逆にあなたが身体のなかにいて、〝いま〟という瞬間に意識を集中するとき、まさに人生はあなたの手中にあり、最大限の能力を発揮することができるのです。

あなたが未来や過去に生きていれば、チャクラやオーラのどこかがつまったまま機能しなくなります。そうすると車輪が空まわりするようなもので、あなたのエネルギーが充分肉体にいきわたらなくなります。そのような状態では、いまの恋人との関係や仕事でトラブルをかかえこんだり、いつも気が散ってボワッとしてしまうかもしれません。あなたのエネルギーが別の空間へ逃げてしまっているのですから、そうなるのは当然なのです。

●〝いま〟に存在する

1 目を閉じてあなた自身をグラウンディングさせましょう。
2 あなたのオーラをひき寄せてオーラの境界の色やバラの花のようすを点検し、必要な調整をおこないます。
3 （必要に応じて）宇宙の黄金色のエネルギーと地球のエネルギーを流して、「自動」にセットしてください。

4　「時間軸」と呼ばれる直線を思い浮かべましょう。それは左右にどこまでも伸びています。その線をあなたの尾骨の先端にある第一チャクラの前に置いて、直線の中央の上に黄金色の小さな太陽をイメージしてください。（**図6**のイラストを参照）

5　第一チャクラを通して息を大きく吐きながら、そこに滞留している過去や未来のエネルギーを時間軸の中央にある太陽にむけて解放していきましょう。そのまま深呼吸を続けてください。

6　すると、その太陽がパッと二つに分かれて、右と左に、つまり過去と未来にころころと転がっていきます。転がりながら二つの太陽は過去と未来のエネルギーをチャクラから解放し、それらをおのおののふさわしい時間へと返してくれます。

7　二つの太陽は充分遠くまで転がりながら任務を果たし終えると、自動的に中心にむかって戻ってきます。そのとき二つの太陽は過去や未来から、いまのあなたの身体に属するエネルギーを連れ帰ってくれます。

8　二つの太陽が中心に戻り、ふたたびひとつになったら、時間軸と太陽をあなたの第二チャクラの前に移動させてください。今度は第二チャクラを通して息を吐きだしながらそのチャクラのなかの過去や未来のエネルギーを太陽にむけて解放していきます。深呼吸をしてください。

図6　太陽のイコン（像）：過去と未来をあらわす時間軸のちょうど中央の「現在」に黄金色の太陽がある

9　ふたたび太陽が二つに分かれて、時間軸を右と左に転がっていきます。充分に遠くまでいくと、やがてそれらの動きがとまり、もう一度中心にむかって帰ってきます。それらがひとつの太陽になるとき、あなたの現在のエネルギーも過去や未来から連れ戻されるでしょう。

10　次は太陽と時間のラインをあなたの第三チャクラである太陽神経叢の前に移してください。そのチャクラを通して深呼吸をしながら、〝いま〟に属さないエネルギーを解放しましょう。

11　太陽が二つに分かれて左右に転がっていき、また戻ってくるのが見えます。そして前と同じように、二つの太陽が必要なエネルギーを解放し、連れ戻してくれます。

12　時間軸と太陽をあなたの胸の中心にあるハート・チャクラの前に移動させ、同じようにしてください。

13　次に喉のチャクラの前で同じ手順をくり返します。

14　さらにあなたの「第三の目」の前で、もう一度同じようにおこないましょう。

15　最後に、頭頂にあるクラウン・チャクラでこれをくり返してください。

16　それでは時間軸と太陽を、あなたのオーラの内側の、身体から少なくとも三〇センチくらいのところまで近づけましょう。二つに分かれた太陽がオーラのなかから現在に属さないすべてのエネルギーを拾いあげて、それぞれにふさわしい時間へ返してくれるのを見てください。二つの太陽が中心に戻ってふたたびひとつになったとき、散乱していた現在のあなたに属するエネルギーも一緒にオーラのなかに戻ってきます。

17　時間軸と太陽をバラの花のなかに置き、あなたのオーラの外にもっていって吹き消しましょう。

18　目を開いて、「前かがみ全身脱力呼吸」をおこないます。

すべてのチャクラでのプロセスをひと通り体験したら、次はもっと短縮した形でもいいでしょう。第三チャクラはあなたと社会との相互作用をつかさどり、この世界やほかの人々との関係におけるあなたのゴールを達成させます。また、その他のすべてのチャクラへのエネルギーの分配や、ほかのチャクラに関する社会との交流および目標の成就を促すという役割も、この第三チャクラにはふくまれています。そのようにすべてのチャクラの焦点としての役割をもっていることから、第三チャクラを〝いま〟に存在するための焦点として用いる次のような方法もあります。

●〝いま〟に存在する——短縮型

1 前と同じ時間軸と小さな太陽を、今度はあなたの第三チャクラつまり太陽神経叢の前に置いてください。
2 あなたのクラウン・チャクラから息を吸いこみ、太陽神経叢から息を吐きだしましょう。するとすべてのチャクラから、黄金色の太陽にむかって過去と未来のエネルギーが解き放たれていきます。
3 次にあなたの一番目のチャクラから息を吸って、あなたの太陽神経叢から太陽にむかって息を吐きだしてください。
4 黄金色の太陽が二つに分かれます。同時に右と左へころころと転がりながら、現在に属さないエネルギーをそれぞれ過去や未来に返していきます。
5 やがて二つの太陽がもとの場所に転がりながら戻ってくるとき、過去や未来から、現在に属するエネルギーを連れて帰ってきてくれます。
6 太陽が中心でひとつになったら、太陽と時間軸を一緒にオーラの外側に移動させて吹き消しましょう。
7 目を開いてください。

この章にあげた浄化とセルフ・ヒーリングのいろいろなワークは、あなたが必要だと感じるたびにできるだけ頻繁におこなってください。このあとの章に出てくるワークの基本となるものですから、あなたの身体にすっかりなじむまで実践しましょう。

7章 「カー」を活性化させる

「カー」(Ka) とは、三次元から六次元の世界に同時にまったく同じように存在する「電気的な光の身体《エレクトリカル・ライトボディ》」であり、それらすべての次元においてあなたの「内なるキリスト」を肉体という形のなかに据えつけて収容するための最終的な機能です。別な言葉でいうと、それは「スピリット」と「次元」と「形態」という三つの領域をつなぐ接点であり、私たちが人間として肉体をもちながら完全にキリストを体現し、私たちの進化と波動の上昇にともなって、三次元から四次元またはもっと高次元へとシフトすることを可能にしてくれるものです。

カーの身体とは、ハイアーセルフが物質へと降下し、いっぽうではハイアーセルフと肉体がともに高次元へ上昇するための媒体として表現することができます。それらのプロセスを通してより高い次元への意識の変容がもたらされるのです。ちなみに“*The Key of Enoch*”(エノクの鍵) という書物では、カーは「聖なる複写体」として定義されています。

ジョーン・グラントが著した“*Winged Pharaoh*”(翼をもったファラオ) のなかには、未来のファラオ (王) が王室の子供たちにレッスンを授けるほほえましい一節があります。彼の話のなかでは、すべての生き物を純粋な生命エネルギーからつくりだした創造主として、プタハという神のことが語られます。そして子供たちにカーのはたらきを次のように説明しています。

人間の肉体のなかでは、たくさんの器官が地上で活動することによってわれわれを生かしてくれている。たとえば、肺は呼吸する空気を使ってわれわれを浄化しているし、腸や胃をはじめとする多くの内臓は食べたり飲んだりしたものを新鮮な血液に変え、その血液を心臓が全身に運ぶ。しかしそれらのどの器官も決して与えることのできない、われわれにもっとも必要なものがある。それは生命だ。ありとあらゆるもののなかに宿るこの生命を私が「プタハの生命」と呼んでいるのを、きっと耳にしたことがあるだろう。

プタハの生命は目に見えない膨大な網の目状の「カート」という生命エネルギーの経路を通して流れ、われわれはそれなしに生きることはできない。しかしそのカートはあまりにも繊細すぎてじかに触れることができないため、われわれはより繊細な自分の複製を用意したのだ。そのわれわれの分身は「カー」と呼ばれている。これは「生命を集めるもの」という意味で、肉眼で見ることはできないが、きわめて重要なものだ。なぜなら、もしそれらの経路が損なわれて生命を運べなくなれば、そのとき肉体は滅びてしまうからだ……

カーは直線から両腕を上に伸ばしたようなシンボルで表現されている。直線はもとの「地平線」という意味から「地球」をあらわし、両腕を伸ばしてひろげた形は、天を仰いでプタハの生命を集めている人間の姿の象徴である。

同じ章のもっとあとのほうで、王室に仕える予言者でもあり教師でもあるプター・ケファーは子供たちに次のように語っています。

私がある人のカーを心の目で見るとき、私はゆっくりと動く光——私たちの目には「色」として映りますが——をさえぎるために自分の目を手でおおってから、訓練をつんだ私の視覚を用いることで、カーを観察することができます。私の透視者としての視覚はカーと同じ程度の速さで動いているので、それが眠っている人間のようにじっと静止して見えるのです。

「カー・エネルギー」とは、浄化されて降下した高次元のエネルギーです。それはあまりにも速く振動するために肉眼ではとらえきれません。そのエネルギーが実際に肉体を流れると、私たちはこのうえもなくすばらしい至福の境地を体験します。私が指導する「プレアデスの光のワーク集中コース」では、経路が開いてカーの身体がめざめると性的エネルギーがあふれるように流れだすのを感じる人々がいます。カー・エネルギーは生殖器と直接つながる経路だけでなく、それ以外の身体中の経路を流れています。「カー経路」を開くと性的エネルギーの解放がひき起こされやすいということは、次のようなことを意味します。つまり純粋な性的エネルギーが流れるためには、すべての器官をふくめた全身レベルでの熱中と健全な機能が不可欠だということです。

高次元からもたらされるカーのエネルギーが肉体にとりこまれてカー経路に満たされると、それと同時にブロックされたエネルギーの解放が起こります。ちなみに性的エネルギーの流れとは、この高周波のエネルギーの流入と霊的な解放にともなう副次的な効果なのです。しかしながら六次元以上の存在にとっては、性的エネルギーの流れはたえまなく体験されるごく自然な現象です。そんなわけであなたが六次元よりも下の次元から、もっと高い次元の自己とつながり、その肉体がカーと結ばれて密度の濃く重いエネルギーを手放したとき、性的エネルギーの解放がもたらされるのです。

性的エネルギーすなわち「タントラ」は、人類の発生と同じくらい古くから多くの霊的なグループによって研究され、探求されてきたテーマです。一部のネイティブ・アメリカンやチベットの仏教徒、ヒンズー教の多くの宗派やマヤ族たちは(これはほんの数例にすぎませんが)、長いあいだ独自のタントラの形式を伝えてきました。タントラをしだいに高まっていく波動と考えるならば、それこそ本当に自然な陶酔と欲求の境地といえるでしょう。

タントラの性的エネルギーが細胞内を流れだすとき、脊椎の基底部のチャクラにひそむ「クンダリーニ」と呼ばれるエネルギーが、次々とチャクラを通過して脊椎の経路を上昇していきます。それは純粋な創造のエネルギーであり、宇宙的なエクスタシーを生みだす源でもあります。同時にまた地球上でもっとも損なわれ、ゆがめられてきたエネルギーのひとつでもあるのです。

あなたにカー・エネルギーが開かれたからといって、自動的に性的なパターンや行動が変わるわけではありません。しかし、それによってこれまで以上に高い波動のエネルギーに触れ、それを肉体に流すことが可能になります。いずれにしても霊的な成長をとげるためには、あなたは自分の性的なエネルギーや行動、態度をより純粋なものに浄化することが必要です。性器は魂とじかにつながっています。つまり、あなたが性的エネルギーをどのように用いるかによって、あなたとあなたの魂との関係に直接的な影響が及ぼされるのです。あなたの肉体と魂の関係を癒し、トラウマとなったネガティブな性的嗜癖を浄化するためのもっともすみやかで自然な方法のひとつが、カーのエネルギーとタントラのエネルギーを一緒に流すことです。

〈プレアデスの光のワーク〉のおもな目的は、「カー経路」と「カー・テンプレート〔鋳型〕」を刺激してめざめさせることです。そして細胞レベルでの覚醒とアセンションを可能にし、あなたが自分の霊的責任に気づいて「ここ」から「そこ」へいたる過程において、可能なかぎりの援助をすることです。そうしたゴールの達成にむけて人類とともに働くプレアデス人たちや高次元マスターのイエス・キリストに援助を求めることで、それらの目的はより簡単にかなえられるのです。

覚醒には一三の段階があります。それはカーのセッションから始まって最終的にアセンションへといたる一三の過程であり、マヤ族の「創造の一三のサイクル」とも対応しています。マヤ文明もエジプト文明と同様に、プレアデスの光の使者たちの指導のもとで繁栄してきました。ですから、多くの分野において両者のシステムが重なるのはなんら偶然ではないのです。現代の私たちが七日間という一週間のサイクルをもっているように、マヤの時間軸では創造のサイクルはたえまない一三日周期がくり返されます。また一年を一二の月に区分する現代の太陽暦とは違って、マヤ暦では一年が一三の月のサイクルに分かれています。一三とは「神聖な顕現」または「白魔術」をあらわす数でもあります。

一三の数は個々に特有の象徴的な意味をもっています。それぞれの数の一般的な意味と、それに対応するカーの活動レベルを表に紹介しておきましょう。これはアリエール・スピルバリーとマイケル・ブレイナーの*"Mayan Oracle"*（マヤの神託）とホゼ・アグエイアスの*"Dreamspell"*（夢の言葉）を参考にしています。

カーを完全にめざめさせるには、忘却、記憶の回復、解放、神または女神とひとつになること、そしてエゴを浄化し超越するための全身全霊での献身という道を選択しなければなりません。カーの覚醒レベルを次々と通過していくにつれて、それぞれの段階がひとつの儀式であり、次の段階の感情的・精神的・肉体的・霊的な解放へと向かう入口でもあることを理解するでしょう。あなたが身をゆだねきり、無条件の愛と光

数	一般的な意味	カーの活動分野
1	目的の認識 入門	ハイアーセルフや「神／女神／すべてなるもの」との結合に対する憧れを認識し、それを実現する可能性のある行動にとりかかる。目標への祈り、受容、献身。はじめてカー・セッションを受ける。
2	二極性 チャレンジへの認識	内側と外側に生じる男性性と女性性のバランスを創造することを求めて、具体的に行動を起こすことを意識しはじめる。分離、闘争、二元性という幻想から生じたことがらや感情の浄化。カーはまだエゴの抵抗を通過中であるが、調和への手ほどきが始まる。
3	リズミカルな流れ	エゴをみずからの聖なる意志にゆだねたとき、受容という新しい認識の段階が開かれる。カーのエネルギーはよりなめらかにたえまなく流れる。
4	試し、定義	洞察というレッスンを学び、確固たる決断に対する集中力を持続する能力を身につける。アセンションと一体という目標に対する霊的な献身がどの程度かを試される。この段階に対するキリストの霊的な質問とは、「この瞬間を愛さないことにどんな価値があるのか」である。優先順位の再評価。ここで正しい選択をした場合、カーがさらに永続的に力強く流れはじめる。
5	中心にいること 神聖なパワー	みずからの人間性を否定せずに自己の真のアイデンティティを受け入れるとき、エゴと過去の認識が洗い落とされる。執着を手放し、すべてを受け入れた結果として、カー・エネルギーが神経系をより深く癒しはじめる。新しい成熟と静かな叡智。
6	バランス	すべての局面で人生を完全に体験することへの意志が、深く感じることに対する抵抗から解放し、均衡をもたらす。肉体と継続的につながっているハイアーセルフの体験が始まる。カーとクンダリーニが共時的、調和的に継続して流れる。細胞レベルでの浄化が加速される。
7	高次元のエネルギーを導く	魂の癒しと再生の促進。みずからの魂の本当の起源と神話を思いだしはじめる。カーによる星との結びつきによって多次元の現実とつながる。自分自身へのより深い理解と受容。
8	調和的な共鳴	自己を愛することと人への無条件の愛が現実となる。非難することはもはや不可能。憐れみではない慈愛が深まり、無私を実践する。核心的な問題の明確化。みずからの創造者とひとつになり、自分自身から発信される調和的なインパルスを感じる。それは愛の声であるひとつの音である。時間と空間を超えたカーの共鳴は、自身の聖なる真理における瞬間的な記憶を覚醒させる。
9	実現	すべてのカルマのネガティブなパターーンの崩壊。あり方からの行為。努力や格闘をやめ、「さがし求めていたものはありのままの自己であった」ことをただ理解する。いまや自己を修得した存在であることの責任を受け入れる。カー経路とその流れはおのずと維持される。自己のもっとも高い運命を生きるために深く身をささげる。すべてなるものへの奉仕。
10	目標の成就	みずからのハイアーセルフと肉体のなかで完全に溶けあう。残りの限界づけられた信念はすべての浄化される。カー、肉体のクンダリーニ、そしてハイアーセルフのクンダリーニの継続的・調和的同調。開かれた他者からは、真実の自己を体現した存在として認識される。自分自身の高次の使命をまっとうして生きる。
11	解体と赦免	不必要なものすべての解体。残された抵抗のいっさいが手放される。覚醒にむけた完全なる自己のあけ渡し。すべての目標と残った執着は吟味され、聖なる意志とあい入れないないものは解放される。カーは細胞に溶け、より輝きを帯びて軽くなっていく。光の身体の活性化。
12	普遍	高次の集合意識の聖なる意志に対するすべてのコントロールの主体的放棄。奉仕は確固たる自然の行為あり、そうあることが唯一の欲求である。カーは星々や銀河と完全につながり、「神／女神／すべてなるもの」や、自身よりも低次のすべての存在たちの未来の自己すなわちキリスト存在と完全な円で結ばれる。
13	超越	キリスト意識に到達し、みずからの意志でいつでもアセンションが可能。

を放つ自己以外に何もないとき、あなたの本当の仕事が始まります。

この〈プレアデスの光のワーク〉は単なるワークブックというよりも、プレアデスの光の使者たちや、シリウスのキリストの集合意識、そして「神／女神／すべてなるもの」によって奨励され支持された「偉大なる白い光の同盟」の神聖な神秘学校への招待状なのです。今日ではこの神秘学校や聖なる騎士団のメンバーたちに物理的にアクセスするのはかなり難しくなってきていますが、そこがまたこの本のねらいでもあります。そして一三の段階のどこまで到達するかは、あなた自身にかかっているのです。

この章で、まず最初にプレアデス人やキリストに会うというプロセスを踏んでから、〈プレアデスの光のワーク〉にとりかかってください。これによってお互いに意味のある高次の使命とつながり、そのあと実際にあなたのカー・テンプレートやカー経路の浄化と活性化をおこないましょう。

プレアデスの光の使者たちと会う

〈プレアデスの光のワーク〉の最大の成果は、このワークの施術者による手技を用いたワークを受けることでもたらされるでしょう。けれどもそれらを受けずに、エネルギー的なつながりによってじかにプレアデス人の援助を受けとるだけでも非常に効果的です。だからこそ、プレアデス人たちは私がこの本を書くことでこの光のワークが少しでも大勢の人々の目にふれることを願ったのです。本書には〈プレアデスの光のワーク〉のあらゆる要素が盛りこまれており、そのすべてはプレアデスの光の使者たちやキリストとともにおこなうワークを通してじかに修得することができます。

施術者によるカー・ワークでは、非常に特殊な方法であなたの経路の各活性ポイントに高周波の宇宙のクンダリーニ・エネルギーを流していきます。ときには引き裂かれて損なわれた経路の修復のために霊的手術がおこなわれる場合もあるし、前もってあなたの経路の一部をそっくりまるごと入れ換える必要性も出てくるかもしれません。私がプレアデス人から手技によるカー・ワークを教えられたいちばんの理由はそこにあります。プレアデス人たちの説明では、カー経路の一部を修復したり入れ換えたりする霊的手術にはどうしても人間の物理的な二本の腕が必要だというのです。

カー・ワークは微細なエネルギーレベルにはたらきかけるもので、それを受けている人はたいてい非常に心地よく感じます。けれども、ときに深い感情レベルでの解放が起こったり、憑依がとりのぞかれたり、自然発生的な肉体レベルでの解放が起こったり、あるいは変性意識の状態になる可能性もあります。

カー・ワークをふくめた〈プレアデスの光のワーク〉の多くは、必ずしも施術者による手技が必要なわけではありません。人間の手による総合的な効果を一〇〇パーセントとするなら、プレアデス人たちとキリストの援助によってなされるワークでも、経路の損傷の範囲や度合いによって違いはあるにせよ、およそ四〇～八〇パーセントの効果が認められるからです。あなたがプレアデス人との接触を開始して、カー・テンプレートやカー経路が開くよう要請するだけで、〈プレアデスの光のワーク〉は数カ月間にわたり自動的に継続されます。この章ではカー・ワークのうちの二つだけをとりあげていますが、おそらくあなたは睡眠中にその二つを無意識のうちに何度も体験するでしょう。つまりあなたがカー経路が開かれるよう求めるだけで、このワークを受けとる用意が自動的にととのうのです。

〈プレアデスの光のワーク〉において、カー経路とカー・テンプレートが開かれて活性化され、それにともなって癒しや浄化が完全にもたらされるまでには、施術者の手でも一六～二五回程度のセッションが必要になります。というのも、一六組の経路を開いて脳の神経系の道筋を浄化したり、ハイアーセルフとつながる方法や瞑想を指導したり、「ドルフィン・ブレイン・リパターニング」を通して身体の緊張のパターンを解放したり、また個人別の「ドルフィン・スター・リンキング」のセッションや透視によるリーディングや浄化のワークを実施したりと、さまざまな技法がおこなわれるからです。プレアデス人やキリストとの直接的なワークでは、そのすべてのワークを網羅することはとうてい無理でも、ほとんどの人には充分な癒しやエネルギーが非物理的レベルでもたらされるでしょう。

この章に続くこれからのワークの大部分では、「次元間の光の円錐」というものが用いられます。それは高速で渦を巻く高周波の光の波動で形成されており、その円錐の先端を身体の外側に向けてオーラの頂点にかぶせるようにして用います（**図7**）。それはあなたに「垂直の連携」をもたらし、肉体とオーラから解放されたエネルギーがすみやかに浄化されるよう促してくれます。

「垂直の連携」とは、スピリットにもとづいた現実のなかで、あなたの「聖なる軸線」に調和しながらハイアーセルフとつながっている状態です。あなたのエネルギー・フィールド内には、九次元にまで達する細い管状の通路のようなものがあります。あなたの光で満たされたそのチューブは、脊椎にそって下降し、足の下方にひろがるオーラの外縁まで伸びています。それは脊椎そのものがエネルギー的にオーラをつらぬいて上下に伸びて、すべての高次元の自己とつながる脊椎の延長線のようなものを形づくっているのです（13章の**図15**を参照）。

それが正しく機能するとき、この脊椎の延長線または軸線は、現在のあなたの霊的成長や「聖なる真理」との結びつきを助け、人生において霊性に焦点が合うように促してくれます。ちなみに「垂直の連携」とは逆の「水平の連携」では、幻想や嗜癖や物質社会への執着をかかえた個人的認識にもとづく現実が象徴されます。霊的な健全さと真理にもとづいた現実では、すべての水平的な相互作用は垂直の結びつきからの刺激

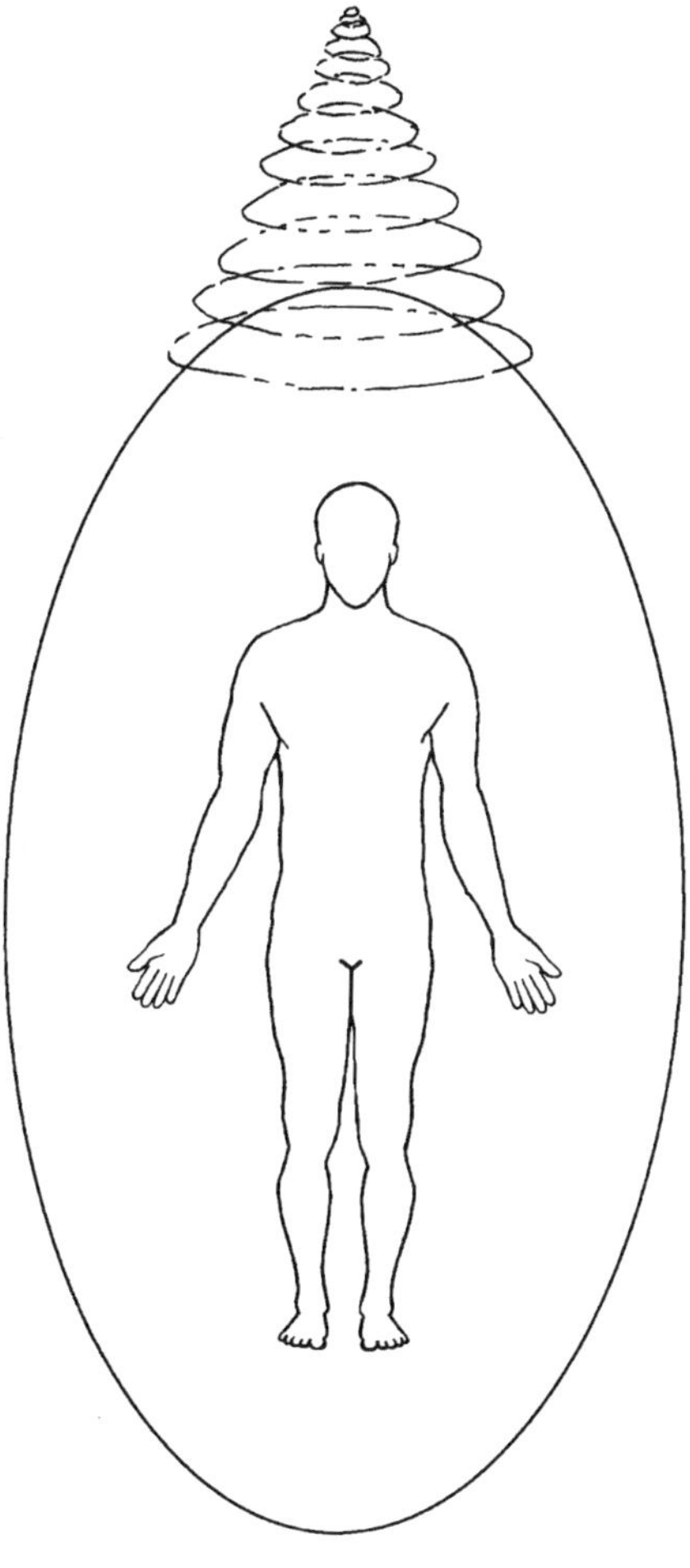

図 7　次元間の光の円錐：オーラの真上に置くと浄化や聖なる「垂直の連携」が促される

を受け、物理的な現実が究極的なものと認識されることはありません。

「次元間の光の円錐」は、あなたの肉体を包むエネルギー・フィールドを上へ引きあげる引力を生じさせ、それによってあなたを「水平の連携」つまり「幻想にもとづく現実」のなかに閉じこめていたエネルギーが浄化され解放されるように作用します。ここで解き放たれるエネルギーは、ほかの人々や低次元のアストラル界の存在などからのものかもしれないし、あなた自身の制限や否定や抑圧から生じたものかもしれません。それらの解放されたエネルギーは「次元間の光の円錐」に吸収されて、非常に高い波動をもつ高次元のエネルギー・フィールドへと送られ、そこで一瞬のうちに中和されてもとの所有者に送り返されます。つまり、その円錐は解放されたエネルギーの波動を高め、新しく進化したエネルギーの状態へと変換して、それを最初に発生させた場所や人物に返してあげるのです。

私は過去の体験から、その円錐を一年半近くもずっとオーラの上にかざしておくのは望ましくないということを発見しました。その円錐があまりにも急激な成長を促すからです。すなわちあなたの肉体のなかでバランスを失わせる思考やエネルギーを全部ただちに吸いとってしまうことは、必ずしも効果的だといえないのです。たとえば病気になると、光の円錐によって病気の進行が加速され、不快感や苦痛が増幅されて症状が悪化する可能性もあります。したがって病気のときや、まだ9章のチェンバー・セッションをおこなっていないときは、はっきりとした指示を受けるまでは円錐をときに用いる程度か、あるいはまったく用いないほうがいいでしょう。いずれにせよ、その円錐があなたの感情の解放をひき起こし、「全感覚認知」を高めて感受性と気づきを全体的に拡大するようにはたらくのは確かです。

最初にある目的をもって光の円錐を短期間に用いたとき、奇跡的な効果によってすばらしい気分になる人もいるでしょう。また円錐のグラウンディングがなされていないのでは、と不安に思う人もいるかもしれませんが、長期間使わずに放りっぱなしにさえしなければ、その心配はいりません。その円錐は、あなたがもっとリアルにいまの瞬間に存在し、バランスがとれるように助けてくれます。私自身は瞑想やセルフ・ヒーリングのワーク、プレアデス人たちとのセッション、クライエントのセッション、自分のクラスやワークショップのときに「次元間の光の円錐」を呼びだすようにしています。少なくとも最初のうちは、それ以上の使用は効果が強すぎるでしょう。

この章の最初のワークでは、まずプレアデスの光の使者たちに出会う方法を紹介します。

●プレアデスの光の使者たちと会う

1 あなたの両膝の下に枕を敷き、両足を肩幅と同じくらい開いて横になってください。そして目を閉じます。

2 グラウンディングをおこなって、オーラの境界もチェックしましょう。

3 次の言葉を口にしてください。

「聖なる存在としてのわたしの名において、私はいま完全にめざめて覚醒するための準備ができています。私は聖なる真理と愛、そして聖なる光の計画にもとづいた意志とつながり、それらとともに生きるための責任を受け入れます。そして光と同質の存在や、聖なる計画と結ばれた存在のみとつながることを希望します」

4 さらに続けましょう。

「私はいま高次元の光のマスターであるイエス・キリストに呼びかけます。イエス・キリストよ、どうかここにおいでください」

それから一〇秒間、またはあなたがその存在を部屋のなかに感じるまでしばらく待ってみましょう。キリストがあらわれたと感じるまで、何度か呼びだしてみてもけっこうです。部屋のなかにいてもあまりにも精妙な波動であるために、感じられない場合もあるでしょう。たとえそうだとしても、あなたの気づきの感覚が育つまでは、その招かれた存在があなたとともにいることを信頼してください。

5　次にこう言ってください。

「私はプレアデスの光の使者を呼びだします。プレアデスの光の使者よ、どうかここにおいでください」

一〇秒ほど、または部屋のなかに気配を感じたり存在に気づくまでしばらく待ちます。待ちながらその言葉を何度かくり返してもいいでしょう。

6　プレアデスの光の使者に語りかけてください。

「私の浄化と聖なる軸線の連携のために、〝次元間の光の円錐〟が私のオーラの頂点に置かれることを要請します」

それから円錐があなたのオーラの頂点に置かれて機能するまで、約二〇秒間待ちましょう。

7　プレアデスの光の使者とキリストに対して、あなたが〈プレアデスの光のワーク〉の開始を望んでいること、そしてカー・テンプレートとカー経路を開く前に必要な、予備的なエナジー・バランシング、浄化、ヒーリングを実行してほしいことを伝えてください。ここであなたに関して知っておいてほしいことや、あなたの霊的な目的や望みを話しておきましょう。あなた自身で気がついているブロックやゆきづまっている問題、また自分でもはたらきかけている傷つきやすい部分などを持ちだすのもいいでしょう。

8　そのまま動かずに一時間ほどゆったりと横になっていてください。その一時間のあいだに予備的なワークがとりおこなわれます。

9　次に、光の円錐をとりのぞいてくれるよう求めてください。そして日常生活に戻ります。この手順を就寝前におこなって、そのまま眠りについてしまってもかまいません。そんなときは眠る前に、プレアデスの光の使者にあとで適切な時間に光の円錐をはずしてくれるよう、たのんでおきましょう。

「カー・テンプレート」を浄化して活性化する

「カー・テンプレート」はあなたの後頭部の、クラウン・チャクラのやや後方にあります。カー・テンプレートの長方形の表面には、符号化された神聖な言語的シンボルが刻まれています(**図8**)。それはエジプトの象形文字と古代アラム文字を合体させたようなシンボルですが、そのどちらの言語よりもずっと普遍的なものです。またそこに刻まれた文字や配列は一人一人異なります。ですからイラストに記された文字も単なる例としてあげたものにすぎません。

図8　カー・テンプレート

カー・エネルギーがあなたの四次元の自己からオーラ内に入ってくると、そのエネルギーは最初にカー・テンプレートによって受けとられ、今回の人生でのあなたのカーの利用方法に関する魂と肉体の青写真をあらわす符号の上を通ります。たとえば、あなたがアセンションという目標をもっているとしたら、あなたのテンプレートにはそれが符号として刻まれており、やがてテンプレートが浄化され開かれるにつれて、その目標が活性化されてアセンションが促されるのです。それと同様に、あなたという存在が癌やその他の病気によって肉体の死を体験することを選んでいたとしたら、その情報もカー・テンプレートに符号化されています。プレアデス人たちはあなたが選んだ目標に決して介入することなく、あなた自身ができるかぎり最善をつくせるよう一緒に取り組んでくれるのです。

また、今回の人生で遺伝的な病気や制約を引き継いで生まれてきて、それを変容し超越することを目的にするという計画を誕生以前にたてた人もいるかもしれません。それもまたカー・テンプレートに示され、その人のテンプレートが浄化されて活性化されたときに変容と超越というプロセスも加速されるでしょう。

あなたのカー・テンプレートが浄化されて活動しはじめると、テンプレートから脳の中心にある「松果体」〔バイオリズムや生殖腺の発達とかかわりのある円錐形の小さな器官〕へとカーのエネルギーが流れていきます（14章の**図16a**参照）。そして松果体は全身に光を分配し、脳に身体の組織網や思考、感情、肉体活動などに関する指示を送ります。それはまたカー経路と重複する部分のある、鍼治療などでいう「経絡《けいらく》」への光とエネルギーの流れを調整し、あなたの霊的なめざめと覚醒に大きな影響を及ぼします。

松果体とカー・テンプレートとが結ばれることで生じる直接的な作用とは、脳に「再生」または「衰退」のインパルスを送ることです。つまりこのテンプレートは、あなたがハイアーセルフに対して霊的に開かれるために重要なだけでなく、あなたのスピリットと内なるキリストを体内に宿すための健全な肉体機能を準備するうえでも不可欠なのです。

あなたがはじめてカー・テンプレートを開き、それを浄化するためには、ほんの一五分くらいしかかかりません。その手順は次の通りです。

●カー・テンプレートを浄化して活性化する

1　膝の下に枕を敷いてすわるか横になります。両足を肩幅くらいに開いて目を閉じましょう。
2　グラウンディングをおこない、あなたのオーラをひき寄せて境界の色をチェックします。
3　あなたのハイアーセルフを呼びだし、この部屋であなたと一緒にいてくれるよう求めましょう。
4　高次元マスターであるイエス・キリストを呼びだしてください。
5　さらにプレアデスの光の使者も呼びだします。
6　プレアデスの光の使者に、浄化と聖なる軸線の連携のための「次元間の光の円錐」を呼びだしてくれるよう求めてください。
7　プレアデスの光の使者、キリスト、ハイアーセルフに、あなたがカー・テンプレートをいまこのときにおいて可能なだけ浄化し、活性化するよう望んでいることを伝えましょう。
8　一五分間ほど静かにしてその体験を受けとるか、あるいはそのまま眠ってもいいでしょう。
9　そのまま眠らない場合は、日常生活に戻る前にもう一度グラウンディングをおこなってください。

本書のもっとあとには、カー・テンプレートをさらに深く浄化して活性化するワークがあります。とはいえまず最初に必要なのはこのワークがすべてです。希望する人はこのますぐ次に進んでかまいません。

「カー経路」を開く

「カー経路」とはカー・エネルギーが流れていく、鍼灸でいう「経絡《けいらく》」のような集合的な経路のことです。

実際に肉体の経絡《けいらく》の右半身と左半身に対応するように、それぞれのカー経路は左右のエネルギーラインがペアになっています。カー経路は経絡《けいらく》とまったく同じではありませんが、カー経路にそって点在する活性ポイントのいくつかは経絡《けいらく》の「ツボ」と重複しています。それらの重複するポイントは、実際にそこを通ってカー・エネルギーが肉体の経絡《けいらく》へと流れこむための接点の役割を果たしています。

つまり、すべての経絡《けいらく》をエネルギーレベルで蘇生させて維持するための鍵となっているのがカー・エネルギーなのです。このエネルギーはあなた自身のハイアーセルフによって六次元から三次元へともたらされ、その過程のなかで少しずつ波動を落としながら降下します。それは非常に繊細で純粋なエネルギーであり、求められる次元へと波動を落としていくプロセスにおいても、ハイアーセルフの電気的な光の性質を完全な状態のまま保持しています。あなたの肉体のなかのカー経路にカー・エネルギーが入ってくると、それらの経路が活性化されるだけでなく、共通の活性ポイントを通してあなたの肉体の経絡《けいらく》にもカー・エネルギーが流れこんでいきます。

プレアデス人たちは、カー・エネルギーがあなたの身体をまんべんなく流れるとき、鍼灸などの東洋医学で用いられる経絡《けいらく》も活性化されて、バランスが保たれるだろうと話しています。だからといって、これさえあればあなたの経絡《けいらく》がいつも健全に保たれるというわけではありません。もちろん健康的な食生活を心がけ、明晰に前向きに思考し、霊的なつながりを維持し、自然な感情に正直に生きることなども実践しなければなりません。それらのすべてはあなたという存在の質に影響を与え、包括的な視点での統合された健康にぜひとも必要とされるものです。人生でこれらの領域のバランスがとれて正しい連携にあるとき、あなたのカーはもっとも効果的に機能し、最大の生命力がもたらされて平衡状態が保たれるのです。

この包括的なバランスの結果、最終的にはあなたの高次元の意識がその本質的な性質を保ったまま、すべての次元に同時に存在することが可能という状態に到達するでしょう。それがなされるのは、あなたの日常生活のバランスがとれ、人間としての意識とカー経路が肉体のなかで完全にめざめて機能するようになったときです。

この章の前のほうでも話したように、肉体のなかには一六組のカー経路、すなわち活性ポイントをそなえた三二本のエネルギーラインがあります。それらの経路には、あなたの内なるキリストを地上にあらわすための媒体を生成するという基本的な機能に加えて、一組ごとに感情的・精神的・霊的・肉体的な健康にかかわる固有の機能をもちます。私はプレアデス人たちから、施術者の手技によるワークを受けない人にはカー経路の流れを示した図は見せないように注意されました。なぜなら、その図を見ただけで霊的な刺激を受けて経路が破れたり裂けたり、深刻なダメージを受けることがあり、不必要な痛みやトラウマが生じる可能性もあるからです。しかもそうしてできてしまった傷は、人間の手を借りずにプレアデス人たちだけで癒すことは不可能だということです。したがってあなたがカー経路が開かれるよう一度でも要請したら、プレアデス人たちから特に情報がもたらされないかぎり、どんな場合にどこの経路と活性ポイントにはたらきかけるかを知らされることはないでしょう。

カー経路が開かれているとき、なんらかの感情や観念、ほかの人々のエネルギーや思考があなたの意識の表面に浮上してくるかもしれません。そんなときは、前の5章と6章で学んだワークを用いてそれらを浄化してください。そのような場合こそ、まさにぴったりのはずです。

プレアデス人たちとキリストは、未解決だったり、傷を受けやすいとか癒されていないなど、あなたが自分では自覚できないようなトラウマに対して、一緒に協力して取り組んでくれるでしょう。彼らのワークはきわめて念入りに、つねにあなた全体から見た最善という視点でなされるのです。

●カー経路を開く

1 膝の下に枕を敷いて横になり、肩幅くらいに両足を開きます。

2 グラウンディングをおこなってください。あなたのオーラをひき寄せて、境界の色やバラのようすをチェックしましょう。

3 あなたのハイアーセルフを呼び寄せます。

4 プレアデスの光の使者を呼びだしてください。

5 高次元マスターのイエス・キリストがここにあらわれるよう呼びかけてください。

6 プレアデスの光の使者に浄化と聖なる軸線の連携を求め、あなたの頭上に「次元間の光の円錐」をもたらしてくれるよう要請しましょう。

7 あなたのハイアーセルフとプレアデスの光の使者およびイエス・キリストに、この地球上のあなたの肉体にマスター存在が宿るための道として、カー経路が開かれる準備ができたことを知らせてください。そしてあなたがいま体験している霊的な成長と癒しを促し、あなたにとって最良の方法でカー経路が開かれるための援助をしてくれるよう、彼らに求めます。この瞬間からずっと、あなたがそれについて意識的に別の要請をするまでは、眠っているあいだも起きているときも、彼らがあなたのカー経路にはたらきかけることを許可することも伝えましょう。(ちなみに私の体験では、カー・ワークのほとんどは眠っているあいだにおこなわれました)

8 そのまま一時間ほど力を抜いて横になっていましょう。眠ってしまってもかまいません。就寝前にこれをおこなってもいいでしょう。

9 このあとすぐに日常生活に戻る人は、もう一度グラウンディングする必要があるかもしれません。そう感じたら実践してください。

この最初のプロセスが終わったら、あとはカー・ワークのために特別に時間をさく必要はありません。プレアデス人たちとキリストは、カー・ワークの進み具合に応じて必要なことや時間などを管理してくれますから、あとは安心してまかせてください。

8章 ドルフィン・ブレイン・リパターニング

「ドルフィン・ブレイン・リパターニング」(Dolphin Brain Repatterning) は〈プレアデスの光のワーク〉のひとつで、モーシェ・フェルデンクライスの原理と技法のなかで発見され、プレアデス人たちによって大幅に拡大されたものです。これは当初、「神経・筋・大脳皮質系リパターニング」(Neuro-Muscular-Cortical Repatterning) と呼ばれていました。このなかで「神経」とは神経学的な組織のすべてをさし、「筋」とは身体の筋肉組織を意味しており、そして「大脳皮質」とは発動機能つまり肉体の動きをつかさどる大脳の運動皮質をあらわしています。これら三つの身体組織のはたらきは互いに連動しあっており、それらの関係性がどの程度良好かによって身体機能のはたらきから見た健康と柔軟性が決まってくるのです。「ドルフィン・ブレイン・リパターニング」の目的とは、脳脊髄液の流れの滞留のために、自然にしなやかに動くことが妨げられている骨格組織の抑圧パターンを解放することです。

脳脊髄液は脳で生成されます。また頭骨は仙骨と同じように、いつもおだやかで繊細な拡大と縮小のリズムを刻んでいます。この膨らんだりちぢんだりする動きによって脳脊髄液が中枢神経系のすみずみにまで送りこまれるために、スムーズで柔軟な状態が保たれて電気的な流れが伝わりやすくなります。また脳の電気的な刺激は、身体的感覚という知覚作用と行動へのインパルスを生じさせます。この脳のなかの電気的なインパルスがもとになって、それが中枢神経系内を流れる脳脊髄液に伝達されて適切な神経へと送られることで、ボールを蹴ったり眉毛をほんの少しあげるなどといった、あらゆる身体的動作がひき起こされるのです。

イルカは、右脳と左脳の両方を同時に機能させています。ところが現代の大部分の人間は、脳のどちらか一方だけをはたらかせて行動しており、両方の脳を同時に機能させることはめったにありません。イルカたちには人間が眠っているように見えるといわれます。その理由は、イルカは眠るときはじめに左右どちらかの脳を休めて、次に反対の脳を休めるというように、つねにどちらかの脳を機能させているからです。また人間は平均的にみても本来の脳のはたらきの五〜一〇パーセントくらいしか機能させていない、という見方がかなり一般的になってきています。これはある進化上の理由から生じたものであり、人間の正常な状態とはいえません。イルカは人類にとって兄や姉にあたる存在です。そしていま私たち人類も、イルカのように〝脳全体〟を同時にはたらかせる存在になろうとしているのです。

人類の地球への入植に先立って、イルカは地球に進化の波動とパターンをとりつける準備をするために遣わされました。彼らは高度に進化した光の存在であり、人類の霊的な進化における目標の達成に愛をもって奉仕しているのです。そこでなぜ私たち人類が〝脳全体〟を機能させる存在になる必要があるのでしょうか。その理由は、もしもそれが達成されなければ、私たちは自分自身の霊的な全体性《ホールネス》から切りはなされたままであり、「神／女神／すべてなるもの」とひとつに結ばれることなどとうてい不可能だからです。

〝脳全体〟を機能させるためには、人類が霊的に進化して、脳と肉体の電気的回路が物理的に癒されなければなりません。その電気的回路こそ、あなたのスピリットと肉体との会話や創造をとりもつコミュニケーションのきずななのです。つまりあなたの電気的回路の流れを遮断するものが、あなたのスピリットとマスター存在が完全に肉体に宿ることを妨げているといえるでしょう。

あなたの身体の電気的ネットワークは、あなたのカー経路と肉体とハイアーセルフを結びつけるもっとも直接的な接点です。カー・エネルギーが基本的に電気的性質を帯びていることもあって、カー・エネルギーが完全に自由に循環して流れるためには、あなたの肉体の電気的な伝導回路が良好な状態に保たれていなければなりません。ですから、あなたの神経系と骨格の健康には、妨げられることのない完全なカーの流れが大きくかかわってくるのです。

イルカが水のなかを泳ぐ姿を思い浮かべてください。イルカの脊椎はゆがんでいませんし、神経系の反応もまったく鈍っていません。彼らはおのずと自分自身やまわりの環境に調和しながら生きており、その身体はあらゆる必要性や状況に応じて流れるようにごく自然に反応します。イルカがひれを動かすとき、それは身体が何のよじれや萎縮もないことを示すように、身体のなかをおだやかな波が流れていくようなしなやかな動きとなってあらわれます。その波のように流れるイルカの動きを、プレアデス人たちは「ドルフィン・ウエーブ」と呼んでいます。

そうした動きが可能なのは、イルカたちが〝脳全体〟をくまなくはたらかせている霊的に進化した存在であり、その身体とスピリットを通して地球や太陽や星々や、集合意識すなわち「神/女神/すべてなるもの」とつながっている存在だからです。イルカはまさに人類がそうなるよう運命づけられた究極の青写真として存在しており、地球上の人類の進化のために自分たちの波動パターンと周波数を保持しています。イルカたちが地球上に存在することじたい、人類の霊的な進化にとって偉大なる恩恵といえるでしょう。

イルカに子供が生まれると、まず最初に母親が鼻をすりあわせて赤ん坊と触れあい、次に群れのほかのイルカたちが一頭ずつ順番に同じことをします。それから誕生を祝ってほしいという祈りの叫びが水中に伝えられ、それにこたえてイルカたちは輪になって母親と赤ん坊をとりかこみ、その子を群れに迎え入れることを示します。彼らはソナーという音波探知機のようなものを使って祝福の言葉を送りながら、その子のまわりを一定方向へ泳ぎ、次に反対方向へと泳ぐのです。

その音には、イルカのスピリットの完全なる意識を赤ん坊の身体に宿らせ、カーの身体を活性化させるために必要なトーンに同調させるはたらきがあり、それによってその子はエネルギー的にアキシアトナル・ラインまたはカー経路を通して宇宙の星々とつながります。そのソナーの波動は、イルカの身体の動きでつくられるのと似たような音によって「ドルフィン・ウエーブ」をもたらすのです。すると赤ん坊の身体の電気的回路と身体的反応が刺激されて、イルカのスピリットが脳と電気的回路にはたらきかけることが可能になります。やがて大人のイルカたちは向きを変え、赤ん坊に鼻をすりつけたり身体をすりよせたりし、その子の魂が完全に肉体に降ろされたというきざしが瞳の奥にはっきりあらわれるまでそれが続けられます。

モーシェ・フェルデンクライスの理論によると、人間の場合も生まれたての赤ん坊が身体の各部に最初に触れられたとき、触れた人の神経系の情報が赤ん坊の肉体に組みこまれるといいます。つまり、あなたの脊椎下部の仙骨に最初に触れたのがお母さんだったとして、もしお母さんが身体のその部位に性に対する恐怖や羞恥などの萎縮したエネルギーをもっていたなら、同じ抑圧のパターンがあなたの仙骨の神経の末端から脳の運動皮質へと電気的に伝達されるのです。するとあなたの脳の運動皮質から、電気的なインパルスが神経系を通って仙骨周辺の筋肉と骨に送られ、その部位を萎縮させて自由に動かさないように指示します。その萎縮に反応して、あなたの肉体のその部位には抑圧された怖れや恥にまつわる感情の傾向がパターンとなって伝授されるのです。その結果、感情の防御や性的エネルギーの抑圧が生じ、あなたの脊椎下部や腰骨もふくめ仙骨の融解が始まります。そしてついにはあなたの仙骨と腰の周辺に損傷や硬直、うずき、痛みなどをもたらすのです。

　それは長い年月をかけて、何の症状もなくひそかに進行していきます。そして人生のずっとあとのほう、おそらく早ければ思春期、遅くても中年期には症状として出現してくるでしょう。女性なら月経中や月経前のひどい痙攣や痛み、そのあとの腰痛や頭痛を体験するかもしれません。または家の階段ですべって腰を強く打ち、病院でX線検査をしてもらったら、ずっと以前から骨盤にひびが入っていたことがカルシウムの沈殿や溶解度とか脊椎下部の劣化によって判明するかもしれません。

　そのときの医師やカイロプラクティク施術者がどれくらいホリスティックな医療を認識しているかによって、今回見つかった骨盤のひび割れと、あなたの月経周期や以前からあった腰痛とか頭痛などとの関係が明らかにされるでしょう。たぶん医師に手術をすすめられたり、カイロプラクティク院での高額の施術に頼って、結局は表面的な症状への対応だけに終わってしまうかもしれません。しかし本当に必要なのは、あなたの内面的な恐怖や羞恥を手放して肉体の萎縮をとりのぞくことで、みずからを癒す方法を自分の身体にもう一度教えてあげることなのです。

　フェルデンクライスのワークが〈プレアデスの光のワーク〉の一部として「ドルフィン・ブレイン・リパターニング」でいっそう拡大されたことの意図は、まさにそこにあります。以前、私が南カリフォルニアでフェルデンクライスのボディワークの先生のもとで一カ月間の集中トレーニングを受けたとき、プレアデス人たちはずっと私と一緒にいてくれました。彼らの説明によれば、きたるべき地球の変革と惑星規模での波動の高まりを体験して生きようとする人々の神経系と骨格組織を癒すためには、このワークはなくてはならないものだそうです。プレアデス人たちは私や希望する人たちの肉体を用いて実践的なトレーニングをおこない、そのワークの研究を進めてきました。そして彼らは、これから数年のうちに地球上の数千人の人たちとこのワークをしながら、人々の抑圧のパターンを解放して神経系を癒すのを助けていくといっています。

彼らの実験台でもある教え子の私自身の体験からいって、明らかにこのワークをプレアデス人たちまたはこのワークの施術者たちから直接受けると非常に効果があります。プレアデス人たちによる「ドルフィン・ブレイン・リパターニング」の効果は全体の六〇～八五パーセントと、カー・ワークよりもさらに高い数値を示しています。その理由は、プレアデス人たちが微妙な電気的インパルスにはたらきかけることで、人間の施術者の手で送られるのと同じような動きのパターンのインパルスを肉体に通すことができるからです。ただし慢性的な症状には、プレアデス人たちが非物理的に提供できる以上の助けが必要になるかもしれません。いずれにしても、このワークが抑圧のパターンを緩和して骨格組織の痛みや損傷を防ぐことは確かです。

私自身もプレアデス人たちとともに自分の骨格組織の問題を浄化しつづけてきて、驚くほどの結果を得ています。それはドルフィン・ブレイン・リパターニングによるボディワーク（これを私は必要なときに自身のためにチャネルすることができます）のおかげでもあり、またプレアデス人たちとのエネルギー・ワークのおかげでもあります。私はこのドルフィン・ブレイン・リパターニングのワークについて、一カ月間のフエルデンクライスのワークの集中トレーニングの最初から、プレアデス人たちとともに学ぶ過程のなかでごく自然に受け入れることができました。また教えられたことを深く理解し、それを自分やクライエントのために個別化して応用する方法も、私は本能的に身につけていたのです。そのような私の天分はそれまでの人生でくり返し生じていたカイロプラクティクの必要性から私を解き放ってくれました。

ドルフィン・ムーブ

ドルフィン・ブレイン・リパターニングのうち、「ドルフィン・ムーブ」と呼ばれる動きは床の上でおこなうボディワークのひとつです。自分自身の身体の微妙な動きに気づくために、自分を注意深く観察しながら身体を特殊なやり方で動かすことによって、肉体のもつ古い制限パターンを捨て去る方法を学んでいきます。自分のふるまいや身体の動きをはっきりと認識し、同時にその自分のふるまいの結果として起こることを肉体で敏感に感じとれるようになると、いまのあなたにもっとふさわしい、新しい動きや存在のあり方を選択できるようになります。つまりあなたの肉体の動きに新しい選択肢が加わり、選択の自由が生まれるのです。

とても興味深いことに、脳が何か新しい方法を学ぶと、それまでの方法と比較してエネルギーの消耗が少ないほうを受け入れます。つまり新しいやり方のほうが少ししかエネルギーを要さなければ古いほうを捨て、よりエネルギー効率の高いやり方を受け入れるのです。「ドルフィン・ウエーブ」によって肉体が自由と喜びで自然に動きだす状態がもたらされれば、それは肉体のどこかを萎縮させている状態よりもエネルギーの消耗が少なくてすむことは明らかです。ですからあなたの脳が従来のやり方に代わり、より自然にあふれでる自由や喜びとともに身体の緊張や萎縮を解放してくれる新しいやり方を体験したなら、脳はその新しいほうを受け入れて、あなたの肉体に新しい作用のしかたを指示するでしょう。「ドルフィン・ブレイン・リパターニング」とはこのような学習プロセスなのです。

あなたがこのワークを施術者の手によって受けたとしても、あるいはこれから紹介する「ドルフィン・ムーブ」を通して体験したとしても、あなたが自分自身の感覚的な気づきを通してより健康的でエネルギー効率の高い新しいやり方を実践することになり、あなたの肉体はもっと効果的に作用する新しい方法を学習するでしょう。

「ドルフィン・ムーブ」の目的は、自分の肉体に気づきを深め、脳や肉体が受けとっているものを詳細に見分けて特定化し、神経系に潜在的にインプットされたさまざまな情報からひとつひとつの学びの体験を独立させることです。たとえば、目を閉じるよう指示するのもそのためです。あなたの目が開いているとき、脳はあなたの視野に入るあらゆるものの形、距離、色、光源などに関する、膨大な神経系の情報量にさらされます。ところが目を閉じると、脳にインプットされた情報が単独のものとして明確化されるために、あなたの肉体と健康に関してもっと精密で耐久性のある選択が可能になるのです。

ですから「ドルフィン・ムーブ」をおこなうときは、目を閉じてカーペットなどの床に横たわるのが理想的です。あなたの呼吸を自由に解き放ち、ゆっくり少しずつ手順にしたがってください。いま述べたように、ワークの手順に関する指示を読むために目を開いていると、それによってあなたの学習プロセスがいくらか妨げられるからです。目を開いたり本を読んだりすることで、あなたの脳に継続して余分な神経系の情報を送りこむことになり、「ドルフィン・ムーブ」での独立した体験を得ることが難しくなるかもしれません。できれば指示を自分でテープに吹き込むか、あるいは友人に読みあげてもらってください。ひとつひとつの動きをじっくりと体験できるように、各ステップのあいだにたっぷり時間をとるようにしましょう。

この「ドルフィン・ムーブ」には、余裕をもって二時間くらいかけてください。そのうち一時間は実際にボディワークを体験し、残りの一時間はゆったりとリラックスして静かに過ごします。動きまわったり本を読んだり、または運動をしたり、テレビを見たりなどの日常的な行為はいっさいしないでください。床の上でのワークをおこなったあとの一時間は、決して身体に負担をかけないことが大切です。ですからもっとも理想的なのは、夜あなたが眠りにつく前にベッドのなかで実践することです。そうすれば眠っているあいだに神経系を統合させたあと、新しい一日をスタートさせることができるでしょう。

●ドルフィン・ムーブ①

1 ゆったりとした楽な服装でのぞみましょう。ベルトや身体をしめつける下着類、宝石や時計などは、このワークやこれ以降の「ドルフィン・ブレイン・リパターニング」のワークでは身につけないようにしてください。メガネやコンタクトレンズもはずしましょう。

2 カーペットの床で身体をゆったりと伸ばせる場所を選びます。身体のどこかが家具や壁、床の上のものに触れないようにしてください。それでは床にあおむけに横になりましょう。両腕を身体の脇に自然に伸ばし、両足を肩幅くらいにひろげます。それから目を閉じて、自分で指示を読みながらおこなうのでないかぎり、このワークが終わるまで目を閉じたままでいてください。

3 あなたの呼吸に意識を向けてください。無理に呼吸を変化させたりする必要はありません。あなたの身体は呼吸と一緒にどこが膨らんでいきますか。また、どこが動かないでしょうか。あなたの身体を感じていきましょう。

4 目を閉じたまま感じてください。右足と左足では、どちらのほうが外側に向いていますか。

5 床に触れているふくらはぎに意識を向け、それから膝の裏側、さらに太ももを感じていきます。そこはリラックスしていますか。どちらかの足のほうがもう一方よりしっかり床についているような感じがしますか？ 足がどっしりとして存在感があるように感じられるのはどちらのほうでしょう。

6 おしり、腰、ウエストが床と接触している部分を念入りにたどってみましょう。右側と左側の違いをくらべてください。

7　腰から上の背中全体と肩胛骨《けんこうこつ》をじっくりと観察してください。背中が床と接しているのはどこですか。右側と左側の違いをくらべてみましょう。

8　両方の腕、手首、手のひらが床に触れている部分に意識を向けます。右と左の感覚はまったく同じですか？　あるいはどんなふうに違うでしょうか。

9　首と頭はどんな感じがしますか。顔はまっすぐ上を向いているでしょうか。また、あごは天井にむかって突きだしていますか？　それとも胸のほうに引いていますか。

10　呼吸にふたたび意識を戻してください。何か変化は感じられますか。身体を観察していたとき、呼吸を抑えていたでしょうか。もしそうだったらここで呼吸を開き、そのままの状態を保ちましょう。

11　次に、あなたの左半身と右半身を全体的にくらべてみましょう。何か違いは感じられますか。

12　静かに次のアファメーションを口にしてください。

「私は、この肉体・思考・スピリット・感情のすべてが調和的につくられるために、私のいまの松果体と、覚醒した未来の自分の松果体とのあいだのバランスをしっかりと確立します」

このアファメーションは、身体の抑圧パターンを解放して自由になるという目的のもとに、あなたを自然な進化へと導いてくれるでしょう。

13　あなたの身体にすべての意識を集めながら、顔をゆっくり右に向けて、ふたたびもとに戻します。これを二〜三回くり返してください。首はどこまで右にまわりますか。首の動きはぎくしゃくしていますか？　それとも自然になめらかに動くでしょうか。できるだけゆっくり頭を動かすようにしてください。

14　今度は顔を左のほうに向けてから中央に戻しましょう。同じように二〜三回くり返します。どこまで首が左にまわるかを観察してください。その動きはなめらかですか、それともぎくしゃくしていますか。

15 それでは、今度はあなたの顔を右から左へと、無理のない範囲でできるだけ大きく動かしてください。今度は中心のところでとまらずに、ゆっくりと首をまわしながらその微妙な動きを観察しましょう。

そのまま頭を左右に動かしながら、それによって全身にもたらされる影響に意識を向けてください。まず、あなたの右肩と右の肩胛骨をじっくり観察しましょう。それから左肩と左の肩胛骨に注目します。さらに全身に意識を向けて、丁寧にたどっていきましょう。両方の胸、背骨、両腕、肋骨、腰、さらに背骨の腰から下の部分や仙骨、おしり……。観察しながら、「ドルフィン・ウエーブ」の流れるような動きを思い浮かべてください。あなたが頭を少し動かすと、まったく抑制のない自由な波動に変換されて全身を流れていきます。その流れは非常にはっきりと感じられることもあるし、ごく微細な感覚のこともあります。それでは自分自身にむかって問いかけましょう。

「私の身体のなかでドルフィン・ウエーブがブロックされているのはどこですか？」

16 ではここで両目を閉じたまま、三〇秒から一分ほど休みます。

17 あなたの右腕を、身体からまっすぐ横に伸ばしてください。

18 頭を前と同じように二～三度左右に動かしながら、両腕が身体の脇にあったときとくらべて動きが楽になったり、またはぎくしゃくする部分はないかどうかをさぐってみましょう。

19 右腕を身体の脇に戻し、今度は左腕を肩からまっすぐ横に伸ばしてください。

20 ふたたび頭をゆっくりと二～三度左右に動かして、両腕が身体の脇にあったときより動きが楽な部分や、かえって難しい部分をさがしてください。右腕が伸びているときとくらべて動きは楽になりましたか？

21 両手をもう一度身体の両脇に戻しましょう。頭をゆっくりと二～三度左右に動かしてください。右手と左手をそれぞれ伸ばしていたときとくらべてどうですか。

22 それでは今度は両方の腕を肩からまっすぐ横に伸ばしてください。

23 頭をゆっくりと右から左、左から右へと二〜三度動かしてみてください。そして両手が脇にあったとき、右手だけ伸ばしていたとき、左手だけ伸ばしていたときとの違いをそれぞれ感じとってみましょう。背中に意識を向けながら、あなたの身体の動きが「ドルフィン・ウエーブ」の動きと比較して、ごく自然なものか、あるいはぎくしゃくしているのかを感じてみましょう。

24 両手を伸ばしたまま頭を動かしつづけ、あなたの全身を観察しましょう。右肩、右の肩胛骨、左肩、左の肩胛骨、首、右腕、左腕、あなたの背骨全体、仙骨、右の胸、左の胸、右の肋骨、左の肋骨、右のおしり、左のおしり、と順々に感じていきます。

25 それでは一分間ほど休みましょう。

26 右足の膝を立ててください。膝がしらを天井に向け、足の裏を床につけます。

27 両腕を身体の脇に置いたまま、もう一度頭を左右にゆっくりと動かしてください。右膝を立てると、動きにどんな変化がありますか。前と同じように全身をたどりながら頭の動きを続けてください。両肩、肩胛骨、背骨、仙骨、おしりなどをじっくりと観察してみましょう。頭の動きやそれによって伝えられる全身への影響はどう違いますか？

28 右足を床に伸ばして、今度は左膝を立てましょう。ふたたび頭を左右にゆっくりと動かして、身体のそれぞれの部分を観察してみましょう。右膝を立てたときとくらべてどうですか。

29 そのまま頭の動きを休めることなく、右膝をもう一度立ててください。こうして両膝を立てた状態と、さっきまでの一方の膝を立てた状態との違いはどうでしょうか。両肩、両膝、背骨、肋骨の両側、仙骨、そして左右のおしり、とさぐっていきます。「ドルフィン・ウエーブ」の動きを思いだしましょう。

30 頭を動かしたまま、右腕を肩からまっすぐ横に伸ばしてください。そしてあなたの全身を観察しましょう。

31 頭を動かしながら右腕を脇に戻し、今度は左腕をまっすぐ横に伸ばしてください。あなたの全身を観察しましょう。

32 頭を動かしたまま、交互に腕を伸ばしたり膝を立てたりと思いつくままに動かしながら、頭の動きによって全身に伝わる影響を感じとってみましょう。呼吸をしながら、ゆっくりと頭を動かします。

33 充分にさぐり、比較できたのを感じたら一分くらい休みましょう。

34 両足を伸ばし、両腕を身体の脇に置いたままで、頭を右のほうへ二〜三度動かしながら、はじめにそうしたときとの違いを感じてみてください。動きの幅はひろがりましたか? また動きの質は変化したでしょうか。

35 次にあなたの頭を左のほうへ二〜三度動かしながら、はじめにそうしたときとの違いを感じてみましょう。どんなふうに変わりましたか。

36 あなたの頭を無理のない範囲で、できるだけ大きく数回ほど左右に動かしてみてください。動きに変化はありますか?

37 次のアファメーションを静かにくり返しましょう。

「私の肉体・感情・思考・スピリットは、この動きのレッスンをたやすく優雅に統合し、いかなるヒーリングのトラウマもひき起こさないことを宣言します。そして私の身体と神経系の全体でドルフィン・ウエーブを迎え入れます」

38　足のほうから頭にむかって、あなたの身体が床と触れあう部分をじっくりと観察しましょう。「ドルフィン・ムーブ」を体験する前とくらべてどんな違いがあるでしょうか。あなたの呼吸を観察してください。

39　それではどちらか一方に転がって静かに起きあがり、ゆっくりと立ちましょう。とても大事なことですが、最低一時間は身体を激しく動かしたり運動などはしないでください。

40　あなたの両足でバランスを感じてみてください。それからゆっくりと部屋のなかを歩き、床に触れる足の裏の感触を感じましょう。「ドルフィン・ムーブ」を始める前とくらべて、何か変化はあるでしょうか。

41　横になったり、温かいお風呂に入ったり、居心地のよい椅子でしばらく静かに休んでから、ふだんの生活に戻ってください。コンタクトレンズやメガネはできるだけ長い時間はずしておきましょう。いまから二四時間は、この「ドルフィン・ムーブ」の結果あなたの肉体が統合され変化しつづけるので、重いものを持ったり激しい運動をするのは避けてください。

次の「ドルフィン・ムーブ」をおこなう前に、最低でも一時間はあけるのが理想的です。前と同じように、ゆったりとした楽な服装でのぞんでください。ベルトやアクセサリー類、時計、メガネやコンタクトレンズをはずしておきます。特にこのワークでは、メガネやコンタクトレンズは終わったあとも最低一時間以上ははずしておくといいでしょう。次の「ドルフィン・ムーブ」は目を中心にしたものだからです。メガネやコンタクトレンズをつけている人は、夜眠る前にこれをするといいかもしれません。

●ドルフィン・ムーブ②

1　居心地のよいゆったりとしたスペースのある床の上に横になりましょう。あおむけになって両足を肩幅くらいにひろげ、両腕は身体の両脇に置きます。目を閉じてください。あなたのつま先から頭まで、全身が床に触れている部分をじっくりと観察してください。あなたの身体の右側と左側をくらべてみましょう。

2　静かに次のアファメーションを口にします。

「私は、この肉体・思考・スピリット・感情のすべてが調和的につくられるために、私のいまの松果体と、覚醒した未来の自分の松果体とのあいだのバランスをしっかりと確立します」

3　あなたの右目の瞳に意識を向けてください。そのまま、右の瞳を無理のない範囲でできるだけ右へゆっくりと動かして、それからもとの中心に戻します。これを二〜三回くり返しましょう。瞳はスムーズに動きますか、それともぎくしゃくしますか？　じっくり観察してください。左目もつられて一緒に動くでしょうが、いまは右の瞳だけに意識を向けましょう。

4　右目の瞳を今度はできるだけ左に動かし、それからもとの中央の位置に戻します。これを二〜三回くり返してください。ここでも意識を右の瞳に向けて、その瞳の動きがスムーズかどうか、ぎくしゃくしているところがないかどうか感じてみましょう。

5　右の瞳に意識を向けたまま、途中でとめないで瞳を右から左へと二〜三回動かしてください。瞳の動きにつれて、首や背骨はどうなるでしょうか。この目の動きの影響は、どれくらい背骨の下のほうまで感じられますか。「ドルフィン・ウエーブ」はこの動きとどんなふうに関連して、どんな影響をあなたの身体に与えるのでしょうか。

6　およそ三〇秒から一分程度、休んでください。あなたの顔、目、全身について、右と左の感覚をくらべてみましょう。どちらのほうがより三次元的な感じがしますか？　あるいは、どちらのほうがいきいきと感じられますか。

7　ふたたび右の瞳に意識を向けて、右目をできるだけ大きく上下に三〜四回動かしてください。その動きがスムーズなところ、ぎくしゃくしているのはどこか注意してみましょう。目の動きによってもたらされる影響が背骨の下のどのあたりまで感じられるか、後頭部、首、背骨をたどっていきます。

8　それでは、あなたの右目を時計まわりの方向に、大きくぐるぐると二〜三回まわしましょう。できるだけゆっくり動かします。スムーズに動くところと、ぎくしゃくするところを観察してください。

9　今度は、右目を時計まわりと逆の方向に二〜三回まわしましょう。その動きの特徴やスムーズなところ、ぎくしゃくするところに気づいてください。

10　あなたの右目をゆっくり時計まわり、逆時計まわりと代わるがわるまわしながら、その目の動きの影響が身体のどのへんまで感じられるか、じっくり感じていきましょう。後頭部、首、右肩、左肩、背骨の上のほう、まんなかあたり、下のほう、そして仙骨、右のおしり、左のおしり、さらに右足と左足のつけ根からつま先までたどりながら観察します。この目の動きの影響を身体のどこに感じ、どこに感じませんか？あなたの身体が「ドルフィン・ウエーブ」を体験しているとしたら、それはどんな感じでしょうか。

11　それでは一分ほど休みましょう。休んでいるあいだに右目と左目、身体の右半分と左半分の違いを感じてみてください。

12　あなたの意識を右目の瞳に戻しましょう。そして瞳を非常にゆっくりと右から左に動かしながら、数字の「8」を横むきに描いてください。これを二〜三回くり返します。さらに左から右へと同じようにゆっくりと二〜三回動かします。ただひたすらあなたの目の動きの特徴だけを観察しつづけてください。

13　三〇秒から一分ほど休みます。

14　右の瞳に意識を向けて、次は右目を非常にゆっくりと上から下、または下から上に動かしながら縦むきに「8」の字を二〜三回描きます。瞳の動きと「8」という文字の流れを追いかけ、その動きの特徴をひたすら観察しましょう。

15 三〇秒から一分ほど休んでください。

16 あなたの右目に意識を向けて、右上から左下に斜めになった「8」の字を右目でゆっくりと描きましょう。それぞれの方向に二〜三度ずつ動かします。

17 三〇秒ほど休んでください。

18 ふたたび右目に意識を向けて、今度は左上から右下に斜めになった「8」の字を右目でゆっくりと描きます。それぞれの方向に二〜三度ずつ動かしましょう。

19 あなたの右目と左目、顔の右と左、そして身体の右半分と左半分を全体的に比較しながら一分ほど休みましょう。

20 ではここで、あなたはいまの学習体験を右半身から左半身へと「転写」します。両手の指先を右と左のこめかみにあててください。左右のこめかみを交互にやさしくたたきながら、次のアファメーションを静かに口にしましょう。

「いま私の身体が学習したことのすべてが、それぞれの対になる部分に伝えられます。では、転写を開始してください」

21 両腕を身体の脇に置いて、一分ほど静かにじっと横たわっていてください。

22 あなたの右目と左目、顔と身体の右半分と左半分を全体的にくらべて、前よりもバランスがとれたかどうか感じてみましょう。もしバランスが悪ければ再度ステップ20をくり返し、学習したことを転写させてください。

23　転写が終わってバランスがとれたように感じられたら、目を開いてゆっくりとあたりを見まわし、それから立ちあがってください。あなたの視覚に何か変化はありますか。色があざやかに感じられたり、ものの形がはっきりと見えたりするでしょうか。距離感はどうですか？　また辺縁視力（焦点の中心からはなれた部分での視力）に変化はみられますか。

24　ここで静かにアファメーションをしましょう。

「私の肉体・感情・思考・スピリットは、この動きのレッスンをたやすく優雅に統合し、いかなるヒーリングのトラウマもひき起こさないことを宣言します。そして私の身体と神経系の全体でドルフィン・ウエーブを迎え入れます」

25　左右どちらかに身体を転がして立ちあがってください。いまから一時間は身体を激しく動かさないようにしましょう。

26　床を踏みしめるあなたの足を感じながら部屋のなかを歩きまわってください。そして身体のなかのバランスを感じてみます。

27　そのまま眠りにつくか、お風呂に入るか、あるいはまた一五分間ほど静かに横になるか椅子にすわってくつろぎましょう。少なくとも一時間は、本や雑誌やテレビを見たり、目の焦点を合わせなければならないような行為はすべてやめてください。メガネやコンタクトレンズも一時間以上はずしておきましょう。

「ドルフィン・ムーブ」は〈プレアデスの光のワーク〉の施術者からレッスンを受けることもできます。ここには文章で説明しやすい「ドルフィン・ムーブ」だけをとりあげました。これ以外のワークはもっと複雑で、あなたのすべての意識を身体の動きに集中させることが必要になります。これら「ドルフィン・ブレイン・リパターニング」のワークはフェルデンクライスのワークをさらに変化させたものです。興味のある人には、モーシェ・フェルデンクライスの著書『フェルデンクライス身体訓練法』をおすすめします。

いまやり終えた「ドルフィン・ムーブ」をふたたび体験したければそうしてもかまいませんが、必ずしもその必要はありません。あなたの脳の運動皮質によって一度受けとられた情報は、恒久的に刻み込まれるからです。この「ドルフィン・ムーブ」はヨガや視力矯正のエクササイズのようなものとは違います。ただ、学習したことをさらに深めるため、数週間あるいはそれ以上たってからくり返してもいいでしょう。

エネルギー的な手技によるドルフィン・ブレイン・リパターニング

この場合の「手」とは、プレアデス流の霊的手術をおこなうときのエネルギー的な手のことです。前にも述べたように、プレアデスの光の使者たちは「ドルフィン・ブレイン・リパターニング」と「カー・ワーク」を用いて、長年にわたって多岐にわたるすばらしいヒーリングを私に施してくれました。私個人もこのドルフィン・ブレイン・リパターニングの非物理的なエネルギー・ワークによって、骨格のゆがみの矯正や筋肉の痛みの緩和をはじめ、さまざまな恩恵を受けています。ときには一瞬のうちに痛みがやわらげられ、骨格が完璧なまでに矯正されたこともありました。また別のときには、このワークの施術者に援助してもらったり、身体を動かすボディワークをさらに実践しなければならないこともありました。

このワークがあなたにどんな影響を及ぼすかについては、私はあえてどんな約束も主張もしないつもりです。まず試してみて、何が起こるかを見てください。それがあなたを傷つけることは決してありえないので安心して体験してください。なんの効果もないように感じたときは、あなたがヒーリングの効果を必要とするまで待って、そのときにもう一度やってください。それでも何も感じなければ、あなたがふだんおこなっている骨格や筋肉の痛みとゆがみへの対処法を選んでください。

あなたがすべきことは、このワークのために一時間一五分を用意しておき、その後さらにもう一時間を静かに休むためにとっておくことです。身体をしめつける下着類や、メガネ、コンタクトレンズ、宝石類などは身につけないで、ゆったりとした動きやすい服装でのぞんでください。このプレアデスのエネルギー的な「ドルフィン・ブレイン・リパターニング」のワークは、夜寝る前に実施するのがもっとも理想的です。なぜなら呼び寄せたあと、あなたはただ眠るだけでいいからです。めざめたときワークは終わり、その効果はあなたの神経系と肉体にすでに統合されているでしょう。

●ドルフィン・ブレイン・リパターニング

1 膝の下に枕を置いて横になってください。両足を肩幅くらいに開いて、頭には枕をせずベッドやヒーリング台あるいは床などにぴったりつけましょう。

2 プレアデスの光の使者を招いて、あなたにプレアデス流ドルフィン・ブレイン・リパターニングのワークを実施してくれるようたのんでください。どこか特に痛むところや、ゆがんだり緊張してかたくなっている部分があったら、前もってそれを伝えておきましょう。

3 静かに声に出して、次のようなアファメーションをおこないます。

「私は、この肉体・思考・スピリット・感情のすべてが調和的につくられるために、私のいまの松果体と、覚醒した未来の自分の松果体とのあいだのバランスをしっかりと確立します」

4 そのままリラックスするか眠りに入ってください。あなたの意識をできるだけ空っぽにして静かにくつろがせましょう。これは瞑想や修練などではなく、ただできるだけ受容的になった状態でリラックスして眠るという時間なのです。

5　一時間一五分たったあとか、または翌朝めざめたとき、静かに次の言葉を口にしてください。

「私の肉体・感情・思考・スピリットは、このドルフィン・ブレイン・リパターニングのレッスンをたやすく優雅に統合し、いかなるヒーリングのトラウマもひき起こさないことを宣言します。そして私の身体と神経系の全体でドルフィン・ウエーブを迎え入れます」

6　身体を急に動かさないように、静かに起きあがりましょう。部屋のなかを二～三回ゆっくりと歩きまわり、床を踏みしめる足の感触を感じてみてください。あなたの身体のバランスはどうでしょうか。

7　夜寝る前にこれをおこなってそのまま寝てしまうのでない場合は、さらに一五分間お風呂につかったり、すわったり、静かに横になっていてください。それから少なくとも一時間は読書をしたり、テレビを見たり、運動をしたり、メガネやコンタクトレンズをつけるのは避けましょう。

「ドルフィン・ブレイン・リパターニング」のエネルギー・ワークや「ドルフィン・ムーブ」のワークが、睡眠中にあなたが望むだけ頻繁に施されるよう要請してください。それがあなたにとってなんらかの理由で適切でなければ、プレアデス人たちはただ訪れないだけですから何の心配もいりません。プレアデス人たちと睡眠中に高次元の世界で定期的に会っているヒーリングのグループも存在し、そうした動きも増えつつあります。あなたがその一員になりたければ、眠りにつく前にあなたの意志をアファメーションによって静かにはっきりと伝えましょう。また、もしあなたにふさわしければ、夢を思いだせるように求めてください。その結果あなたは夢をおぼえているかもしれないし、おぼえていないかもしれません。どちらにしてもあなたはその体験から多くの恩恵を受けとるでしょう。

睡眠中のワークを求めるときは、つねにはっきりと明確に意志を伝えるように心がけてください。そしてあなたの肉体とアストラル体に睡眠中にはたらきかける、「聖なる光の計画」に仕える存在だけを呼びだすように気をつけてください。また睡眠中のワークやその他のワークをプレアデス人たちとともにおこなう場合は、省略せずに「プレアデスの光の使者」と呼びかけましょう。なんらかの身体的痛みや骨格組織の病気、症状などを感じている人は、ワークの最初のところでプレアデス人たちにそのことを知らせてください。

9章 癒しのチェンバー

〈プレアデスの光のワーク〉のなかでも、もっとも簡単で刺激的なテクニックのひとつが「光のチェンバー」です。これらのチェンバー〔まわりと区別された空間〕を非物理的な視覚で見ると、その人の肉体とオーラ全体をさまざまな色彩や振動数や光で包みこみ、癒しと熟達のための霊的な探求においてそれぞれのチェンバーが独自の流れのパターンと目的をもっています。

古代アトランティスやエジプトの「癒しの神殿」やピラミッドの一部は、いくつもの小部屋のような空間をもっており、そこではイニシエーションを体験したあと、個人あるいは男女二人でエナジー・バランシングや霊的な調整、ヒーリングや統合のためのセッションなどを受けることができました。それは儀式的な目的に用いられることもありました。それぞれの空間は、この章でみなさんが体験するチェンバー・セッションとまさに同じように、独自のエネルギー網（グリッド）と特別の目的とをもっていました。これから本章であげていく「チェンバー・セッション」のいくつかは、アトランティスやエジプトの時代に用いられていたのと同じような空間を呼び入れます。チェンバー・セッションを受けるにあたって必要なのは、ただあなたが横になってリラックスすることだけです。

現代ではチェンバー・セッションのための手順はいたって簡単です。呼びかけの言葉を述べて、数分から一時間ほど横になるだけでいいのです。ただしチェンバーごとにガイドラインが異なりますので、それぞれの時間や利用頻度を守り、はっきりした意図をもつことが大切です。プレアデス人たちは、あなたの求めが適切でない場合はチェンバーをとりつけないこともあります。ですからやってみて何も起こらなければ、そのチェンバー・セッションが本当にあなたに必要かどうかを感じてみてください。もしかしたら、あなたが考えているものとは別のチェンバーが必要なのかもしれません。

ここでは、私自身やクライエントの人々がチェンバー・セッションをおこなったときの体験も紹介してあります。それらの情報は、あなたのセッションに対する期待をふくらませるためでなく、それぞれのチェンバー・セッションの種類の目的と可能性がよく理解できるように述べたものです。あらわれる光のチェンバーはあなたがそれを呼び入れるときに何を求めているのかによって、それぞれユニークな形態をとります。また、あるセッションでの体験をまったく同じようにくり返したいという期待は手放してください。あなたの体験を大きく制限することになってしまうからです。すべてを受け入れられるようにリラックスしましょう。これから始まる新しいすばらしいヒーリングの冒険にむけてオープンになり、チェンバー・セッションにのぞんでください。

どの光のチェンバーのセッションも、開始のステップはまったく共通です。ですからこの章の個々のセッションにとりかかる前に、まず次の手順にしたがって簡単に練習してみてください。

●チェンバー・セッションを開くステップ

1　膝を適度に折りまげて横になり、リラックスしてください。（膝がまっすぐ伸びきった状態だと、膝の関

節が固定されてエネルギーの完全な流れがさえぎられる傾向があります）

2　その姿勢のまま、何回か深く呼吸しましょう。あなたの意識をすべていまこの瞬間とこの肉体に連れてくるように、意識を静かに集中させてください。

3　あなた自身をグラウンディングさせます。

4　あなたのオーラを身体から六〇〜九〇センチくらいにひき寄せましょう。オーラの境界の色やバラの花を確認し、必要な調整をおこないます。

5　次に、プレアデスの光の使者や高次元マスターであるイエス・キリストにあらわれてくれるよう呼びかけてください。これから始まるヒーリング・セッションをとりおこない、見守ってくれるように求めましょう。

6　聖なる連携と浄化のために、あなたの頭上に「次元間の光の円錐」をとりつけてくれるよう要請してください。

7　もし、ほかのガイドや天使や高次元マスターたちにも来てほしければ、ここで招き入れてください。どんなときにも聖なる光の存在だけを呼びだしましょう。

8　あらゆるヒーリングに共通することですが、ここでもあなたのハイアーセルフに一緒にいてくれるように求めましょう。

9　さあ、これであなたが希望する特定のチェンバー・セッションを呼び寄せる準備がととのいました。

以下、ひとつひとつのチェンバーに関するガイドラインと手順をあげていきましょう。

ＰＥＭＳシンクロ・チェンバー

「ＰＥＭＳ」とは、肉体（physical）、感情（emotional）、思考（mental）、そしてスピリット（spiritual）の頭文字をとったものです。あなたの人間としての自己はこの四つのエネルギー体で形成されています。それらはバランスと調和を保ちながら相互にはたらきかけあい、そのひとつひとつが独自の完璧な機能を有しています。

たとえば非常に知的な仕事についていれば、仕事外で感情を表現する必要があるかもしれないし、身体を使うことが中心の生活であれば、スピリチュアルなことを生活にとりいれる必要があるかもしれません。ネイティブ・アメリカンやオーストラリアのアボリジニ、ケルト族をはじめ、世界中の先住民族たちはこのバランスを実現するために「四つの方角」に特別な意味をもつ、儀式用の円形や十字形などの構造物を用いてきました。こうした円や十字はたいてい、東は霊的な自己をあらわす「火」の要素の象徴として用いられ、南は「地」のエネルギーを象徴し、肉体というすみかを提供します。また西は「水」の要素をあらわして感情面を支え、北は「風」の故郷として知的な面をつかさどります。

有史以前から、さまざまな儀式やヒーリングがそれらの円形や十字のなかで実践されてきました。というのも意識的な人々はその四つのバランスの重要性をつねに認識してきたからです。「すべてのことには季節があり、天の下のすべてのわざには時がある」という言葉は、そのことをよくあらわしています。現代においては、この四つのバランスが失われたときにもう一度それを回復する手だてを学ぶことが重要なテーマです。私たちの生活はあらゆる点ではなはだしく汚染され、もはや自然のバランスと調和からほど遠い状態になってしまいました。明らかな環境破壊はもとより、レーダーや核実験、化学薬品の投棄や流出、テレビ、電子レンジ、コンピュータ、超低周波などさまざまな要因で環境汚染が進んでいます。

今日、アトランティスの滅亡以来かつてない不調和の時代にあって、私たちの文明がもつ貪欲さや恐怖心、不信感、耽溺、罪悪感などは、ラジオやテレビを通じて潜在意識下にますます強くプログラミングされています。食べ物、衣服、シャンプー、石鹸、クレンザー、洗剤、香水、ヘアスプレーなどに使われる化学物質は私たちの神経系を破壊するだけでなく、それらにふくまれるニューロトキシンという神経への有害物質は脳の機能を変質させます。こうした例は数かぎりなくあげられます。ですから今日のような時代で平均的な人々が「バランス」や「調和」と考えているものは、じつは機能障害や神経症の状態であるかもしれません。ほとんどの人が自分の機能障害にまったく気づかずに「正常」だと思いこんでいるとしたら、それは本当に恐ろしいことです。

「PEMSシンクロ・チェンバー」は、あなたの四つのエネルギー体のあいだに交流を開いてエネルギーを分配しなおし、自分自身やほかの人に対してバランス感覚と調和を保てるようにしてくれます。そしてあなたがもっと〝いま〟に存在することを可能にしてくれます。私自身がこのチェンバーを体験したとき、自分のオーラと肉体の上に降りそそぐエネルギーの波動が透視によって見えました。それらの波のようなラインはエネルギーが凝縮したスポットを破壊し、私の肉体やオーラの必要とされる場所にエネルギーを分散させているようでした。ある瞬間には、破壊されたエネルギーの一部が肉体やオーラからいっせいに解放されるのを見ました。私はチェンバーのなかで、眠たくなったかと思うと急に身体を動かしたくなったり、またはあくびが出たり、深呼吸したくなったりします。そしていつもセッションのあとは、長時間自然のなかを歩きまわったり四つの方角の儀式や祈りをおこなったときと同じような神聖な感覚を味わっています。

もちろん、このチェンバーでは石のサークルで儀式をしたり、自然のなかに出かけていくわけではありません。これはあなたがセレモニーをおこなう空間がないとか、バランシングを受ける時間がないときに、それらに代わって忙しいあなたを助ける贈り物になるでしょう。私はこのチェンバー・セッションをセレモニーに入る前や、クラスで教える直前などにときどき用いています。そうするととても明確なスタート地点に立てるので、そのあとの体験からさらに多くのことが受けとれるのです。

「PEMSシンクロ・チェンバー」の光のセッションを体験するためには、まず最初にあげたチェンバー・セッションを開くための手順をおこなってください。それからPEMSシンクロ・チェンバーを呼びだして、あなたの肉体とオーラ・フィールド全体をとりまいてくれるように求めましょう。あとはただリラックスして楽しんでください。このヒーリングは一〇分から四五分ほどの時間を要します。時間がないときは、一〇分だけのセッションをはじめに要請することも可能ですが、それ以外のときはあなたに必要なだけ最大限の時間をかけるようにしましょう。

チェンバーがとりはずされてセッションが終わると、たぶんあなたは自分の意識と肉体のエネルギーがシフトしたり安定しているのを感じるでしょう。または透聴力のある人は、セッションの終わりを告げる声が聞こえるかもしれません。そのどちらかを経験したり、あなたが終わったと感じたならゆっくりと起きあがって、歩きだす前に足もとのバランスを確かめてみましょう。それから日常生活に戻ってください。

次元間の光のチェンバー

プレアデス人たちが「次元間の光のチェンバー」と呼ぶこのチェンバーは、またの名を「魂を注入するチエンバー」ともいいます。このチェンバーの目的は、あなたが自己の魂の本質を感じられるように、その気づきの感覚を全身にひろげて強化することです。

私たちの胸の中心のハート・チャクラから約三センチほど奥の部分を「魂のマトリックス」と呼びます。このマトリックスは、二つのプリズム状のダイヤモンドのような止め具によって「魂の太陽」というところに接続されています。この「魂の太陽」からは、実際の星々のような青いきらめきや、太陽のような黄金の光が美しく放たれています。

その魂の光は、みずからの価値や本質のすばらしさを感じるにつれて強い輝きを放つようになります。つまりあなたが自己の本質的な美しさを知り、自分自身や「神／女神／すべてなるもの」、ほかの人々、自然、すべての創造物を愛するようになればなるほど輝きを増していくのです。そしてそれが強く輝くようになるにしたがい、あなたはますます自分の内なる美や価値や愛を感じられるようになっていきます。

自分に対する疑いや判断、またほかの人に対する賞賛の気持ちの欠如や非難、判断、そして愛情の欠如などが、あなたの魂の光を鈍らせる原因になります。別のいい方をすれば、自分自身やほかの人々や存在そのものの神聖さにめざめていくほど、本当のあなた自身を感じて表現するようになるのです。あなたの魂の光をにごらせたり固めてしまうものには、ほかにもあらゆるたぐいの不正直さや愛のないセックス、肉体的および感情的な虐待、感情的な抑圧、憎しみや怒りや非難に対する正当化、グラウンディングできていないこと（スピリットが肉体に存在していないこと）、憑依など、数多くあげることができます。

それらのすべての要因に対する基本的な治療方法は「愛」です。そして誠実と善意という立場から行為することであり、あなた自身や愛する人に対する気持ちに完全に正直になることであり、みずからが人生すべての面にわたる主体的な創造者であるという責任をひき受けることです。そのようにして生きるとき、過去につくられた傷が癒されていき、あなたの真の本質が心と肉体のなかでふたたび輝きを放つことができるのです。

私たちの癒しと成長に手をさしのべるために、プレアデス人たちとキリストは「次元間の光のチェンバー」を提供してくれました。このチェンバーを用いるとき、繊細な糸のような光線が「魂のマトリックス」にむけて放射され、それを内側から照らしだすのが私には見えます。その光は太陽光線と少し似ていますが、太陽の光がふつう中心から外にむけて輝きを放つのに対して、これは外側にではなく中心にむかってすべての光が集められるような輝きなのです。そして、その輝きが魂の中核部にぎゅっと濃縮されるために、外にむかってあふれだすように光を放つという魂の本来の性質が助長されるのです。その結果、あなたが魂の輝きや真の自己を実感するのを妨げていたエネルギーのブロックが、おだやかに燃焼をはじめるでしょう。それらのブロックの原因が自己嫌悪や判断や虐待やそのほかどんなものであろうとも、この光のチェンバーはあなた自身の魂の光が燃えはじめるよう促してくれます。

このチェンバーを体験しているとき、私はおだやかな圧迫感やわずかな痛みとともに肉体が浄化されていくのを感じることがあります。そんなとき私はブロックされた部分にむけて深呼吸をくり返しながら、そこに私の魂の光が入っていくようすを意識的にイメージします。すると、ある時点でブロックが解放されてその部分が開かれるのです。そのときあたかも水面に小石を投げたときの波紋のように、私の魂から身体中にエネルギーのさざ波がひろがっていくのを感じます。

私のクライエントや友人のなかには、このチェンバーのなかで体外離脱を体験した人もいます。ちなみに体外離脱体験とは通常、次の三つのどれかによって起こります。まず第一はその人の「魂のマトリックス」が深いダメージを受けているために、肉体からはなれているあいだにプレアデス人たちに癒される必要があるという場合です。二番目の理由として、魂を回復させるためにはほかの次元に行かなければならない場合があります。そして三番目が、魂の起源や「神／女神／すべてなるもの」とのつながりのなかで、癒しがなされたり霊的な原点と出会う必要があるときです。この最後の理由から人が肉体をはなれるとき、もう戻りたくなくなるほど美しく平和な世界を体験するという報告もあります。

あなたがこのチェンバー・セッションで肉体にとどまっていたとしても、あるいは時間の外に連れだされたとしても、終わったあとは私やほかの人々が体験したように平和と豊かな愛を感じるでしょう。また、目のまわりの緊張も解けて、まなざしがやわらかになるでしょう。私もそうなります。このチェンバーでは魂の窓である二つの目が浄化され開かれて、本来の機能を回復するように促されるのです。

このセッションを体験したあと、少したったころから古い感情が解放されてくる場合もあります。たとえば、私はあるセッションの直後に一時間ほどすばらしい高揚感を体験したあとで、強い孤独感と憂鬱な気分に二時間ほど襲われたことがあります。そのとき、こうした反応はセッションによる浄化の副作用なのだと気がついて、これらは私の魂と愛の結びつきを確かなものにするためにいま肉体を去っていこうとする古い感情なのだ、と自分にむかって語りかけました。そして呼吸を開きつづけ、自分を憐れむのではなく深い共感とともに自分と一緒にいるよう心がけながら、その感情がおだやかに自然に過ぎ去っていくのを見守ったのです。

このチェンバーだけでなくどのチェンバー・セッションにおいても、あとから浮上してくる感情に自分を同化させないことが大切です。凍りついていた感情が解き放たれるとき、それがチャクラから出ていき変容の過程をへて、やがて消滅するのがあなたにもわかるはずです。これらのセッションにおいて、あなたは自分の本質をより深く体験するという意味でも、またセッション中やあとに解放される感情や思考の性質においても、自分自身についてじつに多くのことを学ぶことができます。すなわちみずからの魂の神秘を知ることは、自分を癒してふたたびめざめさせる重要なプロセスなのです。

あなたが心や魂にたくさんのダメージを負っているとしたら、最初はセッションを二週間に一度以上おこなうことは避けたほうが賢明でしょう。チェンバーを用いる頻度は、セッションのあとで生じてくる浄化の度合いや量をもとに決められます。しかしながら、どっと古いエネルギーのブロックが燃焼したあとでも、一日中なごやかで自分が開かれ、愛に満ちているのを感じ、何の逆行するような副作用も生じてこない場合もあります。この癒しの過程ではもうこれ以上トラウマをつくることがないように、あなたの魂はできるだけおだやかな方法で癒されなくてはなりません。だからこそ統合のための時間をたっぷりとることが必要なのです。

「次元間の光のチェンバー」のセッションに要する時間はふつう二〇分から一時間ぐらいです。おそらくたいていの場合、実際にはそれほど長くかからないでしょうが、自分のためにできるかぎりの時間をとってあげるのが理想的です。まれな例ですが、私は一度だけチェンバーのなかに二時間以上もいたことがあります。そのあいだじゅう私は、人や神からの隔絶という制限された思いこみからあがってくる悲痛な叫びを自身の内に聞いていたのです。やがてその声が静まり、魂の光と愛が波紋のようにおだやかに全身をひたしてくれるまで、私は6章にあげた「思いこみの浄化」をくり返しおこないました。

この章の最初に紹介した、チェンバー・セッションを開くための手順をまずおこなってください。それから適当なタイミングであなたのオーラ・フィールド全体を包みこむように「次元間の光のチェンバー」を設置してくれるよう要請しましょう。次にあなたの魂をめざめさせ、その魂の光をあなたの身体のすべての細胞の奥までくまなく浸透させるようなアファメーションの言葉を静かに宣言してください。

細胞を解放する光のチェンバー

「細胞を解放する光のチェンバー」の基本的な目的は、細胞および感情・思考に刻み込まれたパターンを崩壊させることです。細胞にダメージを与え、細胞に不自然な動きや収縮をもたらす要因はきりもなくあげられます。自己破滅的な行為、深い感情レベルでのトラウマ、エゴや怖れにもとづいた抵抗、間違った自己保身的な抑圧パターン、破裂、苦痛、あるいは化学物質などでもたらされた損傷をはじめ、あらゆるものがその原因となります。

健康でバランスのとれた状態では、あなたの細胞は時計まわりの方向に静かにスピン（回転）しています。そしてスピンしながら、松果体やチャクラや血液から光を吸収します。その光は、細胞の自然なスピンとともに細胞の内側に渦を巻きながらとりこまれていき、いらなくなったものと一緒にそこから解放されるのです。こうして細胞があふれるような光と生命力に満たされるにつれて、あなたのエネルギーは浄化され、病気を寄せつけなくなります。

深い呼吸を体験したことがなかったり、感情的な抑圧によって身体が萎縮しているために呼吸が浅くなっていると、体内では酸素や光の量が減り、生命力の流れはしだいに緩慢になっていきます。すると細胞のなかで萎縮や破裂が起こり、あなたの肉体や感情体やメンタル体（精神体）がかたく固定化されてしまいます。それが筋肉の緊張や肉体の痛み、生命力の減衰、感情や意識のアンバランス、また人類を悩ませる多くの病気などをもたらすことになるのです。霊的な観点から見ると、そのような固定化こそ私たちにゆきづまりを感じさせる深刻な要因なのです。

それらの症状が曖昧ではっきりとはあらわれていなくても、あるいはまたブロック、衰弱、痛みなどという明確な形で生じていても、どちらの場合にもこの「細胞を解放する光のチェンバー」を用いることができます。このチェンバーのなかにいると、きわめて微細な色彩を帯びた無数の光線がさまざまな方向からあなたの細胞内に入ってきます。このチェンバーは細胞にある種の困惑を生じさせ、あなたと親和しないものを解放しながら時計まわりの回転を再開させてくれます。したがってほかの人々のエネルギーやプログラミング、あるいは自分自身の思いこみや苦い思い出、過去の感情や痛みなど、あなたの細胞とエネルギーに属さないものをすべて解き放つことができるのです。

このチェンバーは、細胞のなかでくりひろげられるレーザー光線のショーを徹底的に体験するというもので、すでにあげたいくつかのチェンバーよりも積極的にあなたがかかわっていくことが求められます。この手順は少し複雑なので、あらかじめひとつひとつのステップを頭のなかでイメージしておくといいでしょう。実際にチェンバー・セッションをおこなう前に、横になって次のステップを練習してください。

●レーザー光線のグリッドをつくる

1 あなたの目の前に、透明なガラスでできた立方体をイメージしてください。

2 あなたの両手をその立方体の上と下に置いて、両方の手のひらから同時に無数の微細なレーザー光線を発します。

3 今度は両手を立方体の右側と左側に置いて、左右の方向からレーザー光線を送ってなかを満たしていってください。

4 それから両手を立方体の手前とうしろに置いて、前後からレーザー光線を放ちましょう。

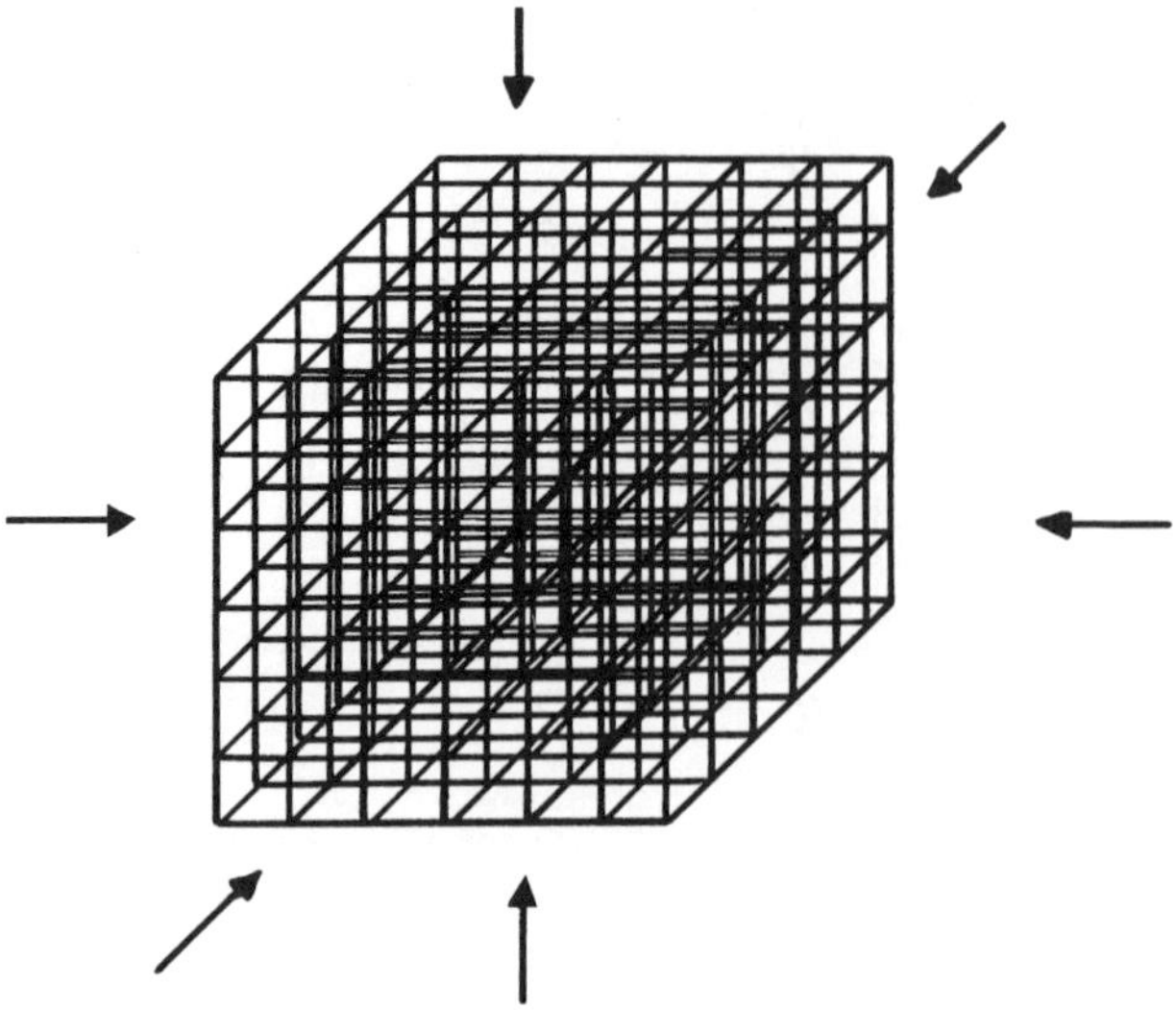

図 9　「細胞を解放する光のチェンバー」に用いられるグリッド状のエネルギーで形づくられた立方体。レーザー光線が上下、左右、前後方向に流れる。

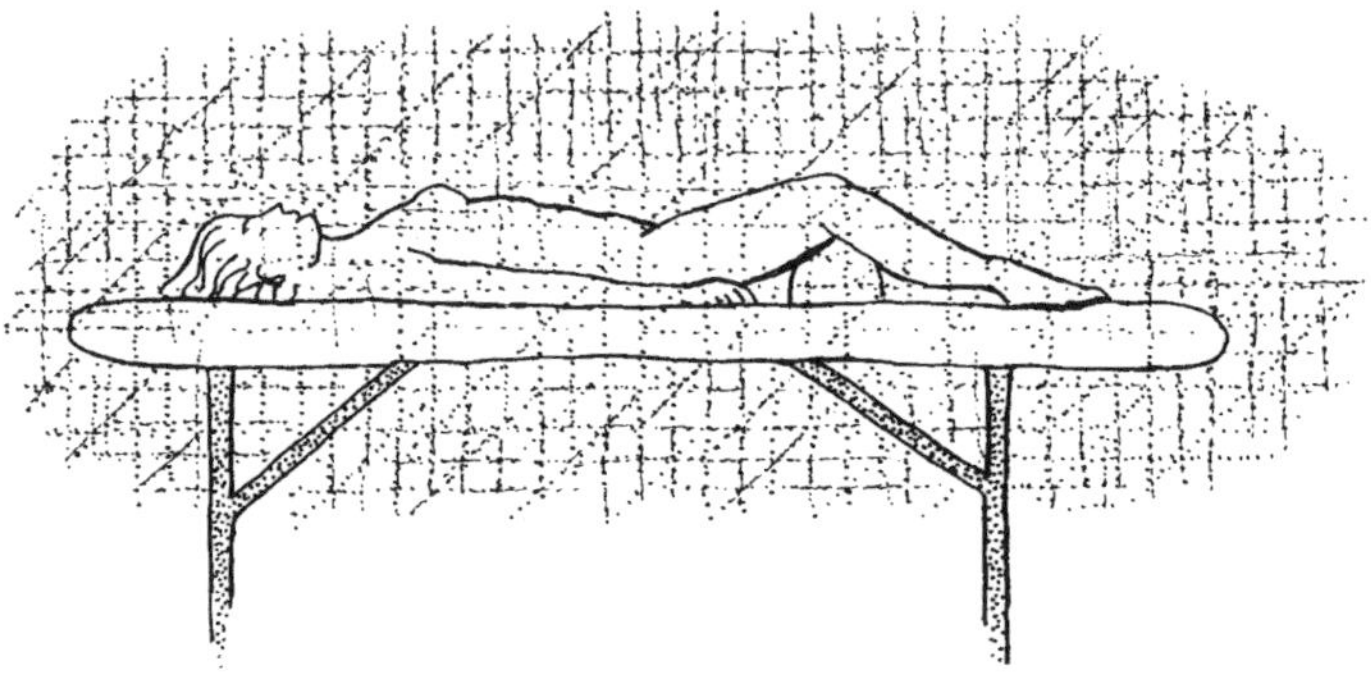

図10　「細胞を解放する光のチェンバー」に横たわる

5　こうしてあなたはチェンバーのなかで、光のマトリックスを構成する要素を生みだしました。では、それらの前後・左右・上下という三方向から同時に放射されるレーザー光線を見てください。あるいは三組の両手をイメージして、立方体の六つの面にそれぞれの手から同時にレーザー光線が送られる光景を思い浮かべるのもいいでしょう（**図9**）。するとそのレーザー光線が立方体のなかで交差して、たくさんの細かな立方体がつくられていきます。まるで美しい光の糸でタペストリーが織りあげられていくかのようです。

6　それでは、今度はあなたのオーラと身体のまわりで交差するレーザー光線を見てください。無数のレーザー光線が、まず左と右の両方からあなたの身体を通りぬけていきます。このレーザー光線はあなたの肉体のすべての細胞を通過してしまうごく微細なものです。

7　次に、レーザー光線はあなたの上と下からあなたのオーラと身体を通過していきます。

8　今度は前とうしろからレーザー光線が発せられ、あなたのオーラと身体をつらぬいていきます。

9　最後に、いまのレーザー光線がすべていっぺんに放射されます。あなたの身体とオーラを上下・左右・前後の六つの方向から同時にレーザー光線が通過していきます。

この手順の特にステップ5以降がややこしく感じられる人は、このプロセスが自然に心地よく感じられるまで何度でも練習してください。それによって実際にこのチェンバー・セッションにとりかかる準備がととのいます。

このチェンバーを呼びだすときには、レーザー光線があなたのオーラ全体と肉体のなかを網の目のように交差して、グリッド（格子）状につらぬいていくヴィジョンをはっきり描くように意識してください。あなた自身がこれを描くことで、プレアデス人たちはあなたの身体にこのチェンバーの特定の周波数と光のパターンを設定することができるのです。ふつうはチェンバー・セッションのはじめに二分間そのようすをイメージするだけで、光の立体構造物がとりつけられるでしょう。そのあとは、ただリラックスしてセッションが終わるのを待ちましょう。

レーザー光線は、そのときどきであなたの好きな色をつけてもかまいません。どんな色の光がいいかわからないときには、太陽光線の黄金色を思い浮かべてください。プレアデス人たちがあなたにいちばんふさわしいエネルギーや色を提供してくれるでしょう。あなたに必要なのは、彼らが微細な格子模様のグリッド・パターンを設置するのを手伝うだけです。そのグリッドが一度とりつけられたら、あとはそのときのあなたの必要に応じて次々と色が変わるかもしれないし、またはずっと同じ色のままかもしれません。

本書のあとのほうの章では、このチェンバーのグリッド・パターンをいろいろに用いるやり方が紹介されていますが、ここでは光のグリッドを用いてあなたの全身とオーラから、決して理想的とはいえない細胞や感情や思考に設定されたパターンをとりはずすことに焦点をあてています。その結果、新しいパターンが形成されれば、現在および未来のあなたにふさわしい健全な状態がもたらされるでしょう。

この章の最初にあげたチェンバー・セッションの開始のステップを終えたら、「細胞を解放する光のチェンバー」を呼びだしてください。そうしてあなたの頭上と足もと、右と左、前と後から同時にレーザー光線が放射されて、縦横に立体的に交差するのを描きましょう（**図10**）。

このレーザー光線はすべてあなたのオーラの外側の境界から発せられ、身体のまわり六〇～九〇センチほどの範囲を満たすことをおぼえておいてください。このイメージが見えにくかったり、ややこしく感じられたら、光線を一度に二方向ずつイメージして、最後に六つの方向すべてから同時に放射されるようにしてみましょう。

プレアデス人たちによってグリッドの設置が完了し、機能するようになったとき、あなたは「カチッ」という、何かがあるべき場所にはまったような音を聞き、それとともにエネルギーがシフトするのを感じるでしょう。それを感じたら、またはチェンバーを呼びだしてから二分ほど経過したら、そのあとに起こるすべてのことを受け入れられるようにリラックスして深く呼吸をしてください。

このセッションの所要時間は一〇分から一時間程度です。チェンバーの終了後、あなたの肉体に大きな解放と順応が起こるので、眠りにつく二時間前くらいにやるのがもっとも理想的です。「細胞を解放する光のチェンバー」をおこなったあとは、温かいお風呂に入ってリラックスするといいでしょう。それは細胞と感情の解放を助けてくれます。天然塩のお風呂につかったり、粘土の入浴剤などを加えるとさらに効果的です。お風呂に入れない場合は、少し効果は弱いですが熱いシャワーを浴びるのもいいでしょう。

統合を加速させるチェンバー

急激に加速しているこの時代において、しばしば私たちはうちひしがれた気分になったり、重苦しい抑圧感を体験したりするかもしれません。いまや自分のものの見方や、自分自身に対する見方の基本的な枠組みを変えなければならないという自分自身に対する欲求が、霊的・精神的・感情的・物理的すべての面にわたりかつてないほど強まってきています。

私たちにいま必要とされるのは、それらの感情を〝嵐のなかの内なる平和〟で静かに受けとめることです。ときには人生において頼れる確かなものなど何もないと感じることもあるでしょう。そしてあなたはまるでジェットコースターのように、一気に落ちこんだり激しい高揚感を味わったりしながら、パラダイムのシフトや浄化のプロセスを体験していくのです。一日のうちにいくつも過去世を癒したり、次から次へとさまざまな自分を体験するかもしれません。地球とこの太陽系がフォトン・ベルトをさらに深く潜行していくにつれて、こうした動きはますます加速度を増しつつ強烈になっていくでしょう。

霊的またはエネルギー的な変化があまりにも激しすぎるために、肉体や思考や感情がその変化についていけない場合もあります。その変化があなた自身のアイデンティティにかかわる根本的なものであるために、自分で何がなんだかわからなくなったり、わけもなく落ちつかない気分になったりするかもしれません。またひどい疲労や落ちこみを感じたり、逆に非常に興奮してハイな気分になることもあるでしょう。行く先もわからないまま流されていくような感じや、意気消沈して身動きがとれないような感じに襲われる人も多いはずです。

あまりの重苦しさに耐えきれなくなってくると、人は何かにのめりこんだり耽溺したりしがちです。たとえば感情的な抑圧にふたをするためチョコレートや甘いものやカフェインに頼ったり、心理的な吐き気をまぎらわすためテレビを見たりするのは、苦しさから逃れるための依存行為の一種です。あなたが自分の依存的な行為に気づいてほかに難局を切りぬける方法を見いださないかぎり、中毒のようにその行為をくり返すことになるでしょう。それらのすべては強迫観念にとりつかれ、切迫感にあおられ、または怖れ、抵抗し、避けたいものの代償を求めるという意味で依存的な行為といえます。おそらく私たちは孤独、怒り、恐怖を感じることを、どんな犠牲を払ってでも避けたいのです。

私たちは短期間に多くの思いこみや過去世を一度に浄化したとき、よく重苦しい圧迫感に押しつぶされそうになります。また、執拗なコントロールと報復のドラマがくり返されたとき、すっかり打ちのめされるかもしれません。あるいは膨大な書物から新しい霊的な情報を得た直後に、ヒーラーからエネルギーを浄化してもらったとき、重圧感に襲われることもあるでしょう。一度に二つのことを体験すると、急激な変化や新しい情報に対応できるあなたの許容量を超えてしまう可能性があるからです。スピリチュアルなセミナーや心理療法的なトレーニングを集中的に受けたことのある人なら、たぶんそうした症状はおなじみのものでしょう。あなたの重圧感の源が何であったとしても、それは体験からの学びや統合を滞らせ、成長を妨げるものです。

「統合を加速させるチェンバー」はこのようなときに役に立ちます。そのチェンバーの目的とはあらゆる面での重圧感を軽減させること、そしてあなたのあり方と人生に癒しと変化、学び、成長を統合するようはたらきかけることです。私が最初にこのチェンバーを知ったのは、一九八七年にプレアデス人たちと意識レベルで交信して一カ月にわたる集中トレーニングを受けていたときのことです。当時、私は毎日のトレーニング・プログラムをおこないながら、そのいっぽうで昼も夜も一日二四時間休みなくプレアデス人たちと活動していました。その状況を想像してもらえば、どうして私にこのチェンバーが必要だったのかをたぶん容易に理解していただけることでしょう。二重の現実からくる思考や感情の要求はたしかにすばらしいものでしたが、ひかえめに言っても私にはそうとう荷が重かったのです。

そんなとき、このチェンバーが私の統合を加速させてくれました。つまり私がつねに自分自身を癒しつづけながら学んでいくことを可能にしたのです。私はこのチェンバーの贈り物をとても重宝して頻繁に用いました。ですから特に集中的なトレーニング・コースやワークショップを受けている人には、このチェンバーをおすすめできます。それはあなたができるかぎりクリアな状態でいきいきと存在できるように助けてくれます。もし私が大学の期末試験のころにこれを知っていたならと思うと残念です。

「統合を加速させるチェンバー」は、休養やリラクゼーションやエクササイズの代わりにはなりません。あなたの個人的な欲求やストレスに関しては、自身でそれに対処する責任があるからです。またこれは休暇をとりたいときに使うものでもなければ、自己修練やセルフケアのためのものでもありません。けれども本当に必要としている人にとっては、このチェンバーはすばらしい天からの贈り物なのです。

これはすべてのチェンバーのなかでもっともシンプルです。このチェンバーは銀色がかったアクアマリン（明るい青緑色）のおだやかな光であなたのオーラと肉体を満たします。プレアデス人たちは、それは私たちが四次元で見ることのできる新しい色だといいます。一部の人々はその色を実際に透視によって見はじめています。もっともこれに近くてイメージしやすいのが、やわらかなメタリック・シルバーに輝く淡いアクアマリンか、ブルートパーズ色の光です。この新しい色は、光と喜びとリラックスの波動を発しながら変容で生じる霊的な燃焼をさまし、やわらげてくれます。さらに肉体と魂のあいだに自然でおだやかなバランスや交流をもたらして、あなたの疲労しきった思考を休ませ、しばらくのあいだ、〝ただそこにいる〟ことを助けてくれるでしょう。

いまはあまり重苦しさを感じていない人も、実際に必要になったときにそなえて、ここで体験しておくのもいいでしょう。何といってもこのチェンバーは私たちをとても気持ちよくさせてくれます。

まず、この章のはじめにあげたチェンバー・セッションを開くための手順をおこなってください。あとは「統合を加速させるチェンバー」を呼びだすだけでいいのです。セッションの最初に、銀色がかったアクアブルーの光があなたのオーラと細胞のなかに浸透していくのが見えると、チェンバー内での体験が高まるのを感じるかもしれません。あとはただリラックスして身をゆだねてください。このチェンバー・セッションの所要時間はわずか二～一〇分ほどです。このチェンバーは何度でも必要なだけおこなってかまいません。

アセンション・チェンバー

「アセンション・チェンバー」によって、あなたはすばらしい「一体感《ワンネス》」を体験することができます。しかもチェンバー内の浄化された光はきわめて純粋で平和な高い波動であり、あなたの身体の感覚をめざめさせ、高めていきます。

現実に全身でのアセンション（次元上昇）を体験するには、カー経路が開き、すべての細胞がカルマから解放されて高次の光の波動をもつことが必要です。それによって最終的にあなたの「内なるキリスト」が次元を下げて、あなたの肉体と完全にひとつになることが可能になるからです。そのときあなたはしだいに高まっていく恍惚感と覚醒の状態を体験し、その時点において、人類に奉仕するために肉体にとどまるのか、あるいはアセンションするのかを選択します。後者を選択をした場合、あなたの肉体はますます輝きを増しながら非常に高い波動で振動しはじめます。そしてさらに高い次元へと移行することで、もはや地球の人々の目には映らない存在になるのです。

私自身の過去世でのアセンションの記憶によると、最初にまず身体が軽くなって浮くような感じを体験します。そして実際にアセンションが始まるにつれて、細胞内の光の波動が高まっていき、身体中のすべての細胞はしだいに高速でスピンしはじめました。私は歓喜と光を感じ、深い放下《ほうげ》の感覚を体験しました。やがて私の身体は純粋な光となって空中を浮きあがり、物質世界から姿を消して、定められた目的地である高い次元へと到達したのですが、そのあいだ歓喜と光、放下の感覚はずっと私のなかにあふれていました。この過去世での体験がよみがえったとき、私は至福の解放感を味わいました。「私」という個を脱ぎ捨てて「神／

女神／すべてなるもの」の大いなる光と一体になるという、内側からわきあがるすばらしい高揚感を体験したのです。

このアセンションのチェンバーは、いまあなたがいる場所と、あなたの覚醒やアセンションとをつなぐ架け橋なのです。宇宙にあまねく偏在する大いなる光は「永遠の太陽」とも呼ばれています。その大いなる光との一体感という霊的な体験を自分にゆるしてあげることが、このチェンバーのおもな目的です。ただしチェンバーのなかで体験することはさまざまです。私はいつも神聖な平和に満ちた深淵な源へと流されていくような感じを味わいますが、そのあとは喜びや普遍的な愛を感じるときもあれば、どんな感覚や意識も体験しないときもあります。

またセッションのはじめの部分で、一体感と平和にいたるのを妨げるものが一掃される解放感を味わうこともあります。それは感情の解放やネガティブな思考と観念の浄化であったり、または緊張を解放するためにいつのまにか音が聞こえてきたりという形をとります。そのあとで自分の波動が変わり、しだいに身体が軽くなって神聖なおだやかさと平和がおとずれます。最初に浄化すべきものが何もないときは、この最後の体験がチェンバー内で最初に始まります。しばしばその時点から、すべてをゆだねるというとても深い場所にひきこまれていき、私の身体全体は太陽や星と同じような光の輝きだけでつくられているのを感じます。するとベットや床、空気、建物はもとより、地球全体まですべてが同じように無数の光の点でできているのが見え、私自身はその「永遠の太陽」のようにはてしなく明るい輝きのひとつであるのを感じるのです。

私はときに「永遠の太陽」の内部を自由に動きまわるのを体験することもあります。そこでは愛にあふれた美しい存在たちが迎えてくれます。彼らと話すこともあれば、静かにみんなで霊的な交流をかわすこともあります。また別なときには叡知にあふれた「長老評議会」が出迎えてくれます。それは私の先輩にあたる四人の光の存在のグループで、私を何世代にもわたり導きつづけています。すべての人は自分の「長老評議会」をもっています。それらの存在はあらゆる場面でその人に必要なのものを正確に知りつくしていて、たまに助言をしてくれることもあります。とはいえ私たち人間は、自分がどんな行動を選択するかにおいて完全に自由であり、「長老評議会」はいかなる場合でも本人の自由意志を尊重します。彼らと一緒にいるとき私が何かを質問しても、彼らはそれに答えるのが適切かどうかを判断したうえで返事をするのです。

アセンション・チェンバー内での体験は、何かを〝する〟というのでなく、そのように〝なる〟という状態をめざしています。そこではあなたはより深い霊的な意識とつながり、みずからをゆだねて平和を体験することによって身体の波動を高めるという機会が提供されます。私は一度このチェンバーのなかにいるとき、クリスタルの階段をのぼってはるか頭上の広大な美しい神殿へと導かれたことがあります。そこは「太陽の神殿」または「父なる神の神殿」と呼ばれており、神殿内の黄金の玉座には一人の光輝く存在がすわっていました。まぶしくて姿も見えないほどその存在は強烈な光を放っていました。そのとき私は自分が愛されており、価値ある存在だという感覚とともに、いいようのない不思議ななつかしさを味わい、そのまばゆいばかりのエネルギー・フィールドと溶けあってひとつの黄金色の太陽に変化したのです。その太陽は存在するすべてのものにあまねく浸透していきました。チェンバー・セッションが終わったあと、私はしばらく笑顔をおさえることができませんでした。

「アセンション・チェンバー」での体験は、あなた自身の覚醒とアセンションに向かう、あなた独自の第一歩です。それによってあなたはより高い存在レベルの「霊的な原点」へと踏みだすのです。ですから、いろいろな期待を手放して、いまのあなた自身にとっていちばんすばらしい体験をさせてあげてほしいと思います。

あなたの準備がととのったら、ゆったりとくつろげる場所でチェンバー・セッションを開くステップをおこなってください。それから「アセンション・チェンバー」があなたの身体とオーラを包みこむよう願い、あとはただリラックスしましょう。このチェンバーで深い体験ができるように、二〇分から一時間三〇分ほどの時間をとってください。あなた自身チェンバー・セッションが終わったと感じたときが終了の合図です。終わったあと感覚がとてもひろがって、ぼうっとなるかもしれませんから、立ちあがる前にもう一度グラウンディングをしてください。

眠りのチェンバー

「眠りのチェンバー」は、夜眠りにつく前や昼寝のときなど、単なる休息ではなくて睡眠に入ろうとするときに用いられるものです。眠りのチェンバーのなかでは、プレアデス人たちやキリストやあなたを援助したいと望んでいる個人的なガイドたちの手によって、あなた自身が潜在意識や高次の意識のなかに導きや癒しや光が必要なところを識別できるように促されます。また、このチェンバーはあなたが未来を創造するのを助けてくれます。こうしたチェンバーのはたらきは、あなたが眠っているときはいつでもガイドたちの援助によって作動するようになっています。ちなみに「眠りのチェンバー」のなかでは夢の恩恵を効果的に充分受けとれるように、あなたの肉体とアストラル体は同調してひとつに重なります。

あなたの肉体は、眠っているあいだじゅうチェンバー内にとどまります。そこで非常に安全な霊的な環境がつくられるために、夢のなかでさらに深いプロセスを体験して癒されるだけでなく、霊的な援助を受けることも可能になります。そして夢のなかでの体験をあなたの人生に統合できるように、プレアデスのヒーリング・チームが肉体とオーラに必要な癒しを施してくれます。そのいっぽうで、プレアデスの大天使たちはより高次元の世界に存在するあなたのアストラル体にはたらきかけるのです。

「眠りのチェンバー」のセッションでは私はいつも深い眠りを体験し、深遠な意味をもつ象徴的な夢をはっきり記憶しています。私の教え子たちも似たような体験をしています。私はほとんどの場合、いまの自分にとって最良のことを夢のなかで体験させてくれるよう求めます。もしよければあなたも同じようにしてみてください。

あなたがそのとき人生において取り組んでいる特定のことについて、夢のなかでたずねたいときもあるでしょう。たとえば自信がなくて自分をはっきり表現できなければ、プレアデス人たちとキリストにあなたの問題の源をあらわす夢を見せてくれるように、またそれを癒すための手助けをしてくれるように願ってください。その結果、もしあなたがドアや壁にぶつかってばかりいて、まわりの人から笑われたり冷やかされたりする夢を見たとしたら、めざめたあとその夢の情報を使ってワークをしましょう。まずグラウンディングし、オーラをひき寄せてととのえてから、頭のなかでその夢をもう一度思いだしながらバラを吹き、エネルギーを流してあげるのです。あるイメージが特に強烈に残っているときは、その実際の夢のシーンを大きなバラに重ねて、それを何回か吹き消しましょう。そのあと夢のストーリーをあなたの望むように変えて、もう一度夢をたどっていきます。これは「夢の書き換え」と呼ばれ、実際にあなた自身の現実をつくり変えて、潜在的なブロックをとりのぞく効果的な方法です。

夢から示唆やガイダンスを受けとりたいという人もいるかもしれません。その場合は、まずあなたが求めていることを明確にしてください。たとえば、あなたのより高い使命を知りたいときや、もっと神への信仰をもちたいときには、あなたのまわりにチェンバーが設置されたあとでその望みを具体的にはっきり言います。そして眠りからさめた直後に夢をノートに書きだすか、その夢の情報を解読して統合するための瞑想にすぐ入ってください。

眠りと夢は急速に変化する必要があるので、このチェンバー・セッションでの体験は毎回大きく異なります。そのために「眠りのチェンバー」については、とても本では詳しく説明しきれません。あなたがセッションを受ける準備ができたら、ベットに入ってください。チェンバー・セッションを開くためのステップを同じように実行しましょう。それからあなたのオーラ全体と全身を「眠りのチェンバー」がおおい、眠りからさめるまでそこにとどまってくれるよう要請します。あなたが記憶する必要のある夢をはっきりととらえ、起きたときにもそれを鮮明におぼえていられるように願いましょう。また特定の問題に意識を集中したいときや、何かについて教えを受けたいときには、その内容を明確に伝えてからリラックスして眠りについてください。それ以外の場合はいまのあなたに最善のことを見せてくれるよう求めます。そして夢に出会うつもりで眠りにつきましょう。

「眠りのチェンバー」をおこなったあとで疲れたり、チェンバー内で起こった夢の出来事に巻きこまれて熟睡できなかったような場合は、プレアデス人たちにもっと深く熟睡できる「眠りのチェンバー」を求めてください。私自身をはじめ教え子たちにも、その必要を感じる人はたくさんいました。

ストレスをやわらげるチェンバー

「ストレスをやわらげるチェンバー」は、その名の通りストレスを軽減することを目的にしています。私たちの神経系は電気、電波、マイクロ波などのエネルギーや、この時代の息づまるような時間の流れによってたえずおびやかされています。現代社会においては、「ストレスをやわらげる」という言葉がひろく用いられるようになっています。私たち代替療法を仕事とするヒーラー自身でさえ、地球全体に日に日に増えつづける抑圧から決して逃れることができないのが現状です。

ストレスに悩まされる現代でこそ、このチェンバーはすばらしい神からの贈り物になります。ストレスの原因が働きすぎや人間関係の葛藤でも、急激な変化による精神作用や感情的な重圧や悩みでも、あるいは心労による不眠であったとしても、この「ストレスをやわらげるチェンバー」は非常にすばらしい効果を発揮します。もちろんこのチェンバーは健康的でバランスのとれた生活の代わりになるものではなく、本来それを目的にしたものでもありませんが、抑圧がつもりつもって神経系や心がストレスでぼろぼろになったようなとき、あなたを助けてくれるものなのです。

このチェンバーを用いるとき、たいてい私は少しずつリラックスしていきます。しばしば身体の左から右へと静かなエネルギーの波紋が私を横切りながら、かたまりや緊張を解放してくれるのが感じられ、それが何度か通りすぎていったあとにさまざまなことが起こります。あるときはプレアデス人たちの両手に頭を抱かれ、私の脳と神経系におだやかな波動とやわらかい光が送られるのを感じたこともあります。またあるときには、うっとりするような下降感覚を体験し、それにともなって自分の肉体としっかりひとつに結ばれるのを感じます。また、ときどきすっかり眠りこんでしまい、気がついたらすがすがしい気分で、とても効果があったという以外は何があったのかまるでおぼえていないときもあります。ストレスで眠れないとき、私はこのチェンバーを用いて深くリラックスし、自然に眠れるように助けてもらいます。

ほかのチェンバー・セッションと共通するはじまりのステップを終えたなら、光でできた「ストレスをやわらげるチェンバー」を呼びだしてください。あとはただ身体の力を抜いて二〇分から一時間ほど気持ちよく過ごしましょう。実際にはそれほどかからないかもしれませんが、つねに多めに時間をとるように心がけてください。

ドルフィン・スター・リンキング・チェンバー

かつて「電気的な光の身体のチェンバー」と呼ばれていた「ドルフィン・スター・リンキング・チェンバー」は、活性化と癒しの両方の役割をかねそなえたチェンバーです。あなたの電気的な光の身体は、肉体のなかにおいて実際にカー経路と神経系と電気的回路を結ぶネットワークのはたらきをもっています。その電気的回路は、無数の細かな副次的な経路であるさらに微細な電気的回路をもつネットワーク網と考えることもできます。カー経路は高周波の電気的性質を帯びた光という栄養分をこの回路に与え、それによって光の身体が活性化されて健康に保たれるのです。

この膨大な電気的ネットワーク網には、いくつもの経路を交差するようにつなぐ多数の接続ポイントがあります。あなたのカーの身体が開いてこの電気的回路とつながるとき、それらの接続ポイントはまさに「スター・リンキング」という名前の通り、この銀河の星図のように輝きだします。このカーと電気的エネルギーがひとつになることで、イルカは地球や銀河系の軌道とひとつに調和し、星々のシステムと連結してその光を受けとることができるです。イルカたちがそうであるように、電気的回路とカーの接続はあなたを最終的に開くためになくてはならないものなのです。

あなたの副次的な経路である微細な電気的回路の一部は、異質のエネルギーあるいはあなた自身のエネルギーのブロックや傷みによってダメージを受け、壊れたり押しつぶされたりしているかもしれません。その損傷による影響であなたの肉体の一部に電気的な供給が中断され、活力や生命力や宇宙との一体感を失いはじめます。そしてその損傷が修復されなければ、最後には病気と苦痛がもたらされるのです。

「ドルフィン・スター・リンキング・チェンバー」のセッションでは、プレアデス人たちがあなたの電気的な光の身体の青写真を用意して、おのおのの経路を活性化させてくれます。経路が健全で充分な電気を帯びて輝くとき、あなたはそれをあたたかさやリラックスした感じとして体験するでしょう。その状態では健全に機能していない経路は暗くなったままとり残され、はっきりと区別できます。それはまるで満天の輝く夜空を眺めたとき、そこに北斗七星と北極星がないというほど明らかです。

そこでプレアデス人たちは閉塞してダメージを受けている経路にはたらきかけ、障害物をとりのぞいて修理し、さらに必要に応じてエネルギーを送りこみながら活性化させていきます。ときには霊的手術や、新しいものとの交換や傷みの除去が必要な経路もありますが、それらは人間の物理的な手なしにプレアデス人たちだけで実施することはできません。とはいえ、あなたの光の身体を癒し活性化するために彼らだけでできることはまだまだたくさんあり、彼らはそれを実行してくれるのです。

このチェンバー・セッションは三〇分から一時間ほどかかり、充分に時間をとっておくことが大切です。ベッドに入る直前におこない、すぐに眠ってしまうのもいいでしょう。章の最初に紹介した開始のステップをすませてから、光の「ドルフィン・スター・リンキング・チェンバー」があなたの肉体とオーラのまわりに設置されるよう求めてください。それからリラックスするか、そのまま眠ってかまいません。

「聖なる軸線」をととのえるチェンバー

「聖なる軸線をととのえるチェンバー」はより低い波動のエネルギーを浄化し、あなたのハイアーセルフが肉体に深くしっかりと根をおろせるようにしてくれます。これについてはあとのほうで詳しく述べますが、すでに7章でも説明したように、あなたの身体には脊椎を上下に延長したような「光のチューブ」または「聖なる軸線」と呼ばれる管状の開きがあります。下はあなたの足より下方のオーラの底まで伸びており、上は頭上のオーラの頂点をつらぬいて、あなた自身のホログラムが存在する高次元にまで及んでいます（図11）。あなたがこの「垂直の連携」のなかにあるとき、高次の真実や聖なる資質ともっともつながりやすい状態になります。

このチェンバーには「次元間の光の円錐」の機能をひろげるという役割もあり、あなたに「垂直の連携」がもたらされるように助けてくれます。すなわちこのチェンバー・セッションによって、障害物や低い波動がとりのぞかれ、プレアデス人たちがあなたのエネルギー・フィールドに活発にはたらきかけやすくなるために、「次元間の光の円錐」で垂直の連携がスムーズに保たれるようになるのです。

肉体とオーラから水平状のエネルギーが解放されると、あなたはひろげられるような感じがするかもしれません。足がひっぱられて背中が伸びるような感じや、身体の前後または全身からエネルギーがオーラ内に放出されるように感じるかもしれません。また私自身はエネルギーの波が左から右へと移動するような感じも体験しました。

このチェンバー内で基本的なことは、あなたが「聖なる軸線」と結ばれる段階にいたるために必要なこと

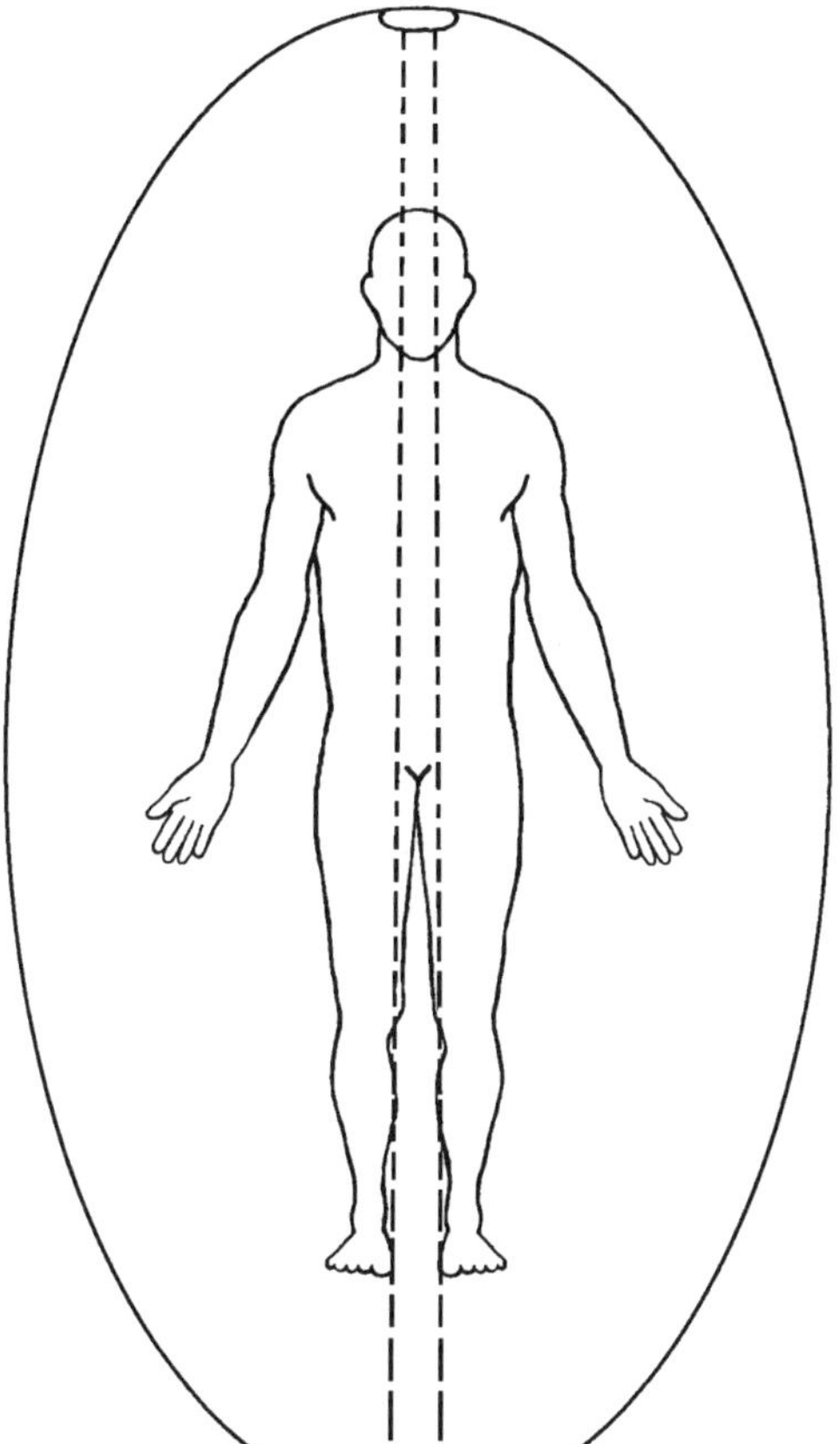

図11　光のチューブ：オーラの頂点から身体の背骨付近を通ってオーラの底へまっすぐに伸びている

を与えられた時間内にひと通り体験するということです。いつものことながらプレアデス人たちは、あなたが学び成長するために自分でしなければならないことを代行したりはしません。

まずチェンバー・セッションを開くステップをおこなったあと、「聖なる軸線をととのえるチェンバー」を設置してくれるよう求めましょう。このチェンバー・セッションを受けているあいだ、あなたの意識に浮かんでくる思考、観念、判断などで浄化が必要なものに意識を向けてください。また、身体のどこかに強い局部的な引力を二分以上感じたら、とりのぞくべきサイキック・コードがないかどうかもチェックしてください。プレアデス人たちは他人からもたらされた異質のコードは浄化してくれますが、何かの理由であなた自身がそのコードに気づく必要のある場合はそのかぎりではないからです。

このチェンバー・セッションは一〇分から四〇分程度かかります。念のために四〇分間を用意するようにしてください。なお、この「聖なる軸線をととのえるチェンバー」は、13章の「ハイアーセルフとつながる」にとりかかる前には二~三回くり返すことをおすすめします。

時間と空間のないチェンバー

「時間と空間のないチェンバー」はあなたの状況によって三つの利用法があります。しかしどの場合も、私たちが三次元の現実から与えられる作用をすり抜けてその外側へと足を踏みださせ、三次元的な制限のない環境をつくりだしてくれます。

第一の用い方は、あなたがもっともこのチェンバーを使いたくなるケースかもしれません。たぶん私が最初にこのチェンバーを用いたときの話をするのが、いちばんわかりやすいでしょう。あるとき、友人と私は旅行中にソルトレークシティを通過しなければなりませんでした。市街から二四キロほど北の高速道路を走っていると、私たちの車は濃いスモッグのなかに入ってしまい、それと同じくらい濃くて分厚いサイキックなエネルギーにおおわれたのです。スモッグの匂いと霊的な厚い層が一緒になって強い圧迫感があり、まるで濃密でネガティブな想念体のなかに突っこんでしまったかのようでした。私はすぐに瞑想に入りました。車を浄化するとどんな変化が起こるのかを見てみようと思ったのです。

すぐに私のプレアデスのガイドであるパーラがあらわれて、こう指示してくれました。「車のまわり一メートル半ほどの範囲を、時間と空間のないチェンバーが包むよう命じるのです。そのなかでは大気もエネルギー・フィールドも、あらゆる物理的および霊的な汚染から逃れられるはずです。この車とあなたたちがチェンバーの外の影響をまったく受けなくなり、あなたがもう大丈夫だと感じるまで、車をとりまく澄みきった空間としてそのチェンバーをイメージしてごらんなさい」

およそ二分間ほどで私はチェンバーをしっかり感じることができました。そのとき、車を運転していた友人が驚いたように私のほうを見て言うのです。

「君はこの車にいったい何をしたんだい?」

私がその質問の意味をたずねると、彼はこう答えました。

「いま、ちょうど君に運転を代わってもらおうと思っていたんだ。あたりのエネルギーがどんどん濃くなってきて、僕の視力ではもうほとんど何も見えなかったから。ほんとにのしかかられるみたいだったよ。そしたら突然すっと消えて、いきなり視界が開けるじゃないか。驚いたよ」

それから一〇分後、私たちはふたたび濃密なエネルギー層と異臭におおわれはじめました。私は目を閉じて前よりももっと強く念じながらチェンバーをとりつけなおしました。今度は目的地に着くまでそのチェンバーが効果を発揮しつづけました。私はその夜宿泊したホテルの部屋のスペースも、「時間と空間のないチェンバー」で包んでみました。そこは市街からはなれたソルトレークの南西部にあるホテルでしたが、その建物の内部のエネルギーも高速道路のときほどではないにせよ、かなり不快なものだったからです。その夜、ホテルではちょうどクラス会が開かれており、酔った人々のざわめきで騒然としていました。ところがチェンバーを設置すると、あたりの騒がしさが急に小さくなり、異臭もあまり気にならなくなりました。空気も透明で新鮮なものに変化したことに私たちは気がついたのです。

私はふだん家のなかをきれいにしたり、ホテルや車やその他の空間を浄化するために5章にあげたやり方を用いています。けれども極端にひどい環境で、その方法では足りない場合にはこのチェンバーが効果的です。とはいえ私たちは時間と空間の存在する世界に生きているので、浄化のためにこのチェンバーをあまりにも頻繁に用いるのは必ずしも賢明ではないでしょう。

このチェンバーの二番目の用途とは、多次元間のコミュニケーションを必要とするときです。特に自分自身のハイアーセルフや高次元の光の存在とつながり、ガイダンスを受けとる準備ができたと感じる人々にとっては、このチェンバーは意識を三次元の現実の外へと連れだし、通常はとらえることのできない波動を意識が受けとれるようにしてくれます。長いあいだ瞑想をおこなっていなかったり、精神が気ぜわしく動きまわっているようなときは、このチェンバーはすぐに効力を発揮しないかもしれません。けれども、たぶん自分の中心に戻った感覚や、おだやかで透明な感覚がよみがえるでしょう。

このチェンバーを用いるときは、できるだけ何も考えずにただリラックスすることが大切です。このチェンバーの性質そのものが、そういった姿勢を著しく助長してくれるのです。まずチェンバー・セッションのはじまりに、いまのあなたにゆるされる最善のガイダンスを求めてください。あなたの前には聖なる光の存在だけしかあらわれないという合意をすでに結んでいるのですから、最初から安全な空間のなかにいることを知ってください。ときにはまったく〝意識のない〟状態の最中に、突然あなたにガイダンスが降りるかもしれません。また透聴やテレパシーの能力がある人は、時機がきたらはっきりとメッセージが聞こえるようになるでしょう。

なお、あなたにとって実際にガイダンスが必要でない場合もあります。そんなときチェンバーは三番目の機能を発揮します。あなたはまるで海辺で午後を過ごしたり、タンクのなかで水に浮かぶセッションを体験しているときのような心地よい感覚を味わいます。そのときあなたには、ガイダンスよりもそのほうが必要だったことがはっきりわかるでしょう。そこでは自分の意識が拡大し、地球の引力の影響から解き放たれて軽くなっていくのを感じるのです。

ここにあげた三つのうちどの方法で「時間と空間のないチェンバー」を体験しても、私はくつろいで海岸の陰イオンに満ちた空気を吸いこんだときのようにたっぷりと充電した気分になり、その新鮮さと開放感がチェンバー内の空気にも浸透してくるのを感じます。このチェンバーは瞑想などで得られるアルファ波の状態をもたらし、あなたの神経系を癒して回復させるように促します。その結果、あなたを深いやすらぎと幸福感で満たしてくれるのです。

このチェンバーをいつもの瞑想に用いるのはあまりおすすめできません。むしろ、あなたが三次元の枠の外でひと休みしたいというときに、特別に用いるようにするといいでしょう。「自己達成」と「アセンション」というゴールに向かうには、スピリットが肉体とより深く一体化するために意識的に瞑想し、神聖なエネルギーを感じることが非常に重要です。しかしこのチェンバーを多用しすぎると、かえってゴールへの妨げになる場合があります。このチェンバーをどのくらいの間隔で用いたらいいかは人によってまちまちですし、あなたの人生の状況に応じてもたえず変わります。一般的にいってこのチェンバーの二番目と三番目の利用については、どんなに熱中させられても週に一回程度が望ましいでしょう。あなたが個人的に指示を受けとったときだけ、それ以上の頻度で用いるようにしてください。

このチェンバーを体験するときは、最初に開始の手順を踏んでから、「時間と空間のないチェンバー」があなたの肉体とオーラを包んでくれるよう求めましょう。それがあなたに深い再生をもたらし、必要があれば神聖なガイダンスを受けとれるように願ってください。あとはリラックスして、すべての日常的なことがらを忘れてただ楽しみましょう。

このチェンバーのなかでガイダンスを求めるときは、一生懸命聞こうとするのではなく、ただ静かに待って訪れるものを受けとるようにしてください。このセッションは四〇分から一時間ほどを要します。もしあなたがそうしたければ、前もって終わりの時間を設定しておくこともできます。

感情を癒すチェンバー

「感情を癒すチェンバー」は、悲しみや感情を解放したあと、空っぽになったようで感情的にしっくりしないという人々への祝福です。つきあげる自分の感情に圧倒されたり、または感情が枯渇してしまったときにも用いることができます。無感動のとき、あるいは感情過多のときは、その人のオーラはややレモン色がかった緑かオレンジ色に脈動しています。こうした状態では感情を静めてリラックスさせるような癒しが必要で、それ以上感情が解放されるのをひとまず中断させなければなりません。

このチェンバーには、ミネラルの熱いお風呂やマッサージと似たような効果があります。不安定な気分を静めてくつろがせ、あなたが少しのあいだ問題を手放すのを助けてくれます。夜、眠りにつく直前におこなってすぐに眠ってしまうとすばらしい効果がありますし、必要があればいつでも用いることができます。

肉体的および精神的・感情的なトラウマをかかえていたり、感情面における虐待や深い喪失感または過去世のカルマの未解決などは、このチェンバー・セッションがとても役に立ちます。現在なんらかの心の痛みをかかえている場合も、長年の傷や鬱積がたまっている場合も、あなたの感情体は癒されるでしょう。長期間ためこまれている感情には、怖れ、妄想、怒り、激情、自己憐憫、羞恥、落ちこみ、悲しみ、傷、苦悩などをともなうかもしれません。しかし、このチェンバーは過度にいきすぎた感情をすくいとって、それに光をあててほぐしながら感情体のダメージを修復することで問題に対応していきます。〈プレアデスの光のワーク〉のほかのワークと同様に、プレアデス人たちはここでも霊的手術その他の特別なヒーリングの手法はできませんが、それでも多くのことが可能です。

このチェンバーは感情を表現して吐きだすためのものではありません。プレアデス人たちは、単にそういうはたらきかけをしないのです。でも、現在の状況における感情をあなた自身の責任で表現し、それを浄化することで過去の体験から学ぼうとするときには喜んでサポートしてくれるでしょう。

あなたがさしせまった感情的な問題をかかえていてもいなくても、チェンバーを体験して必要な感情体のヒーリングを受けることができます。この「感情を癒すチェンバー」のセッションは一五分から四〇分程度かかりますので、念のためつねに最大限の時間を確保しておいてください。チェンバー・セッションを開くステップを終えたら、光でできた「感情を癒すチェンバー」があなたをおおってくれるように求めます。あとはすべてを受け入れ、力を抜いて楽にしていてください。

多次元的な癒しと統合のためのチェンバー

あなたがこの三次元やそれ以上の高次元との結びつきにおいて癒されていないダメージをもっているとしたら、この光の「多次元的な癒しと統合のためのチェンバー」を用いて癒すことができます。おそらくそうしたダメージは過去世や今世における虐待、ドラッグ、セックス、アルコール依存、レイプなどが原因となって生じたもので、たいていはショックとともに大きな感情的・肉体的ダメージを受けます。そのような体験は高い次元とのつながりを切断します。もしあなたの両親がアルコール依存や暴力的な人々だったとすれば、あなたはたぶん低次元のアストラル・エネルギーや肉体をもたない霊、寄生体、ネガティブな想念などがあふれた環境で育ってきたことでしょう。つまり高次元の光の存在とのつながりがほとんど絶たれたまま、怖れと幻想の世界で大きくなってきたのです。

あなた自身のホログラムはオーラのなかを深く伸びて、さらにオーラをはるかに越えてひろがっています。そのひろがりが光のフィールドから低次元のアストラル・フィールドに変わるとき、あなたは隔絶感を感じて暗くなり、希望を見失ってしまうこともあります。そうするとハイアーセルフやスピリチュアルな次元とのつながりは、体外離脱という体験によってのみ可能となります。あなたのエネルギーの幾何学的な立体構造にほころびが生じて、あけ放たれた経路や空間に異質の濃密なエネルギーがいっぱいに入りこんでしまうのです。瞑想やポジティブな思考、感情の癒しや過去世ヒーリング、そして霊的覚醒などはみなそのようなブロックを浄化することを助け、真の自己というふるさとへの旅に踏みだせるようにしてくれます。

「多次元的な癒しと統合のためのチェンバー」は、こうした回復と癒しのプロセスを著しく押しひろげ、加速させるように促します。プレアデス人たちは高い波動のエネルギーをもたらし、低い波動やねっとりとした濃密な波動を燃やして変容させてくれます。彼らはゆるされた時間内で可能なかぎり、あなたが自分自身の神聖さとふたたびつながることによってもと通りに回復できるよう手をさしのべてくれるのです。

また、このチェンバーは、あなたが霊的に非常に拡大されて肉体を超越する体験をして、それを人間としての人生とエネルギー・フィールドに統合する必要があるときにも用いられます。往々にしてそうした体外離脱体験は、時間と空間に枠づけられたあなたの現実に浸透することができません。あなたは異なった現実を体験したあとで空虚感が残ったり、気分が滅入ったりするかもしれません。瞑想するたび肉体の外へ出てしまうとか、ふだんからグラウンディングしていない人は特にその傾向が強いでしょう。高い波動を体験することは実際にあなたの人生に大きな違いを生みだし、あなたがだれなのかという霊的進化における重大な問いに直面させるのです。

いつも肉体の外へ出た状態で瞑想するのと同じように、より高次元の領域とつながるためにドラッグなどを用いることもジレンマをつくりだします。ドラッグそのものの効力によっても、またスピリットが肉体に不在になるという点からも、肉体は低い波動を帯びるようになるのです。結局ドラックであれ瞑想であれ、それらを用いることに依存していると、そこでの体験を肉体の内側にある意識的な日常生活に統合することが難しくなってしまいます。自分の感情を感じまいとか自分の責任を回避しようとして、いつもグラウンディングしないで肉体の外に出ていることも、それと同じ問題を生みだします。

「多次元的な癒しと統合のためのチェンバー」はホログラフ的なダメージを修復し、あなたのハイアーセルフ（それだけにかぎりませんが）とのコミュニケーションの通路を開いて、多次元レベルでの結びつきをより完全で確かなものにすることによって、あなたが霊的な体験を肉体のなかに容易にとりいれられるようにしてくれます。それはまた、あなたのスピリットと肉体とハイアーセルフとのへだたりを埋め、ハイアーセルフが肉体（ホゼ・アグエイアスは肉体を人類の「宇宙服」と呼んでいます）へと次元降下するのを加速させて人生の変化を促すのです。

このチェンバーのもうひとつの利用法はイニシエーションの統合です。いまはじめて体験したようなものでも、または過去世での儀式体験を現在に呼び戻す場合でも、「多次元的な癒しと統合のためのチェンバー」は非常に効果的です。イニシエーションの体験とはつねに多次元的なものであり、しばしばあなたは根底的な変化と混乱のなかにとり残されたように感じるでしょう。それは過去世での儀式体験を思いだしたとき、特に著しくなります。というのも、それによってあなたは時空連続体の裂け目を超えるだけでなく、ほかの次元における現実とも接触するからです。こうした場合、プレアデス人たちとキリストはあなたがその体験を統合できるように肉体と意識、オーラとホログラムにはたらきかけて、それを単なる〝現実ばなれした体験〞から、いまの現実の人生に変化をもたらすような体験へと変換するのを手助けしてくれるのです。

最近のことですが、私が教えている「プレアデスの光のワーク集中コース」において、カー経路を開くためにペアをくんでいた二人の生徒が、どちらも非常に深い過去世でのイニシエーションを再体験しました。ワークのなかで最初の浄化のあと、彼らは深い変性意識におちいり、肉体を超えて別の次元である異なった時間の現実へと拡大していくような感覚を味わったのです。二人とも終わってから当惑と混乱に襲われ、しばらく静かに休むことが必要な状態でした。そこで彼らがこのチェンバーを試してみると、新しい変化に適応しはじめ、さっきまでの混乱はなくなったのです。

ところが夜になって、そのうちの一人ハーヴェイは眠りにつく前にチェンバーを呼びだすのを忘れてしまい、朝方の四時に思いだして実行しました。その朝、八時半になって彼の妻のパットが私のところにやってきて、「彼が数時間前にチェンバーを呼びだしたまま身体が動かなくなってしまった」と言うのです。一〇分後には私のクラスが始まる予定になっており、彼はベッドに入ったままワークを受けることになりました。私がようすを見にいくと、彼が動かすことのできたのは両方の瞳だけでした。彼はチェンバーを呼びだしたとき、自分に必要なことを全部してほしいとプレアデス人に依頼したというのです。私はプレアデス人たちと話して、彼のセッションを加速して終了を早める方法を教えてもらいました。すると二分後に彼はもと通り身体が自由に動くようになりました。その日のクラスでは、私たちが依頼する内容に関して注意しなければならないこと、また少なくともクラスの始まる一時間前には完了するように求めておかなければならないことが冗談まじりに語られました。ところで、ハーヴェイは危険な状態におちいって身体が麻痺したのではなく、プレアデス人たちと一緒にあまりにも深いエネルギーレベルまで入ってしまったために、一時的に身体を動かすことができなくなっていたのです。

ごくまれなケースですが、この例からもわかるように、あまりにも大きな変化を通りぬけるようなとき、チェンバー・セッションは予想以上に時間がかかることがあります。ですから人生に変化をもたらすような大きな出来事や癒しを体験して、統合のプロセスを促すためにチェンバーを呼びだすという場合には、夜眠りにつく前や何の予定も入っていない日に実行することをおすすめします。いつものように指定された時間内ですむかもしれませんが、それ以上かからないとはいいきれないからです。

このチェンバーをおこなうときは、つねにできるだけ時間をたっぷりとっておいてください。おそらく、二〇分から一時間三〇分程度の範囲ですむでしょう。チェンバー・セッションを開くための手順を実行したら、光でできた「多次元的な癒しと統合のためのチェンバー」があなたの身体とオーラをおおうように求めます。身体の力を抜いてリラックスしましょう。このチェンバー内にいるあいだに、ときおり浄化が必要なネガティブな思考や判断がわきあがってくるのを感じるかもしれません。そういった思考や判断は追い払おうとせず、あなたの意識に自然に入ってくるのをゆるしてください。そしてあとから、6章に紹介した判断や印象や思いこみを浄化するワークをおこないましょう。

10章 愛のチェンバー

「愛のチェンバー」は、あなたの肉体の細胞レベルだけでなく、感情体やメンタル体や霊体にまで神聖な愛をもたらすためのものです。このチェンバーはきわめてユニークでさまざまな利用法がありますので、この章全体をかけて解説していきます。

癒しの唯一の源泉とは愛です。つまりヒーリングの効果を確実なものにするためには、少なくとも愛をもって癒しに取り組まなければならないということです。愛や思いやりのない臨床医学における癒しは、たとえ症状を緩和することはあっても、病いの根源に関して本当の深い効果と永続的な変化をもたらすことはできないでしょう。

ところで、いったいどれだけの人々が人生においてつねに利己的でない愛の純粋さと美しさを体験しているることでしょう。たしかにそういう人々は存在しますが、いまの地球においては「神聖な愛」は当然のことというより、むしろまだまだ例外的なものといわざるをえません。これはだれかを指さしていっているのではなく、人類全体が進化しなければならない領域なのです。

「神聖な愛」とは次のように定義することができるでしょう。

①純粋な愛は人に対する期待や隠された動機や罪悪感をともなわず、人をあやつったり、うっぷんを晴らすために与えられることはない。
②愛は自己本来の性質がおのずとほとばしり出るものであり、それは理由なしに人を思いやる。
③人々や動物、植物、そのほか創造されたすべての存在の本質を見たときにわきあがってくる、ごく自然な反応。
④存在するすべてのものを通して流れる神または女神的な本質。

しかしながら、今日の社会では愛を次のように定義して教えています。すなわち愛とは人々のことを心配し、失うことを怖れるものであり、また自分が気分よく安全でいるためにまわりの人々に要求するものであると。そしてあなたの必要がかなえられたり、価値が認められたり、欲するものが与えられたときに相手に対して感じるものが愛であり、相手に「あなたがいないと耐えられないわ」と言うことや、人を憐れんだり同情したりすることが愛だと教えられています。ほとんどの人々がそれらを愛と呼び、愛ゆえの症状だと認めているのです。

最近、一人のクライエントが三日間の集中ヒーリングを個人で受けるために私の家に滞在しました。その男性はワークのなかで浮かびあがってくる感情となんとか折り合いをつけようとして苦しんでいるうちに〝哀れな自分〟にはまりこんで、すっかりゆきづまってしまったのです。そのワークを前に進めるためには、私は「苦難の愛」に理解を示す役をひき受けなくてはなりませんでした。

セッションが終わってから、私は彼の悲しみに沈んだ大きな瞳をまっすぐ見つめ、微笑みながら「あなたを愛しているわ」と言いました。

「いまの僕には、とてもそんなこと言えないよ」と彼。

「私はあなたを愛しているからそう言ったのよ。あなたを〝かわいそう〟だなんて私は思わないんですもの」

そのとたん彼は私の言った意味を悟りました。

「そうか、いまその違いがわかったよ。僕はずっと憐れみを追いかけていたんだ」

これは彼にとって、とても大きな気づきでした。

この社会では「かわいそうな自分」「悲恋の二人」や「なんてつらいのかしら」などというゲームを演じることで愛をめぐって競いあうように教えこまれます。たとえば相手に同情できず「なんてお気の毒な」という反応ができなかったために、愛情のない鈍感な人間として人に責められたり、逆に人を責めた経験はないでしょうか。人を憐れむ行為は、その人のパワーを実際に奪いとってしまいます。つまりその人には自分を救う力量も能力もないと認めていることになるのです。だからといって冷淡で無関心でありなさいというのではありません。人に対して愛と思いやりをもって接しながらも、その人自身が学び、成長してみずからの人生を変える可能性を同情によって打ち消してはいけないという意味なのです。

このように「神聖な愛」の定義と、社会が「愛」に付与する定義とのあいだには、かなりのへだたりがあります。たぶんあなたは幼年期の初期に、愛してほしければ両親が求めることや望むことをしなければならないと教わってきたはずです。あなたはそれに順応して望まれるふるまいをするか、反抗して愛を全面的に拒絶するかのどちらかだったのではないでしょうか。そのどちらにしても、だれかの注意とエネルギーを求めて競いあうゲームのせいで、神聖な愛を受けとるあなたの能力は著しく低下するか、あるいは完全に遮断されてしまうのです。

大人になると、愛の性質に対するこの誤解は同僚や友人に対する非現実的な期待となってあらわれます。あなたが望んでいるときに相手が連絡してこないと、その人には愛情がないと決めつけます。またあなたのいちばんの親友が新しい友人をつくると、自分は愛されていないと感じて嫉妬します。というのもその親友はすべての注意を自分に向けなければならないはずだからです。また、あなたが彼に手をにぎってほしいとかキスしてほしいと思っているときにそうしてくれなければ、私の気持ちがわからないなんて愛してない証拠だといって彼を責めるでしょう。

今日、大多数の人々はすっかり忘れてしまっていますが、私たち人間はもともと気のあうような仲間や友人を選び、自然に愛と思いやりを感じるような、同時にそうした感情を自然に返してくれるような相手を選ぶようにできているのです。それなのに、まだお互いの望みや要求を話しあって深く知りあう前から、または調和的な関係の基礎もできていないうちに、多くの人々がたやすく性的な関係をもったり友人関係を結んだりしています。そして相手の愛し方が自分の期待したものと違うと傷ついて、私を愛していないといって相手を責めるのです。それはその人の愛し方なのだというふうには考えてもみません。そうした人々のなかには実際に愛情のない人もいれば、そうではない人もいるでしょう。こうした傾向や態度におぼえがある人は「洞察」を用いて、最初の時点で意識的な選択をする必要があります。

私はかつて恋人にこう言われたことがあります。「僕はどちらかがおとしめられるような関係に自分を巻きこみたくないんだ。僕たちはみんなお互いに相手に感謝するためにつきあっているんだから、それができないようなら、そうした相手とはかかわるべきじゃないと思う」と。あなたももしかしたら、人生のどこかでこうした教訓から逃れられなかったことがあるかもしれません。

愛情に関するそのようなジレンマや多くの理由で、あなたは神聖な愛をふくめたその他さまざまな愛と呼ばれるものを受けとる能力を閉ざしてきました。あなたは真実の愛の喜びにひたることも怖れているかもしれません。なぜならそれは相手に対するコントロールや、傷ついたり失望したり依存するのをやめることにつながるからです。純粋な形での愛は、怖れや抵抗、制限や喪失、コントロール、痛み、依存などとは両立できないのです。

あなたが愛と呼ぶものがこのような痛みをもたらすとき、自分の洞察力を使って、そうした状況や人物をひき寄せることになったあなた自身の内側にあるものを波動レベルで検証していく責任があります。あなたはどんな矛盾した非現実的な期待をかかえているのでしょうか。相手が愛情と思いやりのある人かどうかを、深い関係を築く前に充分見きわめていたでしょうか。あなたがその人に愛されるに値し、あなたの愛をその人が受けとるに値すると信じていますか。あなたはありのままのその人を認めることができるでしょうか。それとも、あなたの期待にそうように相手をつくり変える権利があると思いますか。天性そのままに自然にふるまっているときのその人を好きでしょうか。あなたが自分にこうした問いかけをして、愛についてさらに理解する必要があると感じるなら、エーリッヒ・フロムの著書『愛するということ』をおすすめします。

「愛のチェンバー」は、あなたが神聖な愛に自分を開き、それを受けとれるように手助けしてくれます。それによってあなたは癒されて抵抗がやわらぎ、今後の人生にどんな人物や出来事を呼び寄せるかについて洞察できるようになるでしょう。このチェンバーは人に対してこれまで以上に愛情を感じ、自分もまた愛されているのを感じられるようにします。これらのチェンバーの美点を体験したというだけで、あなたがそれを願うならいまよりもっと好ましい人間になれるかもしれません。チェンバー・セッションを受けているあいだ、あなたはさまざまな光の存在たちや父なる神、母なる女神からの神聖な愛に満たされます。きっとその愛はあなたのハートにふれて、身体のなかにしみわたっていくのが感じられるでしょう。愛のチェンバーは種類ごとに少しずつ目的と用途が違いますが、それらはみな神聖な愛をもたらしてくれます。

「愛のチェンバー」もこれまでと同じように、9章の最初にあげたチェンバー・セッションを開くステップで始めます。その手順のあとで、あなたのまわりにチェンバーを呼びだしてください。そのときあなたはどのチェンバーを望むのかを明確に示さなければなりません。「愛のチェンバー」には、次のような種類があります。

①愛とひとつになるチェンバー
②天使の愛のチェンバー
③聖なる女性性／男性性の愛のチェンバー
④陰陽の愛のチェンバー

どれもまずチェンバーの機能を説明してから、実際のチェンバー・セッションへとあなたを案内しましょう。それぞれのチェンバーの違いを充分に体験するためにも、個々のセッションのあいだに最低八時間はあけることをおすすめします。愛のチェンバーはいずれも三〇分から一時間ほどかかります。あらかじめ時間を設定してもかまいませんが、なるべく最大限に時間をとってあげましょう。

愛とひとつになるチェンバー

「愛とひとつになるチェンバー」は、五つの種類のなかでももっとも一般的にひろく用いられるチェンバーです。このチェンバーは、さまざまな源から放たれる宇宙の神聖な愛をあなたにつなぎ、そのあまねく偏在する「すべてなるもの」の愛との結びつきや一体感をもたらしてくれます。チェンバーのなかでは、いくつかのステップであなたが意識的に参加することが求められます。それではセッションを実際に体験する前に、ざっとその手順を説明しましょう。

このチェンバー・セッションでも、まずほかと同じように開始のステップをおこない、そのあとでチェンバーを呼びだします。それから太陽を通して「父なる神」からの愛を受けとれるように願いましょう。あなたが室内にいても、太陽の光があなたに降りそそいできて、想像しうるかぎりの美しい微細な光があたりをおおい、身体に流れこんでくるのを見てください。その繊細な光は、神の愛のエネルギーを運んできます。上から降りそそぐ光が身体のなかに浸透してくるにつれ、あなたは愛の光に満たされていきます。

その愛の光が身体中すべての細胞を流れるのを感じながら、その光があなたの身体の前方から背後へと(横たわっているので実際には上方から地面へと) 全身をつらぬくように流れて、大地にそそがれるさまを思い描きましょう。そう感じられるようになるまで数分ほどかかる人もいるかもしれません。セッションが終了するまで愛の光があなたの身体をそのまま流れつづけるよう求めましょう。

地球は「母なる女神」の愛の器として用いられます。今度は地球にむかって、太陽と同じようにあなたを光と愛の流れで満たしてくれるように願いましょう。あなたの呼吸と想像力を使って、地球から女神の愛が放射され、その光が背後から全身の細胞へと送られていくのを見てください(横たわっているので、実際にはあなたの身体の下方から光が入ってきます)。地球の女神の愛があなたの身体をいっぱいに満たして、身体の前面からあふれだすまで、そのようすをイメージしつづけましょう。ここでもふたたび、チェンバー・セッションが終了するまで愛の光が流れつづけるように求めます。

この時点では、神聖な愛はあなたの身体の前からうしろへと、そしてうしろから前へと流れています。それからプレアデスの光の使者とキリストに、彼らの愛で満たしてくれるように願いましょう。あなたが愛を受けとりたいと思うガイド、高次元のマスター、天使、大天使、光の存在たちも一緒に呼びだしてください。また、あなたがつながりを感じていたり、つながりを感じたいと願うデイヴァや光輝くデイヴァ、仏陀、観音、母なるマリア、聖フランシスなどの光の存在や、このとき参加することを望む神聖な愛の存在すべてに呼びかけるのもいいでしょう。

あとはセッションが終わるまでリラックスしてください。その愛があなたのなかを流れていくのをただ感じてあげましょう。涙があふれたり、何か感情がわきあがってきたときには、あなたにとってもっとも自然なしかたでそれを感じ、表現するようにしてください。やがておだやかな気持ちにかえり、あなたにそそがれる愛だけを感じるようになるでしょう。ネガティブな思考や判断、思いこみなどが意識にのぼってきたら、前に紹介したワークによって浄化してください。

私はいつも、愛のチェンバーを「ナマステ」という言葉でしめくくりながら、私のもとにあらわれて愛を与えてくれた存在たちに感謝をささげます。

●愛とひとつになるチェンバー

1〜8　9章の冒頭に紹介した、チェンバー・セッションを開くための手順をおこなってください。

9　光でできた「愛とひとつになるチェンバー」があなたのオーラと身体のまわりにやってくるように求めましょう。

10　太陽の光があたりに満ちて、あなたの身体の前のほうから（横たわっているあなたの上方から）降りそそいでくるのが見えます。

11　太陽が父なる神の愛の源として、あなたに愛をもたらしてくれるように願いましょう。

12　その繊細な愛の光はオーラのなかに降りてきて、あなたの身体の前のほうから入ってきます。そして頭のてっぺんからつま先まで浸透していくのが感じられます。呼吸を続けてください。やがて前のほうから入ってくる光であなたの身体はいっぱいになり、背後からあふれだして大地にしみこんでいきます。

13 父なる神からの愛の光が、このままセッションが終わるまで流れつづけるよう求めましょう。

14 次は母なる地球に呼びかけて、母なる女神または聖なる母の愛を伝達する媒体になってくれるように呼びかけてください。

15 すると大地から、あなたの身体の背後に（横たわっているので下方から）繊細な愛の光が放射されます。その光を吸いこみましょう。その愛の光はしだいにあなたの身体の前からあふれだし、オーラ全体に充満していくのを見てください。

16 そのままセッションが終わるまで、愛の光があなたの身体のすべての細胞を流れつづけるよう求めます。

17 プレアデスの光の使者と高次元マスターであるイエス・キリストに、彼らの愛であなたを満たしてくれるよう願いましょう。

18 ガイドたちや高次元のマスター、天使、大天使をはじめ、あなたがこのチェンバーに加わって愛を送ってほしいと思う光の存在たちを呼びだしてください。

19 希望する人は次のように声に出して言ってみましょう。

「私はこの愛とひとつになるチェンバーに参加することを望むすべての光の存在を歓迎します。私はあなたがたの愛をあますところなく充分に受けとる準備ができています」

20 いまのあなたに可能なかぎりあなた自身を開き、やってくるものを受け入れてください。愛が身体中のすべての細胞のなかを、あらゆる方向に流れていくのをゆるしてあげましょう。なかなかイメージできないときには、リラックスしてあなたが開かれるまで次のアファメーションをくり返してください。

「私は神聖な愛を受けとるに値する存在です。そしていま神聖な愛を喜んで受けとっています」

21　セッションが終わりに近づいて光の存在たちが去ろうとしているのを感じたら、あなたにとって誠実なやり方でさよならを告げてください。たとえば「ナマステ」でもいいし、ほかの感謝の言葉でもかまいません。

22　目を開いて、ゆっくりと部屋に戻ってきてください。チェンバー・セッションでの感覚をその日一日楽しみながら生活してください。必要ならもう一度グラウンディングをおこないましょう。

天使の愛のチェンバー

このチェンバー・セッションの基本的な手順は、「愛とひとつになるチェンバー」とほとんど同じです。おもに違うところは、太陽と地球の愛のエネルギーを父なる神と母なる女神からとりいれた後半の部分です。そのステップで今度は天使だけを招き入れ、あなたのまわりに輪をつくって彼らの愛で満たしてくれるよう求めます。その理由は、天使の愛そのものが特有の純粋さと喜びと、平和で無垢なエネルギーをもつすばらしい波動だからです。天使たちのエネルギーは、神または女神そしてすべてのものの内側に宿る神聖さに対する献身、敬愛、奉仕の性質を強くもっています。あなたもこのチェンバーを体験したら、天使のエネルギーの特質を充分に理解できるでしょう。

天使や大天使を招き入れるときは、特定の天使に呼びかけてもいいし、天使全体に呼びかけてもいいでしょう。たとえば、神聖な愛を運ぶすべての天使に呼びかけて、まわりをとりかこみ、愛の光の輪があなたの身体を通りぬけるように願うこともできます。あなたがつながりたい特定の天使や大天使を選んでもかまいません。天使にはたくさんの種類があります。癒しの天使、愛の天使をはじめ、慈愛、無垢、信頼の天使など、あなたが思いつく聖なる資質の天使のなかから選んでください。また、保護、神の使者、ガイドの天使や、あるいは子供たちを見守る天使、異性関係を見守る天使、音楽の天使、死を見守る天使、誕生と再生の天使、聖なる女性性を癒す天使、聖なる男性性を癒す天使などもいいでしょう。

大天使にも天使と同じくらい多くの種類があり、その特質や役割によって呼び分けることができます。次にあげるおもな大天使たちは、天使や大天使たちの群れや集団をとりまとめています。男性の名前のほうがよりひろく知られてはいますが、大天使たちは男性と女性の聖なる対になっています。大天使ミカエルと聖なる対になるのがミカエラ、またはフェイスと一部で呼ばれますが、聖なる真実と光の軍隊を守護してつかさどっています。大天使ガブリエルとガブリエラは神の使者であり、自由意志の守護者でもあります。大天使ウリエルとウリエラは地上と天国の平和の守護者たちを見守っています。大天使ラファエルとラファエラは神聖な愛の資質をかかげそれを守護しています。大天使シャムエルとシャムエラは、聖なる調和と音楽の分野をつかさどります。大天使ザドキエルとザドキエラは聖なる意志とスピリチュアルな誓約を守護します。大天使ジョフィエルとジョフィエラは聖なる叡知と、苦しみをはじめとするすべての人生の体験からそれを獲得する能力をつかさどり、死という移行のさいに活動する天使たちをとりまとめています。

「天使の愛のチェンバー」を体験するとき、特定の活動をつかさどる個々の天使や天使集団を呼びだしてもいいでしょう。たとえば聖なる意志とスピリチュアルな誓約をもたらす大天使ザドキエルとザドキエラに来てほしいなら、ザドキエルとザドキエラに仕える天使たちの集団もチェンバーに加わるように求めてもいいでしょうし、癒しの天使たちに呼びかけるときは個々の天使に呼びかけても、集団全体に呼びかけてもいいのです。

また智天使ケルビムと熾天使セラフィムの王国をふくめてもいいでしょう。ケルビムはバレンタイン・カードに描かれた幼いキューピッドのような天使です。彼らは子供のような姿をして、美しく若々しい愛と無垢の波動を運んでおり、あなたの感情体と内なる子供にすばらしいなぐさめと癒しをもたらします。またセラフィムも子供のような姿をした天使たちで、子供のように純粋で無垢な心を守護し、それらの資質が大人になってからも保たれるように援助してくれます。

●天使の愛のチェンバー

1〜8　9章のチェンバー・セッションを開くステップをおこないます。

9　太陽の光を父なる神の愛の媒体として、その愛の光があなたの身体の前からうしろへと流れるように求めましょう。

10　母なる女神の愛の光が、地球を通してあなたの身体のうしろから前方へと流れるように求めてください。

11　あらわれてほしい特定の天使や大天使に呼びかけるか、またはこう言いましょう。

「ケルビムやセラフィムもふくめた神聖な愛をつかさどる天使と大天使たちのなかで、このチェンバー・セッションに同席したいという方々に呼びかけます。どうかいまこの場にあらわれて、私をあなたの愛の光で満たしてください」

12　あなたの身をゆだね、リラックスして楽しんでください。

13　セッションが終わったら、あなたのやり方で天使たちに終わりを告げましょう。

14　ゆっくりと意識を戻しながら目を開いてください。必要であればもう一度グラウンディングをおこないましょう。

聖なる女性性／男性性の愛のチェンバー

今日では、私たちのだれもが肉体的な性別とは異なる「内なる男性性」（アニムス）と「内なる女性性」（アニマ）をもっていることが、かなりひろく理解されています。そしてそれらの内なる性質の健康状態やバランスが人生における健康とバランスと創造性としてあらわれるのです。それぞれの性別のもつ感覚的な資質や波動的な性質は、どちらも独自のすばらしいものです。男性であっても女性であっても、同性愛者であっても異性愛者であっても、すべての人がこの両方の性質をバランスよくもっている必要があります。そのためにはまず、聖なる女性性の愛を受けとり、みずからの内にある女性的な愛の性質を体験しなければなりません。聖なる女性性の愛にめざめ、愛やそのほかのものがあなたのなかに入ってくるよう、女性性の受容的な資質を用いることが求められます。

「聖なる女性性の愛のチェンバー」は、あなたのもっとも高い状態における女性性の愛のエネルギーと感覚を開くためのものです。母親や、女性の友人や恋人あるいは同僚などとのあいだに痛みをともなう関係をもつ人々にとって、このチェンバーはあなたの内面的な癒しだけでなく、実際にその関係にも深い癒しを促してくれるでしょう。また女性たちと前向きで満足できる関係をもっている人には、内側にまだ残っている母なる女神との分離感に終止符を打つための新たなステップをもたらしてくれるでしょう。それによってさらなる一体感や慈愛や女性的な愛にあなたが開かれるよう援助してくれます。

セッションを始める前に、女性の光の存在たちを少しあげておきましょう。あなたが来てほしいと思えば呼びだすことができます。

観音は仏陀の時代よりもずっと以前に地上に生きて悟りを得た存在です。彼女は聖なる慈愛の守護者であり、仏教世界の母親的存在として多くの仏教徒たちにあがめられ、そのたぐいまれなおだやかさと慈しみの心は平和をもたらします。観音の姿はしばしば絵画などに、そのやさしさと慈愛によって飼いならされたトラや龍とともに描かれています。また、聖母マリアは悟りを得た巫女でイエス・キリストの母です。彼女をはじめ、キリストに先立ってあるいはキリストと出会って悟りを得たその他の女性たちの大規模な集団は、「高次元のキリストの光の姉妹同盟《シスターフッド》」というグループを形成しています。マグダラのマリアやマルタをはじめ多くの女性たちがともに女性的な悟りとキリスト意識に象徴される集合意識として活動し、ガイドや高次元マスターとして個々の人間を一対一で指導する役割も担っています。私は女性を癒すときにはいつでもこのグループを呼びだしています。

そのほかにもイシス、シャクティ（聖なる対になるのがシヴァ）、ラーダー（聖なる対になるのがクリシュナ）、ホワイト・バッファロー・カーフ・ウーマン、タラ、デオダータ（聖なる対になるのが仏陀）、女性の大天使や聖人などがあげられますし、あなたが特別な関心をおぼえたり、つながりをもちたいと思う神々もいるでしょう。

「聖なる男性性の愛のチェンバー」においても、あなたの性別や性的嗜好はいっさい関係ありません。西洋文化には異性愛者の男性を極端な同性愛嫌悪にしてしまう傾向があります。その結果、男性たちは父なる神の愛という神聖なレベルにおいてさえ男性性の愛を拒絶してしまったのです。特にアメリカやヨーロッパの家庭では、大部分の父親が子供たちをはぐくみ積極的に愛を示すための時間や空間をごくわずかしかつくっていないのが現状です。それゆえ西洋社会では、男性たちは愛を表現し、愛を受けとるという能力の領域において大きなルネッサンスが必要なのです。

あなたの人生での男性との関係がどうであろうと、あなたがそうありたいと願うなら、このチェンバーは男性たちや父なる神とのより健全で満たされた愛情深い関係に開かれるようにしてくれます。男性との関係においてつらい経験をもっている人は、幸運にも男性性の愛の独自性とすばらしい資質を体験したという人よりも、いっそう深いレベルで大きな恩恵を受けとることでしょう。男性との関係において傷ついた体験のある人には、チェンバー・セッションのなかで慈しみや愛を感じるよりも先に、まずその古い傷と痛みが解放されるかもしれません。

「聖なる女性性の愛のチェンバー」と同様に、ここでもあなたが望むなら呼ぶことのできる男性の光の存在たちがいます。高次元のイエス・キリストは、キリストや「キリスト界」とのつながりを通して悟りを得た男性たちの集団をとりまとめています。彼らは「高次元のキリストの光の兄弟同盟《ブラザーフッド》」と呼ばれています。この同盟のなかには、キリスト意識に到達した男性たちもふくまれます。たとえばキリストの一二人の使徒(ユダをふくめ)、父なるヨセフや聖ジャーメインなどすべての聖人たち、父なるアブラハム、ダビデ王などもそのメンバーです。

また「聖なる光のメルキゼデク騎士団」も男性のグループです。ちなみに聖書のなかでは、メルキゼデクはキリストの師の名前として登場しています。このグループは数千年もの昔からキリストの出現を予言していました。彼らはアトランティスの初期の時代に、人類の司祭たちで構成された秘儀集団として地球に定着しましたが、アトランティスの第三期あるいは最後のアトランティスの時代が終わるころ、その教えと技法がエジプトに運び出されて各地の神殿で利用されるようになりました。そこでキリストとこのグループとのつながりが生まれたのです。ところが不幸なことに、アトランティスの第二期にこのグループは光と闇のそれぞれを信奉する二派に分かれてしまいました。ですからメルキゼデク騎士団を呼びだすときは、必ず「聖なる光の」という言葉を最初に入れることが非常に重要になります。

また男性の大天使や仏陀、仏陀の再来といわれる弥勒、慈悲深い叡知の主チェンレイシ、シヴァ、クリシュナ、オシリス、ケツァルコアトル、仏教の叡知と真理の主である文殊菩薩、ハイアワサなど、あなたがつながりたいと思う男性の英雄や光の存在たちに呼びかけるのもいいでしょう。

このチェンバー・セッションをはじめる準備がととのったら、「天使の愛のチェンバー」のときと同じステップを途中まで実行して、ステップ11だけを「聖なる女性性の愛のチェンバー」「聖なる男性性の愛のチェンバー」でそれぞれ次のように変えてください。

●聖なる女性性／男性性の愛のチェンバー

11　あなたがあらわれてほしいと思う、女性または男性のガイドや高次元のマスターや光の存在たちを呼んでください。特定の存在を求めていないときは、次のように祈りましょう。

（聖なる女性性のチェンバー）「神聖な光と愛をもつ高次元のキリストの光の姉妹同盟や天使やマスターやガイドの女性たちよ、どうかここにおいでください。そしてあなたの聖なる女性性の愛で私を包み、満たしてください。それによって神聖な母なる女神と私自身がふたたび結ばれますように」

（聖なる男性性のチェンバー）「高次元のキリストの光の兄弟同盟そのほか神聖な光と愛をもつ男性の存在たちよ、どうかいまここにおいでください。私が聖なる男性性の愛と、父なる神の愛に対して開かれるようにあなたの愛の光で私を包んで満たしてください」

だれか特定の女性または男性との関係を癒したい人は、ここでそれを願いましょう。

陰陽の愛のチェンバー

「陰陽の愛のチェンバー」は、あなたの内側および外側の両面にわたって男性性と女性性の関係を癒してバランスをとるためのものです。このチェンバーは一人でおこなってもいいですし、「神／女神／すべてなるもの」との関係を深めたり、お互いの関係を癒したいというパートナー間でもおこなうことができます。

一人でこのチェンバーをおこなうとき、それは地球上での両親との関係を癒すためのすばらしい機会になります。両親とのあいだに特に深刻なトラウマをかかえている人は、はじめてこれを体験するときに適当なころあいを見計らって、それを具体的に述べることをおすすめします。また両親との関係にとりたてて問題がないようなら、異性関係を癒すことにしぼってもいいですし、あなた自身の内なる男性性と女性性との、そして肉体とスピリットとの「聖なる結婚」を癒すことにしてもいいでしょう。

どんなテーマを選んだとしても、あなたの父なる神と母なる女神との関係はともに変化していきます。そして、それによってあなたのさまざまな関係性がその影響を受けるでしょう。バランスのとれた聖なる女性性と男性性の愛を同時に受けとれるよう自分自身を調整することで、あなたはすばらしいまでの「完全性」を実際に感じて体験することができるのです。

このチェンバー・セッションをパートナーと二人で一緒におこなうときは、おのおのが「聖なる女性性の愛のチェンバー」と「聖なる男性性の愛のチェンバー」と「陰陽の愛のチェンバー」を体験してから、二人で一緒に「陰陽の愛のチェンバー」をおこなうといいでしょう。そうすることで、どちらも自分の独自性と完全性を実感したあとに一緒に同じチェンバーにのぞむことができ、その人だけがあなたにとって唯一の愛の源だと思いこむような相手に対する投影が少なくなるからです。また二人でチェンバーをおこなう前に、「神／女神／すべてなるもの」とあなた個人の関係を知って神聖な愛の源を体験するのもいいでしょう。

フェロンの歌に、「線でつながっていても点は自由に動ける、その自主性こそ女の夢」という一節があります。またルーン〔古代ゲルマンの記号文字による神託〕でも「二人のあいだに天のそよ風を吹かせてあげなさい」といっています。これらの言葉は、他者との関係を通して神聖な愛に身をゆだねることをまったく否定していません。それはあなたとパートナーとの関係に、適切な個人としての完全性、聖なるものとの関係性、そして自主性という三つの要素が加わってより心地よい関係が生まれるということです。

それではいつものように、まずはじめのステップをおこなってください。それから陰陽のシンボル☯があなたの頭の上と足の下と、身体の前とうしろに浮かんでいるのを思い浮かべましょう。チェンバー・セッションの最後までシンボルがずっとそこにあるように命じてください。太陽と地球を通して神と女神の愛があなたに流れるようになったら、高次元のキリストの光の同盟の男性たちと女性たち、また男性と女性の大天使たちにもあらわれてくれるよう求めます。そして最後に「七光線の聖なるカップル」を呼びだしましょう。それは次の七色です。

①すみれ色の光線……観音と弥勒
②ブルーの光線………イエス・キリストと聖母マリア
③グリーンの光線……チェンレイシとタラ
④黄金色の光線………仏陀とデオダータ
⑤オレンジの光線……クリシュナとラーダー
⑥赤の光線…………ハイアワサとホワイト・バッファロー・カーフ・ウーマンまたはシヴァとシャクティ

⑦白の光線…………オシリスとイシス

「陰陽の愛のチェンバー」の手順は、カップルでも個人でも基本的には同じです。ただしカップルでおこなう場合には、二人で一緒に大きな声で光の存在たちを呼びだすといいでしょう。

●陰陽の愛のチェンバー

1〜8　チェンバー・セッションを開くステップをおこないます。

9　光でできた「陰陽の愛のチェンバー」があなたの肉体とオーラを包んでくれるよう求めましょう。

10　あなたの頭の上方と足の下方、身体の前方と後方に、それぞれ陰陽のシンボルがあるのをイメージしてください。このセッションのあいだじゅう、そのままそこにあるように命じましょう。

11　神聖な父なる神の愛を放射する器として太陽をイメージしましょう。その光線は前からうしろへとあなたの身体とオーラを通りぬけていきます。

12　神聖な母なる女神の愛を放つ器として地球をイメージしてください。この愛はうしろから前へとあなたの身体を流れていきます。

13　高次元のキリストの光の姉妹同盟と兄弟同盟の両方に、あなたのまわりに円をつくってその神聖な愛で満たしてくれるよう求めましょう。

14　男性と女性の光の大天使に呼びかけ、彼らの愛であなたを包んで満たしてくれるよう求めましょう。

15　七光線の聖なるカップルに呼びかけて、愛であなたを包み、バランスで満たしてくれるよう求めます。

16　身体の力を抜いてリラックスし、あなた自身を開いてすべてを受け入れていきます。そしてセッションを楽しみましょう。

17　チェンバー・セッションが終わったら、あなたの呼びかけに応じて来てくれた光の存在たちに感謝の言葉を贈りましょう。
18　目を開いてゆっくりと意識を戻します。必要があればもう一度グラウンディングをおこなってください。

以上、いろいろな「愛のチェンバー」を好きなだけ何度でも実践してください。最終的にあなたは全身のすべての細胞で、いつでも自由に神聖な愛を受けとったり与えたりできるようになるでしょう。

私自身は瞑想において、神の愛と女神の愛が身体を流れるようイメージして呼び寄せる方法をかなり頻繁に用いています。この愛の流れに意識を合わせることに集中すると、いつのまにか平和で快活な気分になって、聖なる感覚のなかですべてのものやすべての人々に愛を感じるようになります。そして瞑想の終わりごろには、私の身体から愛があふれだして植物や樹木、動物や人々、さらに地球とその大気中にも愛が流れこむのが見えるのです。その愛があふれだすようすを見ながら、私は次のように言います。

「私はこの愛を地球上のすべての樹木に送ります。樹木たちよ、あなたを愛し、あなたの神聖さを知っている人間がここにいます。私はこの愛を地球上のすべての動物に送ります。動物たちよ、あなたを愛し、あなたの神聖さを知っている人間がここにいます」

こうしてさらに続けて空気、水、水源、人間、地球、すべての植物、そして星々や光の存在たちと次々に対象を変えていきながら同じことをくり返します。この瞑想であなただけの対象物を見つけ、それを口にするのもいいかもしれません。きっとすばらしい効果があるでしょう。

11章 サブパーソナリティ

「サブパーソナリティ」(副人格)とは特定のはたらきや性質やアイデンティティをもって独立した様式で作用する、あなたの内なる分身のことです。たとえばあなたのなかには「内なる子供」がいて、人に大切にされたいとか守ってもらいたいという立場で、人生に対して感傷的な気分になったり感情的な反応をしたりします。このような分身は生まれたばかりの赤ん坊から百歳の老人まで、いかなる年齢の人のなかにも存在するのです。

多くの書籍やヒーリング法では、健全なサブパーソナリティを形成してそれになじむように助けることにもっぱら主眼がおかれています。たとえば「サイコシンセシス」(精神分析と瞑想などを組みあわせた総合的心理療法)や「アルケミカル・ヒプノセラピー」という催眠療法や、私の開発した「リグレッション・ファシリテーション」という退行療法、あるいはヴォイス・ダイアログ、インナーチャイルド・ワークなどはそうした現代的な技法の例といえるでしょう。

自分のサブパーソナリティと会話してそのバランスをはかることは、ずっと昔からいろいろな文化のなかでとても重要視されてきました。ユングやフロイトがサブパーソナリティのワークを〝創始した〟よりもはるか以前に、一部のネイティブ・アメリカンやアフリカの民族、古代ケルト族、女神崇拝の精神文化を引き継ぐ民族その他たくさんの文明において、個人の内側にあるさまざまな人格を尊重する必要性がすでに認められていたのです。それらは個人的な内省や癒しのセッション、メディスン・ホイールなどといった儀式的慣習のなかでなされました。「メディスン・ホイール」とは、大地の上に小さな石を円形にならべ、東西南北を中心とした各方角に大きな石を放射状に配してつくられた輪のことです。ネイティブ・アメリカンのあいだでは、儀式や集会や個人の霊的な活動などはみなこのメディスン・ホイールのなかでおこなわれました。人類はその長い歴史を通じて仮面をかぶって衣装を身にまとい、あるいは顔に彩色をほどこし、動物たちのまねをすることによって、自分の異なった人格的側面を統合し、健全さを保つための儀式をとりおこなってきたのです。

サブパーソナリティは二つのカテゴリーに分類されます。最初のカテゴリーはあなた個人のパーソナリティ（人格）の欲求や表現に応じて、その人格が発達する過程で副次的に新たに生まれてきたものです。たとえば性的に肯定できないものを多くかかえていると、内側には「しとやかな淑女」や「内なる妖婦」が生まれます。それらは本来の全体的なあなた自身のなかで表現を否定された部分で、それを無視あるいは判断したために発達してきたものです。

もうひとつのカテゴリーに属するサブパーソナリティは、「内なる批判者」とも呼ばれます。これは子供のころに過度におとしめられたり叱られたりすることで育ってきた、あなたの分身です。私たちのパーソナリティは両親や教師たちのふるまいをまねて、彼らがなおざりにしている部分までもそのまま引き継ごうとするのです。これらの機能不全ともいえるサブパーソナリティは、癒され教えられて、あなた自身の全体性と自己評価のなかで再統合される必要があります。

この二番目のカテゴリーは、つねにあなた自身の一部である人格的側面によって形成されていきます。この章でとりあげるのはこちらのほうです。このカテゴリーにあたる四つのサブパーソナリティが、「内なる養育者」「内なる子供」「内なる戦士」「内なるスピリット」であり、それらのサブパーソナリティの健康状態こそがあなたの人生に内外両面にわたって影響を及ぼすのです。内側にあるそれら四つのサブパーソナリティの健全さやバランスによって、あなたが感情的に自然で率直にふるまえる自由さや、決意を実行して責任を受け入れる能力や霊的な結びつきなど、たくさんのことが形成されます

サブパーソナリティとは探求すればするほど深まっていく、非常にひろがりのあるテーマです。この本一冊をサブパーソナリティのワークに費やすこともできるほどですので、とうていそのすべてを解説することはできませんが、この章ではサブパーソナリティ・ワークの基本的な形式を述べたいと思います。というのもサブパーソナリティを癒すことで、カー・ワークや光のチェンバー・セッションや、または基本的な心理学のセルフケアなどで表面に浮上した問題がもっとも簡単に解消されるからです。問題を表面化させるための技法はたくさんあるのですが、これほどたやすく問題を解消してくれる方法はほかにありません。

サブパーソナリティを統合して癒す

ここで用いるサブパーソナリティのワークは、私が二万五〇〇〇年以上の時代をさかのぼって教えを受けたネイティブ・アメリカンの特別な伝統儀式にもとづいています。私は現在このサブパーソナリティ・ワークの道具やその実演に関する〝芸術的なライセンス〟を用い、その基本部分には教わった太古の伝統儀式をそのままとりいれています。

このワークはメディスン・ホイールと四つの方角に関する教えが基本になっており、個々の儀式や個人の意図にかかわりなく、つねに「バランス」と「調和」を目的にしています。大部分のメディスン・ホイールでは、四つの方角を調和させてバランスをとるという役割があり、方角ごとの伝統的シンボルは四つの主要なサブパーソナリティと対応しています。伝統的なシンボルとその意味は民族によって違いますが、私のワークで用いているシンボルとその意味は次のようなものです。

①南――「地球」「地」と「肉体」をあらわします。「内なる養育者」はこの方角とつながっています。

②西――「水」と「感情体」をあらわします。「内なる子供」はここに位置しています。

③北――「風」と「メンタル体」の方角です。「内なる戦士」はこの方角とつながっています。

④東――「火」「光」、そして「霊体」をあらわします。これは「内なるスピリット」の方角です。

あなたがスピリチュアルな目的に用いる四つの方角の意味をすでに知っており、それがここに書かれたものと違っていたら、要素とサブパーソナリティの位置をそれにあわせて入れ替えるだけでかまいません。たとえばあなたが南を水の方角と呼んでいるなら、南の解釈として「内なる子供」の部分を読んでください。なぜなら水は「内なる子供」とつながっているからです。そのとき「内なる養育者」は南でなく西に配置されます。

それぞれのサブパーソナリティの場にはたらきかけるときは、どれもあなたの人生でポジティブかつ重要な役割を担っていることをおぼえておいてください。たとえどんなサブパーソナリティの不均衡や機能不全が表面にあらわれていたとしても、四つのあなたの分身はつねに聖なる存在として大切にあつかわれなければなりません。あなたを個人的に守護するサブパーソナリティと出会って、気づきと理解、コミュニケーション、日常の行動を通して、すべての分身のバランスをとることがこのワークの目的なのです。以下、簡単にそのやり方をお話ししましょう。

サブパーソナリティと出会う

あなたのサブパーソナリティと出会い、いまの状態と必要や望みを知ることで最初の気づきがもたらされます。あるサブパーソナリティとはじめて会ったとき、まずはその名前を聞いてください。そしてあなたの心の目で個々のサブパーソナリティのイメージを見ます。それから肉体をもっている人に向きあうように話しかけ、耳を澄ませるのです。そして内側のそのサブパーソナリティが考えたり感じたりしていることや、必要としていることを理解するために、いくつかのことを質問します。さらにほかの方角で残りの三つのサブパーソナリティにも出会い、同じように質問していきます。

それらのサブパーソナリティは、もしかするとあなたが息苦しくなるとか不愉快になるような返事をしてくるかもしれませんし、楽しく明るい気分になるような答えをするかもしれません。そこであなたがすべきことは、サブパーソナリティが感じたり、望んだり、夢みたり、期待することを話すのをやさしさと理解をもって聞いてあげることです。すべての質問に対する答えを聞き終えたとき、第一回目の出会いは終わります。そしてあとでまた会うことを約束して、とりあえず別れを告げます。

どのくらいの頻度であなたのサブパーソナリティと話したり、そのバランスをとるかという選択はあなたしだいです。私にこの方法を教えてくれたネイティブ・アメリカンの人々は、サブパーソナリティのバランスを毎日とるようにすすめてくれました。私自身は特別な場合を除いて、ふだんは週に一回ほどやっています。私の日々の生活のなかではそれ以外の霊的なワークに時間がかかり、そちらのほうを優先しているからです。しかし、あなたにとっては事情が異なるかもしれません。このサブパーソナリティのワークがもっとも重要な日課になる可能性もあるでしょう。私にとっても、かつてこれが非常に重要な日課だった時期があります。またセッションの終わりに四つのサブパーソナリティのバランスをとってからメディスン・ホイールを去るとき、私は次にいつごろ会えるかを各サブパーソナリティに必ず告げるようにしています。これはあなた自身とあなたの内なる分身にとってこのワークが有意義でリアルなものになるために、非常に大切なことです。

そして次が行動のステップです。もし「内なる養育者」が、あなたはテレビばかり見ていて、もっと自然のなかで過ごしたりお風呂にのんびりつかったりする必要がある、と言ったとするなら、あなたはその声に耳を傾け、最善をつくして指示にしたがわなければなりません。なんらかの理由で応じられないときは、あなたの気持ちを「内なる養育者」に正直に打ち明け、なぜその忠告にしたがえないかを説明してください。あなたのサブパーソナリティが求めることは、あなた自身との関係や人生全体のバランスをとり戻すため純粋な意図で発せられたものです。ですから、あなたはできるかぎりそのフィードバックにもとづいて行動することが大切なのです。そうした意志がなければこのワークは役に立たないばかりか、あなたの自分に対する信頼さえ損なってしまう結果になるでしょう。はじめてあなたのサブパーソナリティと出会ったら、次からはサブパーソナリティとのバランスをとるようにしてください。そのやり方はこの章のあとのほうで説明します。

私が学んだネイティブ・アメリカンの伝統的な方式では、最初にヴィジョン・クエスト（自然のなかで一人になり自己を探求する儀式）を通して各サブパーソナリティに出会います。そのやり方は、まず自然のなかであなたがひかれる場所を見つけ、そこでタバコ、たき火、トウモロコシその他の贈り物をささげます。たとえば南は「地」というように、個々の方角はそこがあらわす要素との結びつきを強く感じさせてくれる理想的な場になります。それから地面にすわり、聖なる歌をうたうか静かに瞑想して、あなたが出会いたいと思うサブパーソナリティに呼びかけます。そしてあらわれるのを待ちましょう。何か話しかける声が聞こえるか、イメージのなかに姿が見えるかもしれません。ここであなた自身のサブパーソナリティと出会い、あとに述べるガイドラインにしたがっていくつかの質問をし、答えを聞きます。

対話が終わったら、その出会いのしるしに石や落ち葉や一片の木の皮など、ヴィジョン・クエストの場から何か感じたものをもらってきてもいいでしょう。それをあなたの祭壇や戸外のメディスン・ホイールへともち帰ります。四つのサブパーソナリティごとに、別々のヴィジョン・クエストの場を選びましょう。

これを戸外でおこなうのを望まない場合は、瞑想を通して同じことを体験してもかまいません。リラックスした状態になったら、偉大なるスピリットや「神／女神／すべてなるもの」、あなたが聖なる一体と思うものに祈ってください。感謝をささげ清浄さを招き入れたら、瞑想のなかで四つのパーソナリティとの出会いを探求していきましょう。

あなたがサブパーソナリティに出会うために室内で瞑想するとしても、自然のなかに出てヴィジョン・クエストをおこなうとしても、次にあげるステップ4の質問事項を紙に書きとめてから始めてください。そしてあとから受けとった答えを記入できるように、質問と質問とのあいだに余白をとっておきましょう。

「内なる養育者」「内なる子供」「内なる戦士」「内なるスピリット」の四つのサブパーソナリティに出会うためのヴィジョン・クエストはどれも同じやり方です。はじめにあげるそれぞれの要素と方角を参考にしてください。

●サブパーソナリティと出会うためのヴィジョン・クエスト

内なる養育者――地と地球、南

内なる子供――水、西

内なる戦士――風、北

内なるスピリット――火と光、東

1　あなたが出会いたいサブパーソナリティを象徴する要素（「内なる養育者」なら大地や地球）とのつながりを感じる場所を見つけてください。室内でおこなう場合は、あなたの探求のための椅子にゆったりと腰をおろします。気持ちを落ちつけ、あなた自身の中心に意識を合わせてから瞑想に入ってください。

2　その要素と方角に対して、あなた自身のやり方で感謝の祈りをささげます。ほかにあなたの好きな祈りの言葉を言ってもいいでしょう。

3　そのサブパーソナリティに、あなたと対話ができるよう姿をあらわしてほしいと呼びかけてください。

4　イメージや声がとどいたら、あなたの手もとの紙を見ながら次の質問をして、受けとった答えを書きとめましょう。

a　あなたの名前は何ですか？

b　元気ですか？

c　必要なものは何ですか？

d　望みは何ですか？

e　そのほかにいま私に知っておいてほしいことはありませんか？

5　あなたがふさわしいと思う方法で探求を終えてください。あなたのサブパーソナリティに、次はいつ会えるかを伝えてください。

6（必要に応じて）ここでプレアデスの光の使者やハイアーセルフ、高次元のイエス・キリストを呼びだし、この章の最後にあげる「サブパーソナリティを調和させる光のチェンバー」で包んでくれるよう求めてもいいでしょう。

内なる養育者

「内なる養育者」の方角は南です。この手法では、南は「地」の要素をあらわします。「地」は肉体の誕生、そして母親や女神とのつながりを象徴し、あなたの肉体やグラウンディング、安定や成長の源泉です。南の方角からは食物や住居や衣服をはじめ、あらゆる物質的なものを受けとります。メディスン・ホイールの教えでは、あなたのスピリットをこの地上にとどめておくための肉体をふくめ、すべての生命を維持するために必要な贈り物に対して、南または「地」をたたえ感謝をささげます。

メディスン・ホイールのなかで南の部分に住むサブパーソナリティは、あなたの「内なる養育者」です。「内なる養育者」はあなたに必要なものを知っており、その欲求の面倒をみるだけでなく、パーソナリティのほかの部分とのバランスをとります。あなたが「内なる養育者」とつながっていないと、全体のバランスを失いやすくなります。たとえば、自分に本当に必要なものが与えられていないために他人の注意や庇護を過分に求めたり、生活のすべてを仕事に費やしているために自分自身や愛する人と親密に過ごす時間がないといったアンバランスが生じます。

バランスを失っているときに「内なる養育者」とつながると、あなたがバランスをとり戻すためには何が必要かを教えてくれるでしょう。あなたが感情的または精神的な強いストレスなどをかかえていたとしても、「内なる養育者」は総合的なバランスと幸福という広い視野から細心の注意を払ってあなたを見ているのです。あなたに必要なものが自己の成長だったとすれば、もっとメッセージを受けとり、何の予定もない時間を一人で静かに過ごさなくてはならないかもしれません。あなたの食生活が実際には肉体の滋養となるものでなく、本当に必要なものが与えられていないかもしれません。また、ゆっくりお風呂に入ったりヨガをしたり、歌ったり音楽を演奏したりする必要があるのかもしれません。

たとえあなたに何が必要であろうと、「内なる養育者」はそれを知っています。このサブパーソナリティが極度の機能不全におちいったり、はなはだしいダメージをこうむったりすると、最初はコミュニケーションをとることが難しいでしょう。「内なる養育者」は傷ついて失望し、あなたと話をしたがらないかもしれません。それはあなたが自分の欲求に注意を払ってこなかった結果、自分自身に裏切りや怒りを感じていることの象徴的な反応なのです。そこで罪悪感を感じることなく、あなた自身がこうしたジレンマをつくったことの責任を受け入れれば、このサブパーソナリティはあなたのもとにやってきて何が必要かを教え、「内なる養育者」がバランスを失っている理由を教えてくれるでしょう。思いだしてほしいのですが、あなたの役割は判断をくださず誠実な理解をもってただ聞くことです。そしてサブパーソナリティと一緒に、あなたが実際の行動をどう変えたらその問題が解決できるかのプランを立てることです。

内なる子供

「内なる子供」はあなたのメディスン・ホイールの西の部分に住んでいます。西は「水」とあなたの「感情」

の住まいでもあります。夢、感情、あなたのパーソナリティの影の部分や潜在意識など、あなたの内側への旅はすべて西からの作用によるものです。

あなたの「内なる子供」は自然な感情の発露や率直さ、好奇心、そして遊び心と楽しさにあふれた自由という資質をそなえています。また畏敬の念と新鮮な驚きをもって世界やまわりの人々と出会い、どんなものやどんな人のこともあたりまえと見なさずに、人生も人々との関係もさまざまな試みを通していちばん楽しめるように探求し、学びを発見します。自然の緻密さや完璧さに目を見張り、小さな野の花をまじまじと見つめ、とほうもなく高い樹木をあくことなく眺めては、午後じゅうミツバチやアリの巣を観察して過ごしたりするのです。あなたの「内なる子供」は抑圧を感じたり不自由さに退屈しないかぎりは、自分の行動を充分に味わいつくします。このサブパーソナリティは情熱を傾けて喜びをそのまま表現し、自分の夢や空想を大切にします。

「内なる子供」がバランスを失っているとき、あなたはイライラしたり興奮したり、落ちこんだり退屈したり、または冷淡になったりするでしょう。それらの症状は、あなたの「内なる子供」がもっと自由な表現を欲しているというサインなのです。もしかしたらあなたは夢を語ったり、忙しく走りまわるリスやあざやかな原色の昆虫の不思議さに目を奪われるには、あまりにも常識的な大人になってしまってはいないでしょうか。あるいは感情をそのまま表現するのは無礼で大人げないふるまいだという理由で、本当の気持ちを隠していませんか。仲間や友人たちに対して、あなたの前の広大な意識的存在であるその人をもっと知りたいという探求心や興奮をもって接していますか。パートナーとの関係はいきいきとして愛情にあふれ、たえず変化していますか。それとも退屈で決まりきったものになっているでしょうか。人生における特別な瞬間やすばらしい映画を見たとき、大声で泣いたり笑ったりできますか。あなたは不快な感情が浮上してきたら、お酒を飲んだりタバコを吸ったり、甘いものを食べたり、映画を見にいったり、何かの行為にのめりこんだりしていませんか。ほとんどの依存症や耽溺は、「内なる子供」が抑圧されてコントロールされていることが原因です。

「内なる子供」に出会うためにヴィジョン・クエストに入ったとき、あなたはすべての感情を言葉で表現することが大切です。あなたの「内なる子供」が元気をなくして悲しんでいたり、疑い深くて不機嫌なときは、信用を得るまでに少々時間がかかるかもしれません。「内なる子供」に対してはつねに正直であってください。ほんのささいなあなたの偽りでさえ、それを不信や裏切りと見なして傷ついてしまうからです。「内なる子供」は自由さ、喜び、感情の起伏などを支えてもらいたいのです。必要とされる支持をあなたが与えてあげれば、そのご褒美としてより幸福を感じ、自分自身を尊敬して愛し、バランスのとれた人生が送れるようになるでしょう。

内なる戦士

北はあなたの「内なる戦士」が住む方角です。この手法において、北は「風」と「知性」と「メンタル体」の方角です。そこは学びと教え、明確さ、責任、管理能力、世界における目的、直接的な結果のすみかです。「内なる戦士」は、あなたの人生における実用的で直接的なことの面倒をみる責任を負っています。このサブパーソナリティはあなたのために支払いをし、家をきれいにし、料理をつくり、買い物をし、預金通帳の収支をチェックし、学校へ行き、仕事をし、その他の作業および意識の全領域で総合的な役割を果たしています。「内なる戦士」はあなたを守り保護する者として仕えるのです。そして必要があればあなたのために立ちあがり、ほかの人々と対決したり、「内なる子供」が安心して落ちつけるような状態を保ったりしてくれます。

「内なる戦士」がバランスを失うと、あなたは仕事中毒になったり、高圧的にいばり散らしたり、混乱して無能で無気力で怠惰になったり、ぐずぐずとした態度をとりがちになります。生活のなかで仕事の責任や物質的な生活面にばかり時間をかけすぎて、スピリチュアルな面や感情の欲求を否定しているかもしれないし、すべてを完璧にこなせないことを悩んでエネルギーを使い果たして、現実的にはほとんど仕事ができなくなっているかもしれません。あまりにも混乱しているときには、瞑想をしたり休暇をとったりして、ひとつのことにもっと集中できるようになる必要があるかもしれません。

赤字の預金口座、汚れきった家のなか、感情的なアンバランスによる無気力などという問題によって精神面の安定がおびやかされ、あなたの人生が苦しいものになっている可能性もあるでしょう。または癒しを求める大切な「内なる子供」にあなたが過保護になりすぎて、まわりの状況や人々をコントロールしようとしているのかもしれません。「内なる戦士」はあなたがどんな状態であったとしても、あなたと出会い対話をして、あなた自身がその状態を客観的に理解できるよう援助してくれます。

内なるスピリット

東はあなたの「内なるスピリット」のすみかであり、「火」と「光」をあらわす方角です。太陽がのぼる方向でもある東には、希望、大志、インスピレーション、創造性、霊的な信念と実践、あなたのスピリットそのもの、悟り、アセンション、偉大なるスピリットや「神／女神／すべてなるもの」や「聖なる一体」との結びつきが存在しています。

あなたの「内なるスピリット」のはたらきには、瞑想や祈りといった具体的なスピリチュアルな活動もふくまれています。たとえばあなたのスピリチュアルな活動が、静かに瞑想して精神世界に関する本を読み、霊的な教師や高次元のマスターとつながり、祈りや自然のなかで過ごしたり、儀式やセレモニーにでかけていくことなどで成り立っているとしたら、あなたの「内なるスピリット」はそれを実行する原動力になります。しかしそれ以外にもこのサブパーソナリティは目に見えない領域で、セクシュアリティ、創造性、魔術、ダンス、音楽、そしてあなた自身やほかの人々や聖なるものとのきずなをとりしきっています。

「内なるスピリット」がバランスを失っているとき、おそらくあなたは人生のほかの側面にあまりにも気をとらわれすぎて、スピリットに対する配慮がおろそかになっていたり、またはその逆になっていたりします。いずれにせよ、そういったアンバランスはあなたのメディスン・ホイールの東側にあらわれるのです。ある人はそれを失望や挫折感やむなしさとして感じるでしょう。スピリチュアルな信仰ときずなの欠如はあなたを退屈にし、すでに人生にあるものの世話をしているだけで、わくわくするような刺激がまるでないといった思いを抱かせます。一日中瞑想をしているような人は、あるいはそのために自分の感情や性的な本質にふれられなくなっているかもしれません。

精神的な「世捨て人」でいることは、社会的に適応できない自分の未熟さを感じないですむ理由にもなりえます。あなたは踊ったり、絵画や音楽に感動して創作をし、満月のもとで愛しあうといったことにあまりにも禁欲的になってはいないでしょうか。自然のなかで「神／女神／すべてなるもの」の内側にある一体《ワンネス》とのつながりを最後に感じたのはいつですか。自分が口にしていることを生活のなかで実践していますか。統合と真理を求めて生きているでしょうか。ほかの人々の成功を祝福することができますか。それとも嫉妬や脅威を感じるでしょうか。

あなたが愛しあうとき、それは身体の局部的な解放と肉体的な刺激だけを求めた行為になっていませんか。本当に相手を気づかい、愛を受けとるだけでなく与えていますか。あなたにとってセックスとは性的エネルギーをチャクラに通すことでより深く自分をオープンにし、あなたとパートナーおよび「神／女神／すべてなるもの」をもっと大切にするためのものでしょうか。人生において本当の親密感を味わうことを自分にゆるしていますか。また人生におけるさまざまなレッスンや、あなた自身が成長するためのチャンスとの出会いによって、刺激を受けたり触発されたりしていますか。現状を維持しようとしてはいませんか。それとも自分がすでに大きく成長したので、もう何も学ぶことはないと信じていますか。

以上のような質問やあなたの心に浮かんできた疑問を「内なるスピリット」にむかって投げかけてください。その答えによって、あなたの「内なるスピリット」の健全さやバランス、機能不全の状態などがわかるでしょう。「内なるスピリット」に出会うときは、身体の力を抜いてオープンになり、できるだけ頭では何も考えないようにします。

サブパーソナリティのバランスをとる

あなたのサブパーソナリティと最初に出会ったあと、二回目からは次のようにしてください。まず瞑想状態に入りましょう。あなたの四つのサブパーソナリティが住んでいるメディスン・ホイールの輪のなかに入っていくところをイメージし、その円にそって歩きながらひとつひとつのサブパーソナリティと出会って話をします。四つの方角にいるおのおののパーソナリティに次の質問をしてください。

①元気ですか？

②この前に会ったとき以来、私はどのように変化したと思いますか？

③何か必要なものはありますか？

④何か望みはありますか？

私が習ったやり方では、まず東からメディスン・ホイールに入ってそのまま時計まわりに南のほうへ歩いていきます。南であなたの「内なる養育者」に会い、次に時計まわりに西に歩いて「内なる子供」と対話します。そこからさらに「内なる戦士」が待つ北へと歩いていってください。時計まわりに一周して東に戻ったら、「内なるスピリット」に出会って最後のしめくくりとなります。それが終わったら、あなたが輪の外に出るのを見てください。これであなたのサブパーソナリティのバランスがとれました。

希望する人はこのあと、次に紹介する「サブパーソナリティを調和させる光のチェンバー」をおこなってください。それによってあなたのサブパーソナリティのバランスがますます調和的で確かなものになるでしょう。私自身はたいてい自分の四つの聖なる分身と対話をしてともに過ごすだけでいつも安定感とやすらぎ、あたたかさを内側に感じるので、それだけで充分に満足できます。そのような場合にはあえてチェンバー・セッションをおこなう必要はありません。

サブパーソナリティを調和させる光のチェンバー

はじめてあなたが自分の個々のサブパーソナリティに出会ったあとや、そのバランスをとった直後にこのチェンバーをおこなうのが理想的です。このチェンバーはエネルギーを配分しなおし、内なるコミュニケーションを開いて気持ちを落ちつけ、あなた全体のバランスをとることを助けてくれます。私はこのチェンバー・セッションのあと、いつも自分にしっくりなじみ、より自分らしくいられるのを感じます。

このチェンバーは催眠療法やサイコシンセシス、ヴォイス・ダイアログ、シャドー・ワークなど、いろいろなサブパーソナリティ・ワークをおこなったあとに用いても効果的です。もちろん、あなた自身で内なる声やサブパーソナリティと会話したあとに実施してもかまいません。

まずは9章のはじめにあげた、チェンバー・セッションを開くステップを実施してください。準備ができたら「サブパーソナリティを調和させる光のチェンバー」があなたの身体とオーラのまわりを包むよう求めます。そのままリラックスして、二〇分から一時間ほどすべてを受けとれるようにあなたを開いていましょう。時間に余裕がないときには、あらかじめ二〇分でセッションが終わるよう要請することもできます。それ以外の場合は、セッションがどの程度かかってもいいように充分な時間をとって楽しんでください。

12章　その他のプレアデスの光のワーク

この章では、プレアデスの光の使者たちとキリストが重要だと考えているそのほかのヒーリングの技法を紹介します。すでにあげてきたワークと同様に、ここで述べるものもあなたの聖なる連携が霊的かつ精神的な部分だけでなく、日常生活における態度や行動においてもさらに深まっていくことを目的にしています。あなたがいついかなる状況のもとでも「聖なる真理」を心から受け入れるとき、覚醒とアセンションが可能になるのです。

コクーン・ヒーリング

「コクーン」（繭）とは、傷ついた魂やスピリットを癒して転生にそなえるための輸送用保護膜のことです。地震や火山の噴火による大惨事が起こると、多くの存在が低次元のアストラル界に閉じこめられたり魂が破裂したり、はなはだしい被害をこうむったりします。そのような場合に霊的なライフサポートシステムが必要となります。傷ついた存在たちは、地球上のクジラやイルカが与えるような愛と慈しみと光を通して、ゆっくりと再生される必要があるのです。

私の魂には、惑星マルドゥクの爆発によって吹き飛ばされたときの記憶が鮮明に残っています。こなごなになってコントロールを失った私は、自分の意識を思うようにはたらかせることもできず、宇宙空間をさまよっていました。そのとき私は「プレアデスの慈愛の天使」という美しい光の存在によって〝捕獲〟され、まばゆい光のコクーンのなかに入れられて、地球に向かうプレアデスの宇宙船へ連れていかれたのです。

やがて四次元の海の底からイルカたちがあらわれ、コクーンのなかの私に喜びに満ちた愛のエネルギーを送りながら、鼻先でゆっくりとコクーンを回転させはじめました。イルカはコクーンの周囲を群れになって泳ぎまわり、魔法のようなソナーの歌声をひびかせながら私を少しずつ蘇生させて、次の段階への準備をさせてくれたのです。

もともとのコクーンは宇宙の聖なる母の子宮のように、魂が再生されるときまで魂の必要にこたえたり世話してくれる多くの優れた養育係を擁しています。それは魂が深刻なトラウマから回復するための安全な器であることが要求されます。しかしここで紹介していくコクーンは、もっとシンプルでひろい目的に用いられるもので、プレアデスの光の使者たちや「光輝く癒しのデイヴァ」と呼ばれる存在たちの援助のもとに、あなた一人でいつでも簡単に体験することができます。このコクーンは基本的にあなたの必要を満たすためのものであり、じつにさまざまな状況で用いられます。

コクーンは光のチェンバーと似たようなものに聞こえるかもしれませんが、機能はまったく違っています。光のチェンバーの内部では、これから始まるヒーリングやエネルギー・ワークの所要時間をおおまかに設定しなければなりません。そしてやがて望ましい成果が得られるにつれてヒーリングが段階的に起こります。いっぽう、コクーンはつねに一定のエネルギーの性質を保ちながら、あなたの肉体とオーラの保護膜として

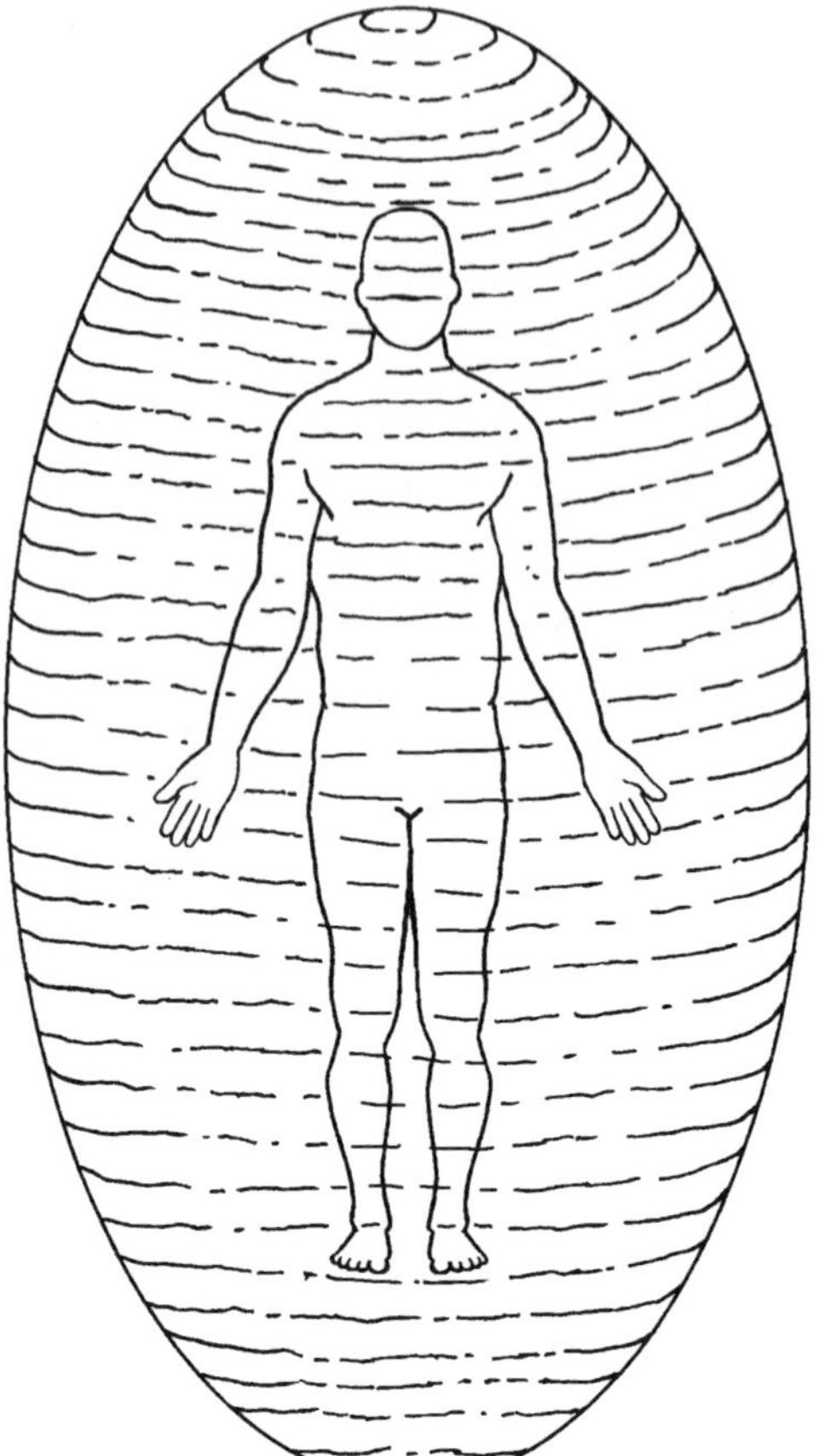

図12　オーラを包みこむコクーン

も、特殊なエネルギーの生成器としても機能します。そしてあなたのまわりをコクーンがおおってからセッションが終わるまでどれくらいかかるか、という配慮はまったく不要なのです。ふつうに日常生活を送っているときでも、コクーンがあなたのオーラのまわりにあるあいだは求めに応じて機能を果たしつづけるでしょう。

このコクーンは、あなたが「聖なる資質」を受け入れる手助けをしてくれます。「聖なる資質」とは、エゴにもとづいたパーソナリティとは対照的な、あなたの姿勢や感情や本質がハイアーセルフと調和したスピリチュアルな存在の状態をさします。それはたとえば次のようなものです。信仰、希望、楽しさ、慈愛、理解、ゆるし、愛、やさしさ、気づかい、快活さ、謙虚さ、おだやかさ、無邪気さ、直観、明晰さ、勇気、強さ、ユーモア、誠実さ、忍耐、寛容、正直さ、受容性（判断なしの）、美（肉体的な美しさにかぎらず、その人に本来かねそなわる美しさ）、調和、バランス、献身、遊び心、喜び、落ちつき、熱意、自信、降伏（ゆだねること）、感受性、洞察、無私、至福などがあげられます。

これらの「聖なる資質」の多くは、それに付随する「下位の資質」をもっています。たとえば悪意のある破壊的な人々や状況に対する「受容性」は、聖なる資質ではなくて下位の資質です。この「下位の受容性」という資質をなんらかの形で体験している人々は、神聖さと真実にもとづくエネルギーに対してのみ開かれた、洞察をともなう「聖なる受容性」を体験するように進化する必要があります。ここで聖なるものと真実にもとづいたものを同義語として使っているのは、神聖さに欠けるものはどれもみな幻想にもとづいているという意味です。

もうひとつの例をあげましょう。ある人々は自分自身の人生や創造したものに対する責任を回避する方法として盲目的な信仰をしています。神への信仰に人生をささげることに没頭するあまり、自分たちもまたみずからの役割を実践するよう求められていることを忘れてしまえば、やがて幻滅にいたります。聖なる信仰をもつ人は「神／女神／すべてなるもの」はすべてのなかに息づくことを知っており、聖なる真理が最終的に勝つことを理解しています。そしてつねに最善をつくし、すぐにであれ長期的にであれみずからの聖なる信仰は自然に実を結ぶことを信じています。

人生において試練を体験していればなおさらのこと、だれもが自分にどんな「聖なる資質」が必要かは漠然とでも気づいているでしょう。なかには下位の受容性や信仰の例のように、エネルギーの使い方を誤ることがあるかもしれないし、ある特定の資質を進化させるプロセスで援助を必要としている人もいるでしょう。コクーンを用いたヒーリングでは、あなたに必要などんな資質や状況も招き寄せることが可能です。たとえば、すばらしいものがやってくることを受け入れられないという問題がある人は、「聖なる受容性」のコクーンを体験するとしだいに人生のなかにその特性が開かれてくるはずです。また今世や過去世で裏切られて傷ついた経験を数多くかかえている人は、より神聖なゆるしや勇気、強さなどを体験するためにコクーンを利用してもいいでしょう。

コクーンのなかで二つの資質をあわせることもできます。よくある例としては、受容性をともなう聖なる愛、無私をともなう聖なる慈愛、洞察をともなう聖なる受容性、誠実さをともなう聖なるユーモア、勇気をともなう聖なる正直さ、直観をともなう聖なる信頼などがあげられます。

●聖なる資質のコクーン

1　あなたが人生のなかで自分の特性として手に入れたい「聖なる資質」、あるいはそれを二つをあわせたものを選択してください。

2　プレアデスの光の使者を呼びだしましょう。

3　さらに高次元マスターであるイエス・キリストや、ほかの高次元のマスターたちも呼びます。

4　「光輝く癒しのデイヴァ」を呼びだしましょう。

5　あなたのハイアーセルフを呼びだしましょう。

6　それらの聖なる光の存在たちに、あなたのオーラ全体をコクーンで包んでくれるよう求めます。そしてあなたが選んだ「聖なる資質」がその内側に満たされるように呼びかけてください。

7　その資質を充分に感じて味わうように瞑想してください。身体の力を抜いて、そのことだけに意識を向けましょう。これを五〜一〇分くらい、望むならもっと長くおこないます。必要なら、コクーンに包まれると同時に日常生活に戻ることもできます。ただしその場合は、瞑想によって得られるような意識的な気づきは期待できないでしょう。

8　瞑想が終わったらコクーンがそのまま残るよう依頼してもいいですし、すぐにとりはずすよう求めてもいいでしょう。そのまま残しておいても、コクーンはやがて自然に消失します。

もうひとつのコクーンは、なまなましい傷を負って感情的に無防備になっているときにあなたを助けてくれます。たとえばヒーラーやセラピストによる感情を解放する集中的なセッションを受けた直後や、あるいは別離や愛する人の死など、なんらかのトラウマになるような出来事を体験したあとに非常に有効です。また過去世や幼児期のトラウマを解放する途上で情緒的な不安定におちいることもあるでしょう。そういった場合、あなたは一時的にきわめて傷つきやすくなり、ふだん以上の安心と保護と明確な境界が必要になります。

こうした傷つきやすい時期には、さきほどあげた「聖なる資質のコクーン」のやり方をほんの少し変えるだけで利用することができます。

●癒しのコクーン

1　プレアデスの光の使者を呼びだします。
2　高次元マスターのイエス・キリストや、ほかの高次元のマスターたちも呼びだしてください。
3　「光輝く癒しのデイヴァ」を呼びだしましょう。
4　あなた自身のハイアーセルフを呼びだしてください。
5　次のように言いましょう。
「これから二四時間のあいだ、私を保護し、癒してくれるコクーンのなかに入れてください。そして私がこの感情的な（または霊的な）体験を統合して強くなれるようにしてください」
6　コクーンにおおわれてエネルギーのシフトが起こるのを感じるまで、目を閉じてすわるか横になっていましょう。そのあとは、あなたの好きなように日常生活を送ってください。必要があれば二四時間後にもう一度コクーンに入ってもいいでしょう。

あなたがヒーラーやセラピストなら、深い動揺や感情的な苦痛を体験したばかりのクライエントのためにコクーンを呼びだし、オーラの外側をコクーンで包みこんであげることもできます。黄金色の光のすじがミイラの包帯のようにクライエントのオーラ全体をとりまいていくのをイメージしてください。それからコクーンが二四時間保たれ、そのあいだにその人がヒーリングの体験を統合できるよう求めましょう。

逸脱した神経系の道筋を浄化する

神経系の道筋とは、非常に微細な脳のなかの電気的な回路のことで、そこを通して日常生活の知覚刺激が入力され変換されて、身体的反応となってあらわれます。これらの道筋は三つの部分に分けられます（図13）。なお、この章の神経系の道筋に関することはプレアデスの光の使者たちから私のみに教えられたものであり、ほかのどんな医学書や科学雑誌にものっていない情報です。ですから私が神経系の道筋のことを話す場合は、行動や態度に対応する霊的なイメージとエネルギーのはたらきという意味で説明します。

神経系の道筋は、次の三つの部分からなっています。

①頭頂の脳の受容部である第一区域

②入力された刺激を第一区域から受けとって変換する機能と、それに対する反応を決める脳の第二区域

③行動を起こすために肉体や声などの部分を刺激する脳の第三区域

あなたのスピリットが肉体のなかに完全に宿るためには、神経系の道筋が浄化され開かれて、真理にもとづいた自発性がそなわらなければなりません。別の表現でいうと、与えられたすべての状況に対してもっとも自然で素直に対応することができなければ、あなたのスピリットはそれをエネルギーの停滞と収縮として体験することになります。するとそのために、スピリットがとどまることができないような、より低い波動のエネルギーが生みだされるのです。

どうかこのことにふくまれる意味を考えてみてください。もしあなたが率直かつ誠実にスピリチュアルに生きることに情熱を傾け、聖なる真理を求めていれば、たとえどんなわずかでも決して自分に不正直ではい

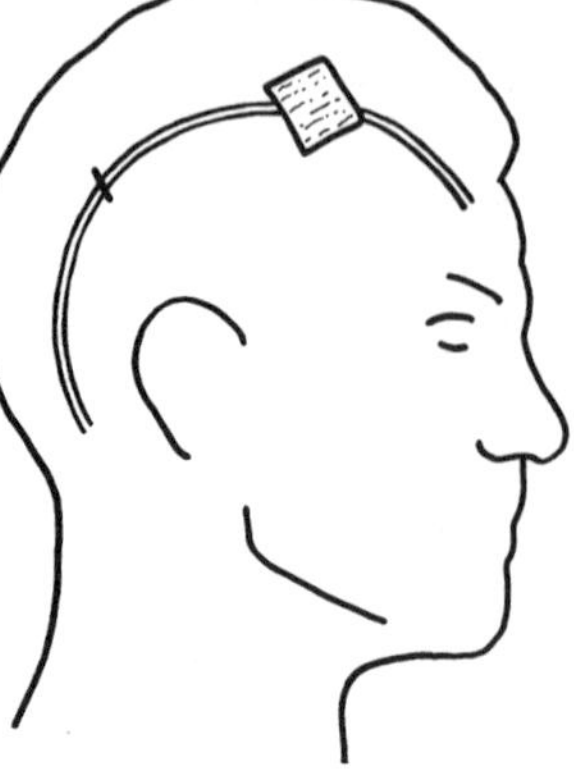

図13　逸脱した神経系の道筋
額のほうから、
第一区域：神経情報を受けとる部分
第二区域：情報を解読してどう行動するかを決定する部分
第三区域：肉体を刺激して行動を起こさせる部分
第一区域と第二区域のちょうど境目に神経プレートが形成される

らませんし、スピリットがいつまでも肉体にとどまることを期待しないでしょう。たとえば上司があなたのもとにやってきて、彼の新しい企画について感想をたずねたとします。あなたはその企画がいいとは思えず、きっと失敗するに違いないと考えますが、上司に対する怖れや追従から「はあ、すばらしい企画ですね」と答えてしまいます。このとき神経学的見地から何が起こるかを説明しましょう。

まず最初に、上司の質問があなたの神経系の道筋の第一区域に入力されます。あなたがこのとき、計算したり隠したりごまかさないで反応していたら、さらりと自然に「率直にいって、私にはうまくいくと思えません。二年前にアジャックス社でもこれと同じようなことをやっていましたが、結果はさんざんでしたよ」と言ったでしょう。そのとき入力されたものを受けとって変換し、どう対応するかを決定して行動するというあなたの神経系の道筋の反応は、はじめから終わりまでがほんの一瞬のうちに、あるいはもしかしたら光の速さと同じくらいのスピードで起こるのです。

ところがあなたが正直に反応しないときには、次のようなことが起こります。まず入力されたものを受けると、第二区域は作動する前にすばやく収縮し、上司が喜びそうな反応がはじきだされます。そしてそれを行動に移すようにというメッセージが第三区域に送られます。この一連のプロセスもかなりすみやかではありますが、神経系の道筋の第一区域と第二区域とのあいだにある「神経プレート」という通過地点を通るので、そのぶんやや遅くなります（**図13**を参照）。

この神経プレートは、打算や偽りの反応が「符号化」された場所です。電気的な刺激が神経系の道筋の第一区域を通って神経プレートにぶつかると、そこでいったん電気的な流れがとまり、神経プレートの上から下までを読みとります。神経プレート上の符号の「指示の読みとり」が終わると、はじめて残りの道筋へのアクセスが可能になります。神経プレートに読みとられるものとは、「あなたの両親や教師や雇用者に対して決して異論を唱えてはいけない。さもなければひどい目にあうかもしれない」といった内容です。電気的なインパルスがプレート上のメッセージを読みとると、あなたの肉体に「怖れ」という警告がつくりだされます。するとほんのかすかな警告でも収縮作用が起こり、あなたは嘘をつくことになるのです。

もちろん、だれもが同じようなことをしているとか、上司が気分屋で建設的な批判を受けつけないからという理由でそれを正当化することもできます。けれども本質的なスピリットとの関係から見れば、自分に嘘をつくことで、あなたの自然で自由で正直なけがれないスピリットを肉体の外へ追いだして、エゴでつくられたアイデンティティへの道を選ぶことになります。神経系の道筋が神経プレートによってさえぎられると、もはやそれは自然で自発的なやり方で機能することができなくなるために「逸脱した神経系の道筋」と呼ばれます。このような逸脱した神経系の道筋を多くもっていればいるほど、あなたのスピリットが肉体に完全に宿ることは難しくなります。

こうした神経系の道筋が示しているのは、人類が覚醒とアセンションにむかって霊的に進化するためには、いつでも自然にあふれでる正直さにまったく偽りなく生きる責任があるということです。幸運なことにほとんどの心理学的な示唆とは反対に、逸脱した神経系の道筋を浄化することも、神経プレートをとりのぞいて自然な正しい行為につながるように道筋をつくり変えることも実際には可能なのです。

あなたの浄化を要する「逸脱した神経系の道筋」と「神経プレート」を確認するためには、透視、直観、透聴や、創造的ヴィジュアライゼーションを用いなければなりません。創造的ヴィジュアライゼーションとは深い瞑想状態に入っていき、あなたのオーラの外側に映画のスクリーンを思い浮かべる方法です。そしてスクリーンの上に自分の頭部の映像を映しだして、脳の内部に自発性と正直な反応を奪う神経プレートがあるかどうかを問いかけます。ひとつの問題に属する逸脱した神経系の道筋と神経プレートが一組だけでなく四組ぐらいあることも決してめずらしくなく、もしかしたらたくさんの個人的な問題をカバーするように、かなりの数の逸脱した神経系の道筋が生じている可能性があります。そんなときは一定の時間内に、ひとつの問題について一組ずつ見ていくことをおすすめします。それらの神経系の道筋がどのあたりにあって、時間内にあなたが何組の道筋を浄化できるかがわかってきたら、この章のあとのほうで紹介するワークを用いて次々と浄化していくことができます。

このプロセスでは、まず最初に逸脱した神経系の道筋の機能を認識することが基本です。そのエネルギーを感じるためにスクリーンに手で触れてもいいですし、メッセージを求めたり、あなたの誤った行動を映像で見せてくれるよう依頼してもいいでしょう。あなたの誤った行動パターンを認識したら(それを変えるためには充分な気づきを得ることがどうしても必要です)「細胞を解放する光のチェンバー」のグリッドを用いましょう(9章の**図9**を参照)。

まず、紫外線のレーザー光線が上下・左右・前後方向へと放射され、交差して立方体ができるのを思い浮かべてください。紫外線の色はかすかに赤みがかった紫色で、私の知るかぎりこれだけが神経プレートを消滅させることができる唯一の色です。それからあなたの両手でひとつの神経プレートをとりかこんで、そこにむかって無数の微細なレーザー光線を放ってください。イメージのなかのスクリーン上でおこなってもいいし、霊的手術のようにあなたの両手が頭のなかの神経プレートのある場所に入っていってエネルギーを放射するのを思い描いてもいいでしょう。神経プレートが完全に消えてなくなるまで両手をあてつづけてください。プレアデスの光の使者たちに援助を求めてもかまいませんが、効果をあげるためにはまずあなた自身の参加が必要不可欠です。

神経プレートが消滅したら、今度はスクリーン上にあなたの手を実際にもっていって片方の手を額に、もう一方の手を後頭部の隆起した部分にあててください。微細な電流が小さな稲妻のように、それぞれの手のひらから神経系の道筋を通って流れていくのをイメージしましょう。右手と左手から送られた電流が出会った瞬間、その神経系の道筋は完全に浄化されます。それから両手の人さし指の先を、神経プレートがとりのぞかれた場所にあててください。そこで神経系の道筋がとぎれているはずですから、もう一度つなぎ合わせなければなりません。金色がかった白い光の美しいすじが、そのとぎれた両端を縫い合わせていくようすを見てください。プレアデスの光の使者たちに助けを求めましょう。光ファイバーの細かいネットワーク網のちぎれた部分がふたたび融合してつなぎ合わされるような感じです。あなたが以上のことを最後までやりとげたと感じたら、神経系の道筋の前方から後方へと黄金色の太陽光線を流してみて、ちゃんと最後まで通るかどうかチェックしてみましょう。つなぎ合わされた場所で光がもれずになめらかに流れていけば、その道筋は完成です。もしそうでなければ、黄金色の光が神経系の道筋をもれずに流れるようになるまで、何度でもその部分をつなぎ合わせてください。

この一連のプロセスをあなた一人ではとてもできそうにないと感じたら、この本を読んでいる友人を探してお互いに相手の神経プレートを浄化しあいましょう。そのときはもっぱらオーラ外側のスクリーンにむかって交代ではたらきかけます。始める前にきちんとグラウンディングできていること、オーラが身体から六〇センチ以内の範囲にあること、そしてオーラの外側をすみれ色の光がとりまいていることを互いに確認しあうことも大切です。

また必要があれば、ヒーリングが始まる前と終わったあとにオーラの外側に新しいバラを置きましょう。お互いのヒーリングが終わるたびに、オーラの前に大きなバラを浮かべ、その上にその相手の顔を重ねて、受けとってしまったかもしれないその人のエネルギーを吸いとってもらいましょう。そのバラが充分にエネルギーを吸収したら、二人のオーラの外側でそれを吹き消してください。次に、あなたの顔を浮かべたバラを思い描いてそれを友人のオーラの外側に置き、あなたが友人のエネルギー・フィールドに残してしまったかもしれないエネルギーを回収しましょう。ふたたびバラが充分にエネルギーを吸いとったら、それを二人のオーラの外側で吹き消してください。そうすることであなたに属するエネルギーはあなたのもとに帰ります。二人でおこなっても効果がないときには、〈プレアデスの光のワーク〉の施術者に援助を求めることもできます。

ここで神経系の道筋を実際に浄化したときの体験談をひとつお話ししましょう。私が最初に「逸脱した神経系の道筋」について学んだとき、アリスというクライエントの女性に透視によるリーディングとヒーリングのセッションをおこないました。アリスは数年にわたり恋人（以下、かりにAと呼びましょう）とオープンな形で同棲生活を送っていました。二人は互いにほかの人と会うことを認めあっていて、別の恋人があらわれても隠す必要はまったくありませんでした。ところがアリスは、数カ月前に新しく恋人ができて（かりにBと呼びます）、その男性が最近彼女とAの住む家に引っ越してきたことで精神的にひどく動揺してしまい、私のもとにやって来たのです。

アリスはBのことをAに話していませんでした。つまり彼女は新しい恋人との関係を意図的に隠しながら、Aがそれを知って自分のもとを去ってしまうことをおびえていたのです。スピリチュアルなアドバイザーとしてもちろん私は正直になることをすすめましたが、それと同時に彼女がなぜ不必要な嘘をついてジレンマをつくってしまったかをつきとめる手助けをすることになりました。

透視によるセッションでは、アリスの父親の暴力によってもたらされた苦痛のエネルギーの映像が見えました。彼女は父親に対して、虐待から逃れるために慢性的に嘘をついていました。父親が望むことを言わなければ、ほとんど必ずといっていいほど父親の暴力沙汰がくりひろげられたからです。幼い子供だったアリスは、生き延びるために逸脱した神経系の道筋をつくることを選んだのでした。

アリスの脳には神経プレートをもった三つの道筋があり、それが彼女の安全の基準になっていました。ひとつめの神経プレートのメッセージとは、「相手が聞きたい言葉をさぐりだして、いつもそれを言うようにすること。さもないと私は殺されるかひどく傷つけられてしまう」といった内容でした。二つめは「自分の本当の感情を隠して、ほかの人々の感情や言葉の影響を受けていないようにふるまうこと」というメッセージで、三つめが「何を言うべきか迷ったときには、知らないと主張すること。そして相手が何のことを話しているのかちっとも理解できないふりをすること」といったメッセージがプログラミングされていました。

アリスのハートのチャクラにある怖れと痛みのエネルギーは非常に強烈なものでしたが、それはBが彼女の人生にあらわれたことでひき起こされたものでした。彼女の恐怖はまったく道理にあわないものだったにもかかわらず、実際にはAに真実を告げることを妨げていました。そしてアリスは自分自身をおおい隠すために嘘に嘘を重ねていったのです。いうまでもなく、自分がなぜこうした行動をとったのかが最終的にわかったとき、彼女は気持ちが楽になり、自分自身を理解してゆるすことができるようになりました。彼女はセッションのテープを家にもち帰り、真実を明らかにすることで自分を理解してゆるしてくれるように祈りながら二人の恋人たちにそれを聞いてもらいました。すると嬉しいことに二人とも彼女を深く理解し、ゆるしてくれたのです。彼女は真実を語っても安全だという新しいパワフルな価値基準を獲得しました。また、自分の恐怖のパターンがあまりにも長期的にくり返されてきたために、自分の無意識の習性になっていたことや、それらの逸脱した神経系の道筋がふたたび生まれるのを防ぐためには意識的にパターンを壊すしかないことも理解するようになったのです。

その当時、プレアデス人たちは逸脱した神経系の道筋のもうひとつの副作用のようなものも見せてくれました。あなたが嘘をつくと必ず――それが公然とした嘘であれ、単にすべてを表現しなかったというごくささいなことであれ――小さなクモの巣のような暗いエネルギーがあなたのハート・チャクラの魂のまわりに形成されはじめます。隠しごとをしたり打算的になったり、我慢したり嘘をついたりすればするほど、毛玉のようにより多くのもつれを生じさせるのです。プレアデス人たちはそのことを私に最初に教えてくれたとき、残念そうにこう言いました。「〝このひどくからみあったクモの巣のもとをただせば、最初に嘘をおぼえたときだった〟という言葉は、実際まさにその通りの真実をあらわしているのです」

あなたの魂のまわりの暗いネバネバしたクモの巣のような網は、時を重ねるにつれて魂の本質を感じて表現する能力を部分的に（あるいは完全に）遮断していきます。それらの糸をすみれ色の炎を使って変容させ、消滅させることができます。奇跡的な変容に用いられるすみれ色の炎の守護者である聖ジャーメインは、そうした浄化のプロセスを援助してくれるでしょう。もしそのほうがやりやすければスクリーンを思い浮かべて、その上で浄化をおこなうのもいいでしょう。

この浄化法にとりかかるさいは、念のため最低一時間ほど用意するようにしてください。逸脱した神経系の道筋と、魂のまわりのもつれたエネルギーの糸を浄化する方法は次の通りです。

●逸脱した神経系の道筋を浄化する

1 あなた自身をグラウンディングさせましょう。

2 あなたのオーラを、身体から六〇センチくらいまでひき寄せてください。

3 オーラの境界の色とバラの花のようすを確認し、必要な調整をします。

4 あなたのオーラの外側に映画のスクリーンを置いてください。そこから地中へとグラウンディング・コードが伸びています。

5 プレアデスの光の使者を呼びだしてください。

6 高次元マスターであるイエス・キリストと聖ジャーメインに、ここにあらわれてヒーリングを手伝ってくれるように依頼しましょう。

7 あなたのハイアーセルフを呼びだしてください。

8 プレアデスの光の使者と高次元のマスターたち、そしてあなたのハイアーセルフに、ここに来てもらった目的を説明してください。あなたの脳にある逸脱した神経系の道筋のうち、今回浄化するにふさわしいものを一掃してくれるよう、手助けとガイダンスを求めましょう。

9 あなたの胸部の映像をスクリーンに投影させて、ちょうどX線でのぞいているように胸の内側がはっきり見えるようイメージしてください。ハート・チャクラから三〜四センチ奥にある、あなたの魂の発生基盤であるマトリックスの部分を見せてくれるように求めてください。その周辺にあるもつれたエネルギーのかたまりは、どの程度の大きさでしょうか。

10　実際に両手を前に出してスクリーンにさわり、そこに投影されたあなたの魂のエネルギーを感じてみましょう。聖ジャーメインにすみれ色の炎を出してもらい、魂のマトリックス周辺の暗いエネルギーのかたまりを変容させるのを手伝ってくれるよう要請しましょう。スクリーンに映しだされた魂のマトリックスのまわりに、あなたの両手からすみれ色の炎が放たれるのを見てください。その暗いクモの巣のようなエネルギーが完全に浄化されたのを感じるか、そのようすが見えるまで、あるいは「終わった」というメッセージを受けとるまでそれを続けましょう。

11　スクリーンにバラの花を登場させ、そこにあなたの胸部の映像を重ねて、そのバラを吹き消しながらスクリーンを浄化してください。

12　あなたの頭部を前から見た映像をスクリーンに投影してください。

13　いま浄化することのできる逸脱した神経系の道筋がどこに何本あるかを見たり、感じたり、直観したり、聞いたりできるよう願いましょう。

14　神経系の道筋の場所を確かめたら、あなたの行動パターンを調べましょう。あなたの直観を使うか、それをあらわす映像を見せてくれるように依頼します。そのエネルギーを感じてメッセージを受けとり、それらが果たしている役割を確認してください。その情報は逸脱した神経系の道筋の第一区域と第二区域の中間にある神経プレートに刻まれています。

15　あなたの行動パターンが確認できたら、その行動パターンが刻まれた道筋を一本ずつ浄化していきましょう。まずあなたの両手を神経プレートのまわりに置いてください。「細胞を解放する光のチェンバー」のグリッドと同じように、あなたの手から無数の微細な紫外線の光がその神経プレートにむかって放射されるのを見てください。その神経プレートが消滅するまでグリッドの光線を発しつづけられるよう、プレアデスの光の使者に援助を求めましょう。

16 神経プレートが完全に消えてなくなったら、左右の手をそれぞれスクリーン上の額と後頭部の隆起部分にあててください。両方の手のひらから小さな稲妻のような電気エネルギーを神経系の道筋に送りこみ、両方の稲妻が出会うまで流しつづけます。

17 今度は左右の人さし指の先を、神経プレートがとりのぞかれて道筋がとぎれた場所にあてます。プレアデスの光の使者やガイドに援助を求めて、金色がかった白い微細な光が、神経系の道筋をもと通りにつなぎ合わせるのを見てください。

18 黄金色の太陽光線を神経系の道筋の前方（額側）から後方（後頭部）へと流してみて、どこかにもれがないかどうか確かめてください。黄金色の光が途中でもれることなくスムーズに流れていくなら、その道筋の浄化は完成です。光がもれていたらステップ17をくり返して、しっかりとつなぎ合わせてください。

19 ほかの逸脱した神経系の道筋についても、同じようにステップ15から18をくり返して浄化と癒しをおこないましょう。

20 あなたの神経系の道筋を浄化してきれいに保つために変える必要のある、あなたの行動パターンについて数分ほど考えてみましょう。その道筋がそれたまま作用していたとき、あなたは日常生活でどんなふうにふるまっていましたか。いくつかその場面を思い浮かべてください。そうした状況をあなたがどうとらえ、どう感じていたかを観察してみましょう。どういう場面で身体のどこが萎縮するでしょうか。ほかの人々のあなたに対する反応も観察してください。そういうとき、あなたの呼吸はどうなりましたか？　そして一緒にいる人々の顔をまっすぐ見ることができたでしょうか。どんなことを感じていましたか？

21　それではふたたび同じような状況を想像してみましょう。ただし今度はあなたの神経系の道筋が浄化されたので、あなたは自然に正直にふるまうことができます。前との違いはどうですか？　あなたの身体が萎縮しない新しい感覚に気づいてください。まわりの人々の反応が前とは違っています。あなたの反応はどうですか？　充分に呼吸していますか。そこに居合わせた人々の顔を見ることができますか。あなたはどんなふうに感じているでしょう。

　新しい正直な行動パターンを想像するのが難しければ、あなたの感情をわざと誇張させて浄化するという方法もあります。またエネルギーを流しながら「バラ吹き」をしてもいいでしょう。否定的な想念や思いこみや判断があなたの内側に浮上してきたら、時間をとってそれらを浄化してあげましょう。あなたが自然にかるがると流れるようにふるまうのを思い描けるまで、新しい行動パターンをいろいろと試してみましょう。

22　以上のことが終わったら、バラの花を思い浮かべてそのなかにスクリーンを置き、あなたのオーラの外側で吹き消してください。

23　このあと、できるだけすぐにプレアデスの光の使者の助けをかりて、8章にあげた「ドルフィン・ブレイン・リパターニング」のセッションをおこなうといいでしょう。そこでたったいま浄化されたばかりの逸脱した神経系の道筋に対応する、あなたの身体のなかの抑圧パターンを浄化してくれるよう依頼してください。

この浄化のテクニックをほかの人のために用いることもできます。あなたの代わりに、その人の脳、胸部、魂のマトリックスなどのイメージを思い浮かべてください。そして浄化が終わったら相手の人に、ステップ23でのドルフィン・ブレイン・リパターニングのセッションをおこなうようアドバイスしてください。それからあなたのオーラの外側にバラの花に重ねた相手の顔を思い浮かべ、そのエネルギーを切りはなしましょう。あなたがセッション中に相手から少しでもエネルギーを受けとった可能性があるなら、それをバラに吸いとってもらい、オーラの外側で吹き消してください。

それからバラの花のなかにあなたの顔を思い浮かべましょう。あなたがセッション中に相手の領域内に残してきたかもしれないエネルギーを吸いとってもらうように、そのバラを相手のオーラの外側に置いてください。バラが充分にエネルギーを吸収したら、オーラの外側でそれを吹き消します。そうすることであなたのエネルギーはあなたのもとに帰ります。

光のグリッドを用いたセルフ・ヒーリング

「細胞を解放する光のチェンバー」のグリッド（それを小型化したものを神経プレートの浄化にも用いましたが）には、そのほかにもいろいろな利用方法があります。グリッドの格子状の構造は、通常ほかの方法ではかなりの時間を要するようなエネルギーの浄化に独自の能力を発揮するのです。

まず最初に、紫外線の色のグリッド・パターンのもうひとつの利用法を紹介しましょう。暗い痛みのエネルギーや古い抑圧された感情を解放するときに、オーラやチャクラのなかでクモやコウモリやヘビが動きまわっているのが見える、という話をしばしばクライエントの人たちから聞きます。それらのクモ、コウモリ、ヘビなどは低次元のアストラル界に住んでいる寄生体で、実在する動物との関係は明らかではありません。アルコールやドラッグに溺れたり、否定的な思考にふけっている人、また人生において多くのトラウマを体験した人々の周辺でそれらの存在たちを見かけることが多く、それらの寄生体は抑圧された感情や、痛みのような活気のないエネルギー、低い波動のエネルギーを食べて生きています。あなたがより頻繁に瞑想をおこない、ポジティブで愛情深くなり、肉体に光をとりこみ、健康的な食事をして抑圧されたエネルギーを浄化していくほど、それらの寄生体たちはあなたのなかに住みにくくなります。

あなたがクモやコウモリやヘビを自分や友人やクライエントのエネルギー・フィールドに見かけたり感じたりしたら、紫外線の光を思い描いて投げかけることによってアストラル界の寄生体なのかどうかを見分ける方法があります。その紫外線を浴びて凍りついたように動きをピタリととめてしまったら、それはアストラル界の寄生体です。それらは紫外線の光の周波数に耐えることができないのです。次にその寄生体がちょうど隠れるくらいの紫外線の立方体のグリッドでとりかこみながら、姿が完全に消えてなくなるまで格子状に光を流しつづけてください。そのさい、プレアデス人たちに助けを求めることもできます。何も怖れる必要はありません。もしあなたがそうした寄生体の存在に気づいていなければ、単にすみやかにそれを排除できるような情報や知識を知っておいたほうがいいというだけです。

紫外線の光のもうひとつの効用としてあげられるのが、薬物中毒や放射線の毒性およびアレルギーから救ってくれることです。紫外線の光は、それらの問題に対して即効性はありませんが、少しずつでもほかのどの方法より確実に効果を発揮します。太陽の紫外線を定期的に浴びることは、大部分の人々が考えているよりもはるかに浄化作用がありますが、オゾンホールのせいで太陽光線がとりわけ強烈になったこともあり、多くの人がほとんど太陽の下で過ごさなくなってしまいました。けれども私は、人々が健康でいきいきしているためにはある程度の直射日光の波動が必要だと信じています。一日二分間だけ太陽の下にいるだけでも違うでしょうし、外に出て呼吸をしながら意識的に太陽光線を身体のなかにとりこもうとするなら、さらに効果的でしょう。

紫外線の光には、地球上や人間の肉体のなかに蓄積された薬物や放射性物質の毒素を、一定の時間をかけて少しずつ破壊する力があります。こうした問題をかかえている人は、紫外線の光のグリッドを利用するといいでしょう。たとえば肝臓や脳や腸など、あなたが毒素を浄化したい身体の部位を思い浮かべ、そこだけ紫外線の格子状のグリッドで集中的にとりかこみます。毒素が身体中の血液にまわっているようなら、9章の「細胞を解放する光のチェンバー」の手順にしたがって、あなたの身体とオーラ全体を紫外線のチェンバーで包みこむといいでしょう。

どの程度の解毒作用があなたの肉体にもたらされるかを把握するまでは、一回一〇分程度からグリッドを用いはじめてください。ひどい解毒作用が起こったために一〇分でも長すぎるという人は、次回はもっと短い時間だけ試してみましょう。また自分の肉体と感情的な反応を観察しながら、どのくらいの間隔で実施したらいいかも自分で決めなければなりません。この種の浄化のプロセスは段階的に順を追って起こりますから、身体に急激な負担をかけずゆっくりとおこなうのが理想的です。

免疫機能の低下や疾患がある人にも、紫外線の光は効果的です。あなたの胸腺〔胸部の首のつけね近くにあるリンパ器官〕を紫外線のグリッドでとりかこんでください。それはあなたのエーテル体を刺激することで肉体を刺激し、病気や感染の原因となるエネルギーのブロックをきれいに浄化するのを助けてくれます。感染やけが、すり傷、化膿、疱疹などの患部周辺に紫外線のグリッドを直接とりつけるのも効果的です。

紫外線以外の光のグリッドも用いられます。たとえば筋肉が固くなったり引きつれたときには、輝くシルバーの光のグリッドを用いるのがいいでしょう。あなたの身体のなかの緊張したり萎縮した部分はどこであれ、このグリッドを用いるかシルバーの光がそそがれるのを見るだけでも、たいていはある程度緊張がときほぐされます。またシルバーの光は慢性的なしこりや硬直にも効果的で、緊張をゆるめてエネルギーのブロックを分解してくれます。このやり方は腸の周辺のブロックにもすばらしい効きめを発揮します。シルバーの光のもつリラックス効果が、腸の緊張をほぐして消化を助けてくれるからです。この光は痔疾の治療にも役立つでしょう。

捻挫や脱臼、骨折などによる激痛の場合には、ゴールドの光のグリッドを用いるといいでしょう。すみやかな回復が促されて、けがをした部分があたたかくなり痛みが緩和されるはずです。あたたかみのあるゴールドの光は、月経前症候群や生理痛、潰瘍、喉の痛み、心臓の痛み、消化不良、耳鳴り、偏頭痛もふくめた頭痛全般を緩和することができます。

固くなってブロックされたチャクラにもゴールドの光は効果的です。明らかにあまり開いていないというチャクラに対しては、なんらかの効果があらわれたと感じるまでそのチャクラ全体をとりかこむようにゴールドのグリッドを置いてください。それはチャクラが開くよう助けてくれるだけでなく、傷ついたチャクラをエネルギーレベルで癒し、異質のエネルギーを浄化して再生を促してくれます。チャクラの位置によっては、ゴールド以外の光やいくつかの色の光を組みあわせたほうがいいと感じるかもしれません。つねにあなたの直観とガイダンスを信頼してそれにしたがってください。ゴールドはもっとも普遍的な癒しの色ですが、チャクラにそれ以外の色は効果がないということは決してありません。

関節炎やリウマチ、またはカルシウム沈着による疾病をかかえている人も、その部分にグリッドを用いるか、全身への「細胞を解放する光のチェンバー」をおこなうといいでしょう。これらの疾患にはチェンバー・

セッション中に三色の光を一色ずつ順番に用いてください。最初はローズ・ゴールドの光です。これは筋肉の硬化やかたまりをゆるめてくれます。ローズ・ゴールドとは、ブラックヒルズのトリトンの貴金属のようなピンクがかった金色のことで、単なる混合色ではなく、銅とメタリックゴールドを等量ずつ混ぜあわせてできたまったく新しい色です。二番目に用いるのはシルバーの光で、身体の疾病部分を弛緩させながら分裂したエネルギーの解放を促してくれます。三番目が黄金色の太陽の光です。それは組織の再生と強化を助長し、オーラ内の異質なエネルギーを浄化してセルフ・ヒーリングを促してくれます。

関節炎やリウマチやカルシウム沈着に対して「細胞を解放する光のチェンバー」をおこなったり、部分的にグリッドでかこむ場合には三〇分ほど時間をとってください。それぞれの色を一〇分間ずつ流していきましょう。このチェンバーによってあなたのなかに怒りが浮上してくるかもしれません。なぜなら関節炎は、骨に蓄積されたあなた自身やほかの人々の怒りのエネルギーの内部破裂によって生じる病気だからです。このチェンバーを用いると怒りのエネルギーのパターンがきれいに破壊されて、あなたの肉体の治癒力がしだいに高まっていきます。くり返し肉体にそのエネルギーが戻って定着するのを防ぐためには、その怒りはあなたに感じられ、解放される必要があるのです。

原初療法（抑圧された幼いころの感情などを思い出し、解放させる精神療法）やバイオエナジェティックス（呼吸や運動や思考を自由に表現することでストレスや筋肉の緊張をとく療法）の助けを借りる必要を感じたり、また自分一人で「怒り」に取り組もうとする人にも、一時的な軽減ではなく完全な治癒を目的としておこなうことをおすすめします。怒りの解放をテーマとしたラザリスのカセット・テープも大きな助けになるでしょう。

これらのチェンバーやグリッドのセッションは、あなたが必要や欲求を感じるだけいくらでも頻繁に実施してかまいません。このセッションによってエネルギーの解放が進むにしたがい、肉体と感情は癒されていくでしょう。ほとんどの人には週に二度以上がいちばんいいと思いますが、あなたの直観とガイダンスを信頼し、つねにそれにしたがってください。

ここであげた以外、なんらかのエネルギーのブロックや肉体の病気などに対しても、光のグリッドを自由に用いてみましょう。細胞レベルでの浄化や、内臓や分泌腺の疾病、関節炎、慢性疾患のある部位の集中的な浄化を目的として部分的にグリッドを用いる場合は、人間の手を用いたヒーリングとくらべて六〇パーセント程度の効果が期待できます。この方法が充分な効果を発揮しない場合は、友人と二人でペアになってお互いに手技によるセッションをおこなうか、〈プレアデスの光のワーク〉の施術者に援助してもらうこともできます。

肉体の病気や痛みに対してこうした形のエネルギー・ワークを実践するときは、速効性を期待しないでください。最初のころは少しずつワークに取り組んで自分自身の肉体と感情の解放の度合いを見計らいながら、自分なりのペースで進めていきましょう。この「細胞を解放する光のチェンバー」やグリッドのあなた独自の利用法をあみだしたなら、ぜひその効果を私に知らせてください。

細胞の新しい方向づけと新しいパターンの設定

この細胞の新しい方向づけと新しいパターン化のワークは、二度とまったく同じものは体験できないということと、あなた個人の必要に応じて数多くの〈プレアデスの光のワーク〉を混合させたものであるという意味において、きわめてユニークなものです。あなたが核心的な問題やそれをとりまくことがらの浄化にあたって大きな壁にぶつかったときに、これらのセッションが役に立ちます。また、次に何をしたらいいのか混乱してわからなくなったり、ゆきづまりを感じたり、自分にできることをすべてやったうえで、あとは「仕上げ」のための援助とやり残しの処理をだれかに手伝ってもらいたいようなときには、このセッションをおこなうといいでしょう。

自分自身の癒しと霊的成長に長年取り組んできた人なら、瞑想し、祈り、感情を浄化して光を用いたワークをおこない、ボディワークを受けて思いこみや判断をとりのぞき、ゆるすということに費やされる時間もあるのを知っているでしょう。こうした時間のあと、あなたは〝洗い流された〟ように感じるかもしれません。すべてが完全にクリアにならないような場合でも、少なくともあとはもう自分では何もすることがないように感じられることでしょう。そんなとき、あなたは瞑想やすみれ色の炎を使ったワークや、波動を高めることに全力をつくすようなワークを実践しつづけることもできますが、かかえている中途半端なすべての問題を魔法のように一挙に解消して、次に進む方向性を見いだせたらどんなにすばらしいでしょう。そんなとき、この細胞の新しい方向づけと新しいパターン化のワークが非常に役に立つのです。

あなたが本当にゆきづまったときも、このセッションを利用するといいでしょう。たとえばいまだにネガティブな感情が強力に幅をきかせており、それらの感情を通過させるために自分が知っていることをすべて実行したけれども、さらに理解したり浄化する必要のあるとても重要な何かが不足していて、それが何だかわからないという場合です。そんなとき、本当は言うつもりのなかったことを口にして人を傷つけてしまい、自分をもてあまし気味に感じたりするかもしれません。そうなればあなたは自分に対する評価と尊厳が傷ついたまま、完全にいまに存在して人生を充分楽しむことに集中できなくなってしまいます。

こうしたときこそ、細胞の新しい方向づけと新しいパターン化がたいへん役に立ちます。人生のターニング・ポイントというのは、非常に苦しい体験になる可能性もあります。もう少しで未来への新しい道程に立てるはずなのに、曖昧で実体のない何かに道をさえぎられているようなあせりを感じるときがあるでしょう。

こうした未解決な問題や滞りには多くの根源的要素が考えられますし、しばしば複数の要素が組みあわさっています。根源的要素の例としては、細胞のパターン、滞ったエネルギー、あなたが霊的または感情的に解消しようと取り組んできた問題を再生させつづける「神経・筋・大脳皮質系」の抑圧パターンや、厚く凝縮されたエネルギーのブロック、内臓や内分泌器官や身体のその他の部分に残された濃密な残留物、異質のエネルギー、目に見えない滞ったイメージ、完全な解放にむかってだれかの援助を受けることに対する羞恥心や傷ついた感情、ある程度まで浄化されたけれどもいまだに〝微調整〟やさらに深い癒しを必要とするチャクラの停滞などがあげられます。

細胞の新しい方向づけと新しいパターン化のセッションを受けるためには、あなたが学ぶ必要のあるレッスンをすでに修得していなければなりませんし、それにともなって行動パターンを変えることも卒業していなければなりません。最後に残った未解決な問題や滞ったエネルギーを浄化するこのセッションでは、それらはあらかじめ必要な条件となります。あなたが必要なレッスンを学び、行動面でもそれを超えていたなら、最後の仕上げにかかる準備ができたといえるのです。それこそまさにこのセッションの目的なのです。

セルフ・ヒーリングや霊的な成長のワークをいままで受けたことのない人にとっても、このセッションはその人の現在と未来にはふさわしくない古くなったパターンやエネルギーを浄化する助けとなってくれます。それらのヒーリング、浄化、バランスを目的としたワークは、次にあなたに何が起こってもすみやかに対応できるような、すべてのエネルギー体が共存しやすい状態をもたらしてくれます。

前にもふれたように、私たちには感情体、メンタル体、霊体、肉体という四つのエネルギー体があります。たとえば、ある問題に関してメンタル体に刻まれた思いこみをすべて浄化するとき、感情体ではそれに付随する感情も一緒に浄化される必要があり、霊体においては浄化された部分がより高次の真実やゆるしや愛で潤されて新しい存在のあり方を確信し、強化されなければなりません。そして肉体では思いこみや感情をかたくなに保持していた抑圧パターンが解き放たれなければなりません。

成長し変化しているとき、自分自身でそれら四つのエネルギー体を充分ケアしているかどうかはわかりにくいでしょう。けれどもそのレッスンから学ぶ意図さえあれば、最後の総まとめとさらなる磨きを目的として、細胞の新しい方向づけと新しいパターン化のワークを利用することができます。すなわち、ここでプレアデス人たちやキリストやハイアーセルフは、あなたのために「まとめ」と「仕上げ」のヒーリングを施してくれるのです。彼らはこのワークにおいて次にあげる技法のいくつか、またはすべてを組みあわせて活用します。

その技法とは、ドルフィン・ブレイン・リパターニング、カー・ワーク、聖なる軸線の連携のためのワーク、細胞の活性化と再生、あらゆる種類の光のチェンバー、身体に部分的に用いられる光のグリッド、チャクラのバランスとヒーリング、神経系のエネルギー・ワーク、過剰な感情を身体からすくいとり中和させる、ガイダンスのメッセージを受けとる、ドルフィン・スター・リンキングのワークなどです。

こういったワークを意識的に必要とする特定の問題をかかえているかどうかに関係なく、このセッションではいまあなた自身が必要としているものをすべて受けとることができます。

●細胞の新しい方向づけと新しいパターンの設定

1　両膝の下に枕を置いて、両足を肩幅くらいに開いて横になります。

2　グラウンディングをおこないましょう。

3　あなたのオーラをひき寄せたり押しだしたりして、身体から六〇～九〇センチほどの範囲にととのえてください。オーラの境界の色を確認し、必要ならバラの花のようすも確認しましょう。
4　プレアデスの光の使者を呼びだしてください。
5　あなたのハイアーセルフを呼びだします。
6　高次元のイエス・キリストに、ここにあらわれるよう求めてください。
7　「光輝く癒しのデイヴァ」があらわれるよう祈ってください。
8　ほかにもセッションに加わってほしいガイドや天使や高次元マスターたちに、あなたのもとにあらわれるよう呼びかけましょう。
9　次の言葉を静かに口にしてください（言葉はあなた自身のものでもけっこうです）。
「私は神聖なる恵みの法則において呼びかけます。高次元マスターのイエス・キリストとプレアデスの光の使者、光輝く癒しのデイヴァ、そして〇〇〇（あなたが呼びだしたい光の存在）と私のハイアーセルフに要請します。傷ついた感情や肉体の抑圧パターン、想念、思いこみ、霊的なカルマ、また私が成長し学ぶためにあえて取り組んだり知る必要のない、私自身やほかの人に属するエネルギーのすべてを、どうかすくいとって癒してください。いまそれらのエネルギーが私の身体とオーラから切りはなされて、純粋で創造的な生命エネルギーに変換され、ふたたび私のもとに帰ってきますように」
10　静かに深く呼吸してください。息を吐くたびに古い不要なエネルギーが解き放たれ、吸う息とともに新しい創造的な生命エネルギーが入ってきます。
11　細胞の新しい方向づけと新しいパターン化のセッションを受けとれるよう求めてください。すべてを受け入れられるように、身体の力を抜いてあなた自身をできるかぎり開きましょう。なんらかの不快感やプレッシャーを感じたら、さらに深く大きく呼吸をして解放を促します。このセッションは一～二時間ほどかかりますから、いつでも最大限の時間を自分に与えてください。このワークを就寝前におこなうときは、途中で眠ってしまってもかまいません。

12 夜、睡眠時におこなうのでなければ、セッションが終わったとき、立ちあがる前に忘れずに何度か深呼吸をしてください。起きあがったら、もう一度グラウンディングしてから日常生活に戻りましょう。

ステップ10までの短いワークも可能です。それは感情の完全な解放を促します。その場合、あなた自身で羞恥、痛み、屈辱感、悲しみ、怖れ、非難、怒りなどできるだけ多くの感情をすくいとって身体の外に移動させてから、それらの感情を切りはなすことを依頼してください。

生命エネルギーを食物にたくわえる

この世界にある食物は農薬や化学添加物や着色料に満ち、さらに漂白され、電子レンジで構造を破壊されて総体的に変質させられたものばかりです。そのため全粒小麦粉や有機栽培の野菜、混ぜもののない食品だけを食べて生きるのはきわめて難しくなっています。たとえあなたが自然のものを望んだとしても、収穫・輸送・調理されてくるあいだに食物のなかの生命力はかなり減退してしまいます。生まれたときから健康的な食生活を送っていればそれほど心配はありませんが、おそらくほとんどの人は幼いころから白砂糖、精製小麦粉、白米、肉、加熱された油など、変質した食品や有機栽培ではない食物を大量に摂取してきたことでしょう。こうした食生活によってあなたの肉体とスピリットにはどんな影響がもたらされるのでしょうか。

変質した食物を食べている人類や動物は、原料となる植物と同じような独自の細胞構造や染色体の変化を示します。それゆえ肉体的な健康と、スピリットが肉体のなかで充分に機能する力は、あなたが何を食べているかによって大きく左右されるのです。

プレアデス人たちはこの単純な事実を憂慮して、私にその状況を改善するための方法を提案してくれました。まず第一は当然ながら、なるべく有機栽培の食物を買い求めることです。プレアデス人たちは、有機的に栽培された食物から種を収穫するようになって五世代後に、ようやくどんな変質も修正されるだろうといっています。それも適切な栄養素がきちんと与えられていればの話です。

第二に全粒小麦粉を用いたり食物をできるだけまるごと摂取することが大切です。植物は完全なエネルギーのパターンと消化に必要なすべての酵素をふくむように創造されています。植物は「幾何学的な創造の記号」を有しており、人間の身体のなかにある相似型か同一型のものと対応するようになっています。それはプレアデス人たちと「デイヴァの王国」によって、人間が健康に育ち、病いを癒すために必要なものはすべて地上の自然のなかに存在するよう計画されたからなのです。

食用として穀類から外皮や胚芽がとりのぞかれ、サトウキビやビートが砂糖にまでそぎ落とされると、その植物の記号が不完全なゆがんだ形に変えられて肉体にとりこまれることになります。すると人間の肉体は、摂取したものが効果をあらわすようにその食物の全体図を完成させようとして、肉体のバランスと健康を保つために貯蔵されていたビタミンBやCを引きだし、変質した穀類や砂糖を通過させるために利用します。その結果、食物が原形のままなら必要なかった余分な酵素が、消化を助けるために生成されることになるのです。長期的にみると、それによってビタミンBやCの欠乏、肉体の酵素補給の過剰消耗と免疫系の問題、アレルギー体質、神経系と脳の損傷などの症状がもたらされるでしょう。たとえば精製された穀類を原料にしたパスタや砂糖をとると、腸の排出機能がきちんとはたらかなくなって毒素がたまり、腸壁から全身へと送りこまれます。すると染色体と細胞は変異して、不規則なスピンを続けながら病気を生みだしていき、スピリットが宿るための肉体というすみかを創造することは不可能になってしまうのです。

有機的に栽培された食物をまるごと食べることによって、この問題は根絶されます。そのうえ肉体が癒されて体内に自然のバランスがそなわるようになるでしょう。もちろん、かなりの毒素がすでに蓄積されていれば、ときに断食をして浣腸や結腸洗浄をおこなったり、しばらく酵素療法のプログラムを続けたりする必要があるかもしれません。または肉体が過去の変異から回復してふたたび正常に機能するようになるまで、ビタミン剤を補給したほうがいいかもしれません。それらについては医学書でも学べますし、栄養療法やハーブ療法、虹彩診断療法、ホメオパシー療法などのすぐれた治療家からも学ぶことができます。

しかしながら、あなたが自宅でどんなに食生活に注意を払ったところで、ときにはレストランや友人の家で食事をしなければならない（あるいはしたくなる）機会があるでしょう。また時間に追われて走りながら何かを頬ばるというのも私たちアメリカ人の得意技です。これから紹介する「食べ物を癒す」ワークは生命エネルギーをたくわえるもので、食品の化学物質や変異を完全に除去するわけではありません。けれどもあなたがさまざまな変異から回復するのを助け、スピリットにとってより住み心地のいい身体をつくることになるでしょう。

●食べ物を癒す

1　あなたが食べるもののまわりに、紫外線の光のグリッドを思い浮かべてください。食事が盛られた食器や食べ物そのものを両手にもって、紫外線の光のグリッドでかこみます。そのまま三〇秒から一分ほど、あるいは充分だと感じられるまでグリッドに光を流しつづけてください。

2　グリッドをその状態に保ちながら、あなたの好きなやり方で食べ物に対する感謝と祈りの言葉を述べましょう。

3　黄金色の光でできた、横になった数字の「8」の形をした無限をあらわすシンボルを思い浮かべてください。黄金の光がその無限のシンボルを通って流れつづけます。そのシンボルの一方の端を食べ物のそばに置いて、声に出して次のように（またはあなた自身の言葉で）呼びかけてください。

「私は植物、動物、知覚をもつもの、人間、そして地球をはじめ、この食物のすべての源となっているものに感謝をささげます。この食物が刈りとられ、出荷され、調理されて失われたすべての生命力が、いまこの無限のシンボルを通って戻ってきますように」

生命力が充分にたくわえられたのを感じるまで、そのまま黄金色の光を無限のシンボルに流しつづけましょう。

4　楽しんで食事をしてください。

食物を癒して生命エネルギーをたくわえるこのワークは何度か実践するうちに、光のグリッドと無限のシンボルが同時に思い浮かんでずっと短時間でできるようになるでしょう。

13章 ハイアーセルフとつながる

ハイアーセルフ（高次元の自己）とは肉体を超えて四次元から九次元にまで存在する、私たち個人の意識のスピリットという側面です。九次元を超えると、私たちの個別化された意識はもはや識別できなくなります（もっと詳しい説明については用語解説の「次元」を参照してください）。ハイアーセルフは、それぞれの次元ごとに違ったレベルの意識と機能と形態とを有しています。私たちが通常ハイアーセルフと呼んでいるものは、六次元と七次元にいて肉体をもっていないにもかかわらず、人間のような形を維持している私たち自身の一部なのです。

あなたがそれを願い、そのための準備さえととのえば、いつでもハイアーセルフと意識的につながることができます。けれどもハイアーセルフは、自分の存在に気づいてもらおうとかあなたの人生に影響を及ぼそうとして、あなたの自由意志に干渉することはないでしょう。ハイアーセルフと直接つながるためにはあなたが霊的に進化することを求め、あなた自身が肉体を超えた価値ある魂とスピリットだということを理解しなければなりません。さもなければ肉体のなかの意識は、エゴと人格の部分があなたという自己の全体だと思いこんでしまうでしょう。

霊性にめざめはじめた人なら、自分と対をなす「聖なる写し」の存在に気づいたことがあるかもしれません。また瞑想やさまざまな訓練や、夢、啓示などを通して、自分の身体に宿る神聖さと出会った経験があるかもしれません。そういったときこそ、ガイドや高次元マスター、天使、あなた自身のハイアーセルフに対して、自然に内側の「神聖な自己」または「真の自己」と出会うための援助を求めるようになります。それらの存在の助けを得ると、カルマの問題や観念や判断をはじめ、さまざまな感情や自分の内側の神聖さとつながる道をふさいでいるものが表面にあらわれてくるでしょう。それによってあなたの「霊的な気づき」という浄化と癒しの探求が活性化されはじめるのです。

神とつながることを妨げる唯一のものが自分のエゴと人格が共同でつくりだしたものだったと理解したとき、それまでよりも意識的かつ調和的に、「自分の現実をつくりあげているのは自分自身だ」という責任をとる準備ができます。高次の愛や霊的完全性とはどんなものかを知り、「神／女神／すべてなるもの」とつながって制限された濃いエネルギーの解放を加速させるためには、まずあなたの身体に内在するハイアーセルフとつながることがいちばんの早道なのです。

なかにはハイアーセルフを、自分の身体とは別の光の存在として体験した人もいるかもしれません。それは肉体と精神の二元性にもとづいた霊性と、高次の意識と知性を体験するには非物理的でなければならないという思いから生じたものです。あなたが人間としての自分をもっぱら「ロウアーセルフ」（低次元の自己）として見るならば、またそれゆえに物理的な現実を「より低い」世界と見なすならば、あなたの霊的な成長や生の喜びは大きく妨げられてしまいます。あなたの人間としての自己とは、あなたが意図し、信じたものにほかならないからです。

幸運にもあなたが、何ごとも自分自身で熟考するよう支え、励ましてくれるような愛情深い両親や友人にめぐまれて、あなた自身が「神／女神／すべてなるもの」の聖なる一部であり、肉体に住んでいる聖なるスピリットだと知っているなら、人間としての自己を制限された「低次元の自己」とみなす必要などまったくないでしょう。身体の意識こそ自己のすべてだと思いこんでしまうのは、生まれてこのかたずっと「神聖な自己」に気づくことを奨励もされず、認められもしない社会に住んできたからです。ゆえに人間としての自己を肉体だけの不純な存在とみなし、代わりに霊性を全知全能の神にあずけて、自分はその慈悲にすがるしかない非力な存在だと思いこむのです。

「ロウアーセルフ」とは、ただ生き延びるためにだけ、そして可能なかぎり苦痛を避けるためにだけ生きています。それは自分が人間だという事実を潜在的にとても深く恥じていて、それゆえ「低い」意識の形態をとっているのです。教義的な宗教は複雑で巧妙なやり方で人々をあやつります。人間を神に隷属しなければならない、より劣った罪深い存在とみなし、だれもが教会の権威のもとでしか救済されることはないと信じこませます。多くの場合、それらの宗教的な教義は、肉体をもった存在としてのあなたがすべてだと思いこませようとする社会的規範と結びついています。

この「存在という恥」症候群は、宗教的かつ社会的にひろく教えこまれて地球全体に蔓延しています。私たちは生きるために何か食べなければならないことを恥じ、みずからの体臭を恥じ、何かに値しない自分を恥じ、自己嫌悪する自分をますます恥ずかしく思い、ただ肉体をもった存在であるというだけで自分を恥じるのです。なかでもセックスや恋人を欲することに対する恥ずかしさは、重症の「存在という恥」症候群です。それを克服するためには、羞恥心にともなう「分離感への恐怖」に取り組まなくてはなりません。

いまでもはっきり記憶していますが、私が子供のころ、よく母親は「あの人は恥というものを知らないのかしら」とか、「あなたは恥ずかしくないの？」と言いながら、羞恥心というものがあたかも美徳であって善人か悪人かを判別する基準であるかのように話していたものです。そこで羞恥心がないと判断された人々は、母にとってはつねに「悪人」であり、避けるべき人でした。私は人々がお互いに批判的で差別的な見方で裁きあうのを目撃するたび、いつも暗い気持ちに襲われましたが、悲しいことに自分の母親が美徳の名のもとに彼女自身の羞恥心に絶望的なまでにとらわれていたのです。

現代文明には二つの大きな欠落部分があります。その二つの不在のために、こうした判断と分離感があらわれているのです。そのひとつは、人間は生まれ落ちた瞬間から神または女神の子供として愛や充足や喜びに値する存在なので、それを無理に勝ちとる必要はないと知ることであり、二つめは自分が光と愛でつくられたスピリットで、進化するためにここに来たのだと気づくことです。

あなたにそなわる本来の価値や使命に関するこの二つの霊的な知識を内側で深く感じて理解するとき、大いなる変化と成長がすぐに起こるでしょう。ハイアーセルフの意識を肉体の外側に締めだすことをやめて、そのエネルギーと意識をあなたの肉体に取りこめば、あなたの人間としての自己の価値と、聖なるものとのきずなを深く確信することができます。それはあなたが分離感という思いこみを手放す大きな一歩になるでしょう。

あなたが「存在という恥」を感じ、その感情のもととなる思いこみにこだわるなら、それらの思いこみに注目して、6章の思いこみと判断を浄化するワークで解放してあげるようにしてください。次にそうした思いこみの例をあげてみましょう。

①私は救いと慈悲を求める前に、自分が犯した〝悪業〟のために罰せられて苦しまなければならない。
②私には神の愛が感じられないから、私はどこか間違っているにちがいない。
③食べ物や家をほしがるなど恥ずべきことだ。それらはみな地球や両親や外国の人々やそのほかから奪っ

たものなのだから。
④まわりの人を幸せにできないのは、私の愛が足りないからだ。
⑤セックスを求めたり性的な感情をもつことはスピリチュアルではない。
⑥孤独を怖れる私は、精神的に貧しい価値のない存在である。
⑦母に痛みを与えたので、私が生まれたのはいけないことだし恥ずべきことだ。
⑧私がしたいとか手に入れたいとか思うものは、ぜったい欲してはならない。
⑨肉体をもっているということは、私が「より劣った」「堕落した」存在であることの証拠である。
⑩私が女（あるいは男）に生まれてしまったために両親を失望させた。決してその埋めあわせをすることはできない。

以上はほんの一部の例にすぎませんが、あなたが自分の「存在という恥」を認識して浄化するための参考になればと思います。

それでは、実際にあなたの身体のなかのハイアーセルフと意識的につながるための方法を述べましょう。あなたが覚醒とアセンションに近づくにつれて、ハイアーセルフの一部の部分が少しずつあなたの身体に融合されていき、最終的にはすべてが永久に溶けあったままで体内に宿ります。それぞれの段階において、あなたが見るハイアーセルフの形態は変化していきます。なぜならあなたは意識と肉体に融合されたハイアーセルフをさらに超えて、もっと高次元のハイアーセルフとつながろうとするからです。そしてついにはハイアーセルフを光の球体や星あるいは光の渦などの、もはや人間的ではない形態として体験するでしょう。それはあなた自身の高次元に到達したということです。

毎日あるいは少なくとも規則的なスピリチュアルなワークにこれから紹介する瞑想を組み入れ、あなたのアイデンティティを霊的本質と同じものへと加速させて安定させるようにしましょう。

ハイアーセルフと出会い、溶けあう

前にもいったように、ハイアーセルフは究極的には人間の形態をとりませんが、五次元や六次元では人の姿をした光の身体に見えます。あなたが最初に接触することができるのは、波動的にも次元的にもいちばん近い肉体のなかのハイアーセルフの部分です。

図14abのように、最初は両方の手のひらを合わせてハイアーセルフに出会いましょう。そのあと、チャクラの部分でハイアーセルフの身体の前面があなたの身体の背中とつながります。まずハイアーセルフからあなたの両手を通って身体にエネルギーが流れだします。充分にエネルギーに満たされたら、ハイアーセルフを呼びだして何と呼んだらいいのか名前を聞いてみましょう。なんらかの理由で名前を言わない場合もあります。もしかしたら、名前を知るとハイアーセルフに対する認識が限定されるとあなたが思いこんでいるからかもしれませんが、それはそれでかまいません。ひょっとしたら別の機会に名前を知ることもあるでしょう。

それから両手がはなれてハイアーセルフがあなたの後方にまわり、あなたのチャクラの背面とハイアーセルフのチャクラの前面がぴったりと重なりあいます。あなたの身体の背中側には各チャクラの潜在意識の場があり、身体の前側には各チャクラの顕在意識の場があります。たとえば、あなたのハート・チャクラは、胸の正面の中心と、背中の肩胛骨《けんこうこつ》のあいだの胸椎の四~七番目にあります。潜在的なチャクラのそれぞれの位置については、これからの瞑想で詳しく示します。

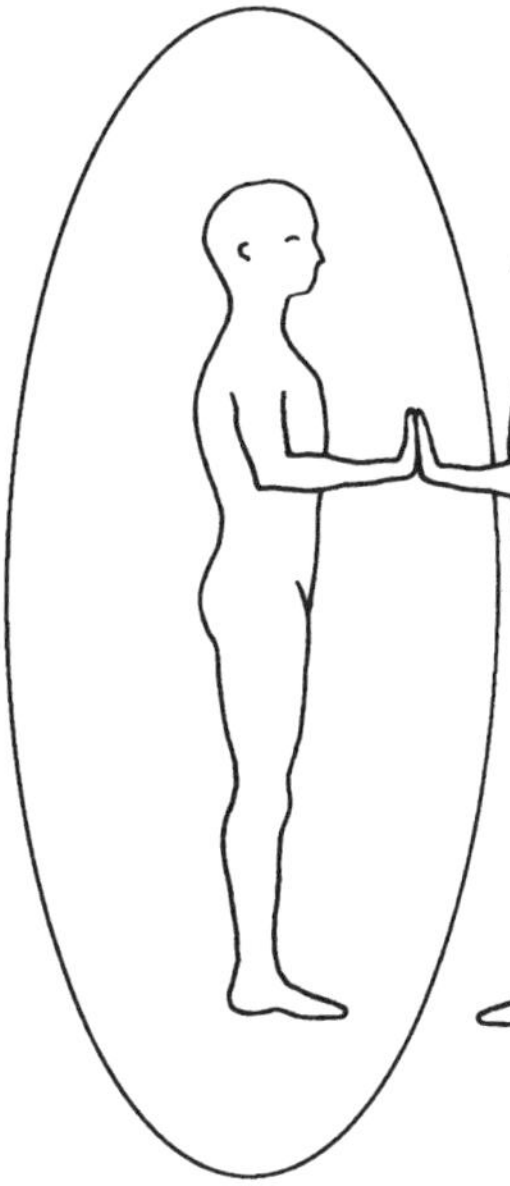

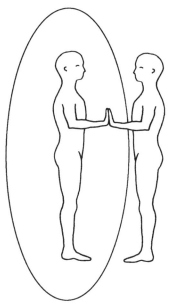

図14 a　ハイアーセルフと人間としての自己がお互いの手を合わせ、エネルギーを交換する

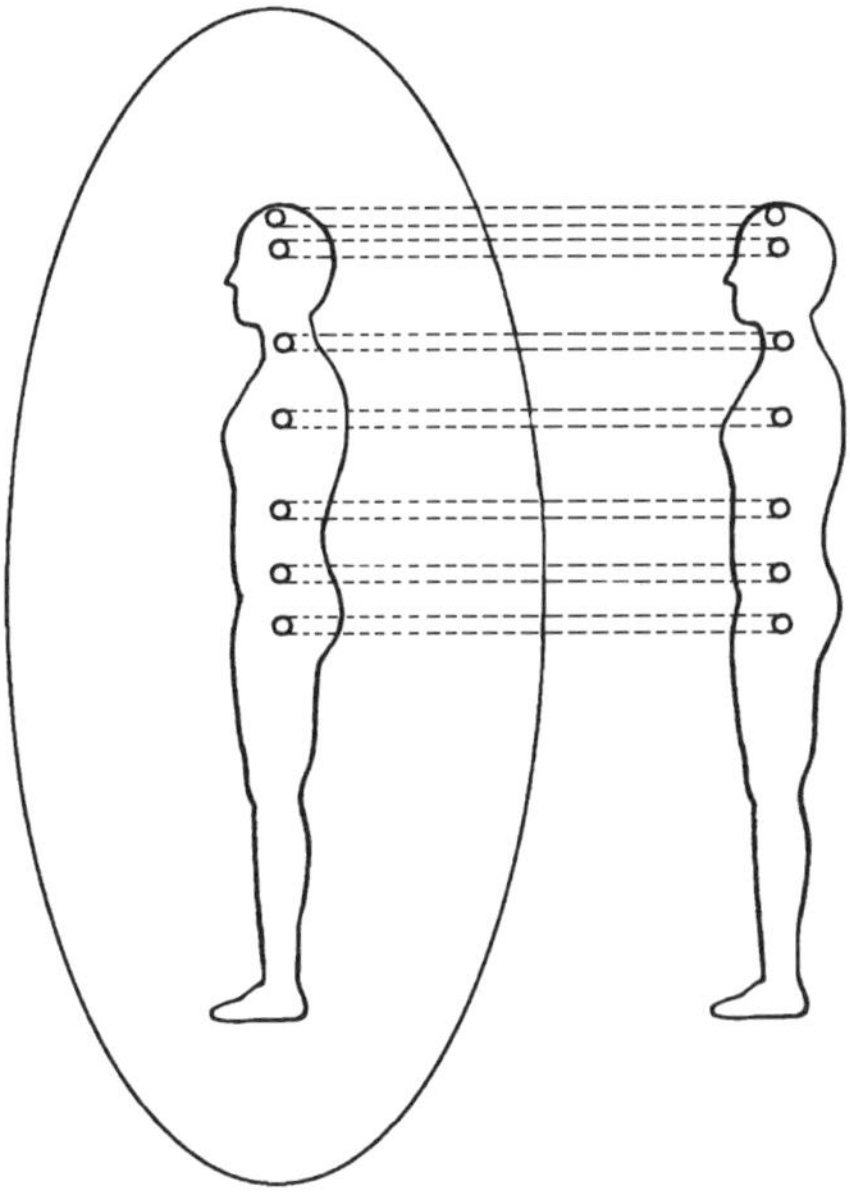

図14 b　ハイアーセルフが人間としての自己の背後に立ち、それぞれのチャクラから人間の身体のチャクラの裏側へと光のコードを送りこむ

ハイアーセルフがあなたの七つのすべてのチャクラにつながり、あなたの背後から入りこんで完全に肉体とまざりあうとき、たぶんおだやかなエネルギーの高まりを感じるでしょう。この融合が完全に終わると、あなたとハイアーセルフは贈り物を交換することになっています。あなたはハイアーセルフに求められたものを与えなければなりません。あなたの心の痛みや、自分に満足できずに恥じる気持ち、ほかにもあなたが贈り物にはふさわしくないと思うようなものを求められたなら、そうした自分自身の思いこみや制限を手放したときこそ、ハイアーセルフをより身近に感じて親密になれることを理解してください。あなたが否定的に感じるものを贈り物としてプレゼントすることは、ハイアーセルフにとってすばらしい贈り物なのです。ハイアーセルフがもっとも求めているのはあなたと深い愛でしっかり結びつくことだからです。また、クリスタルや花や、あなたの「希望」などのような抽象的で象徴的なものを求められるかもしれません。たとえどんなものを求められたとしても、お互いのきずなを強めるためにそれがいま、いちばん必要なのだということを知っておいてください。

あなたがハイアーセルフに贈り物をしたら、今度はハイアーセルフからあなたへの贈り物を受けとりましょう。充分に時間をとって、その贈り物を感じてください。その贈り物の意味や目的がよくわからないときは、ためらわずにたずねましょう。それからオーラ内や身体のなかの、あなたが適切だと感じる場所にその贈り物をしまってください。それはいつもその場所にあって、あなたとハイアーセルフを結ぶきずなになってくれるでしょう。

●ハイアーセルフと出会い、溶けあう

1　目を閉じてグラウンディングをしてください。

2　あなたのオーラをひき寄せたり伸ばしたりして、身体から六〇～九〇センチほどのところまでをおおうように調整します。境界の色とバラの花を確認して、必要なら交換しましょう。

3　あなたの前に立って人間の姿を見せてくれるよう、あなたのハイアーセルフに呼びかけてください。

4　ハイアーセルフがあなたの前にあらわれたら、両手を差しだしてハイアーセルフの手のひらをあなたの手のひらに合わせてくれるように依頼しましょう。

5　ハイアーセルフの手からあなたの手にエネルギーが伝わってきます。そして手のひらから両腕を通り、ハートに到達し、そこからさらにエネルギーがあふれだして全身へと流れていくのを感じてください。

6　エネルギーが全身を流れているのを感じながら、ハイアーセルフに名前をたずねてください。気持ちを落ちつけて返事を待ち、一分ほどたっても名前が返ってこないようなら、そのまま次に進みましょう。

7　両手を降ろして、今度はチャクラを融合させます。あなたの背後に立ってくれるようハイヤーセルフに求めてください。

8　頭頂のクラウン・チャクラから息を吸いこみましょう。そして、ハイアーセルフのクラウン・チャクラからあなたのクラウン・チャクラへと光のコードを伸ばしてくれるよう求めてください。実際に光のコードでつながったのを感じたら次に進みます。

9　あなたの後頭部の中心から息を吸いこんで、その場所にハイアーセルフの第三の目から光のコードを伸ばしてくれるよう求めましょう。つながったのを感じたら、さらに次へ進みます。

10　あなたの首のうしろから息を吸いこみ、ハイアーセルフの喉のチャクラからあなたの喉のチャクラの裏のその場所へと光のコードを伸ばすよう求めてください。つながったのを感じたら、さらに次へ進みます。

11　あなたのハート・チャクラの裏側にあたる、左右の肩胛骨のあいだから息を吸いこみましょう。ハイアーセルフのハート・チャクラから、その場所へと光のコードを伸ばすよう求めてください。つながったのを感じたら次へ進みます。

12 太陽神経叢のちょうど真うしろから息を吸いこんで、その場所にハイアーセルフの太陽神経叢から光のコードが伸びるよう求めてください。つながったように感じたら、先に進みましょう。

13 仙骨のチャクラから息を吸いこんで、ハイアーセルフの仙骨のチャクラからあなたのその部分に光のコードを伸ばしてくれるよう求めます。つながったら先へ進みましょう。

14 あなたの尾骨から息を吸いこんで、ハイアーセルフのルート・チャクラからあなたのその場所に光のコードを送ってくれるように求めましょう。ここであなたの背後からさあっとエネルギーが流れこんできて、身体中に満ちていきます。静かな高まりを感じてください。それはあなたのハイアーセルフがあなたの肉体と完全に溶けあったしるしです。身体がひろがったような気がしたり、光、やすらぎ、喜びなどを感じるかもしれません。あるいは愛に満たされた、いいようのない幸福感を味わうかもしれません。好きなだけ充分その状態を感じてください。

身体のどこかにハイアーセルフとまざりあっていない部分があるようなら、その場所にむけて呼吸を通しながら緊張を解いてください。ハイアーセルフがそこに溶けこんでいくにつれてエネルギーがシフトするのを感じるでしょう。

15 あなたのハイアーセルフに、何を贈ったらいいかたずねてください。そしてそれをプレゼントしましょう。その贈り物の意味について知りたければ質問してください。

16 次にあなたの両手を差しだして、ハイアーセルフからの贈り物を受けとります。その贈り物に触れ、眺めながらエネルギーを感じてみましょう。贈り物の意味を知りたければ質問してください。

17　充分に贈り物を味わったら、それをあなたの身体のなか、あるいはオーラ内のもっともふさわしいと思う場所にしまってください。

18　ここで何かあなたに伝えることはないかどうか、ハイアーセルフにたずねてみましょう。全身の力を抜いてリラックスし、その声に耳を傾けてください。メッセージを受けとる場合もあるし、受けとらない場合もあるでしょう。

19　それが終わったら、あなたがハイアーセルフと永遠に結ばれたいと思っていることを伝えてください。そのゴールにむかって適切なあらゆる方法で援助してくれるようにハイアーセルフに要請しましょう。さらに、すぐにまた会いたいと思っていることを伝え、今後はこの瞑想をしていないときも、できるかぎりあなたと溶けあっていてくれるように求めましょう。

20　あなたの鼻孔から出入りする室内の空気を感じてください。それからあなたの身体に意識を向けながら、ゆっくりと静かに目を開きます。日常生活に戻る前に、少しのあいだ目を開いたままハイアーセルフとのエネルギーのつながりを感じてください。そして自分の中心にいるというやすらかさを感じてみましょう。これからあなたが何をしているときもハイアーセルフとのつながりが保たれ、援助されるのをおぼえておいてください。

ハイアーセルフとの「聖なる軸線」の連携をつくる

この瞑想は本書のなかでも、もっとも重要なテクニックです。なぜならそれはあなたに聖なる垂直の連携をもたらし、ハイアーセルフのエネルギーを継続的に肉体にとりいれることを可能にしてくれるからです。

この瞑想を始めたら、それを毎日実践することをおすすめします。最低五分もあればできる瞑想ですが、好きなだけ長く時間をかけてもかまいません。

9章の**図11**に示したように、あなたの身体には、オーラの頂点から上に伸びている直径五～六センチくらいの管状の「光のチューブ」があります。それはあなたの頭頂から脊椎を下降して、両足のあいだを通って足もとのオーラの下端へと抜けています。この光のチューブは前に説明した「聖なる軸線」と同じものです。それはあなたのオーラをつらぬいて、五次元から九次元にいるあなたのハイアーセルフの身体の中心を一直線に縦に走り抜け、さらに上方へと伸びています(**図15**)。それはあなた個人のホログラムの内側にあり、三次元のあなたとより高次元のあなたをすべて連携させるのです。

このチューブを通って、高次元界から肉体とオーラに光が流れ降りてきますが、それこそがあなたの高次元の意識を肉体に永久にとりこむための重要な鍵になります。この聖なる軸線の連携によって「神聖なカー」がめざめ、開かれ、霊的に統合された人生を送るようになると、あなたの内なるキリストが少しずつ肉体に降りてきます。そして時がきたときにアセンションを体験する支度がととのうのです。

最初は微妙にしか感じられないかもしれませんが、この光のチューブを通してハイアーセルフを肉体にとりいれることはたいていの場合、至福に満ちた生気を吹きこまれるような感じがするでしょう。あなたがその瞑想を意識的に明確な意図をもっておこなうほど、その効果は高まります。ひとたびハイアーセルフとつながり、光のチューブが開いてエネルギーが流れはじめると、自然に瞑想が深まって、身体の力が抜け、受容的でおだやかな状態が訪れるでしょう。

光のチューブを開くには、あらかじめあなたがハイアーセルフと「シルバー・コード」で結びつき、そのコードを活性化させることが重要です。シルバー・コードとは、あなたの額のはえぎわ付近から頭上へと伸

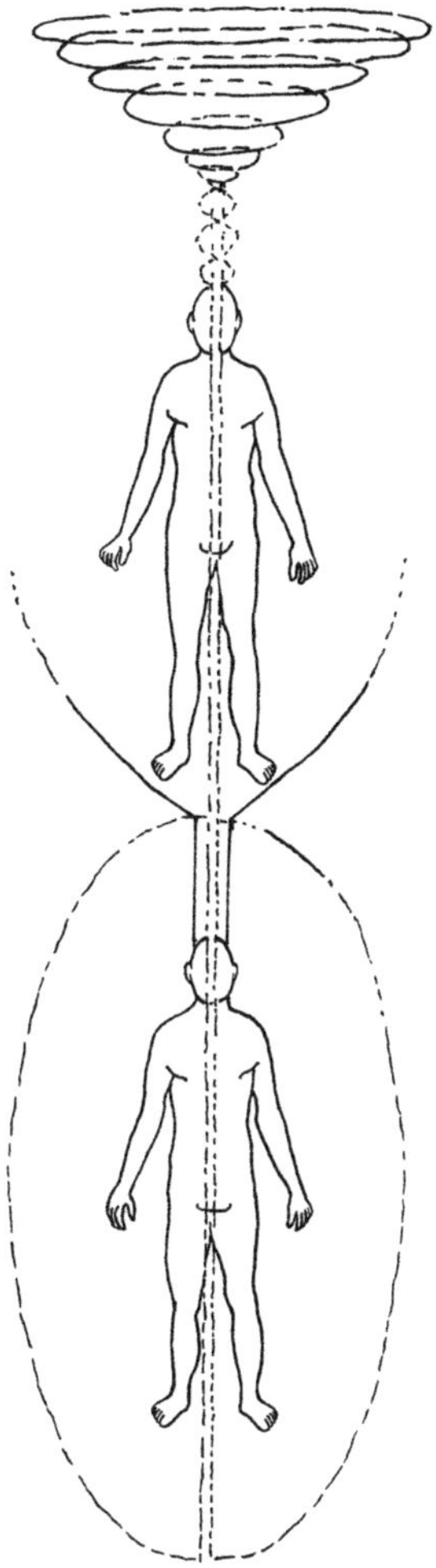

図15　聖なる軸線の連携：光のチューブとハイアーセルフからのシルバー・コードによって人間のオーラや肉体が高次元と一直線に結ばれる。頭上に伸びた縦の実線がシルバー・コードをあらわし、足もとから身体の真ん中を通過してオーラをつきぬけ、ハイアーセルフを通って高次元へと伸びた細い管状の点線が光のチューブ。

びた直径一五～二〇センチほどの円筒状のコードです。その場所にコードがとりつけられると、「聖なる軸線」の連携の第一段階が完了します。ハイアーセルフを呼びだしてシルバー・コードが頭上にとりつけられるよう求めながら、あなたが内なる神聖さとひとつになり、肉体に宿る存在であることを宣言します。

まず両手をひろげて無理のない範囲でできるだけ頭上高くに伸ばしながら、シルバー・コードがハイアーセルフによってオーラの内側にとりつけられるのを感じてください。ハイアーセルフを手伝って、そのコードを両手でかかえて頭上近くへゆっくりとひき寄せてみましょう。手をはなしてもコードがしっかり固定されたように感じる場所があるでしょう。シルバー・コードがとりつけられたら、そのコードがあなた自身の神聖な光と愛で満たされるようハイアーセルフに求めてください。それによって光のチューブが開かれます。あなたの頭頂から息を吸いこみ、吐く息とともにそれが脊椎を通って両足の股のあいだから外へ出ていくのを感じながら、光のチューブが浄化され、満たされるのを見てください。

●「聖なる軸線」の連携をつくる

1　あなたの背骨をできるだけまっすぐにして、両手をだらりと下げたまま、できるだけ楽な姿勢で腰をおろしてください。足を組みたければそうしてもけっこうですが、それ以外は背骨を支えるように足をまっすぐにしてすわりましょう。

2　グラウンディングをしてください。

3　あなたのオーラをひき寄せたり押しだしたりして、足もとの下方までふくめて、あなたの全身を六〇～九〇センチの範囲でおおうようにオーラをととのえます。あなたの境界の色とバラの花をチェックして、必要があれば調整してください。

4 プレアデスの光の使者や高次元のイエス・キリストを呼びだします。

5 プレアデスの光の使者とイエス・キリストに、聖なる連携と浄化を求めて「次元間の光の円錐」をオーラの頂点に設置してくれるよう依頼しましょう。

6 プレアデスの光の使者とイエス・キリストに、あなたがハイアーセルフとともに「シルバー・コード」をとりつけて、これから光のチューブを活性化させることを告げてください。そして必要ならそれを援助してくれるよう求めましょう。

7 両腕をひろげて頭上に高く伸ばしたまま、次のように言ってハイアーセルフを呼びだしてください。

「私の愛するハイアーセルフに呼びかけます。どうか光のシルバー・コードを私のオーラのなかにとりつけてください。私はこの身体に私の聖なる本質を取りこみ、肉体とスピリットとの関係を育てることによって覚醒し、アセンションにそなえる準備ができています。私は愛するあなたハイアーセルフとともに、このシルバー・コードが永久に私の肉体に結ばれることを望みます」

もちろん、あなたの言葉でもけっこうです。これを参考にして表現を少し変えてもいいし、このまま言ってもかまいません。

8 頭上のあなたの手にシルバー・コードの感触を感じたら、そのコードを両手ではさむようにして静かにゆっくりと頭のほうへひき寄せてください。それがしっかりと固定されて、手をはなしても動かなくなるまで少しずつ降ろしていきます。この作業がスムーズにいくように深呼吸しながらおこないましょう。

9 シルバー・コードがとりつけられたら、肉体をつらぬいてオーラの頂点からオーラの下端まで伸びている光のチューブが、あなた自身の神聖な光と愛で満たされることをハイアーセルフに求めます。頭頂のクラウン・チャクラから息を吸いこみながら、そのチューブに流れるハイアーセルフの光と愛を吸収しましょう。そして吐く息とともに光のチューブにそってあなたの背骨を流れ降り、両足のあいだからオーラの底まで降りていくのを見てください。光のチューブがオーラ内を上から下までつらぬき、エネルギーで満たされてまっすぐ一本の光の線になるのがわかったり、見えたりするまで深い呼吸を続けましょう。

そう感じられるまで、おそらく数分ほどかかるでしょう。手のひらを上に向け、親指と中指の指先をあわせて膝の上に置くと、光のチューブがエネルギーで満たされるのを助けてくれます。これは「ムドラー」(印相)のひとつです。

10 ハイアーセルフに、そのまま光のチューブをエネルギーで満たしつづけながら、あなたがいつでも、特にこの瞑想が終わるまでは「聖なる軸線」の連携を保てるよう力を貸してほしいことを告げてください。

11 それではあなたの好きなだけ、このまま瞑想を楽しみましょう。はじめてこれをするときは、少なくとも一〇分は続けてください。

12 次はいつこの瞑想をするつもりかをハイアーセルフに告げて、そのときまであなたとのつながりをできるだけ維持してくれるよう求めましょう。

13 ゆっくりと目を開いて、ハイアーセルフとのつながりを感じながら少しずつ通常の意識状態に戻ってきてください。

この「聖なる軸線」の連携を何度かおこなったあとで、あなたのチャクラにチューブからエネルギーと光が流れこむようハイアーセルフに求めるのもいいでしょう。これは宇宙の黄金色のエネルギーを肉体の経路やチャクラに流すのとは、また違った効果があります。黄金色の光には徹底した癒しと浄化の作用がありますハイアーセルフのエネルギーにもある程度の浄化作用はありますが、中心的なはたらきはハイアーセルフを肉体のなかに取りこんで、エゴにもとづいた人格ではなく、あなた自身の聖なる本質を認識できるように援助することです。ハイアーセルフのエネルギーをチャクラに流すことでそれが加速され、あなたのチャクラがより高次の使命と共鳴して結ばれるようになり、同時にあなたの波動レベルが高められるでしょう。

この瞑想は、章のはじめに紹介したチャクラを通じてハイアーセルフと溶けあう瞑想の代わりにはなりません。最初の瞑想はハイアーセルフと親密にしっかりと結ばれるためのものであり、こちらはあなたのホログラム内での「聖なる軸線」の連携をもたらす瞑想です。どちらの瞑想をするかはあなたが決めることですが、前にもいったように、二番目の瞑想はできるだけ毎日実行することをおすすめします。それはつねに「聖なる軸線」と垂直に結ばれる過程を加速してくれるからです。その瞑想では、いったんシルバー・コードがしっかりと固定されたなら、最初のステップをはぶいてすぐに光のチューブの瞑想に入ってけっこうです。やがてシルバー・コードと光のチューブが活性化されて、あなたのオーラと肉体のなかを継続的にエネルギーが流れつづけるようになるでしょう。

あなた自身が親しめるものになるように、丁寧に心をこめてこの瞑想を実践してください。ただ機械的に瞑想することでその本来の目的である「霊的なきずな」という深い資質を見失うのは、とてもたやすいことだからです。心のこもらない瞑想は、愛のない関係のようなものです。ハイアーセルフがあなたとの関係を慈しみ、はぐくんでくれるのと同じぶんだけ、あなたはハイアーセルフとの関係を育てていくことになるのです。そしていつの日か、あなたの意識がふたたびハイアーセルフとまったくひとつに融合するときがくるでしょう。

14章 カー・ワークを維持する

本書のワークとヒーリング・セッションをここまで実践してきた人は、プレアデス人たちによってすでに大半の、あるいはすべてのカー経路が活性化されているはずです。人間の手技によるワークを受けなくても、いまのあなたに可能なかぎり多くのカー・エネルギーが流れるようになっているでしょう。今後あなたのカーの流れはいよいよ加速度的に拡大していきます。それにともなってエネルギーのブロックが浄化され、霊的なきずなが深まり、これまで述べたようなカーのもつ高次元の機能がより大きく開かれるでしょう。カー・ワークの効果を最大限に保ち、あなたの経路がふたたび閉じてブロックされてしまうのを防ぐためには、カーを維持するプログラムをしばらく実践する必要があります。

あなたのカー経路を開いた状態に保ち、カー・エネルギーの流れを継続させてさらに強めるための鍵となるのは、自分のなかからおのずと湧きあがるものに正直になってそれを表現することです。そして霊的な倫理観を統合性をもって実践し、何も隠さず、過去の癒しと解放にあなた自身を完全にゆだね、さらに「光のチューブ」を通してハイアーセルフと定期的につながり、この章であげるワークを実践することです。

あなたがなすべきことを実践しているかぎり、プレアデス人たちはあなたの霊的な成長と進化と覚醒を促し、内なるキリストを体現するための援助をすることを確約しています。彼らはあなたがするべき霊的な仕事を代わりに実行してくれるわけではありませんが、あなたがベストをつくしながらなんらかの手助けを必要としているときは、すぐそばにいて手を貸してくれるのです。

内なるキリストを肉体に降ろすことを本当に望むのであれば、あなたのためにそれを実現してあげようと約束するような霊的な教えやグループは、いちばんに遠ざけなければならない対象です。あなたにはすでに内なるキリストが宿っているのです。私たち人間がいまここにいるのは救済されるためではありません。私たちは進化して三次元の現実をマスターし、アセンションにいたるために地球にいるのです。

カーを維持するためのワーク

カーを維持する方法はいたってシンプルです。具体的にいうと呼吸と意志を用いてハイアーセルフとつながるという行為であり、一度慣れてしまえば一日の一〜二分程度をとればできるでしょう。図16のａｂｃは、高次元に存在するあなたからカー・エネルギーがもたらされる身体の入口を示しています。その入口とは次の三つです。

①頭頂のクラウン・チャクラから入り、カー・テンプレートを通過して松果体に流れこむ。（図16ａ）

②ハート・チャクラの背中側から入り、そこから胸の中央内部にある「魂のマトリックス」に流れこむ。（図16ｂ）

③会陰《えいん》から入っておなかの中心に流れこむ。（図16ｃ）

会陰とは女性なら肛門と外陰部、男性なら肛門と陰嚢の中間にある少しひだになった皮膚の部分です。そ

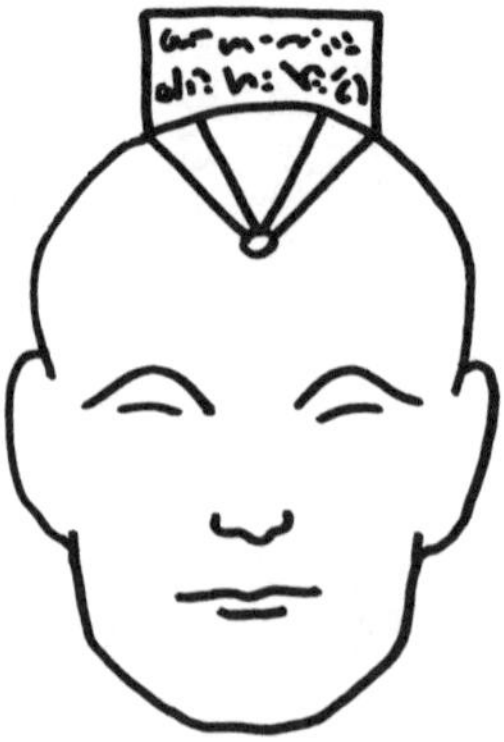

図16 a　頭頂のカーの入口からカー・テンプレートをへて、そこからさらに４つの小さなカー経路を通って松果体へといたる

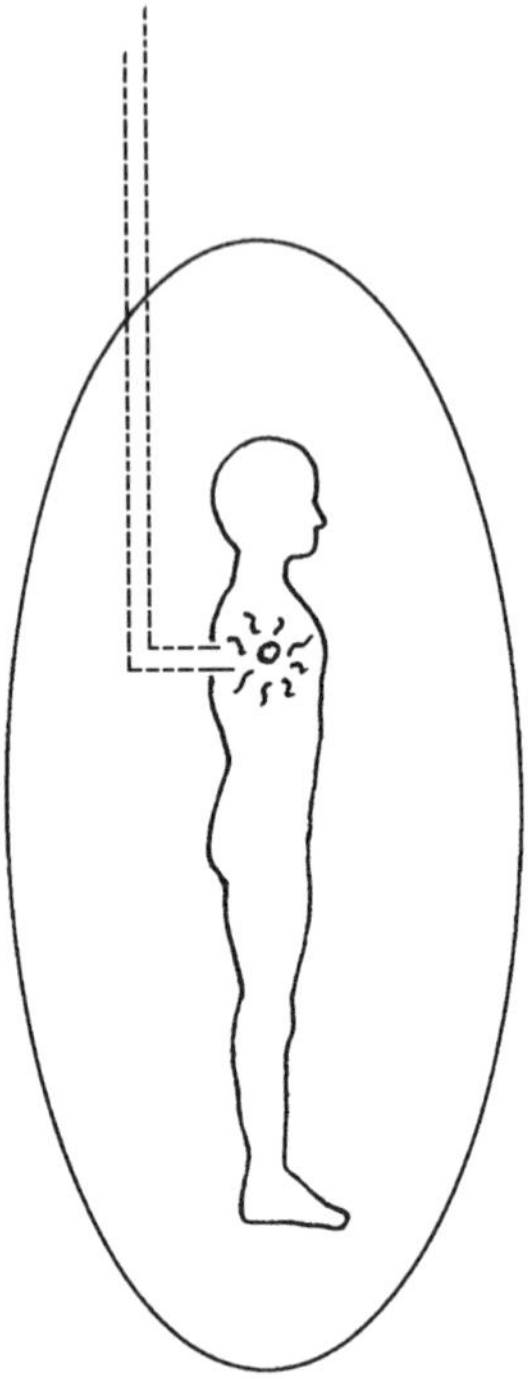

図16 b　六次元のハイアーセルフから伸びてきて、背中の入口からハート・チャクラの裏側を通って魂のマトリックスへといたる

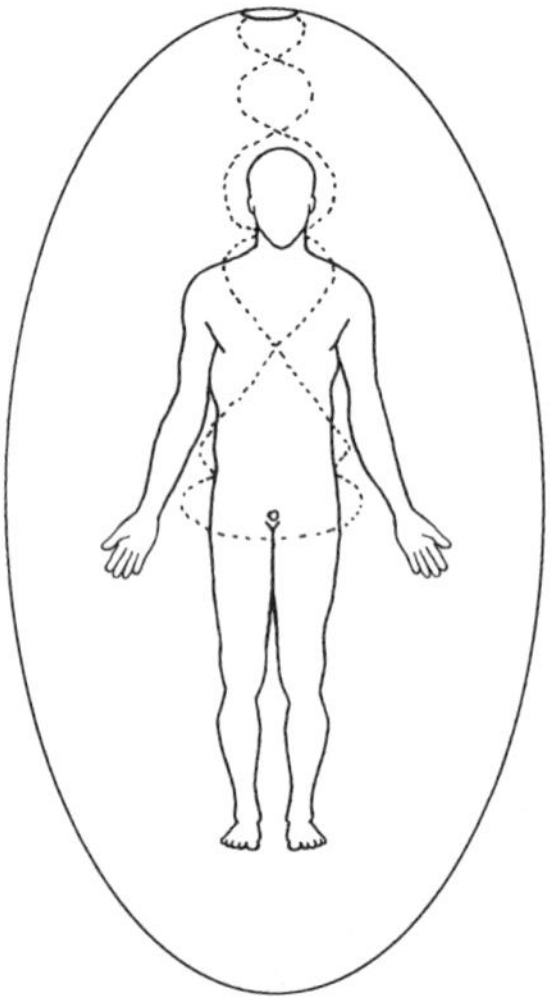

図16 c　オーラの頂点から通じる身体のまわりの交差したカー経路をへて、会陰の入口から腹部の中央へといたる

こから六ミリないし一センチほど内部に、性的エネルギーを脊椎まで上昇させると同時に、カー・エネルギーを受けとり下半身全体に分配するための重要な鍵となるエネルギー・センターがあります。ここでひとまず本を読むのを中断してください。目を閉じて、あなたの会陰を通して息を吸ったり吐いたりしながら、その場所を感じてみてください。身体のなかのその部分を認識しにくければ、そこに指先を触れて呼吸してみるといいでしょう。

カーを維持するためのワークは、必ず最初にあなたの頭にシルバー・コードをとりつけ、ハイアーセルフのエネルギーで光のチューブを活性化させることから始めます。ハイアーセルフのエネルギーが自由に流れだしたら、吸う息とともにそのエネルギーを**図16a**のように頭頂からカー・テンプレートを通過して松果体に流し、吐く息とともに頭頂へと戻していきます。グラスに残ったジュースをストローで一気に吸いあげて、しかも飲みこまないようにするつもりで、大きく深く勢いよく息を吸いこんでください。それから身体の力を抜いて、ごくふつうに息を吐きだしましょう。

頭頂と松果体のつながりが活性化されたら、今度は**図16b**のように、深く息を吸いこんだときにカー・エネルギーが背中からハート・チャクラに入ってきます。そのあと深く吸いこむ息とともに、**図16c**のようにカー・エネルギーがあなたの会陰から入って、おへそへと上昇していきます。それぞれの入口がすべて活性化されたなら、今度は呼吸とともにそれら三つの入口から同時にカー・エネルギーが入ってくるのを見てください。

きちんと呼吸さえおこなっていれば、この四つの手順は各一～二分程度で充分です。カー・エネルギーが活性化されたときには、それがわかるでしょう。きっと息を吸いこんだ部分とその周辺が光とエネルギーで満たされるのを感じるからです。さらに三つの入口からエネルギーが同時に流れこんだときは、より大きなエネルギーの流れと全身のエネルギーのバランス作用を感じるでしょう。

最初の六カ月間は、カーを維持するためのワークを毎日実践することをおすすめします。その後はエネルギーの流れを保つために、一週間に二回ほど実施するといいでしょう。もちろん、カーが何日間も活性化されたままでいることに疑問に感じたり、そうしたければ、毎日ワークを継続してもけっこうです。私の場合は、プレアデス人たちによるカー経路を開くワークが始まってからおよそ一年後にはさらに頻度が減って、指示されたときだけ実践するようになりましたが、それがだいたい週に一回ほどでした。

また、通常以上のストレスや責任の重さを感じているときや、感情的な苦痛をかかえているときは例外にあたります。そんなとき私は、自分自身の日常生活や感情がふだん通りに戻るまで何日も続けてワークをおこないます。そういった場合ワークをどのくらい増やしたらいいかは、その人が極限の状況下でどの程度萎縮する傾向があるかによって決まってきます。ですから最初の六カ月が過ぎてからはあなた自身のガイダンスにしたがって、このワークの頻度を決めてください。

●カーを維持するためのワーク

1 グラウンディングをおこないましょう。
2 あなたのオーラが身体から六〇～九〇センチほどの範囲でおおうように形をととのえてから、オーラの境界を確認してください。
3 何回か深呼吸をしながら、できるかぎり深い気づきをもってあなた自身の身体に意識を向けましょう。
4 あなたのハイアーセルフを呼びだして、シルバー・コードを活性化させて頭につなぐのを手助けしてくれるよう依頼しましょう。

5　シルバー・コードが結ばれたら、今度はハイアーセルフに、あなたの身体を通る光のチューブにエネルギーを満たしてくれるよう求めてください。そのエネルギーが上のほうからあなたの頭頂へと入り、背骨全体を包むように流れながら足の下のオーラの末端まで通りぬけていきます。頭頂から息を吸いこむとエネルギーが入ってきて、光のチューブがエネルギーでいっぱいになり、それが吐く息とともに脊椎を下降していき、会陰を通って両足のあいだから出ていきます。

6　光のチューブが活性化されたら、プレアデスの光の使者と高次元のマスターであるイエス・キリストを呼びだしましょう。

7　そして浄化と聖なる連携のために「次元間の光の円錐」をあなたのオーラの頂点にとりつけてくれるよう依頼してください。

8　プレアデスの光の使者とキリストに、あなたとハイアーセルフがあなたの神聖なカーを充分に活性化することができるように求めます。

9　深く勢いよく頭頂から息を吸いこみながら、カー・エネルギーが松果体にそそがれるのを感じましょう。それから身体の力を抜いてふつうに息を吐きます。松果体がカー・エネルギーで満たされて活性化されたのを感じるまで、その呼吸をくり返しましょう。

10　あなたの背中のハート・チャクラの裏側から大きく勢いよく息を吸いこみ、胸の内側の魂の場所にカー・エネルギーをとどけましょう。そしてふつうに息を吐きだします。そこにエネルギーが流れて充分に活性化されたと感じるまで、呼吸を何度かくり返してください。

11　会陰からおなかにエネルギーが達するように深く勢いよく息を吸いこみましょう。それからふつうに息を吐きだしてください。会陰とおなかのあいだがエネルギーで充分満たされるまで呼吸をくり返します。

12 それらの三つの入口すべてから、いままでと同じように深く吸いあげるようにして同時に息を吸いこんでください。それからふつうに息を吐きだしましょう。一〜二回ほど正しく呼吸すれば充分でしょう。

13 プレアデスの光の使者とキリストとハイアーセルフに、このカー・エネルギーの流れとひろがりが維持されるよう援助を求めてください。

14 そのまま続けていつもの瞑想に入ってもいいし、あるいは目を開いて日常生活に戻ってもかまいません。

カーのバランスをとる光のチェンバー

「カーのバランスをとる光のチェンバー」はほんの一〇分程度でできる簡単なもので、私のお気に入りのエネルギー・ワークのひとつです。このチェンバーの目的は、あなたの身体の右半身と左半身、上半身と下半身、前半身と後半身のカー・エネルギーの流れをバランスよくすることです。また足の下のほうまでふくめ、あなたのオーラ内すべてにエネルギーが均等にいきわたるようにしてくれます。それと同時に、カー・エネルギーだけでなくあなたの脳脊髄液の流れも活性化されて安定するでしょう。

この最後の機能はとても重要です。なぜなら脳脊髄液とは中枢神経系の電気的な波動をつかさどりながら、あなたのカー経路と肉体を連動させるものだからです。いままでに「頭蓋仙骨療法《クラニオセイクラル》」を受けた経験がある人なら、それと似たような感覚や効果を感じるでしょう。両者の違いは、チェンバー・セッションではあなたの頭骨と仙骨だけでなく、身体全体でそれが感じられることです。カーのバランスをもたらすチェンバー・セッションにおいても、人間の手によるワークにおいても、私が以前「頭蓋仙骨療法」や「ドルフィン・ブレイン・リパターリング」を受けたときに感じた波のような感覚を体験しました。

このチェンバー・セッションは好きなだけ何度でも体験してかまいませんが、カーを活性化させるワークを始めたばかりのころは、なるべく頻繁なほうがいいでしょう。カー経路が開いたまま維持され、カー・エネルギーの流れのバランスが少しとれてくると、あとは自然にどんどんバランスが保たれるようになっていきます。このチェンバー・セッションを何度か体験すれば、カーのバランスがくずれてチェンバーが必要なときが自分でわかってくるでしょう。セッションに先立って、必ず最初にカーを維持するためのワークをおこない、カー・エネルギーが最大限に流れていることを確認してください。夜にこのチェンバー・セッションを体験して、そのまま眠ってしまうのもいいでしょう。

カーを維持するためのワークをしてから、(つまりプレアデスの光の使者やキリストやハイアーセルフがすでにそばにいることになります)「カーのバランスをとる光のチェンバー」があなたの全身とオーラを包んでくれるように求めましょう。両膝の下に枕を置いてあおむけになり、両足を肩幅と同じくらい開いた状態で、チェンバー・セッションがおこなわれる一〇分間ほど目を閉じていてください。

プレアデスの光のワークを継続するためのさまざまなワーク

これであなたは本書のすべてのワークとヒーリング・セッションを体験したことになります。そこで、今後あなたが〈プレアデスの光のワーク〉を一人で続けていくうえで助けとなるような簡単なワークをいくつかあげておきましょう。これから少なくとも意識的なつながりを保つような形で〈プレアデスの光のワーク〉を続けていくことを選択する人には、この章の「カーを維持するためのワーク」をできるだけ毎日実践することをおすすめします。

また、プレアデス人たちと今後も最大限のつながりを保ちたいという人には、毎日あるいは毎週、一カ月単位でおこなうといいヒーリングとエネルギー・ワークの例を次に紹介します。これらは単なる例にすぎないことを忘れないでください。あなたにいま何が必要なのかは自分自身の直観をつねに信頼し、それにしたがっていろいろとワークを応用してみましょう。

●毎日の日課——朝

1　グラウンディングをしてください。
2　あなたのオーラを調整し、身体から六〇～九〇センチくらいの範囲を均一におおうようにします。
3　オーラの境界の色を確認し、オーラの外側に置かれた五本のバラのようすをチェックしましょう。必要があれば、それらを新しいものと取り替えてください。
4　最低一〇分以上、宇宙の黄金色の光と地球のエネルギーをあなたの身体の経路全体に流しましょう。（5章の「脊椎の経路を開く」を参照）
5　それらのエネルギーを自動にして流しながらハイアーセルフを呼びだします。あなたのシルバー・コードを活性化させて、光のチューブにエネルギーを満たしてくれるよう求めましょう。（13章の「ハイアーセルフとの聖なる軸線の連携をつくる」を参照）
6　プレアデスの光の使者と高次元マスターのイエス・キリストを呼びだして、あなたのカーを維持するワークを援助してくれるよう求めましょう。（14章の「カーを維持するためのワーク」を参照）
7　何分でも何時間でも好きなだけ瞑想をしてください。

●毎日の日課——就寝前

1 グラウンディングをしてください。

2 身体から六〇〜九〇センチくらいまでの範囲にオーラをひき寄せてととのえ、それをすみれ色の炎でおおいましょう。

3 ハイアーセルフ、プレアデスの光の使者、高次元のイエス・キリストをはじめ、来てほしい高次元のマスターやガイドや守護天使たちに呼びかけます。

4 それらの存在たちに、光でできた「眠りのチェンバー」でまわりをかこみ、眠っているあいだ、あなたを守護して癒してくれるよう依頼しましょう。あなたに必要なものならどんなヒーリングも受けることを告げましょう。（9章の「眠りのチェンバー」を参照）

5 それらのガイドや援助者たちに、睡眠中にあなたのアストラル体が神聖な光の世界のみに行くことを願ってください。

6 あなたが必要を感じる特定のヒーリングがあれば、ここでそれを伝えます。（この「眠りのチェンバー」は、その他のチェンバー・セッションと同時におこなうことはできません）

7 次の言葉を声に出して言うか、それをあなた自身の言葉で表明しましょう。

「神聖なる存在としてのわたしの名において、高次元のマスターたちが住む光のシティからの黄金の光が、私のオーラとこの部屋と家全体、および私に属するすべての空間を満たしてくれるよう要請します。この場所が光のシティの聖なる神殿となって、聖なる真理にもとづくものだけがここに入ることができます。聖なる真理にもとづくもの以外はすべて幻想であり、たったいま、すみやかにここから立ち去らなければなりません。そうありますように」

8（希望する場合のみ）好きなだけ長く瞑想してください。

9 ぐっすりと眠りましょう。

●週に一度

1 日課として「カーを維持するためのワーク」をおこなったあと、「カーのバランスをとる光のチェンバー」のセッションを一〇分間ほど体験しましょう。横になることができれば昼でも夜でもかまいません。（14章の「カーを維持するためのワーク」と「カーのバランスをとる光のチェンバー」を参照）

2 あなたの家とあなたに属するすべてのものを、すみれ色の炎で燃やしてください。そのあとすみれ色の光または炎の厚い膜で包みこみましょう。そうしたい人は、高次元マスターの聖ジャーメインに援助を求めてもいいでしょう。それから、就寝前の「毎日の日課」のステップ7の「光のシティ」を呼び入れる言葉を言ってください。（5章の「家を浄化して安全な空間にする」を参照）

3 朝の瞑想のなかで、すみれ色の炎があなたのオーラを包み、浄化してくれるのを見てください。望む人は、すみれ色の光をあなたのチャクラの裏側と表側に流してあげましょう。そのあとで、黄金色の光のシャワーをオーラ全体に降らせます。（5章の「オーラを癒して浄化する」を参照）

4 宇宙の黄金色の光をそれぞれのチャクラの表側と裏側に順番に流していきます。ひとつのチャクラに一～三分程度かければ充分でしょう。（6章の「チャクラを浄化する」を参照）

5 瞑想のなかでそれぞれのチャクラを結びつけてから、あなた自身をハイアーセルフと融合させてください。（13章の「ハイアーセルフと出会って溶けあう」を参照）

6 あなた自身に不要なサイキック・コードがないかどうかを点検し、必要があればそれらを除去します。

（6章の「サイキック・コードをとりはずす」を参照）

7　自分自身でスクリーンを思い浮かべるか、友人とおこなう方法で、とりのぞいてもいい逸脱した神経系の道筋がないかどうかチェックしましょう。これは週に一度でなく月に一度でもかまいません。（12章の「逸脱した神経系の道筋を浄化する」を参照）

8　あなたの意識を「現在」に呼び戻してください。これは毎日おこなってもいいでしょう。（6章の「いまに存在する」を参照）

9　あなたのメディスン・ホイールの四つのサブパーソナリティとつながり、そのバランスをとってください。希望する人はもっと頻繁におこなってもかまいません。（11章の「サブパーソナリティのバランスをとる」を参照）

●月に一度

1　あなたの細胞レベルでの浄化が継続して進むように、「細胞を解放する光のチェンバー」を呼び寄せてください。（9章を参照）

2　意識して神聖な愛をただ受けとるために「愛のチェンバー」を体験してください。いつでも頻繁におこなってかまいませんが、最低でも月に一度は実践しましょう。（10章のあなたの好きなチェンバー・セッションを参照）

3　あなたの魂レベルでの癒しを継続させ、身体全体であなたの本質とつながるために「次元間の光のチェンバー」をおこないましょう。（9章を参照）

4　「聖なる軸線をととのえるチェンバー」を呼び、あなたのハイアーセルフとのホログラフ的な連携を妨げ

るエネルギーのブロックが浄化されつづけるよう求めます。(9章を参照)

5　就寝前に「ドルフィン・ブレイン・リパターニング」のセッションをおこない、そのときもっとも必要な神経系と骨格の浄化が継続して進むよう依頼してください。両膝の裏側に枕を置いて、頭には枕をあてず、あおむけになります。このセッションはもっと頻繁に一日の好きな時間帯にしてもいいでしょう。特に骨格や筋肉組織の緊張や不快さを感じるときは、積極的に実践してください。(8章の「エネルギー的な手技によるドルフィン・ブレイン・リパターニング」を参照)

以下、さまざまな症状や必要に応じたチェンバーとヒーリング・セッションの一覧をあげておきましょう。これらのリストは、あなたがどんな症状のときにどんな種類の〈プレアデスの光のワーク〉を実践したらいいかの参考になるでしょう。どんな状態のときにどのセッションがいちばん適切かについては、つねにあなた自身の洞察力を使って決めてください。

＊気分が散漫でグラウンディングができていないとか、圧迫感を感じるとき

①ＰＥＭＳシンクロ・チェンバー（9章）

②統合を加速させるチェンバー（9章）

③ストレスをやわらげるチェンバー（9章）

④感情を癒すチェンバー（9章）

⑤聖なる資質のコクーン――あなたの人生に欠落しているのを感じる（聖なる平和・バランス・受容性・ゆるしなどの資質に関して）（12章）

＊霊的な意識の拡大と霊的なきずなを必要とするとき
①ハイアーセルフと出会い、溶けあう（13章）
②ハイアーセルフとの「聖なる軸線」の連携をつくる（13章）
③アセンション・チェンバー（9章）
④ドルフィン・スター・リンキング・チェンバー（9章）
⑤多次元的な癒しと統合のためのチェンバー（9章）
⑥愛のチェンバー（10章）

＊肉体的な痛みや、体内のエネルギーの不均衡
①（骨格組織・筋肉・神経系の痛みやバランスの欠如に）ドルフィン・ブレイン・リパターニング（8章）
②（ブロックされたエネルギーの流れやしびれに）ドルフィン・スター・リンキング・チェンバー（9章）
③細胞の新しい方向づけと新しいパターンの設定（12章）
④ＰＥＭＳシンクロ・チェンバー（12章）
⑤身体の一部に対する光のグリッドによるヒーリング（12章の「光のグリッドを用いたセルフ・ヒーリング」を参照）
⑥「バラ吹き」をしながら、問題となる身体の部位に黄金色のエネルギーを流す（6章の「バラの花による浄化法」を参照）

＊感情的または霊的に傷ついたとき

①感情を癒すチェンバー（9章）
②時間と空間のないチェンバー（9章）
③癒しのコクーン（12章）
④オーラ内をすみれ色の炎で満たしてから、その炎でオーラ全体を包みこむ（5章の「オーラを癒して浄化する」を参照）
⑤天使の愛のチェンバー（10章）
⑥サブパーソナリティを調和させる光のチェンバー（11章）
⑦チャクラをつないでハイアーセルフと溶けあう（13章の「ハイアーセルフと出会い、溶けあう」を参照）
⑧たとえばパニック、怖れ、深い痛み、裏切りなどという問題をあらわすシンボルにバラを重ねて吹きながらエネルギーを流す（6章の「バラの花による浄化法」を参照）
⑨余分な感情がすくいとられて癒されるよう求める（12章の「細胞の新しい方向づけと新しいパターンの設定」のステップ9を参照）

＊深い癒しの体験を統合する必要があるとき
①統合を加速させるチェンバー（9章）
②細胞の新しい方向づけと新しいパターンの設定（12章）
③グラウンディングしてあなた自身をいまに存在させる（5章の「グラウンディング」と6章の「〝いま〟という時間に存在する」を参照）
④癒しのコクーン（12章）

⑤感情を癒すチェンバー（9章）
⑥PEMSシンクロ・チェンバー（9章）
⑦サブパーソナリティを調和させる光のチェンバー（11章）
⑧多次元的な癒しと統合のためのチェンバー（9章）
⑨余分な感情がすくいとられて癒されるよう求める（12章の「細胞の新しい方向づけと新しいパターンの設定」のステップ9を参照）

＊ゆきづまりを感じるとき
①サブパーソナリティのバランスをとり、そのあとサブパーソナリティを調和させる光のチェンバーをおこなう（ともに11章）
②細胞の新しい方向づけと新しいパターンの設定（12章）
③ドルフィン・スター・リンキング・チェンバー（9章）
④それぞれのチャクラにエネルギーを流しながら、バラの花による浄化法でエネルギーのブロックをとりのぞく（5章の「チャクラを浄化する」を参照）
⑤不要なサイキック・コードを除去する（6章）
⑥思いこみ、判断、完璧な理想像、または誓約を浄化する（6章）
⑦〝いま〟という瞬間に存在する（6章）
⑧聖なる明晰性、意志、受容性、平和などの「聖なる資質のコクーン」（12章）
⑨ハイアーセルフとの「聖なる軸線」の連携をつくる（13章）

⑩就寝前に「眠りのチェンバー」をおこない、ゆきづまりを生じさせているものが何かを見せてくれるよう依頼する（9章）
⑪逸脱した神経系の道筋を点検してそれを浄化する（12章）

ここにあげたものは、〈プレアデスの光のワーク〉のもっとも一般的な利用法にすぎません。どうぞあなたが本書で学び体験したことを応用して、独創的な用い方を見つけだしてください。また、どれを選ぶべきか迷うときには、気持ちを落ちつけてじっくりと選択肢を見わたし、選択肢のひとつひとつを声に出したり、それぞれについて考えたときにどのワークがぴったりだと感じるかをチェックしてみましょう。あなた自身のガイダンスと直観を信じることです。

振り子を用いたり、キネシオロジーの筋肉反射テスト〔Oリングテストなど〕を知っている人は、それによって何が必要かを決めるのもいいでしょう。それでもまだ決まらないときにはプレアデス人、キリスト、ハイアーセルフなどに、いまのあなたの状況を聞いてもらってもいいでしょう。あなたの癒しと浄化のプロセスを助けるために、いまもっともよいと思われることを彼らが実施してくれるよう求めてください。この方法であなたがプレアデスのヒーリング・チームと交流できたら、念のために一時間三〇分ほど時間をとってセッションを受けましょう。

私は読者のみなさんの意見や感想、新しい発見などを聞かせてほしいと思っています。あなたの人生に〈プレアデスの光のワーク〉がどのように寄与したのか、また本書のワークを実践した結果どんな効果があったのかとても興味があるのです。

私たち（プレアデス人たちと私）は、この本を読んであなたが楽しんでくださったことを、そしてここから何かを得てくださったことを願っています。本書はプレアデスの光の使者たちが提供するすべてのものと同じように、愛と「聖なる計画」への信頼からみなさんに贈られたものです。自己達成へと向かう道でこの本を活用したいというあなたの意志に、感謝と尊敬をこめて。ナマステ……

謝辞

さまざまな時代や文化、またあらゆる次元や体験を通じて私の親愛な友人でありつづけたプレアデスの光の使者たちはつねに約束を守ってきました。そして必ず適切な時期にあらわれて、私の「記憶の回復」を助けてくれます。彼らは地上に「聖なる計画」が実現するときまで、この太陽系すべての次元や人々への奉仕をやめることはないでしょう。彼らは私の自由意志を尊重し、私が自分自身で決めた以外に何かを強制するようなことはありません。プレアデス人たちは、ときに私が彼らの要請にすみやかに応じなかった場合でも、忍耐強い態度で愛をそそいでくれたのです。私は彼らとこの本を著す機会を共有でき、光の世界でともに友情をはぐくめたことに感謝しています。

高次元のマスターであるイエス・キリスト、観音、聖母マリア、聖ジャーメインほか多くの存在たちに感謝をささげます。彼らは私を個人的に導いただけでなく、私の霊的な仕事においても道案内をしてくれました。また私をときおり助け、刺激し、必要なものを与えてくれた天使やデイヴァたちにも心から感謝しています。

次にシャーハン・ジョンに。彼女の前視とそれにともなうガイダンスへの献身、ならびにこの計画に対する無私の奉仕、すばらしい専門技術と友情に謝辞を贈ります。準備段階における編集者としての新鮮な視点、イラストの手配など最終的なきめこまかい機敏な対応と手腕、そして終始つらぬかれた彼女のスピリチュアルな態度に、感謝とともに深い敬愛の念を感じています。

また、出版社における締切りや圧力、冷酷な対応、不条理な契約など、ありとあらゆる恐ろしい話を聞かされていた私にとって、ベア・アンド・カンパニー社のバーバラ・ハンド・クロウとゲリー・クロウとの出会いはまったく予想外のものでした。二人は情熱、思いやり、寛容、友愛、人間性、霊的な純粋さにあふれ、ともに仕事にたずさわる人々すべてと喜びを共有します。彼らはいつもこの仕事がうまく運ぶよう気づかい、締切りに間にあうよう細心の注意を払ってくれました。どんな場合にも私をまず一人の人間として大切にしてくれたので、私がプレッシャーを感じているときなどは本当に助けられました。人々と仕事と人生全般に対する二人の真摯な態度に接する機会がもてたことを感謝します。

スティーブン・チェイスは、本書でふれた過去世回帰ワークにおいて私を強力に導き励ましてくれました。彼のワークに参加できたことに喜びを感じるとともに、安全で神聖な空間をつくりだしてくれたことに心から謝意を表明します。

そしてゲイル・ヴィヴィノに。私が自分の原稿をより客観的に眺められる新たな視点を提供してくださり本当にありがとう。その専門知識と、加速された時代の時間的制約のなかで最後まで誠実に原稿整理にあたってくれたことに感謝しています。

すべての友人たちに感謝します。私のそっけない対応、おざなりの抱擁《ハグ》、執筆への没入などを大目に見てくれてありがとう。今度会ったときにはもうこの本の話題にふれないことを誓いますから、ぜひまた何かの折りには声をかけてください。特にアンドレア、ハーヴェイ、パット、カーリー、ジョンには、私の仕事を個人的なものとは受けとめず熱い関心と支持と信頼を寄せてくれたことを感謝します。

みずからのガイダンスにしたがって、それまで聞いたこともないような二〇日間の霊的な癒しのコース「プレアデスの光のワーク集中コース」に参加してくださった人々に、その勇気をたたえ感謝をささげます。みなさんは私のインスピレーションの源です。このワークを信頼し、全力をつくして自身の限界を超え、霊的な生き方と人生全般に違いを生みだすことを受け入れたあなたがたの意志によって、このワークの信頼性がくり返し証明されてきました。あなたがたと出会えて、霊的完全性の追求という精神のもとで一緒に成長できる機会に恵まれたことを光栄に感じています。

そして最後に読者であるあなたへ。あなたのゴールの達成と霊的な成長のために、この本のワークをできるかぎり役立ててくださることを願っています。あなたの援助とスピリチュアルな献身に感謝をささげます。

用語解説

アカシック・レコード Akashic Records ①個々の存在、集合意識、存在するすべてのものの過去・現在・未来にわたる体験と学びの集積。②これまで起こったこと、いま起こっていること、そしてこれから起こるだろうことに関するすべての記録。

アストラル界 astral planes ①意識の非物質界。物質界と類似しているが物質界ではない。②低次元のアストラル界は「闇の地下世界」「地獄」「冥界」あるいは仏教でいう「バードス」のことである。その世界では寄生体や人間の意識の認知されない側面、想念体（独自の意識と生命をもつにいたった思考や想念の集合体）や、ネガティブな感情によって形成された〝投影〟によって成り立っている。「ブギーマン」〔魔力をもつ小鬼〕やおばけ、そしてその人がもっとも怖れていることが現実となった世界でもある。③ある固定化された感情を、単なる感情として見る代わりに、真実にもとづいたものと思いこむとき、それはネガティブな感情に変化する。その例としては病的嫌悪感や復讐心、愛とスピリットの結びつきを欠いた肉欲的な性的妄想、抑圧され正当化された怖れ、怒り、憤怒、憎しみ、非難、自己憐憫からくる犠牲、コントロールや貪欲さなどがあげられる。これらのエネルギーは、肉体的虐待やレイプやドラッグやアルコールをはじめ、否定的な思考にふけることや、過去世での殺人や自殺や霊的なつながりの欠如などと同様に、人間を低次元のアストラル界へとひき寄せる。④また一方では、物質界に対応する高次元のアストラル界もある。幾何学模様の世界、因果関係を生みだすコーザル界、連結されたコミュニケーション網、すべての物質的な存在や体験の過去と未来における非物質界と対になる複写体、そしてアカシック・レコードなどがその領域にある。ふつう私たちは眠っているあいだにアストラル体となってそれらの領域とアクセスすることができる。⑤四次元と五次元の闇の極性のこと。これらの世界の住人たちは、彼ら自身の邪悪さやネガティブな想念、抑圧された感情、そして否認され癒されていない陰の側面を通して人類にインパルスを送っている。

アストラル体 astral body　①肉体と対になる非物質界での複写体。眠っているあいだに肉体をはなれてアストラル界や高次元界を旅する。②第三チャクラすなわち太陽神経叢においていつも肉体とシルバー・コードでつながっている、肉体と対になる身体。③アストラル体は睡眠中にカルマのパターンを演じて癒すために、その人の意識を連れてほかの次元へと移動する。④目がさめているとき、アストラル体は健全な状態にあれば肉体と溶けあって、肉体とオーラをエネルギー的に保護している。

アセンション（次元上昇） ascension　細胞の波動の周波数が高まり、肉体が物質界にとどまることのできる最大毎秒振動数を超えることによって、肉体の死を体験することなしにスピリットと肉体がともに三次元から四次元や五次元へ移行すること。これにともない、個別化された九つの次元の自己との意識的な連携と霊的な覚醒が生じる。三次元の世界においては、アセンションした人は姿が見えなくなって消える。

アルシオネ Alcyone　プレアデス星団の中心星。地球をふくむ太陽系はその周囲を二万六〇〇〇年周期でまわっている。「銀河の中心」にいたる「銀河の門」としての役割をもつ。

アンラー An-Ra　プレアデスの光の大天使の種族のひとつ。透明なエネラルド・グリーンに光る身体をもち、太陽系の植物の「デイヴァの王国」をはじめ、すべての植物の生命をつかさどる。聖なる慈愛と理解という資質を守護している。

偉大なる白い光の騎士団 Order of the Great White Light　プレアデスの大天使の語り部ラーによれば、今日「偉大なる白い光の同盟」として知られるグループのもとの名前である。

偉大なる白い光の同盟 Great White Brotherhood　①地上に人間として生まれ、霊的に進化し悟りを得てキリスト意識に達し、高次元化したマスターたち。②プレアデスの大天使の語り部であるラーによれば、初期のころは「偉大なる白い光の騎士団」と呼ばれた。③神秘学校の教えを保ち、つねに個人の自由意志を尊重しながら全人類の霊的なめざめを導き援助する聖なる騎士団。

一体 Oneness ①存在するあらゆるものが霊的なきずなによって結ばれ、ひとつになった本来の状態。②「神／女神／すべてなるもの」や、すべてのもののなかにある神聖さという意味で用いられることもある。

逸脱した神経系の道筋 erroneous neural pathway 神経プレートによってふさがれたため、感覚的刺激や人生の体験に対して自然で自発的な反応を妨げる脳の神経系回路。本文中の図13を参照。

内なる神 God Self ①あらゆるものの内にあり、「神／女神／すべてなるもの」の一部としての本質にめざめている自己。②私たちの内側の「聖なる真理」とともにあるもの。

内なるキリスト Christed Self ①地上での体験・意識・叡知がハイアーセルフやキリスト意識の叡知に統合された、人間のなかのあるひとつの側面。②マスター存在と同じ。③地上における聖なる連携のなかで人間としての肉体化を通して三次元の意識とつながり、個人の九つの次元すべてが複合された意識。

永遠の太陽 Infinite Sun ①すべてのものは十三次元の永遠に絶えることのない光のフィールドとつながって存在している、という認識にもとづいた、「神／女神／すべてなるもの」や「一体《ワンネス》」をあらわす別の名。②純粋な本質として光の性質をもつ、存在するすべてのものを内包する存在の状態。

エロヒム Elohim 「創造」にかかわる光の存在たちのグループ。「創造者たる神や女神たち」とも呼ばれる。

オーラ aura　光の身体と人体から生成される、すべての生命体の肉体をとりまくエネルギー・フィールド。健全な状態のとき、オーラ・フィールドは透明な色彩に輝いた光として透視することができる。オーラ内の否定的で濃密なエネルギーは、萎縮してようやく光がほの見えるくらいのくすんだ暗い色としてあらわれる。また異質のエネルギーやそのオーラの持ち主のものではない他人のエネルギーは、ふつうミルクのように濁った不透明な白色に見えるが、それ以外の色としてあらわれることもある。

カー Ka　①肉体の聖なる複写体であり、光と生命エネルギーの高い波動を肉体に取りこむはたらきをもつ。それが完全に機能するとき、本人のマスター存在が肉体に深く根をおろす。②多様な大きさや形の巨大なネットワーク網である「カー経路」で構成され、「経絡《けいらく》」もふくまれる。そこに高周波のエネルギーが入ってきて次元降下しながら流れていき、物質界の存在としての人間に非物質界の光の身体の側面が保たれる。③肉体・高次元界・マスター存在（またはハイアーセルフや内なるキリスト）という三つをつなぐもの。④カー・エネルギーとは高次元の自己から降下する精妙な光の波動である。

カー・テンプレート Ka Template　クラウン・チャクラの後方にある薄い横長の長方形をしたエネルギーのセンターで、そこに個人の魂がめざすものや肉体とカーの青写真、体内のカー・エネルギーの流れのパターンなどに関する情報が符号化されている。その人がこの人生においてアセンションをするか、意識的な死を選ぶか、それとも通常の死を体験するのか、またどういった形でそうするのかなども記されている。

覚醒（悟り） enlightenment　①ある特定の次元での学びと進化の目標がすべてかなえられた霊的達成の状態。②人間の意識が肉体のなかの内なるキリストやハイアーセルフと完全にひとつになったときに起こる状態。③一体《ワンネス》という永遠に失われることのない完全な状態との再結合。

神／女神／すべてなるもの God / Goddess / All That Is ①一体《ワンネス》。②すべてのもののなかにある神聖さ。②もっとも純粋な霊的完全性をそなえた総体的存在であり、中性的でありながら両方の性をふくむ。

カルマ karma ①人生の体験によってつくられた産物で、その人の精妙なエネルギーとのつながりを欠き、統合されていないもの。②すべての存在のなかにある進化への自然の欲求と傾向にもとづいた学びのシステム。③ある行為がほかの人の自由意志と調和していないときや、本人によってまだ統合されていないとき、それは新たに似たような体験または正反対の体験をひき寄せる結果となる。その新しい体験を通して学ぶことで、それまでに体験したことのない適切な行為が導き出されると、もとの行為によってつくられたカルマ的磁力が解除される。

寄生体 parasitic entity ①他者を食い物に寄生して生きる意識体または本能をもつ創造物。②他者のエネルギーを食べて、代わりに何も与えない存在。

キリスト Christ ①かつて地上においてイエス・キリストという名の人生を送った、高次元化したマスター。②人はすべて神の子であり、完全なる霊的豊かさと平等と覚醒を求めて進化することが人類の使命で、「あなたは私がなした以上に偉大なことを成し遂げるでしょう」と説いた霊的指導者。③イエスは癒しと錬金術の分野において、奇跡的な才能をもっていたことが知られる。記録に残された彼の最後の奇跡とは、死後みずからを蘇生させてアセンションしたこと。

キリスト意識 Christ consciousness 霊的に進化した意識。それは統合された行為における純粋さ、錬金術とアセンションをマスターした意識であり、聖なる真理、叡知、慈愛、ゆるし、平和、自己達成を知る力をそなえる。キリスト意識をもちながら地上に人間として転生した存在は、個別化された自己の九つの次元すべてと聖なる連携を保つ。

キリスト界 Christ Realm　高次元化したイエス・キリスト、聖ジャーメイン、聖母マリアや「偉大なる白い光の同盟」の全メンバーが住む世界。シリウスおよびイルカの星の意識とつながり、そこに住む、あるいはそこを源とする光の存在たちによって保持されている。「光のシティ」もこの世界にふくまれる。

銀河の中心 Galactic Center　①この銀河のまさに中心である地点。②この銀河系全体がつねにその周囲をまわり続ける軌道の中心軸。

銀河の門 galactic gateway　時間と空間を遠くへだてた地点にアクセスするための場で、五次元以上の意識が通過できる。通常はある星や太陽など。その門を通過した瞬間はるか遠くの別の地点にアクセスでき、時間と空間の制約をとび超えた旅が可能になる。たとえば、①高次元の存在たちは明確な意図をもって意識を集中することで「銀河の中心」を通り、銀河の別の場所やほかの銀河に存在する「銀河の門」へと移動できる。②アルシオネはこの「銀河の中心」へいたる「銀河の門」として用いられる。

グラウンディング grounding　①肉体のなかでスピリットと地球が深くつながっていること。②非物理的な「グラウンディング・コード」をとりつけるプロセス。そのコードは直径一〇センチから最大でも腰幅程度で、男性は第一チャクラから、そして女性は第二チャクラから地球の中心まで伸びて、自己の肉体のなかにより深く存在することを可能にする。本文中の図１ａｂを参照。③自己の肉体と人生のなかにより深く存在することを可能にしてくれるもの。たとえば、「森のなかを歩くのは私にとって〝グラウンディングの体験〟だ」というのは、「私は森のなかを歩いたおかげで、自分の肉体のなかにちゃんといることができ、いまという瞬間をよりいきいき感じられた」という意味である。人によってはセックスもグラウンディングの体験になることがある。

元素 elemental　①動きや目的をもつ魂のないエネルギー体。妄想的な暗いネガティブな意識の集中によって、あるいはみずから生命をもちはじめた想念から発生する。あるいはまた、ある明確な意図のもとでつくりだされることもある。②たとえばチャクラの浄化に用いる竜巻のような渦など、ある種の癒しを目的としてヒーラーが「元素」をつくりだすことがある。③また黒魔術やブードゥー教のように、他者にネガティブな影響力を与えるための道具として元素が利用されることもある。④妄想的なネガティブな意識の集中の例としては、猥褻なポルノ写真や映画、性的な妄想にふけったり体験しているときがあげられる。そのときその人のまわりのエネルギーはネガティブな妄想を食べて、さらに再生するような憑依的な元素をひき寄せる。⑤元素はつねに二次元の形態を有する。

高次元のキリストの光の兄弟同盟《ブラザーフッド》 Brotherhood of the Ray of the Ascended Christ　地上で肉体をもっているあいだに覚醒にいたり、キリスト意識に到達した男性たち。いまはガイドや高次元の指導者として、覚醒とキリスト意識の奥義を受けとる準備ができた地球上の人々のために活動している。

高次元のキリストの光の姉妹同盟《シスターフッド》 Sisterhood of the Ray of the Ascended Christ　地上で肉体をもっているあいだに覚醒し、キリスト意識の存在となった女性たち。いまは地球上で覚醒してキリスト意識に入る準備のととのった人間たちのガイドとして仕えている。

高次元のマスター Ascended Master　①肉体をもって地上に生まれて覚醒し、意識的な死または身体全体でのアセンションを体験することでキリスト意識に到達した存在。②「高次元のキリストの光の姉妹同盟」と「高次元のキリストの光の兄弟同盟」や「偉大なる白い光の同盟」のすべてのメンバー。③人間でいるあいだに、同時に九つの次元の自己すべてと聖なる連携を達成した存在。

コクーン cocoons　①ヒーリングや感情の解放を体験したあとに、保護と統合を目的としてオーラ全体を包みこむ母性的なエネルギー。②平和、ゆるし、信頼、無垢をはじめとする特定のエネルギーの波動でオーラ・フィールドを完全にとりかこむ精妙な非物理的エネルギーの生成物。③ある破壊的な体験をしたあとに、傷ついた光の身体と魂を入れて運ぶために利用される保護膜。（本文中の図12を参照）

サイキック・コード psychic cords　エネルギーの交換、すなわちエネルギーを相手から受けとったり相手に与えたりすることを目的とする、二者間での非物理的または物理的な結びつき。ポジティブな共感や分かちあいでも用いられるが、いっぽうでは生命力を操作してコントロールして枯渇させたり、相手をおとしめたりする目的にも用いられる。

細胞のスピン Cellular spin　健全に活動している細胞の動きのパターン。

時空の連続体 time-space continuum　連続的な時間の流れと一次元から三次元までの空間が存在し、しかもそれが絶対的なものに思われるような関連性と継続性を現実のなかに内包するパラダイム。その絶対的な現実と物理性に関する幻想とは、単に一次元から三次元までの世界に存在するものにすぎない。

次元 dimensions　その波動の周波数の範囲や、形態の性質あるいは有無によって線引きされる意識の世界。（さらに宇宙論的な知識については、バーバラ・ハンド・クロウの『プレアデス銀河の夜明け』を参照）

一次元　意識の器（入れ物）としての純粋な無機物の世界ではあるが、自身の意識をもたず自己認識を欠いた世界。

二次元　低次元のアストラル界。そこでは意識体はスピリットや魂に対する認識を欠き、みずからをそこに存在する全体として完全に自己同化した認識をもつ。なんらかの支配的な力によって統率されているというよりは、むしろ自分自身の意識をもたない特定のタイプの元素的な世界でもある。「地獄」あるいは仏教でいう「バードス」などの地下世界もここにふくまれる。すべての植物の種の世界でもある。

三次元　直線的な時間と空間にもとづいた現実のなかに設置された物質界と、それに対応するアストラル界。この世界にあるものはすべて、最大でも毎秒九〇〇〇以下の振動数で存在している。人間の意識が活動する世界でもある。

四次元　感覚としての意識、および感覚にもとづいた思考としての意識を保有する存在たちの世界。闇と光の二極性をふくむ次元である。光の領域は複数の「光のシティ」と、波動レベルが毎秒九〇〇〇～一万二〇〇〇の振動数に到達した存在たちから成り立っている。この世界の意識は、アセンションにいたるキリスト意識への第一段階である。ここから多数のガイドや天使や高次元のマスターたちが、霊的な成長と進化を受け入れる準備ができている三次元の人間たちにインパルスを送っている。人間は、光の世界と対になるこの次元の闇のアストラル界からのインパルスも受けとっている。この闇の存在たちは、ネガティブな思考や悪癖や抑圧された感情、または癒されていない人間の影の側面が発する低次元の波動と調和して、人間を闇の世界にひき寄せてコントロールし、人間の痛みその他の濃密なエネルギーを食べて生きている。人間があり方、考え、感覚、行動のすべてにおいてより高波動の資質を発達させ、みずからの影の側面のカルマ的なパターンを超越するにつれて、四次元の光のインパルスにひき寄せられるようになり、闇の支配と寄生体から自由になれる。この次元の闇の極性では、悪夢や霊的な虐待が起こる。

五次元　この次元にも闇と光の二極性があり、そこに住む存在たちは三次元と四次元を混合させた非物理的な精妙なエネルギーを保有していて、その形態をいつでも自由に変えることができる。この次元の光の領域では大半が人類の個人的ガイドとして働くか、天使や高次元マスター、「偉大なる白い光の同盟」のメンバー、中間レベルの入門教育機関やカルマに関する諮問機関、「光輝くデイヴァ」や守護天使などに仕える存在で構成されている。その世界はいつでも自由に時空間の現実とつながることができるが、時間と空間の制約を超越した次元であるために、ここから上の次元では毎秒あたりの振動数という波動レベルでの会話は不能となる。また肉体をもって生まれ、アセンションと四次元の「光のシティ」での移行をまっとうした直後に到達する、具現化されたキリストと仏陀の意識次元でもある。飛ぶ夢、癒し、高次元での体験や教えに関する夢はこの次元で生成される。つまり夢という時間を通して人々のより低次元の世界における創造と顕現にはたらきかける、ものごとの原因を生みだすコーザル界である。表現を変えると、人間が時間と空間の現実にみずからの人生を織りこむための場所であり、その夢は眠りからさめた生活の営みに実現される。高次元の意識、覚醒夢、白魔術はこの世界に内包される。いっぽうでこの次元の闇の領域は、黒魔術と支配によって象徴される力をもつ闇の権力者たちで構成される。そこには闇の天使、闇のマスター存在、妖術師、低次元のアストラル界の統治者などがいる。人間が心と霊性を統合しないままに偉大なサイキック・パワーやマインド・コントロールの力を発達させると、この世界の支配を受け、睡眠中や死後にその世界へ行く。

六次元　高等評議会、地球と接触している大天使、長老評議会などの世界であり、集合意識の初期の次元でもある。これより上の次元は光の領域だけで成り立っている。またこの世界の集合意識は、引き裂かれてばらばらになった魂が集められる場所である。たとえばある魂が地上で一個の人間として肉体をもったあとに、苦痛のため、または多様な体験への欲求から二つ以上に分割されることを決定したとすれば、それらすべての部分がふたたびひとつに結集するまで引き裂かれたほかの魂と六次元で同じハイアーセルフを共有することになる。ハイアーセルフが私たちとコミュニケーションをとり、魂やスピリットのレベルで結ばれる世界。高次の使命が発せられるのもこの次元からである。この次元の存在たちは、目的にかなっていれば人間に似た姿をとることもあるが、実際はこの次元の特徴ともいえる純粋な幾何学形態を有している。それは思考や色や音が「創造」のプロセスのなかで幾何学形態をとり、数秘学的意味もつ段階でもある。この次元の存在たちがコミュニケーションを望むときは、互いのエネルギー・フィールドと意識をただ溶けあわせる。この融合で独自のグリッド（格子模様）が形成され、それによってお互いの本質を体験して照合し、相手の意図を知ることができる。それは相手と同化して実際に感じるという方法をとらずに相手を知覚するやり方である。メルキゼデク意識はこの次元に存在する。

七次元　聖なる音と調和の世界。この次元のすべての存在は、個々のあるいは集合的な音の調和を通してみずからの本質を表現する。もはや形態が直接投影されることはなく、必要に応じて次元降下がなされる。この世界は音によってさまざまな模様が形成され、色彩の流れはとどまることなく変化しつづける。そこで見られる唯一の描写できる形態は、変化に富んだ螺旋模様だけである。この次元の存在たちは、お互いの音と色を融合させて新しい模様を創造することでコミュニケーションをはかり、その体験によって両者の意識が活性化されて完全に認識しあえる。そこでは両者間に「個々の部分を合わせたものは、もとの総体より大きなものになる」という原理にもとづいたすばらしい理解が生まれる。集合意識のさらなる段階の世界でもあるが、ここではその人の内側での異なった面やほかの魂とのあいだに集合意識を形成する。この次元の存在はみずからの体験と意識のすべてを純粋な音に変換し、周波数を保持しながら流れの模様をつくりだす〝鍵〟を保持している。それらの音の周波数は、七次元から下の次元だけに共通する言語としてつくりあげられる。五次元がキリスト意識に象徴されるように、この七次元は純粋なメルキゼデク意識の世界である。同じ魂の家族の起源をもつメンバーどうしは、この次元で個体として存在する能力を維持しながら、同時に自分たちを同じ存在として体験することができる。

八次元　この次元は純粋な色彩と流れの模様をもつ世界であり、そこに住む存在たちは自己にめざめた意識として色や光や動きを発している。互いにコミュニケーションをとるときは、単なる相乗効果以上の作用がひき起こされて自分と相手の違いを認識できなくなり、偉大なる愛の結合と感情的な交流が生まれる。それは個々を表現する「音」をもたない無の世界でもあり、純粋な本質および意識として個人の全体性と独自性を体験するという真の目的をもつ。怖れのないその世界は、やすらぎと深い休息の場になりうる。

九次元　「ラオエシ・シェキナ」と呼ばれる聖なる火または「光の柱」の原点となる世界。それは光の存在がオーバーソウルと切りはなされた意識を体験できる最後の次元である。ここでオーバーソウルの集合意識が生まれ、みずからの意志でその意識を体験することを自由に選択できる。ここに存在する唯一の形態とはきわめて精妙な光の柱または平行繊維だけであり、すべては純粋なクリスタルのように透明な光に見え、八次元へむけてプリズムのような色彩を放っている。またメタトロン意識の次元ともいわれる。かつて私がこの次元を体験したとき、自分自身を識別できる唯一の目印が精妙なエネルギーのクリスタルだった。私は部屋のテーブルにさまざまなクリスタルを集めておいたおかげで、自分の肉体がまだその場所にあるのがわかった。そのとき室内の家具や人々は私の意識と完全に溶けあっていたが、クリスタルだけは自分とは別の存在として認識できることを発見したのである。そしてこの次元が、肉体を気化させずに人間の意識が到達できるもっとも遠い世界であることも教えられた。

十次元　この次元に関して私が学んだことは、本来のオーバーソウルのファミリーのメンバーがすべてみずからをひとつの意識に完全に溶けあった存在として体験し、もはや自分自身を個別化されたものとして認識できなくなるということである。

これより上の次元で私が説明を受けたのは十三次元についてである。そこでは存在するすべてのものと自己が融合し、分離に関する認識はどこにもない。

次元間の光の円錐 Interdimensional Cone of Light　本文中の図7を参照。急速に回転する高周波の光の波動で構成された「次元間の光の円錐」を頂点が上を向くようにしてオーラの頭上に置くと、その人に「垂直の連携」をもたらし、肉体とオーラから解放された本人のものでないエネルギーを浄化するのを助ける。

シャクティパット *shaktiput*　高周波の白い光を受けとること。あまりにも純化された高次元の光であるために、これを受けとった人は数秒ほど白い光だけの世界を体験する。これは「第三の目」が根底から開かれたことによる。通常はその体験中や直後に純粋な至福感に包まれる。覚醒した人あるいは地上で人間だったときに悟りを得た高次元マスターからもたらされる。

集合意識 collective consciousness　①ある共通のゴール・生命形態・居住地をもつ存在が集まり、その心と使命が集結したもの。②種の進化、ある共同社会の存続、地球や家族や社会のすべての住民たちにより多くの愛をもたらすこと、などといった共通の目的をもって個々の存在たちが集まったひとつの意識体。③あるグループの意図が進化的・霊的・創造的な目的のもとにひとつになったとき、高次の集合意識が発生する。④低次の集合意識は、ある個々の存在が集まったグループがそれぞれのネガティブな想念体や観念や破壊的な目的を共有しあうときに生まれる。

進化した意識 evolutionary consciousness　私たちの生涯にわたる存在の目的とは、学び、成長し、みずからの行為や思考を通して前へ進み、より完全になることであり、すべてのレベルで「神／女神／すべてなるもの」と再結合することだと知っている意識。

神経系の道筋 neural pathway　知覚情報を受けとって伝達する脳のなかの微細な神経の通り道。その情報にどう反応するかを決定し、それにしたがって行動するよう肉体と意識にはたらきかける。（本文中図13および「逸脱した神経系の道筋」の項を参照）

神経プレート neural plate　知覚情報や日常の体験に対する自然で自発的な反応を妨げるセルフ・プログラミングが入った、脳のなかの神経系の道筋の障害物。（本文中図13を参照）

真理 truth　仮想現実の影響を受けない、決して変わることのない神聖なもの。

垂直の連携 vertical alignment　①ある存在が幻想にもとづいた相対的な真理と聖なる真理との違いにめざめ、聖なる真理と霊的完全性を求めて生きながら、自分自身およびすべての存在のなかにあるスピリットと魂の神聖さを知っており、少なくともエネルギー的にハイアーセルフとつながっている状態。②自分自身の「聖なる軸線」上にいる状態のこと。（「聖なる軸線」の項を参照）

水平の連携 horizontal alignment　①魂やスピリット、進化、「内なる神」とつながってそれを照らしだすという霊的責任よりも、物質界の幻想や生存への欲求、恐怖などのほうを認識しやすい意識の状態。②肉体のなかでハイアーセルフとのきずなが完全に断ち切られた状態。

スピリット spirit　形をもたない自己の部分であるが、物質界でも非物質界でも形のなかに宿ることを選択できる。スピリットはだれとでも、あるいはどんなものとでも自己の感覚を保ったまま融合することができるが、具体的な意図はもたない。

聖なる軸線 divine axis　①光のチューブ。本文中の図11を参照。②脊椎全体をおおい、オーラの足もとの下端と頭上の頂点をつらぬいて、個々のホログラムの高次元の側面にまで伸びているチューブ状の開き。③一人一人の人間としての自己と、その自己の九つの次元のすべての側面をつなぎ、そのあいだのエネルギーのやりとりやコミュニケーションに用いられる一本の延長された背骨のようなもの。本文中の図15を参照のこと。

聖なる資質 divine qualities　神や女神の神聖さおよびすべての存在のあり方に根ざした純粋な姿勢や存在の状態。たとえば聖なる愛とは純粋で普遍的な愛の流れであり、それに対して利己的な愛とは相手より優位に立つために示されるやさしさなどを意味する。

聖なる真理 Divine Truth　①神の意識にもとづいた永遠に変わることのない現実《リアリティ》。②使命と現実の本質に対する完璧な理解。③制限、破壊、幻想などを生みだすような思考や観念がないこと。たとえば聖なる真理を求める人は、どれほど現実が一部始終リアルに見えたとしても、あらゆる瞬間の現実に対してすすんで疑問を抱くことができなくてはならない。また宇宙に存在するものすべてが「一体《ワンネス》」の一部であるということは、聖なる真理であるとみなされる。

聖なる連携 divine alignment　人間が「聖なる軸線」上に位置して、個別化された自己の九次元までのすべての世界とつながった状態にあること。キリスト意識の存在となるための必要条件でもある。

全感覚認知 full sensory perception　①拡大された五感の能力。非物理的なエネルギー、存在、感覚、音、味、におい、ヴィジョンなどへの気づきがふくまれる。②めずらしいとか不自然なという意味あいの「超能力」などという語に対して、より自然で完全な感覚として用いられる言葉。③全感覚認知の個々の例としては「透聴力」「霊的感知力」「透視力」「直観」の項を参照。

相対的な真理 relative truth　①つねに流転し変化する人生経験を基盤にしたもの。②「聖なる真理」とは逆の考え方や

観念にもとづいた現実の見方。（「聖なる真理」の項を参照）

想念 thoughtform　その人の現実をなんらかの形で限定する、ある共通したテーマに関する観念、イメージ、感情などの集合体。

想念体 thoughtform being　①想念があまりにも膨れあがり活性化されたために、その幻想にもとづいた目的をもって活動するようになった意識的な存在。「元素」の項で説明されたような元素の一種でもある。②単独または集団の意識によって形成された二次元レベルで見られる存在。

存在 being　意識的に思考することができて、意識や感情を投影する能力がそなわった自己にめざめているスピリットの存在。「ある一定の空間を占める」という感覚をともなうが、時間に関しては必ずしもそうではない。

大天使 archangels　①最高の進化レベルにありながら、個々に分化された天使的な意識。②より高い進化レベルからの指示で活動に従事する天使とは逆に、ある特定の専門分野を統治し、自発的に活動する存在。たとえば大天使ミカエルとミカエラは「光の軍隊」をとりまとめ、物質界からの求めに応じて「真理の剣」をもたらし、守護する。大天使ガブリエルとガブリエラは神の使者として、必要な交信をとりながら次元間の橋渡しをしている。大天使と彼らのもとで働くものたちは、人間の自由意志が非物質界の肉体をもたない存在から尊重されるよう監督する役割も担う。

太陽系の七つのカルマのパターン seven solar ring karmic patterns　惑星レベルでの霊的な通過儀礼とアセンションのためには、この太陽系から一掃される必要があるより低い性質の意識。そのおもな性質とは、傲慢、耽溺、偏見、憎しみ、暴力、犠牲、恥の七つである。

魂 soul ①個人としての自己をつらぬく部分であり、太陽のように輝く小さな球体として存在する。ある生涯から次の生涯への体験や学びをすべて記録する場所。②不死の自己であり、その人の光を放つ本質をふくむ。

魂のマトリックス soul matrix 身体のハート・チャクラの中心から四～五センチほど内側にあり、生きているあいだにその人の魂が体のなかに埋め込まれている場所。

タントラ（タントラ・エネルギー） tantra (tantric energy) 身体の性器と下方のチャクラだけで局所的に解放される性的なエネルギーとは対照的に、性器と脊椎下部からチャクラを通って上方へと移動していく性的エネルギーで、通常はそれにともなってクンダリーニ・エネルギーが脊椎を上昇する。

チャクラ chakra ①車輪のように回転して渦巻く肉体のなかのエネルギー・センター。全身へエネルギーを分配して維持するという特別な役割をもつ。②私たちの全体性のなかの感情・肉体・霊・思考をつなぎあわせるための機能。③肉体のなかの七つの主要なエネルギーの渦巻きについては、本文中図1のａｂを参照のこと。

第七チャクラ 「クラウン・チャクラ」として知られる頭頂のチャクラ。あらゆる霊的かつ宇宙的な情報とエネルギーをとりいれて、今世での霊的なゴールやこの世界で学び達成すべきこと、つまりスピリットの学びという体験を統制して保持する。

第六チャクラ 額の下のほうの眉間にあり、「第三の目」または「額のチャクラ」とも呼ばれる。透視や自己イメージ、目に見える現実の認識を支配し、自分をとりまく世界に自分自身の観念と真実をどのように投影していくかを規制するはたらきをもつ。

第五チャクラ 喉の中心にあり、「喉のチャクラ」としても知られている。コミュニケーションや自己表現、創造的な表現のエネルギーを調整する。

第四チャクラ 胸の中心にあり、「ハート・チャクラ」とも呼ばれる。自己と調和的なエネルギーだけをひき寄せて純化するはたらきや、自己愛、人々との愛、自己価値、または自分という存在としての気づきと体験、ほかの人々の本質に対する賞賛をつかさどる。魂の座する場でもある。

第三チャクラ　太陽神経叢の中心あるいは横隔膜周辺にあり、「パワー・チャクラ」や「意志のセンター」「太陽神経叢のセンター」とも呼ばれる。ほかの人へのパワーやコントロールと同時に人からのコントロールをゆるすこともふくむ。聖なるパワーなどすべてのパワーと主権を保ち、エネルギーをコントロールするはたらきをもつ。またすべての意志（それが聖なる意志であろうと下位の意志であろうと）や、社会的な生活や目標、人のためにとる行為、感情の活発な表現、自己を敬い尊ぶこと、さらに「エゴのセンター」などもこのチャクラによって統括される。

第二チャクラ　おへそと股間のちょうど中心にあり「仙骨のチャクラ」とも呼ばれる。性的で官能的なエネルギー、自分を慈しみ人を慈しむこと、感情という感覚的な資質、霊的感知力、女性の「創造のセンター」を調節する。

第一チャクラ　尾骨の最下部にあり、「ルート・チャクラ」とも呼ばれる。安定あるいは不安定のエネルギーを保持する。つまり直観や地球とのつながり、肉体との関係性、肉体の健康、食物や住居、衣服、お金（少なくとも通貨交換システムのある文明では）のような生存のために必要なもの、可動的なもの、またはもっとも原初的な本能的情緒反応などをつかさどる。

直観　intuition　①第七チャクラのもつ「全感覚認知」のはたらき。合理的に説明できるものを超越して「知る」こと。②「虫の知らせ」、あるいは理由もわからず何かをするのを導かれるよう感じたり、なぜかそうするのが正しいとわかることなどが直観の例としてあげられる。

デイヴァ　devas　①食物の種や鉱物や元素を守って活性化させ、そこに刻まれた幾何学記号を保持している天使的な存在。②植物や鉱物や元素の世界を守護するハイアーセルフのようなもの。（「光輝くデイヴァ」の項を参照）

デイヴァの王国　devic kingdom　デイヴァと光輝くデイヴァたちの意識次元。

透視力 clairvoyance ①物理的な視覚ではとらえられないものを見る、視覚の感覚を全開にした状態での知覚機能。②第六チャクラの機能である「第三の目」の見る力。③オーラやチャクラのエネルギー、エネルギーのブロック、またはガイドや天使のような非物理的なエネルギーを目を閉じたまま（ときには目を開いたまま）見ることのできる能力。

透聴力 clairaudience ①聴覚が拡大され、全開した状態での知覚機能。高周波の音、ガイドやハイアーセルフからの言語によるメッセージなど、物理的には聞こえない音を聞くこともふくむ。②相手が言っていることと考えていることが違うときに、その人の考えていることを聞きとる能力。

ドルフィン・ウエーブ Dolphin Wave Effect 人間やイルカが健全で自然に霊性につながっているとき、エネルギーと音と動きが全身の神経系に変換して伝えられること。たとえばイルカが頭を動かすと、その動きの情報は頭以外の全身へと伝えられ、筋肉の萎縮や固定化されたパターンによって妨げられることのない、波のようにしなやかな肉体の動きをつくりだす。

ドルフィン・スター・リンキング Dolphin Star-Linking 人間の肉体の電気的組織内においてブロックされたりダメージを受けて機能がにぶった回路を、ふたたび活性化させて通りをよくするように電気的な光の身体にはたらきかける〈プレアデスの光のワーク〉の技法。イルカの電気的な身体が星々とつながっているように、人間の身体のなかの電気回路が交差する接続ポイントも、その回路がきちんと機能していればそれに対応する銀河の星々とつながれる。

ドルフィン・ブレイン・リパターニング Dolphin Brain Repatterning 以前は「神経・筋・大脳皮質系リパターニング」と呼ばれていた。手技によるワークとイルカの動きをまねた「ドルフィン・ムーブ」というボディワークからなり、萎縮のない自発的で自由な、喜びに満ちた効果的な動きを大脳の運動皮質に新しく教えこむことで、骨格や筋肉や神経系組織内の固定されたパターンを解放するもの。すなわち肉体と神経系のなかの「ドルフィン・ウエーブ」を回復するように助けるワーク。

ドルフィン・ムーブ Dolphin Moves 「ドルフィン・ブレイン・リパターニング」のうち、床の上でおこなうボディワーク。神経や筋肉や骨格組織のなかの萎縮や固定化されたパターンを解放し、それとともに対応する行動や感情のパターンを解放する。

ナマステ Namaste ヒンズー語からきた古代の挨拶の言葉。あごの下で手を組む祈りの姿勢をとり、対象となる相手に頭を下げて会釈する。それは「私はあなたのなかの神をたたえます」という意味である。

ニューロトキシン neurotoxin 市販されているほとんどの洗剤やシャンプー、ヘアスプレー、石鹸、香水、化学香料の入った商品にふくまれる有毒物質であり、神経の末端にしみついて神経系をむしばみ、粘膜や神経膜や脳の本来の機能を徐々に破壊していく。

ハイアーセルフ（高次元の自己） Higher Self 私たちを霊的な成長と進化、覚醒に導く自己の霊的存在全体にわたる多様な側面で、高次元に住む。私たちの一部はつねに自己のホログラムの高次元の側面にとどまるが、より偉大な自己の側面に気づくにつれて、自分のハイアーセルフを肉体に統合できるようになる。

パラダイム paradigm ①一般的には二人あるいはそれ以上の人々によって共有される「現実」の概念や規範であり、人々はそれにしたがって生きるだけでなく、それを支え保持する。②はてしなく開きつづける星雲の「現実」体系とは対照的な、ある脈絡にもとづいた「現実」の基盤。③ある習性や観念体系によって、あらかじめ決定づけられた存在の考え方や反応のしかたのこと。

パラダイムのシフト paradigm shift　個人またはある人々が、前もって設定された予測可能な思考方法や存在のあり方、行動のしかたを完全に解除すること。例をあげれば、ある人が「たった一度しか生きられないのだから、人生をできるかぎり上手に長く生きのびることが私たちの使命である」という集団の意識から抜けだして、「あらゆる人生における目的とは霊的な進化であり、その目的が達成されるまで私たちは何度でも転生をくり返すだろう」という新しいパラダイムを創作するときなど。

光輝くデイヴァ Overlighting Deva　①きわめて大きなデイヴァの存在。個々の植物や鉱物のデイヴァたちを見守り保護してエネルギーを注ぎこむ。たとえば「光輝く鉱物界のデイヴァ」「光輝くダイヤモンドのヒーリング・マトリックスのデイヴァ」「光輝く花々のデイヴァ」などがある。②地球に関係する特定の機能を見守る大きな存在たち。たとえば天候と地球の変化の守護者、地球の軌道周期を中心太陽の指令につなぐ守護者、進化と物理的な時間のサイクルにもとづいて地軸を一定に保ったり変化させたりする守護者など。③人類が必要とする特定のものにはたらきかけ、それを見守る大きなデイヴァ。「光輝く癒しのデイヴァ」「光輝く悲嘆のデイヴァ」「光輝く出産のデイヴァ」などがある。

光のシティ City of Light　①四次元から六次元までの「光の神殿」の中心であり、高次元のマスターたちが住む。②さまざまな霊的儀式がとりおこなわれる場所。また人間の夢のなかでの聖なる教えと癒し、死後に生まれ変わるまでの中間生における指導や再検討、癒しなどもここでなされる。

光のチェンバー Chambers of Light　①プレアデスの光の使者たちとキリストによって肉体とオーラのまわりに創作されるエネルギー空間。そのなかではヒーリング、エネルギーの波動の変換とバランシング、変性意識などがもたらされる。②特有の光、色、流れのパターンや振動数が集約的に放射され、非物理的・霊的・エネルギー的・感情的なおかつ肉体的な変化が促される空間。各種のチェンバーについては、9・10・11・13章を参照のこと。

光のチューブ tube of light　その人が「聖なる連携」のもとにあるとき、足の下方にひろがるオーラの末端から身体のなかを脊椎にそって頭頂へ、さらに頭上のオーラの頂点へと抜けていき、脊椎の延長線のように九次元にわたる自己にまでえんえんと伸びるチューブ状の開き。これが開かれて高次元の自己から光とエネルギーが送られると、個別化された自己の九つの次元すべてを結ぶひとつの連続体が形成される。（本文中図11と図15を参照）

フォトン（光子） photon　素粒子と波動的属性をもつ電磁的なエネルギー。電荷や質量はないが速力とエネルギーをもつ。（『ウエブスター・ニューワールド辞典』より）

フォトン・ベルト Photon Band　「銀河の中心」から放射されるフォトンの光の広大な流れ。プレアデスの中心星アルシオネはつねにそのフォトンの流れにひたっている。地球をふくむ太陽系は、アルシオネを中心とする楕円軌道を二万六〇〇〇年周期でまわりながら、一万一〇〇〇年ごとに二〇〇〇年間だけフォトン・ベルトのなかに入る。すなわち地球は、太陽系の二万六〇〇〇年周期の最初の二〇〇〇年間フォトン・ベルトのなかにひたり、そこを抜けてでてから一万一〇〇〇年後に太陽系が楕円軌道をちょうど半周したところで、ふたたび二〇〇〇年間フォトン・ベルトに入ることをくり返す。フォトン・ベルト内にある期間は霊的な進化が加速され、その惑星の極移動が起こって大気中に取りこまれる光の波動が大幅に増大する。そこでは「銀河の中心」から放たれる強烈な光とエネルギーに耐えうるように、人類がみずからの感情・思考・肉体・霊性を浄化して統合することが不可欠となる。このフォトン・ベルトのなかを通過する期間は「光の時代」「黄金時代」または「覚醒の時代」とも呼ばれる。

プタハ Ptah　①プレアデスの光の大天使の種族のひとつ。やわらかなブルーの光の存在であり、その役割は生命の永遠の本質を守り維持すること。②古代エジプトではプタハという名は、生命エネルギーの創造主かつ守り手という意味をもっていた。

プレアデスの光の使者 Pleiadian Emissaries of Light　プレアデスの集団を総称した呼び名。私のガイドでもあり、本書のチャネリングによる情報のほとんどをもたらしたプレアデスの光の大天使の種族もこのなかにふくまれる。そのほか非物理的な霊的手術をおこなうヒーラーや光のワーク全般の施術者など、プレアデス星団とこの太陽系における生命エネルギーと進化に取り組む存在もいる。

プレアデスの光の大天使の種族 Pleiadian Archangelic Tribes of the Light　①地球をふくむ太陽系を守護し見守るプレアデスの大天使のメンバーで、多くの異なった責務を担っている。②個々の種族はラー、マート、プタハ、アンラーとして知られており、各種族ごとにみな同じ色を放ち、同じ名を共有する。(それぞれの種族については各項を参照)

プレアデスの光のワーク Pleiadian Lightwork　古代レムリアやアトランティス、エジプトの癒しの神殿で実施された、カーをめざめさせ強化するための技法。プレアデスの光の使者たちによりふたたび現代にもたらされ、本書で紹介された新しくて古い癒しのテクニック。〈プレアデスの光のワーク〉の背景にある第一の目的とは、アセンションにむけてその人のハイアーセルフまたはマスター存在、内なるキリストを次元降下させて肉体に完全に宿らせるよう準備することである。カー・ワークの聖なる対としての霊的な進化なくして、内なるキリストが肉体に宿ることはできない。

プレアデスの光のワーク集中コース Pleiadian Lightwork Intensive　最初に私アモラ・クァン・インがチャネルして指導しはじめた〈プレアデスの光のワーク〉の実践プログラム。このワークの施術者になりたい人、またはこのワークを人々とのトレーニングを通じて深めていきたい人のために企画されたもの。

ホログラフ的自己 holographic self　適切な連携と結びつきのもとに同時に存在する、その人のすべての次元における自己の側面の複合体。

ホログラム hologram　写真のような二次元的イメージとは対照的に、そのなかに奥行き、縦、横、形をそなえた三次元的形態を有するすべてのもの。

マート Ma-at　聖なるレッドの色彩を放つプレアデスの光の大天使の一種族。霊的な戦士の役割を担い、怖れを知らず、聖なる勇気を発している。

マスター存在 Master Presence　①内なるキリストまたはハイアーセルフ。②人間が完全に覚醒したときに到達するあり方。

メルカバ Merkabah　光と意識で形成された乗り物で、これによって単体またはグループで時空間内および時空間を超えた旅がおこなわれる。車や飛行機や宇宙船などの物理的な輸送手段と対比される。

メルキゼデク Melchizedek　この太陽系の、特にいまは地球の存在のために初歩的な次元の世話役と指導役として仕える六次元の集合意識。「メルキゼデク騎士団」のメンバーである司祭や巫女は、アトランティスや古代エジプトで神秘学校をひろめたことでも知られる。イエス・キリストは一〇代後半から二〇代はじめにエジプトのピラミッドで儀式を受ける前、「メルキゼデク騎士団」のメンバーとともに学んだ時期がある。

メルキゼデク騎士団 Order of Melchizedek　①アトランティスや古代エジプトにおいて神秘学校に入門し、霊的奥義とアセンションについて学んだ人々。②アトランティスでは、「メルキゼデク騎士団」の二つの学派が「グレー・ローブ」と「ブラック・ローブ」として知られるようになった。グレー・ローブは錬金術と聖なる魔法を専門的にきわめることを目的とした司祭や巫女たちのグループで、そのグループから分かれて特別なパワーを悪用する黒魔術師や妖術使いとなった人々のグループがブラック・ローブである。後者のグループは、もとの騎士団の霊的な儀式や聖なる法則をことごとく無視した。

四つの進化の原理 four evolutionary principles 地球と人類が次の進化の段階に入るために、二〇一二年の終わりまでに地球上のすべての人類に伝えられなければならない霊的な知識。その原理とは次の通りである。

1 地球上の[illegible]感情・思考・霊性のすべての面において進化することである。

[illegible]愛でてきた聖なる本質をもち、その本来の性質は善である。

[illegible]自由意志とは宇宙でだれも侵すことのできない普遍的な権利であり、完成された霊性においては自己が誠意と信頼をもってみずからの自由意志を聖なる意志にゆだねる。

4 自然界に存在するものは、それがどのようなしかたで個人的な自己の欲求をあつかったり満たしたりするかにかかわりなく、すべて神聖である。

ラー Ra ①プレアデスの光の大天使の種族のひとつ。やわらかなゴールデンイエローの輝きを放つ。人生経験によって自然に培われる聖なる叡知の守護者。②チャネリングにより著者に話しかけて情報と教えをもたらす個人的存在の名前。③古代のエジプトとアトランティスにおける太陽神の名。

リラ人の戦士 Lyran Worriors リラ（こと座）と呼ばれる星系からやって来た存在たちのグループ。およそ三〇万年前にオリオンを侵略して隷属させ、オリオンの役割であった「銀河の門」を代わって支配した。

霊的感知力 clairsentience ①感覚が拡大され、全開にした状態での知覚機能。非物質界のエネルギーを感じとったり、直接さわることで物理的に感じる範囲を超えて、人々の表現されていない感情を感知することもふくむ。②二番目のチャクラのはたらきでもある、拡大されたエネルギー的な基盤にもとづいた感覚。

プレアデスの光のワークに関するインフォメーション

——著者またはトレーニングを完了した施術者によるワークの概要——

◆個人セッション(Individual work)

1　**透視によるリーディングとヒーリングのセッション**　遠隔地の人に対する電話によるリーディングやヒーリングも可能。

2　**手技を用いたプレアデスの光のワーク**　ドルフィン・ブレイン・リパターニング、カーの活性化、ドルフィン・スター・リンキング、細胞や魂の浄化と癒しなど。神経系の道筋を浄化するセッション、ハイアーセルフとつながるためのブロックの浄化、クンダリーニの浄化のセッションは電話でも実施。

3　**プレアデスの光のワークの個人集中コース**　施術者のいる町に一～二週間ほど滞在して受けることができる。カー経路が手技によって開かれ、ドルフィン・ムーブそのほか必要なプレアデスの光のワークが施される。

4　**個人的かつ霊的な必要性にあわせた一～三日間の集中コース**　透視によるリーディングやヒーリング、手技によるヒーリング、リグレッション・ファシリテーション（退行催眠療法）、水晶や貴石によるエナジー・バランシング、個人的セレモニー、ハイアーセルフやガイドとの交信、感情の解放、ボディワーク、霊的な指導や魂の回復、憑依の解除ほか。

◆トレーニング・プログラム(Training Programs)

1　**プレアデスの光のワーク集中コースI**　プレアデスの光のワークの施術者になるためのトレーニング。連続二八
が興味のある…一日休み、…グループでの手技によるワークを受けたい人や、施術者を目指しているわけではない
…霊的な成…速化し、癒しと気づきを受けとるための集中コース。

2　**プレアデスの光のワーク集中コースII・III**　さらに中・上級レベルの集中コース。施術者になりたい人やグループでワークを受けたい人などが対象。いずれも一一日間で四日ごとに一日休み。コースの内容は細胞の浄化と癒し、細胞内のパラダイムの浄化、魂の浄化と癒しと憑依の解除、「光の柱」あるいは「ラオエシ・シェキナ」の設置、多

次元の現実との意識的な接触、ドルフィン・タントラ、メルカバ浄化法と活性化法、魂の起源の記憶および使命へのアクセスそのほか。

3　**透視力と全感覚認知トレーニング**　さまざまな形式の計二四日間のクラス。透視によるリーディングおよび霊的なヒーリングの能力を育てるとともに、自分自身の癒しのプロセスを深め、感覚を開いて霊的に成長するために必要なすべての基礎的な知識を学ぶ。

◆週末のワークショップ(Weekend Workshops)　この本のワークを完了した人に

1　**クンダリーニの開放、癒し、浄化**（初心者レベル）

2　**上級者向けクンダリーニ・コース**（初心者レベルを終了した人を対象）

3　**本当のあなた自身になる**　霊的完全性、プロセスの浄化、多次元レベルでの瞑想法と活性化、魂のヒーリングなどに関する指導

4　**太陽と銀河の秘儀**　教義、セレモニー、通過儀礼、魂のヒーリング、魂の青写真の活性化など

5　そのほか随時さまざまなワークションプを実施している（聖なる場所を訪ねる旅も随時企画）。

◆カセット・テープ（このほかにも販売される予定）

1　**プレアデスのワークブックのテープ**(The Pleiadian Workbook tapes)　この本のすべてのワークを収録

2　**ドルフィン・ムーブのテープ**(Dolphin Move tapes)　床に横になっておこなう各ボディワーク

3　**関節炎患者のための「細胞の解放をうながす光のグリッド」のテープ**（Quantum Transfiguration Grid for Arthritis Sufferers)

4　**ハイアーセルフの瞑想テープ**（Higher Self Meditation tape)

〈プレアデスの光のワーク〉に関する詳しい情報は、直接左記の住所までお問い合わせください。

プレアデスの光のワーク協会　Pleiadian Lightwork Associates
P.O.BOX 1581　Mt.Shasta, CA96067, U.S.A.　Phone: 1-916-926-1122

著者について

アモラ・クァン・インは一九五〇年の一一月三〇日にケンタッキー州の小さな町で生まれた。幼いころは透視や透聴や霊的感知などにすぐれていたが、公立学校に入学して集団的な圧力を感じ始めてから、しだいにそれらの能力が閉ざされていってしまう。そして一六歳のとき祖母の死がきっかけとなり、彼女のいう「全感覚認知」がふたたび開かれる。

二七歳のときアモラは手の施しようのない重度のアレルギー症状のために、医者から余命二年という宣告を受けた。当時、医療の専門家たちは環境要因によって生じる疾患について知らず、従来どおりの方法で治療しつづけたために、かえって彼女のアレルギー症状と高血圧を悪化させる結果となってしまったのだ。ところが、彼女が瞑想をはじめ、菜食主義の食物をとり、タバコをやめ、白砂糖を食生活から排除し、自身の考え方や生活のしかたを変えた結果、一九七九年に「霊的なめざめ」を体験し、重度のアレルギー症状はすっかり消えてしまう。それ以来、彼女本来のヒーリング能力がふたたび蘇り、クリスタルや貴石を用いた癒しと気づきのワークショップを行うようになり、一九八八年にはカリフォルニアのシャスタ山に移ってヒーリングの指導とトレーニングに専念しはじめる。

一九九三年、彼女はアモラ・クァン・インと名のるようになるが、それは次の二つの体験がきっかけとなっている。第一の体験は、一九九〇年に二四時間フライトの飛行機のなかで「ア、モ、ラ」という天使のやさしい歌声が左の耳もとに聞こえてきたことだ。のちに彼女はそれぞれの言葉の意味を知る。つまり「ア」は神聖な愛を、「モ」は母性を、「ラ」は聖なる父をあらわす普遍的な音であり、それらすべての音を組み合わせると「母なる女神と父なる神の最愛なる（または聖なる愛の）」という意味になる。

第二の体験は一九九二年一月に起こった。瞑想中に観音〔英語では「クァン・イン」という〕が目の前にあらわれ語りかけてきたのである。そのとき観音からマンダラを授けられ、最後に「あなたは私の小さなかけらで、地上での使命を達成するためにやってきたのです。けれどもあなたは私そのものではなく、私の〝アモラ〟の部分なのです」と告げられ、深いやすらぎとともにその言葉が真実であることを感じとったという。アモラのさまざまな高次元との結びつきのなかでも、もっともたやすく自然につながれるのが観音とその癒しのエネルギーである。

今日、アモラは非常にすぐれたヒーラーとしてだけでなく、預言者あるいはスピリチュアルなリーダーとして広く知られ、尊敬されている。彼女が創始したシャスタ山のミステリースクール「ドルフィン・スター・テンプル」では、アモラをはじめ同スクールのすべてのプログラムを終了したその他のヒーラーによるワークショップが開催され、イギリス、オーストラリア、日本をはじめ海外でも毎年さまざまなワークショップが行われている。またシャスタ山にオープンした新しいショップでは、毎月第一日曜にだれもが自由に参加できるドルフィン・スター・テンプルの月例会が開かれている。

彼女の著書は本書以外に『プレアデス 人類と惑星の物語』（太陽出版）、『プレアデス・タントラ・ワークブック』『セルフ・アフィニティ』（ともにナチュラル・スピリットより刊行予定）がある。

アモラのミステリースクール「ドルフィン・スター・テンプル」の日本校は㈱ダイナビジョンの穴口恵子氏が認定講師として東京、大阪、福岡で開校している。今後、全国的な展開を計画中である。アモラ直伝のミステリースクールもアメリカのシャスタ山やハワイなどの聖地において、毎年開校されている。その他『プレアデス 覚醒への道』をベースとした瞑想会が毎月一回、東京と大阪で開かれている。

シャスタ山のアモラ・クァン・インの連絡先
Pleiadian Lightwork Associates　P.O.BOX 1581 Mt.Shasta, CA96067,U.S.A.
E-mail:Pleiades@amorahquanyin.com　http://www.amorahquanyin.com

ドルフィン・スター・テンプル・ミステリースクール日本校〈㈱ダイナビジョン内〉
TEL 03-3791-8466　FAX 03-3791-8486
E-email:info@dynavision.co.jp　http://www.dynavision.co.jp

訳者あとがき

二〇〇三年一月、私はずっと会いたいと願ってきた一人の女性との出会いを実現させることができました。その人がアモラ・クァン・インです。彼女が初めて来日することを聞き、思いきって東京でのワークショップを受ける決心をしたのです。その頃の私は、一歳と四歳の二人の子育てと家事に追われ、矛盾した感情をかかえながら苦しい日々を送っていました。家事も子育てもじゅうぶんに楽しむことができずに、三食三度の食事を作って、あとかたづけをして、洗濯と子供の世話や雑用で毎日が慌しくすぎていくことに嫌気がさしていたのです。頭では「今の状況を楽しめるようになりたい、すべての鍵は私自身なのだから」とわかっているつもりでも、感情レベルではかなりの混乱をきたしていたのです。

彼女との出会いはとても印象に残るものでした。というのも、第一日目に一時間以上も遅れて会場に現れた彼女は、泣きはらした目でハンカチをにぎりしめながらパートナーの男性に寄り添うようにして登場したのです。アモラは遅れたことをわびながら、その理由となった出来事やそのときの自分の気持ちを正直にありのままに説明しようと試みながら、またしても涙でぐっしょりとなっていました。そんなアモラの姿を見て、繊細さや感受性の豊かさだけでなく、彼女の誠実さ、ほんの少しの欺瞞も許さない自分自身へ厳しさなどを感じさせられました。本書にもあるように、ヒーリングにおいて絶対不可欠なこと、すなわち「自分自身を一〇〇パーセントオープンして、それを周りの人とシェアする」ということの手本を彼女が実際に見せてくれたかのように思われたのです。

「マスターとして今を生きる」というワークでは、人に何かを強いることのないアモラの優しさや強さ、精神的な気高さのようなものに触発され、自然に私も固い殻を脱ぎ捨てていました。また「あなたが手放したい怖れをみなさんとシェアしてください」といって全員に発表してもらったあとで、「私は最上の自分になる決意ができています」と宣言するアファメーションでは、内側からパワーが湧きあがってくるように感じました。そうして心のどこかで周りの人間や自分を責める落とし穴にはまっていた私は、その思考の罠から解放されて、とても心が軽くなったことを覚えています。

最初の「あとがき」を書いたときから、はや六年が過ぎさりました。その間に私自身にもさまざまな変化が訪れました。結婚、出産、夫と私の郷里である福島県への引越し……。ずっと独身だろうと思っていた自分が、今では大人三人、子供二人、猫三匹、犬一匹の家族の一員として暮らしています。もちろん、自分自身の癒されていない部分を鏡のように見せてくれる家族という存在からときおり逃げ出したくなったりもしますが、子供の無邪気な笑顔は私にとって奇跡的なまでの特効薬になっています。日々のルーティンワークに追われる毎日を送る今の私にとって、ここでもう一度アモラの本の「あとがき」を書く機会をいただいたことに宇宙の恵みを感じています。私もアモラのように、すべての変化を受け入れ、身をゆだね、成長していく、大いなるワンネスへの道を歩いていこうと改めて決意しました。最後に、この本との出会いをくださったコスモ・テンの高橋守社長、私に共同創造の喜びを教えてくださった編集の達人、秋田幸子さん、いつもあたたかく遠くから見守ってくれている有野真由美さん、家族のような付き合いかたを許してくれる野崎陽子さん、そして私をとりまく家族や友人の一人ひとりに感謝の気持ちを捧げます。また、ふたたび「あとがき」を書く機会を提供してくださった太陽出版の籠宮良治社長、そして編集部の片田雅子さんへ、本当にすばらしい贈り物をありがとうございます。

二〇〇四年七月七日

鈴木純子

参考文献

José Argüelles, *Dreamspell.* Makawao, Maui, HI: Chelsea Pacific, 1990.

Ariel Spilsbury and Michael Bryner, *The Mayan Oracle: Return Path to the Stars.* Santa Fe, NM: Bear & Company, 1992.

Helen S. Burmester, *The Seven Rays Made Visual.* Marina del Rey, CA:DeVorss & Co.,1986.

Ken Carey, *Return of the Bird Tribes.* Kansas City, MO: UniSun, 1988.

Barbara Hand Clow, *Eye of the Centaur: A Visionary Guide to Past Lives.* Santa Fe, NM: Bear & Company, 1986.

Barbara Hand Clow, *Heart of the Christos: Starseeding from the Pleiades.* Santa Fe, NM: Bear & Company, 1989.

Barbara Hand Clow, *The Pleiadian Agenda: A New Cosmology for the Age of Light.* Santa Fe, NM: Bear & Company, 1995.
バーバラ・ハンド・クロウ『プレアデス銀河の夜明け』高橋裕子訳，太陽出版，2004．

Barbara Hand Clow, *Signet of Atlantis: War in Heaven Bypass.* Santa Fe, NM: Bear & Company, 1992.

Moshe Feldenkrais, *Awareness Through Movement.* San Francisco: Harper Collins, 1991.
モーシェ・フェルデンクライス『フェルデンクライス身体訓練法』安井武訳，大和書房，1989.

Moshe Feldenkrais, *Master Moves.* Cupertino, CA: Meta Publications, 1984.

Erich Fromm, *The Art of Loving.* New York: Harper Collins, 1974.
エーリッヒ・フロム『愛するということ』鈴木晶訳，紀伊國屋書店，1991.

Joan Grant, *Winged Pharoah.* Alpharetta, Ga.: Ariel Press, 1985.

J.J.Hurtak, *The Book of Knowledge: The Keys of Enoch.* Los Gatos, CA: The Academy for Future Sciences, 1977.

Marlo Morgan, *Mutant Message Down Under.* New York: Harper Collins, 1994.
マルロ・モーガン『ミュータント・メッセージ』小沢瑞穂訳，角川書店，1995.

James Redfield, *The Celestine Prophecy.* New York: Warner Books, 1993.
ジェームズ・レッドフィールド『聖なる予言』山川紘矢+山川亜希子訳，角川書店，1994.

Starhawk, *The Fifth Sacred Thing.* New York: Bantam Books, 1993.

［新装版］

プレアデス 覚醒への道

——光と癒しのワークブック——

訳者紹介

鈴木純子（すずき・じゅんこ）

フリーランスライター、翻訳家。早稲田大学第二文学部英文学科卒。現在は福島、仙台を拠点に、ミラクル・ネットワーク代表としてスピリチュアルなワークやイベント、また、シャスタをはじめとするパワースポットへの旅ガイド企画などを仲間とともに行っている。訳書に『あなたにもあるヒーリング能力』（たま出版）、『気づきの呼吸法』（春秋社）、『プレアデス 人類と惑星の物語』『人生を変える「奇跡のコース」の教え』『禅 空を生きる』（以上、太陽出版）などがある。

ミラクル・ネットワーク
http://ameblo.jp/miraclenetwork/

2004年９月10日　初　版第１刷
2018年７月30日　新装版第１刷
2021年３月31日　新装版第２刷

［著者］
アモラ・クァン・イン

［訳者］
鈴木純子

［編集者］
秋田幸子

［発行者］
籠宮啓輔

［発行所］
太陽出版

東京都文京区本郷4-1-14　〒113-0033
TEL 03（3814）0471　FAX 03（3814）2366
http://www.taiyoshuppan.net/
E-mail　info@taiyoshuppan.net

［印刷］壮光舎印刷［製本］井上製本
ISBN978-4-88469-938-3